KB273090

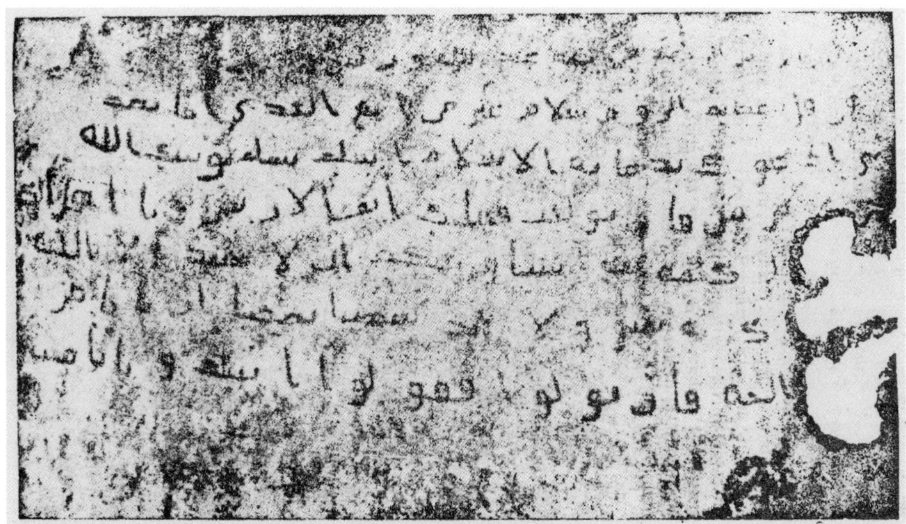

선지자 무함마드가 628년 무렵 이라클리오스 황제에게 "이슬람교를 받아들이고 평화를 얻으라"라고 주문한 편지로 알려진 것. 그러나 이 서한은 거부됐고, 《코란》 9장 29절을 통해 기독교 세계에 대한 지하드가 촉발됐다. 이는 서방 역사서에서는 대체로 무시됐지만, 여전히 이슬람교에 대한 중요한 참고 자료다.

'그리스 화염' 또는 '바다의 불'은 제1차(674~678) 및 제2차(717~718) 콘스탄티노플 포위전 동안 아라비아인들로부터 도시를 구하는 데 중요한 역할을 했다.

스페인 코바동가에 있는 펠라요의 기념탑. 그는 722년 이 곳에서 이슬람 침략군에게 중요한 첫 패배를 안겼다. 이전에 그는 "그리스도는 우리의 희망이니, 당신이 보는 이 작은 산을 통해 스페인의 안녕은 회복될 것"이라고 선언했다. 비록 수백 년 동안의 전투를 거쳐야 했지만, 펠라요의 예언은 현실이 됐다.(사진: Tony Rotondas)

732년의 프랑스 투르 전투에서 카를 마르텔(적을 쳐부수는 '망치'라는 뜻)과 휘하의 프랑크인들은 기독교 신앙의 적들을 대규모로 살해했다.

〈하렘〉이라는 제목의 묘사화. 흰 피부와 금발, 밝은 눈의 후궁과 노예는 이슬람 세계에서 매우 귀중하게 여겨졌고, 이는 유럽 습격의 주요 동기가 됐다. 그 결과 500만 명 이상의 기독교도들이 노예가 됐다.

십자군의 원형이자 이슬람의 공공연한 적이었던 니키포로스 2세 포카스 황제(912~969)는 기독교도 영토를 회복하기 위한 노력의 일환으로 이슬람교도를 끔찍하게 대량 살육했다. 동로마 제국은 636년 야르무크 전투 참패 이후 연쇄적으로 붕괴되다가 그의 통치하에서 처음으로 이슬람 세력에 맞서 전례 없는 반격과 부흥을 이루어냈다.

1071년 만지케르트 전투 직후의 상황으로, 1천여 년 만에 처음으로 포로가 된 로마 황제 로마노스 4세 디오예니스 (1030~1072)가 쇠고랑을 찬 채 술탄의 천막 앞으로 끌려가고 있다.

로마노스에게 승리한 술탄 무함마드를 그린 중세 프랑스 삽화.

1097~1098년의 십자군의 안타키아 포위전. '기독교도'라는 이름이 처음 사용된 곳이라고 십자군이 훗날 회고한 것처럼, 안타키아가 지닌 상징적 의미와 함께 유럽인에게 극히 불리하게 전개된 절박한 전황 때문에 이곳의 점령은 그들에게 특별한 중요성을 지녔다.

보에몽(1054~1111)은 안타키아 점령에서 했던 그의 역할로 인해 그곳의 공작 자리에 올랐다. 거대하고 위압적인 인물이었던 이 노르만인은 "눈으로 보는 것만으로도 경이로웠고, 그의 명성은 사람들을 전율하게 했다"라고 안나 콤니니는 썼다. 덧붙여 "이 남자에게는 어떠한 매력이 감돌고 있었지만, 전반적으로 무시무시한 인상으로 인해 부분적으로 가려져 있었다"라고 했다.

1099년 7월 15일 십자군의 예루살렘 입성. 이들은 적들을 학살한 후 주님의 묘와 그분의 영광스러운 성전으로 가서 성직자와 평신도 모두 환희에 찬 높은 목소리로 주님을 향해 새로운 노래를 부르고 봉헌과 지극히 겸손한 간구를 올렸으며, 그들이 오랫동안 가고자 했던 성지를 기쁜 마음으로 찾았다.

살라흐 앗딘(1137~1193)의 생전에 그려진 초상. 하틴 전투에서의 결정적인 승리로 기세가 오른 술탄은 지하드 외에 다른 이야기는 하지 않았다고 전하며 알라를 믿지 않는 자들을 지상에서 몰아내기 위해, 혹은 그 시도 과정에서 죽기 위해 유럽을 침공할 희망을 품었다.

1187년 7월 3~4일 벌어진 하틴 전투는 십자군의 서아시아 진출이 종말로 접어드는 출발점을 이루었다. 점점 좁혀지는 불길과 적들의 포위망 속에서 십자군은 패배로 내몰렸다.

15세기 필사본에 묘사된 샤티용의 르노(1125~1187) 처형 장면. 그는 기독교를 버리고 이슬람교를 받아들이라는 살라흐 앗딘의 요구를 도전적으로 거부한 뒤 '가장 강력하고 폭력적인 이교도'로 불리며 처형됐다.

초기 무라비툰의 모습. 이는 세 차례의 대규모 침공을 했던 아프리카 지하드 전사들이 민족에서부터 안장에 이르기까지 스페인의 기독교도들과 근본적으로 달랐음을 떠올리게 해준다.

1212년 라스 나바스 데 톨로사 전투에서의 전환점은 나바라의 거인 왕 산초 7세가 이슬람군의 전열을 부수고 칼리파 무함마드의 천막 주위에 사슬로 묶인 아프리카 노예 병사들을 궤멸시키면서 찾아왔다.

몽골의 이슬람화에 큰 몫을 한 우즈베크 칸(재위 1313~1341)은 미하일 야로슬라비치(1271~1319) 대공에게 느리고 고통스런 죽음을 선고했다. 미하일은 나중에 러시아 정교회의 성인으로 추앙됐다.

1396년 니코폴리스 전투에서 튀르크인들이 승리한 뒤, 이슬람교로 개종을 거부한 1만 명의 십자군 포로가 오스만 술탄 바예지드의 명령에 따라 발가벗겨지고 의례를 위해 참수됐다.

마누일 2세(1350~1425) 황제는 전 생애를 신학적·군사적으로 튀르크인들과 맞서 싸우면서 보냈다. 2006년 교황 베네딕토 16세가 지나가는 말로 무함마드가 "자신이 전한 신앙을 칼로 확산시키라는 명령 같은 악하고 비인간적인 것들"만을 가져왔다는 마누일의 언급을 인용하자 소말리아에서 이슬람교도의 폭동이 일어나 교회가 불타고, 한 이탈리아인 수녀가 살해됐다.

데브쉬르메(소년 징발)에 관한 오스만 세밀화. 발칸 반도의 기독교도 신민은 매년 자신들의 아들을 '생명 공물'로 바쳐야 했다. 그들 가운데 우수한 자들은 마치 양 떼처럼 끌려가서 설득당하거나 강제로 할례를 받고 이슬람교도가 됐다. 도덕적 타락과 수모를 동반한 스파르타식 훈련 체계에서 살아남은 이들은 지하드 전사 중 가장 무시무시하고 광적인 존재인 예니체리가 됐다.

한때 막을 수 없는 기세로 기독교 세계를 공포에 몰아넣었던 술탄 바예지드(1354~1403)는 1402년 앙카라 전투에서 포로가 된 뒤 수감돼 또다른 '알라의 검'이자 승자인 티무르에게 계속해서 수모를 당했다. 그는 8개월도 채 되지 않아 뇌졸중으로 죽었는데, 어쩌면 자살이었는지도 모른다.

콘스탄티노플을 정복하기 위해 멈출 줄 몰랐던 메흐메트 2세(1432~1481)는 기술자 집단, 수백 명의 병사, 수천 마리의 황소를 동원해 오스만 전함들을 해협에서 끌어 올려 언덕을 넘어 반대쪽 경사면으로 내려 보냄으로써, 항구를 봉쇄한 쇠사슬을 우회해 할리치 만으로 들어갔다.

오스만 술탄 메흐메트 2세가 의기양양하게 콘스탄티노플로 입성하는 모습이다. 기독교도의 기록에 따르면 곧 "적그리스도의 선구자는 하기아소피아의 성찬대에 올라가 자신의 기도를 올렸고, 거대한 교회를 자신의 신과 무함마드를 위한 이교도의 교당으로 전환"시켰다.

이탈리아 오트란토의 대성당에는 1480년 오스만 침공 이후 기독교를 버리고 이슬람교를 받아들이기를 거부해 의례로서 참수된 800구의 유해가 안치되어 있으며, 참수 과정에서 대주교는 톱으로 두 동강이 났다.(사진: Laurent Massoptier)

모스크바 대공이자 '러시아 영토 수집가'로 불린 이반 3세 는 사절들을 통해 전달된 아흐메드 칸의 지즈야 요구를 거부했다. 그 결과 1480년 우그라 강변의 대치 사태가 벌 어지면서 러시아는 '타타르의 멍에'에서 해방됐다.

1492년 그라나다가 페르난도 왕과 이사벨 여왕에게 항복했다. 두 군주는 훗날 "그토록 많은 노력과 비용, 죽음과 피의 분쟁을 치른 끝에 780년 이상 이교도들이 점령하고 있던 그라나다 왕국은 이제 해방됐다"라고 썼다.

총 13만 발의 오스만 포탄이 발사돼 그때까지 역사상 가장 장기간 지속된 포격을 견뎌낸 장 파리조 드 발레트가 이끈 구호기사단은, 그 무렵 이미 지옥 그 자체보다 더 참혹해 보였던 몰타가 구조된 데 대해 감사 기도를 드렸다.

1594년 세르비아의 정교회 주교 브르샤츠의 테오도르가 산 채로 가죽이 벗겨지고 있다. 이는 튀르크인 사이에서 흔한 처형 방식이었다. 앞서 1571년 레판토 해전 때 파마구스타 요새 지휘관으로 사로잡힌 마르코 안토니오 브라가딘 역시 이슬람교로의 개종을 거부한 후 산 채로 가죽이 벗겨졌다.

유럽에 침입한 사상 최대 규모의 이슬람군이 1683년에 빈을 포위하고 공격했다. 이들은 광신적으로 반기독교적인 카라 무스타파가 이끄는 약 30만 명의 병사로 이루어져 있었다. 아래쪽에 이슬람 깃발이 있는 그의 천막이 보인다.

빈은 9월 12일 폴란드 왕 얀 소비에스키가 이끈 또다른 신성동맹군에 의해 구원됐다. 그는 전에 이렇게 주장했다. "우리가 구하는 것은 단지 하나의 도시가 아니라 기독교 전체이며, 빈은 그 보루다. 이 전쟁은 거룩한 것이다." 그림에서 소비에스키는 날개를 단 그의 경기병 후사르와 함께 있다. 후사르는 지하드 전사들의 마음에 공포를 심어주었다.

1683년 12월 25일에 서방 제국을 침공하고 온 세상에 공포와 전율을 심어줬다고 자부하던 카라 무스타파가 교살되어 처형됐고, 그의 머리는 몇 달 전 이교도를 절멸시키고 이슬람교도를 늘리기 위해 선지자의 깃발을 그의 손에 쥐여 주었던 술탄 메흐메트 4세에게 보내졌다.

1636년에 바르바리에 관한 피에르 단 신부의 책에 실린 삽화로, 이슬람교도 주인이 기독교도 노예를 고문하는 22가지 방법을 묘사하고 있다. 말뚝형, 침수형, 화형, 신체 절단, 십자가형 등이 대표적이다. 존 폭스가 《순교자의 책》에서 설명했듯이 지구상의 어느 곳에서도 알제리만큼 기독교도를 증오하고 가혹하게 다루는 곳이 없었다. 오브라이언 선장이 토머스 제퍼슨에게 보낸 "우리의 고통은 말로 다할 수도, 당신이 상상할 수도 없는 수준이다"라는 메시지는 분명 과장이 아니었다.

신생국가 미국은 첫 대통령이 선출되기도 전에 공해상에서 공격을 받아 바르바리를 상대로 한 전쟁에 휘말리게 됐다. 제퍼슨과 애덤스가 바르바리 대사에게 왜 미국을 공격했느냐고 묻자 대사는 "선지자의 법에 기반을 두고 있고, 《코란》에 적혀 있다. 즉 비이슬람교도를 발견하면 그들과 전쟁을 벌이고, 잡을 수 있는 포로는 모두 노예로 삼는 것이 권리이자 의무이며, 전투에서 죽은 모든 이슬람교도는 반드시 천국에 간다"라고 대답했다.

1809년 제1차 세르비아 봉기의 자취는 튀르크인들에 의해 니시에 세워진 5미터 높이의 '해골의 탑'에서 여전히 볼 수 있다. 여기에는 본래 952명의 세르비아 전사의 머리가 들어 있었다. (사진: Chele Kula)

〈불가리아의 여성 순교자들〉은 1877년에 제작된 러시아 회화로, 1876년 오스만 바시바주크들이 기독교도 여성을 강간하는 장면을 묘사하고 있다. 미국 언론인 J. A. 맥개헌은 이렇게 설명한다. "그들은 여인을 붙잡아 속옷만 남기고 벗기고, 여자가 지닌 값진 옷가지와 장신구, 보석은 따로 챙겼다. 그런 다음 원하는 자들은 차례로 여자를 능욕했으며, 마지막 사람은 자기 기분 내키는 대로 죽이기도 하고 살려두기도 했다. … 이슬람교도는 일정 수의 이교도를 죽이면 그가 무슨 죄를 지었든 낙원에 가는 것이 보장되는데, 보통 이 가르침을 보다 폭넓게 받아들여 여자와 아이까지 센다. 바시바주크들은 점수를 늘리기 위해 임신부의 배를 갈라 태아까지 죽였다."

기독교 — 이슬람 전쟁사

기독교 — 이슬람 전쟁사

패권을 두고 격돌한
1400년의 대립

레이먼드 이브라힘 지음 | 이재황 옮김

책과함께

일러두기

- 이 책은 Raymond Ibrahim의 SWORD AND SCIMITAR(2018)를 우리말로 옮긴 것이다.
- 옮긴이가 덧붙인 설명은 〔 〕로 표시했다.

셰칠드, 미니타우르, 그리고 알프레드에게

차례

레이먼드 이브라힘의 《기독교-이슬람 전쟁사》는 이슬람 세계와 서방 사이의 주요 전투들을 다룬 꼭 필요한 역사서다. 이브라힘은 프랑스에서 서아시아까지, 그리고 서기 636년부터 1683년에 이르는 1천 년 이상의 시간과 공간을 아우르며 여덟 차례의 대표적인 전투를 살핀다.

이 책은 무엇보다도 흥미진진한 군사사에 시선을 집중한다. 여덟 차례의 전투에 대한 간결하고도 생생한 서술과 함께 당대의 시대적 맥락 속에서 이를 해석한다. 다시 말해서 당시 지도자들이 어떤 목적이 있다고 주장했고, 그들이 어떻게 자신들의 전략을 운용했는지를 진지하게 분석한다. 이러한 1차 사료 중심의 접근에는 번역되지 않은 아라비아어 사료와 때로는 그리스어 사료에 대한 광범위한 연구가 필요하며, 아울러 비교 군사사에 대한 전반적인 배경 지식이 요구된다. 예를 들어 현재의 시리아-요르단 국경 근처에서 벌어진 결정적 전투인 야르무크 전투에 대한 논의에서 이브라힘은 워싱턴 D.C. 소재 미국 의회도서관의 아프리카·중동 부서에서 여러 언어와 사본을 다뤘던 경험을 바탕으로 다양한 사료를 종합해, 수적으로 우세했던 동로마가 어떻게 그렇게 설명하기 어려운 참패를 당했는지 이해할 수 있도록 보다 정확하게 재구성해 낸다.

이 책은 이슬람 세계와 서방 사이의 주요한 (그리고 여러 소소한) 교전들을 정밀하게 연구한 연대기로서의 가치를 넘어, 더 큰 문화적·종교적 논점을 제기한다. 이브라힘의 목적은 서방 혹은 이슬람 문화에 내재된 역동성을 주장하는 데 있지 않다. 실제로 그는 서방의 대표적인 패전 네 가지와 승전 네 가지를 선택해 균형을 맞추었다. 전자는 콘스탄티노플 함락, 하틴 전투, 만지케르트 전투, 야르무크 전투이고, 후자는 콘스탄티노플의 두 번째 방어전, 라스 나바스 데 톨로사(알우카브) 전투, 투르 전투, 빈 전투다. 대신 이브라힘이 제시하는 증거는 오늘날 종종 무시되거나 과소평가되고 있는 이슬람 세계와 서방(오늘날에는 '기독교 세계'라는 개념으로는 더이상 정의되기 어려운 존재다) 사이의 관계에서 반복적으로 등장하는 몇몇 주제를 드러낸다.

첫째, 대부분의 경우 이슬람 군대는 자신들을 팽창적이고 메시아적인 세력으로 인식했으며, 서방과 전쟁을 하고 그 영토를 합병하며 주민들을 개종시키고자 노력했다. 서방 군대가 공세에 나설 때는 이슬람 세력이 탄생하기 전 500여 년 동안 로마나 그 이전의 헬레니즘 시대 그리스 세계에 속했던 서아시아, 북아프리카, 남부 유럽, 소아시아 지역을 탈환하는 것이라는 그들의 믿음을 맥락에 깔고 있었다. 이는 자명해 보이는 주장일 수도 있으나, 이브라힘은 이러한 긴장을 당시의 맥락 속에서 파악한다. 즉, 이슬람 군대는 적어도 자신들이 이전에 서방화된 국가들을 흡수하고 있다고 보았고, 서방 군대는 자신들이 수백 년 동안 로마나 그리스에 속했던 땅을 되찾는 것으로 인식했다는 것이다.

둘째, 이슬람 세계 내에도 국지적이고 내부적인 정치적 경쟁과 부족 간 경쟁이 존재했지만, 이슬람 군대는 국가 또는 민족적 동기보다는 종교적 동기로 서방과 전쟁에 나서는 경우가 훨씬 많았다. 그리고 서방을 상대로 한 그들의 싸움은 유럽 특정 국가와의 전쟁이 아니라 대체로 기독교 세계에 맞선 단일한 전쟁으로 인식됐다. 파편화되고 파벌과 정치적 경쟁으로 점철된 서방 군대 쪽 역시 기독교 세계의 유대가 이슬람 세력을 격퇴하기 위해 할 수 있는 유일한 길이라고 보았다.

각자의 종교적 배타성 역시 분명하게 나타나는 듯하지만, 당대의 역사가들은 흔히 종교 간의 '문명 충돌'이라는 개념을 무시하려 애썼다. 이러한 종교적 긴장의 맥락 속에서 이브라힘은 종종 이슬람 세계와 기독교 세계 사이의 전통적인 충돌 무대로 그다지 간주되지 않던 다양한 시대와 문화를 조명한다. 예컨대 이른바 '타타르의 멍에'[러시아가 몽골의 지배를 받던 시기로, 타타르는 몽골을 가리킨다] 시기 이후 러시아가 겪은 지속적인 고통이나, 유럽에서 동방으로 향하는 육상 무역로를 가로막았던 오스만 제국의 방해(이는 포르투갈과 스페인 항해자들의 아메리카 탐험을 촉발했는데, 그들의 당초 의도는 서방과 아시아의 새 전초 기지 양쪽에서 이슬람 세계를 압박하고자 하는 것이었다) 같은 것들이다.

셋째, 이브라힘은 과거와 현재 사이의 연속성을 본다. 즉, 이슬람 종교 지도자들과 지하드[이슬람을 위해 싸우는 것으로, 신앙을 심화하기 위한 노력과 이교도를 상대로 한 전쟁 모두를 포괄한다] 운동가들은 전형적으로 기독교 신앙이 이슬람 세계와 정반대의 것일 뿐만 아니라 본래부터 정복 혹은 개종이 당연한 것으로 인식해 왔다. 서방 쪽에서도 마찬가지로 수백 년에 걸쳐 이슬람교가 기독교적 가치와 상충한다고 결론지었으며, 화해와 평화보다는 긴장과 갈등이 보다 정상적인 상태라고 생각했다. 현대의 이슬람교도들이 보여주는 광신주의는 선대 세력의 교리를 의도적으로 모방한 것으로 오랜 적대감의 반영을 나타내며, 그에 대한 서방의 반응 또한 단순한 편견이나 외국인 혐오가 갑작스럽게 폭발한 것이 아니라 1400년 가까이 축적된 자기방어적 기제다.

마찬가지로 이브라힘은 언어적 장벽 때문이거나, 그에 대한 비판이 정치적으로 올바르지 않다고 여겨졌기 때문에 잘 알려지지 않았던 이슬람 역사 서술의 방법론들을 상세히 조명한다. 그의 비판은 이슬람 역사 서술이 과거의 충돌에 대한 서방의 자료보다 훨씬 믿을 수 있다는 얘기가 아니다. 오히려 이브라힘은 이슬람 역사가들의 방식을 연구함으로써 이슬람 세계가 서방과의 종교적 긴장 관계를 서술해 온 방식이 시대를 초월해 매우 일관되며, 서방의 접근법과는 다르다는 점을 우리에게 상기시켜 준다고 주장한다.

넷째, 기독교도들이 이슬람 세계에서 받은 대우보다 기독교 세계에서 이슬람교도들이 받은 대우가 더 관대했다. 그들은 비기독교도 신분을 근거로 특별세나 할당금을 부담하지 않는 경우도 많았다. 이브라힘은 전투 현장의 충돌을 묘사하면서 단순한 문화 상대주의가 아닌 관용에 대한 개념 자체의 비대칭성을 드러낸다. 그의 요지는 기독교도는 성인이었고 이슬람교도는 죄인이었다는 것이 아니라, 시대에 따른 상당한 도덕적 기준을 고려하더라도 수 세기에 걸쳐 이슬람 근본주의에는 기독교의 산상수훈적 관용〔갈등 상황에서도 자비와 관용을 중시하는 태도〕이 덜 내재돼 있었다는 것이다. 그리고 이러한 상반된 관습은 전투 전후를 막론하고 뚜렷하게 나타났으며, 궁극적으로 결과에도 분명한 영향을 미쳤다.

《기독교-이슬람 전쟁사》는 훌륭한 군사사 책이며, 확고한 학문적 자세와 문헌학적 연구의 산물이다. 이 책은 이제는 현대의 이민 문제에서부터 테러 행위에 이르기까지, 상당히 다양한 모습을 띠고 여러 분야에서 전개되는 경쟁 관계에 대한 솔직한 평가를 개성적으로 제공한다. 그럼에도 불구하고 여전히 많은 면에서 고대부터 이어져 온 존재론적 투쟁이라는 점은 변함이 없다.

스탠퍼드대학교 후버연구소

빅터 데이비스 핸슨Victor Davis Hanson

지금 있는 것은 언젠가 다시 있을 것이요,
지금 행한 일은 언젠가 다시 할지라.
하늘 아래 새로운 것이 없나니.

—〈전도서〉 1장 9절

<h1 style="text-align:center">머리말</h1>

이 책은 본래 이슬람 세계와 서방 사이의 군사사로 기획된 것이었다.•
그 핵심은 양측의 가장 결정적인 여덟 차례의 전투(포위전 포함)다. 첫 번
째는 서기 636년에, 마지막은 1683년에 벌어졌다(유럽인과 이슬람교도가
각각 네 번씩 승리한 것은 우연히 만들어진 흥미로운 대칭이다). 이 주제는 본질
적으로 흥미로운 것이지만(내가 거의 20년 전, 저명한 군사사가 빅터 데이비
스 핸슨의 지도하에 쓴 석사 학위 논문이 이슬람 세계와 서방 사이의 첫 번째이자 가
장 결정적인 충돌인 야르무크 전투에 관한 것이었다), 곧 이 특정한 군사사 너
머에 더 크면서도 완전히 잊힌 배경 이야기가 존재한다는 사실이 분명
해졌다. 그 이야기를 되살리면 서방이 이슬람과 관련된 자신들의 과거,
그리고 이에 따라 자신들의 현재를 이해하는 방식을 획기적으로 바꿀
수 있다. 이슬람 세계와 서방 역사가 얽혀 있음을 인정한 얼마 되지 않
는 현대 역사가 가운데 한 사람인 버나드 루이스Bernard Lewis는 이렇게

<hr />

• 이 책의 아이디어에 관해 나를 대리해 준 판권 대리인 피터 번스타인과 이를 수락해 준 편집
자 로버트 L. 피전에게 특별한 감사를 드린다.

설명한다. "우리는 오늘날 종종 잊곤 하지만, 7세기에 이슬람교가 등장한 이래 1683년의 두 번째 빈 포위전까지 대략 1천 년 동안 기독교 유럽은 이슬람 세력이 가하는 정복과 개종이라는 이중의 위협 아래 끊임없이 시달렸다. 이슬람 세력의 새 영토 대부분은 기독교 세계로부터 빼앗은 것이었다. 시리아, 팔레스타인, 이집트, 북아프리카는 모두 기독교 국가였는데, 스페인과 시칠리아보다도 오히려 더욱 그러했다. 이 모든 일은 깊은 상실감과 두려움을 남겼다."[1]

그럼에도 불구하고 오늘날 유독 강조되는 충돌은 십자군 전쟁, 유럽의 식민지 개척, 유럽인이 비유럽인에 대해 적대 행위를 먼저 시작했다는 대중적 인식에 부합할 수 있는 다른 여러 서방의 모험들이다. 심지어 이념에 덜 충만한 역사가들 사이에서도 "기독교 유럽이 이슬람 세력으로부터 끊임없는 위협에 시달렸던" 앞서 말한 1천 년의 전체적인 중요성은 잘 알지 못한다. 그들은 아라비아인, 모로(무어)인, 오스만인, 타타르인의 침략과 정복에 대해서 말하고 '이슬람'이라는 말은 거의 사용하지 않지만, 서방을 공격한 이 다양한 민족들은 똑같은 이유, 즉 지하드에 이끌렸다.

이러한 상황은 "대부분의 이슬람교도는 다수의 미국인과 달리 강한 역사의식을 지니고 있어 현재의 사건들을 우리가 보는 것보다 훨씬 더 깊고 넓은 시각에서 바라본다"[2]는 점으로 인해 더욱 복잡해진다. 실제로 이슬람교도들이 서방에서 한 말과 행동은 그들이 유럽의 선조들을 상대로 수백 년 동안 해온 말과 행동을 거의 그대로 반복한 것인 경우가 많다. 오사마 빈라덴은 서방에 보내는 메시지를 "인도引導를 따르는 자 모두에게 평화를"이라는 말로 시작했는데, 그 말이 이슬람 선지자 무함마드가 비이슬람교도 왕들에게 보낸 '안내' 서신에서 그대로 따온 것이라는 사실을 아는 사람은 거의 없었다. 더구나 그다음 문장(빈라덴은 현명하게도 이를 생략했다)이 '인도를 따르는 것'이 실제로 무엇을 의미하는지를 분명히 했다는 사실은 더더욱 알려지지 않았다. 그것은 바로 "(이슬람에) 복종하고 평화를 얻으라"였다. 1994년 팔레스타인 지도자 야세르 아라파트Yasser Arafat가 이스라엘과 평화 협정을 체결하자 같은 아라비아인 및 이슬람교도들이 이를 지나치게 양보한 것이라고 비판했는데, 그는 자신의 행동을 이렇게 정당화했다. "나는 이 협정이 우리 선지자 무함마드가 메카에서 쿠라이시족과 맺은 협정과 마찬가지라고 생각한다." 다시 말해서 무함마드가 힘을 얻자 구실을 붙여 휴전 협정을 파기하고 공격에 나섰던 것처럼 하겠다는 애기였다.[3] 세계의 많은 이슬람교도들은 정치 전면에 나선 같은 이슬람교도들의 말과 행동이 이어져 있음을 알고 이해한 반면, 서방은 여전히 이를 알지 못하고 있다.

이는 이 책의 가장 시의적절한 측면으로 이어진다. 이 책은 우리 시대의 가장 시급한 질문 중 하나에 대해 단호한 해답을 제시한다. 즉 그들이 주장하듯이 이른바 '폭력주의자', '근본주의자', '극단주의자'로 불리는 전투적인 이슬람교도들이 이슬람교에 충실한 것인가, 아니면 우리가 듣는 대로 자신들의 목적을 위해 이슬람교를 '납치'하고 있는가 하는 문제다. 이 문제는 이라크 시리아 이슬람국(ISIS)의 등장으로 인해 더욱 시급해졌다. 그들은 옛 칼리파국을 본떠 스스로를 꾸미고, 자신들이 저지르는 종족 말살, 참수, 십자가 처형, 신체 절단, 화형, 윤간, 노예화 등 온갖 만행에 대해 이슬람교 교리를 들어 정당화하고 있다.

여러 작가와 분석가들(나도 그 가운데 하나다[4])은 이슬람 경전들과 그에 대한 주류 해석이 흔히 이슬람국 및 기타 지하드 운동 조직들의 활동을 실제로 뒷받침하고 있다는 점을 보여줌으로써 이 질문에 답하려 했다. 그러나 이 문제에 대해 거시사적 관점에서 접근한 경우는 별로 없었다. 즉 대부분의 서방 사람들이 본능적으로 '추상적'이고 '이론적'이며 따라서 '해석의 여지'가 있다고 치부하는 옛 경전의 구절들을 인용하는 것이 아니라, 여러 세기에 걸쳐 이슬람교도들이 서방에 대해, 그리고 서방 안에서 실제로 무엇을 해왔는지를 문헌으로 입증하는 방식 말이다. 이는 분명히 더 복잡한 작업이다. 1천 년의 기간에 걸쳐 다양한 언어로 쓰인 여러 난해한 문헌들에 익숙해야 하고 그것을 요약할 수 있는 능력이 필요하다. 단지 《코란》과 《하디스》의 핵심 구절들에만 의존할 수는 없다. 이 책은 진술된 범위의 맥락 안에서 바로 그 작업을 수행한다. 또한 시간과 공간을 가로질러 수많은 이슬람교도들이 현재의 이슬람국과 동일한 방식과 동기에서 행동해왔음을 보여주는 사례들을 제시한다. 그런 면에서 방법론과 다른 여러 주의사항에 대해 첨언해야겠다. 처음 세 장에 지나치게 많은 분량이 할애된 것처럼 보일 수 있다. 합쳐서 636년부터 732년 사이에 벌어진 세 차례의 전투를 중심으로 한 부분이다. 이는 의도적인 것이다. 현대에 가까운 전투들은 일반적으로 더 잘 정리돼 있고, 보다 상세하며, 시간적으로 더 가깝기 때문에 자연히 더 중요한 것으로 여겨진다. 따라서 이들은 현대 문헌에서도 이미 지나치게 자주 다뤄졌다. 특히 시간적으로 더 멀고 기록이 희소한 초기 전투들에 비해 그렇다. 그러나 야르무크 전투(636년)나 2차 콘스탄티노플 포위전(717년)이 예컨대 널리 알려지고 자주 찬양되는 레판토(나프팍토스) 해전(1571년)보다 훨씬 더 중대한 결과를 가져왔다는 점은 부인할 수 없다.

이슬람 세계와 서방 사이의 1400년에 가까운 군사사를 정해진 분량을 넘기지 않으면서 제대로 다루는 일은 결코 쉽지 않았고, 전쟁 및 그 기원과 결과에 철저히 집중하는 태도가 필요했다. 그런 점에서 이 책은 일반사를 표방하지는 않는다. 두 문명 사이에 비군사적인 교류가 존재했으며, 이슬람 역사의 전체성은 지하드로만 한정될 수 없고 더 풍부하다는 사실은 인정한다. 그러나 "두 문명이 공유한 대부분의 역사에서 두 공동체 사이의 관계는 공격과 반격, 지하드와 십자군, 정복과 탈환에 의해 영향을 받았다"[5]는 것은 여전히 사실이다. 따라서 이 책은 서방과 이슬람 세계 사이 관계의 '일반'사는 아니지만, 그 관계의 가장 '일반적'인 양상인 전쟁의 역사를 다루고자 한다. 이는 오히려 주변적이고 부차적인 요소를 중심에 놓고 전쟁이라는 상수를 주변부로 밀어내면서도 이슬람 세계가 다른 문명과 교류한 일에 대해 '일반사'라고 꾸미는 많은 학술서보다 더 충실하다고 할 수 있을 것이다.

이러한 상수들을 추적하고 기록을 바로잡으며 당대의 문제들을 밝힐 수 있었던 것은 역사가들의 본래 도구인 1차 사료(이슬람 세계 및 서방 양쪽 모두의)에 의존하지 않았다면 불가능했을 것이다. 이들은 구식이 되거나 다루기에 너무 번거로운 것들이다. 그러나 저자의 주관적인 해석은 넘치고 객관적인 증거는 부족한 많은 2차 역사서들과 달리, 나는 과거의 이슬람교도들과 기독교도들에게 자기네의 이야기를 말할 충분한 공간을 허락했다. 오랜 시간 대륙을 가로질렀던 이들이 남긴 말들은 놀라울 만큼 일관성을 보여주며, 그 일관성은 가장 중요한 부분이다.

알아두어야 할 것이 있다. 옛사람들은 왕이든 역사가든, 이슬람교도든 기독교도든 오늘날의 기준으로 보면 대단히 솔직했고, 그들이 갈등의 원인이라 여긴 대상, 즉 상대방의 신념 체계에 대해 온갖 악담을 퍼부었다. 이들의 비방은 대개 불필요하게 도발적인 과장으로 간주돼 점잖은 역사서에서는 빼버리는 경우가 많지만, 나는 이 책에 그런 부분을 많이 포함시켰다. 이러한 것들은 각자가 상대를 어떻게 인식했는지와 그들이 왜 싸우고 죽었는지를 설명하는 데 큰 도움이 된다고 생각하기 때문이다.

이슬람의 초기 200년에 관해 내가 핵심 사료로 삼은 가장 오래된 이슬람 역사서들에 대해 서방의 한 학파는 그것들을 창세 신화나 다름없는 것으로 여긴다. 이 주장의 타당성은 차치하고라도, 나는 가장 이른 시기의 아라비아어 사료들을 활용하지 않을 수 없었다(주로 서론과 1장에 한정됐다). 결국 중요한 것은 상당 부분은 어차피 추정의 영역으로 남을 수밖에 없는 '실제로' 무슨 일이 일어났는가가 아니라 무슨 일이 일어났다고 이슬람교도들이 '믿고' 있는가이다. 왜냐하면 그 믿음이야말로 이슬람교도들이 역사 속에서 자신들의 역할을 어떻게 인식하고 있는지를 보여주기 때문이다. 물론 이런 사료들을 사용해 이슬람교도들의 신앙을 조명한다고 해서 나 역시 그들의 종교적인 설명을 그대로 따르지는 않는다. 많은 서방 역사가들이 곧잘 그러하듯이 말이다. 그것은 독자들에게 상당한 해가 된다. 예를 들어 "무함마드가 계시를 받았다"라는 말로 그의 이후 행동을 설명하는 식의 칭송 전기 문구를 되뇌는 역사가들은 동기에 관해 비판적 해석을 거의 제공하지 못한다.•

• 존 V. 톨런(John V. Tolan)은 《코란》은 무함마드에게 네 명 이상의 아내를 둘 수 있는 권리가 있었음을 입증한다. 특히 그의 제자이자 양자인 자이드의 전처 자이납과 혼인할 수 있는 권리를 구체적으로 명시했다(33:37~38). 하지만 이 이야기는 기독교도 논객들의 적대적인

결론적으로, 《기독교-이슬람 전쟁사》는 서방과 이슬람 세계가 약 1400년 전 이슬람교가 탄생한 이래로 불구대천의 원수였음을 보여주고, 그들의 군사사를 서술하는 맥락에서 양측의 가장 역사적인 전투들에 초점을 맞춘다. 그 가운데 일부는 세계사의 향방에 지대한 영향을 끼쳤다. 또한 대부분의 군사사가 아무리 흥미롭다 하더라도 궁극적으로는 학문적 논의에 머무는 것과 달리, 이 책은 시의적절한 교정을 제공한다. 즉 두 문명 사이의 심하게 왜곡된 역사 기록을 바로잡고, 이를 통해 이슬람교도의 서방에 대한 적대가 일시적인 일탈이 아니라 이슬람 역사에서 계속 이어져 온 것임을 명확히 보여준다.

붓끝에 의해 왜곡돼 무함마드의 음탕한 이미지를 보강하는 데 사용됐다"(Tolan 2002, 29)라고 말한다. 그러나 톨런은 무함마드가 자이드의 아내를 원했기 때문에 자이드와 자이납이 결국 이혼하게 됐음을 언급하지 않았을 뿐만 아니라 기독교도들이 이 이야기를 '왜곡'했다면서 불쾌해하는데, 이는 그들이 이것을 알라의 뜻으로 받아들이지 않고 행간을 읽고 무함마드의 계시가 실제로 무엇을 의미하는지 파악한 것을 불편해하는 듯하다.

이슬람의 서방 팽창

아이슬란드
런디 섬
런던
쾰른
파리
바이에른
투르
(732)
클레르몽
발레
아스투리아스
툴루즈
로드
톨레도
리스본
라스 나바스 데 톨로사
(1212)
코르도바
그라나다
카르타고
과거 기독교도 지역을 이슬람 세력이 영구 정복한 곳
유럽의 기독교도 지역을 이슬람 세력이 일시 정복한 곳
유럽의 기독교도 지역을 이슬람 세력이 습격한 곳
여덟 차례의 중요한 전투·포위 장소

모스크바
쿨리코보 평원
우그라 강
바르샤바
키이우
빈
(1683)
부다페스트
모하치
베오그라드
만지케르트
(1071)
니코폴리스
코소보 평원
콘스탄티노플
(717, 1453)
니케아
아모리온
오트란토
안타키아
레판토
다마스쿠스
몰타
하틴
(1187)
야르무크
(636)
예루살렘
알렉산드리아
카이로

지하드

충돌의 뿌리

나는 인류가 '알라 외에는 신이 없으며 무함마드는 알라 신의 사도다'라고 증언
할 때까지 그들과 전쟁을 하라는 명령을 받았다. 그들이 그렇게 하면 그들의 생
명과 재산은 보호받는다.

— 무함마드 이븐 압둘라, 이슬람교 선지자[1]

나는 공포를 통해 승리했다.

— 이슬람교 선지자[2]

만약 이슬람교도들에게 짐이 되지 않는다면, 나는 결코 알라의 길에서 싸우러
나가는 원정대에서 빠져 빈둥거리지 않을 것이다. 나는 알라의 길에서 습격에
나가 죽기를 원하고, 다시 습격에 나가 죽기를 원하며, 또다시 습격에 나가 죽
기를 원한다.

— 이슬람교 선지자[3]

이슬람 세계와 서방 사이의 전쟁의 역사를 서술하기에 앞서, 그 뿌리를 먼저 이해해야 한다. 이는 이슬람교의 창시자이자 선지자인 아라비아인 무함마드 이븐 압둘라Muhammad ibn Abdullah(570~632)로부터 시작되고 그에게서 끝난다. 610년, 무함마드는 메카의 다신교도였던 자신의 부족민들에게 천사 가브리엘이 자신을 불러 라술 알라(알라의 사도)가 되게 했다고 말하기 시작했다. 단순한 이 메시지는 무함마드에게 전달되고, 그가 다시 다른 사람들에게 전달한 알라의 계율에 대한 복종(아라비아어로 '이슬람') 개념을 중심으로 하고 있었다. 복종하는 자는 누구든 무슬림(복종하는 자)이 됐다. 12년 동안의 전도 끝에 무함마드는 겨우 100명 정도의 개종자를 얻었으며, 이들 대부분은 친척이었다. 메카의 부족 상층부인 쿠라이시족은 처음에는 그의 전도를 방해하지 않았지만, 결국 그가 자신들의 신들과 전통을 흔드는 것에 지쳐 622년에 그를 추방했다. 선지자 무함마드와 그의 추종자들은 오아시스 지역인 야트리브로 도망쳤고, 그곳은 훗날 '선지자의 도시' 또는 '빛나는 도시', 약칭 메디나로 불리게 된다. 무함마드는 그곳의 영주가 됐고, 상당한 수의 병력을 휘하에 거느리게 되자 사방으로 습격을 감행하기 시작했다.

무함마드의 칼날을 피하는 유일한 길은 그가 자신의 추종자들에게 내린 다음과 같은 지시에 들어 있다. "그들(비이슬람교도)이 '알라 외에는 신이 없으며 무함마드는 그분의 사도다'라고 증언할 때까지 그들과 싸워라. 그들이 그렇게 하면 너희는 그들의 피(생명)와 재산을 빼앗지 말라."[4] 추종자는 전리품을 얻는 승리를 거듭하면서 늘어갔다. 그들은 두 부류였다. 하나는 무함마드에게 정복당한 후 노예가 되거나 죽는 것을 피하기 위해 이슬람(복종)을 선택한 자들이었고, 다른 하나는 무함마드에게 감명을 받아 그의 대열에 합류하고 보상을 거두고자 이슬람을 택한 자들이었다. 두 부류 모두에게 필요한 것은 단 하나, 샤하다shahada를 암송하는 것이었다. 이슬람교의 첫 번째 기둥이자 신앙 고백인 "알라 외에는 신이 없으며 무함마드는 알라 신의 사도다"라는 구절이다. 그들이 이 말을 진심으로 믿었는지의 여부는 학문적인 논쟁일 뿐이다. 이를 고백함으로써 그들은 무함마드의 정치적 권위에 '복종'(이슬람)했고, 그렇게 하면 선량한 이슬람교도였다.

이후 서술될 이슬람의 역사가 명확히 보여주겠지만, 개종의 주요 동기는 이슬람교로부터 얻을 수 있는 것에 대한 욕망이나 그에 대한 단순한 공포였다. 이 둘은 모두 이슬람교의 힘을 입증하고 고양시키는 요소로 간주됐다. 무함마드는 메카에서 10년 동안 평화롭게 전도한 끝에 고작 100명 정도의 추종자를 얻었지만, 10년 동안의 성공적인 습격(연평균 아홉 차례 이상의 원정[5]이 있었다)을 통해 아라비아 반도 거의 전역을 차지했다는 사실은 많은 것을 시사한다. 에드워드 기번Edward Gibbon이 말했듯이 무함마드는 "인류의 악덕마저 그들 구원의 도구로 사용했으며, 속임수와 배신, 잔혹함과 불의의 사용은 흔히 종교 확산에 기여"했다.[6]

630년이 되자 무함마드의 추종자는 크게 불어났고, 그는 1만 명의 무장한 이슬람교도를 이끌고 메카로 진군할 수 있었다. 8년 전 자신이 치욕스럽게 추방당했던 곳이었다. 오랫동안 거부하고 조롱했던 자들에게 최후통첩이 전달됐다. "이슬람교를 받아들이면 안전할 것이다. 너희는 사방에서 포위됐으며, 너희 힘으로 감당할 수 없는 곤경에 처했다." 20년쯤 전 무함마드가 전도를 시작한 이래 그를 가짜 선지자라고 조롱하고 박해하기만 했던 메카의 쿠라이시 부족장 아부 수프얀Abu Sufyan이 협상을 위해 나서자, 무함마드는 이렇게 떠벌였다. "아부 수프얀, 그대에게 화가 있으리라. 이제 내가 알라 신의 사도임을 인정할 때가 되지 않았는가?" 풀이 죽은 그는 이렇게 대답했다. "그에 관해 나는 여전히 약간의 의문을 갖고 있소." 무함마드의 부하 중 하나가 곧바로 그에게 명령했다. "즉시 복종하고 '알라 외에는 신이 없으며 무함마드는 알라 신의 사도다'라고 증언하라. 그러지 않으면 네 목이 날아갈 것이다!"[7] 아부 수프얀과 메카 주민들은 샤하다를 선언했고, "알라후 아크바르"(알라 신은 위대하시다)라는 찬사가 울려 퍼졌다.

이것이 바로 무함마드가 무명에서 권력의 정상에 오른 과정을 미화 없이 요약한 핵심 내용이다.

신격화된 부족주의

무함마드의 메시지가 매력적이었던 이유는 그의 부족 관습과 모순되지 않았기 때문이다. 특히 자신의 부족에 대한 충성, 다른 부족에 대한 적대, 후자를 약탈해 전자를 부유하고 강력하게 만드는 세 가지 관습이 그러했다. 7세기 아라비아인들, 그리고 이후 이슬람교에 자연스러운 매력을 느낀 부족민들(특히 튀르크인과 타타르인)에게 부족이란 현대인의 '인류' 개념과 마찬가지였다. 부족의 일원이면 인간적으로 대우받았고, 거기에 속하지 않으면 비인간적으로 취급됐다. 이것은 과장이 아니다.

이슬람교도 철학자 이븐 할둔Ibn Khaldun(1332~1406)은 700여 년 전 무함마드 시대의 더 미개한 사람들은 차치하고, 그의 시대 아라비아인들을 '존재하는 가장 야만적인 인간들'이라며 다음과 같이 묘사했다. "정착민과 비교할 때, 그들은 길들일 수 없는 야생 동물이나 멍청한 맹수들과 같은 수준이다. 그런 자들이 아라비아인들이다."[8]

무함마드는 이러한 부족주의 이분법을 유지했지만, 혈연보다는 같은 이슬람교도를 우선시했다. 이에 따라 민족·국가·언어의 장벽을 초월하는 이슬람 세계의 '초超부족'인 움마umma* 가 탄생했다. 그리고 적은 여전히 바깥의 모든 사람이었다. 무함마드가 설파하고 《코란》이 명령한 이슬람 교리 '알왈라 왈바라al-wala' wa al-bara''(충성과 거부)** 가 이 모든 것을 설명한다. 《코란》은 모든 이슬람교도에게 그들의 비이슬람교도 친척들과 절연, 의절하라고 명령하기까지 한다. "그들이 아버지, 아들, 형제, 또는 가장 가까운 친족이라도" 말이다. 그들이 알라 신만을 믿을 때까지 그들에 대해 오직 적의와 증오만을 느껴야 했다(《코란》 58:22, 60:4).*** 한 연구자가 요약했듯이 《코란》에서 비이슬람교도

---

* 움마는 종종 (그리고 다소 시대착오적으로) 국가(nation)로 번역되지만, 어원상으로는 가장 가까운 혈족인 어머니(umm)와 관련이 있으므로 '초부족'으로 번역하는 것이 더 낫다.

** 이는 무함마드의 '메디나 규약'에서 시작된 것으로, "신자는 불신자를 위해 신자를 죽여서는 안 되며, 불신자를 도와 신자에게 적대해서도 안 된다"라고 단언했다. 더구나 모든 이슬람교도는 외부인을 배제하고 서로 친구가 돼야 했다(Ibn Ishaq 1997, 232). 《코란》 구절은 4:89, 4:144, 5:51, 5:54, 9:23, 60:1을 보라.

*** 이븐 카티르(Ibn Kathir)의 주류 해석에 따르면 《코란》 58장 22절은 알라에 대한 사랑으로 인해 자신들의 비이슬람교도 친족을 버리거나 심지어 죽인 무함마드의 몇몇 동반자들을 언급한다. 어떤 이는 자신의 아버지를, 어떤 이는 형제를 죽였다. 첫 번째 칼리파 아부 바크르는 자신의 아들을 죽이려 했고, 두 번째 칼리파 우마르는 여러 친족을 죽였다(Ibrahim, *Al Qaeda Reader*를 보라. "Loyalty and Enmity"라는 60여 쪽의 논문이 실려 있으며, 이븐 카티르의 주석

는 "천한 동물이자 짐승, 최악의 피조물이자 악마, 종교가 알라 신의 종교로 오직 하나가 될 때까지 싸워야 할 타락한 범죄자이자 악마의 협력자"로 묘사된다. 그리고 그들은 참수할 대상으로서 탄압하고, 말살하고, 십자가형에 처하고, 처벌하고, 추방하고, 기만을 통한 음모의 대상이 돼야 했다.[9]

이렇게 지하드가 탄생했다. 세상엔 단 두 개의 부족(한 천막에는 이슬람 움마가 있었고, 다른 천막에는 비인간화된 세상의 모든 부족들이 있었다)만 존재했기 때문에, 이슬람교도는 모든 이교도를 공격하고 복속시켜 그들의 '초부족'을 최고의 지위에 올려야 한다고 독려 받았다. 이와 같은 이분법적 세계관은 오늘날까지도 이슬람 율법인 샤리아sharia의 명령에 명문화돼 있다. 다르 알 이슬람Dar al-Islam(이슬람 세계)은 다르 알 쿠프르 Dar al-Kufr(이교도 세계)를 상대로 전자가 후자를 흡수할 때까지 영원히 싸워야 한다는 명령이다.* 여기서 한 가지 주장이 만들어질 수 있다. 무함마드가 세계사에 남긴 가장 지속적인 공헌은 7세기 아라비아의 부족 관습을 신학적 패러다임으로 재포장함으로써 부족주의 자체를 '신격

은 75~76쪽에 있다).

• 《이슬람 백과사전(Encyclopaedia of Islam)》의 '지하드' 항목에서 에밀 티안(Émile Tyan)은 다음과 같이 서술한다. "무력을 통한 이슬람교의 확산은 이슬람교도 전체에게 부여된 종교적 의무다. 지하드(이슬람교 확장을 위한 전쟁)는 온 세상이 이슬람교의 지배 아래 놓일 때까지 계속돼야 한다. 지하드 교리가 제거되려면 이슬람교가 완전히 바뀌어야 한다." 그러나 몇 가지 단서가 있다. 이슬람교도가 지하드를 중단하고 비이슬람교도와 일시적으로 휴전을 맺을 수 있지만, 주로 이슬람교도가 약화된 상태에 있을 때뿐이다. 그들이 다시 충분히 강해지면 기존의 휴전은 폐기되고 지하드는 재개된다. 마찬가지로 이슬람교도가 이교도의 권력 아래에 있을 경우 그들은 비이슬람교도 지배자에게 우정과 충성을 가장할 수 있도록 허용된다. 마음속에서 적개심이 사라지지 않는 한도 안에서다. 《코란》에 근거한 타키야(taqiyyah, 사려 분별) 교리에 관해서는 6장에서 더 자세히 다루겠다.

화'했고, 그 결과 부족주의는 본래의 환경을 넘어서 현대까지 이어졌다는 것이다. 대부분의 세계 문명은 과거의 부족 체제를 벗어던지고 현대적인 체제로 진입할 수 있었지만, 이슬람교도들에게 부족 체제를 버린다는 것은 곧 무함마드 및 그의 율법과 결별하는 것을 의미한다. 핵심적인 이슬람교의 가르침과 결별하는 것이다.

지하드: 어느 경우든 이득이 되는 습격

《코란》의 여러 구절과 정전正典《하디스》는 지하드를 가장 고귀한 행위로 묘사한다. 무함마드는 "알라의 길에서 전투 대열에 참여하는 것은 60년 동안 예배하는 것보다 더 가치 있다"●라고 말했다. 따라서 이슬람 이전에 부족사회의 습격은 보상이 현세적인 전리품에 제한됐고 죽음의 위험이 따랐던 데 반해, 신성화된 습격인 지하드는 현세와 내세에서 보상을 제공해(기본적으로 위험이 없다는 얘기다) 새롭게 태어난 광신과 결연한 각오로 이어졌다. 메카에서 보낸 한 정탐꾼은 무함마드의 신생 메디나 군대를 몰래 관찰한 뒤 이렇게 보고했다. "그들은 우리보다 수가 아주 적은 것이 사실입니다. 하지만 죽음이 저들의 낙타 위에 올라타고 있습니다. 저들의 피난처는 오직 검뿐이며, 무덤처럼 고요히 있다가 뱀처럼 완벽하게 겨누고서야 칼을 뽑습니다."[10]

● 지하드의 탁월한 가치에 대한 언급은 수없이 많다. 무함마드 또한 지하드처럼 훌륭한 것을 "나는 도무지 찾을 수 없다"고 했으며, 더 나아가 지하드를 "끊임없이 기도하고 지속적으로 단식하는 것"에 비유했다(Lindsay 2015, 70, 145).

이교도들에 대한 습격이 성공하면 생존자는 모두 통상적인 전리품을 보장받았다. 바로 약탈품과 노예(첩으로 삼을 수 있는 여성 포함)* 등이 었다. 지하드 도중에 전사한 사람은 모두 내세에서 비슷하거나 더 큰 보상을 약속받았다. 어느 경우든 그들에게는 이득이었다. "나는 그가 천국에 받아들여지거나, 아니면 보상과 전리품을 가지고 출발한 곳으로 돌아오리라는 것을 보증한다"[11]라고 무함마드는 말했다. '순교자'인 샤히드shahid에 대해 선지자 무함마드는 '알라에게 특별한 존재'라고 말했다.** "그가 흘리는 첫 번째 피 한 방울로부터 그는 용서받는다. 그는 천국에 있는 자신의 보좌를 본다. 그의 머리 위에는 명예로운 관이 씌워질 것이다. 그 홍옥은 이 세상과 그 안에 있는 모든 것보다 더 크다. 그리고 그는 72명의 천국 미녀와 사랑을 나눌 것이다."[12] 이 미녀들은 초자연적인 천상의 여성들(큰 눈과 풍만한 가슴을 지녔다고 《코란》은 말한다)로, 알라 신이 자신의 총애받는 자들을 영원히 즐겁게 하기 위한 명확한 목적으로 창조했다. 이슬람 경전이 천국을 음식, 술, 황금, 그리고 믿는 자들의 주위를 돌며 순교자들을 기다리는 영원히 어린 소년들 등 분

---

* 《코란》에 〈전리품〉(8장)이라는 제목의 장이 있다는 것은 지하드 도중 약탈의 중요성을 단적으로 보여준다. 이슬람교도 남성은 네 명의 아내 외에도 손에 넣을 수 있는 만큼의 이교도 성 노예를 둘 수 있다(《코란》 4:3, 4:24, 33:50 참조).

** 이슬람교에서 칼이 지닌 구원적 성격은 기독교에서 십자가가 구원을 가져다주는 것과 유사하다. 성 바울이 "우리에게 재난을 안긴 죄악이 … 십자가에 못 박혔다"(〈골로새서〉 2:14)라고 말한 반면, 무함마드는 "칼은 모든 죄를 지운다", "알라의 길에서 죽으면 불순함이 씻긴다"라고 주장했다(Cook 2005, 15; 또한 Lindsay 2015, 183). 지하드의 죽음을 숭배하는 성격은 무함마드의 다음과 같은 주장에서 특히 잘 드러난다. "만약 이슬람교도들에게 짐이 되지 않는다면 나는 결코 알라의 길에서 싸우러 나가는 원정대에서 빠져 빈둥거리지 않을 것이다. 나는 알라의 길에서 습격에 나가 죽기를 원하고, 다시 습격에 나가 죽기를 원하며, 또다시 습격에 나가 죽기를 원한다"(Lindsay 2015, 147).

명하게 육욕적인 용어로 묘사하는 것은, 앞서 말한 무함마드 당시 사회의 원시성으로 미루어보면 그리 놀라운 일은 아니다.[13]

덧붙이자면 무함마드는 현세나 내세의 보상에 대한 약속으로도 전투 참여에 자극을 받지 못한 이슬람교도들에게는 다른 접근법을 취했다. 무함마드는 그들이 지옥에서 "그 어떤 죄 많은 인간보다도 더한 고통을 받을 것"[14]이라고 위협했고, 알라 신은 이를 확인했다(《코란》 8:15). 어쨌든 지하드가 가진 어느 경우든 이득이 된다는 속성이 초기 이슬람교도들에게 동기를 부여했다는 점은 과거와 현재의 비이슬람권 자료들에 의해 널리 입증되고 독립적으로 확인됐다.[•] 당혹스러워진 한 동로마 관리는 곧 침공해 올 아라비아인들을 두고 이렇게 말했다. "그들은 마치 지옥의 악마에게 사로잡힌 자들 같다. 그들은 안락이나 안전에 전혀 유혹받지 않으며, 감히 말하지만 오히려 전투의 열정을 즐기며 죽음의 공포를 환영한다."[15] 10세기 중국의 사료에 따르면 "아라비아의 왕은 7일마다 한 번씩 높은 곳에 앉아 아래에 있는 자들에게 이렇게 말한다. '적에게 죽은 자는 저 위 천국에 들 것이며, 적을 죽인 자는 행복을 얻을 것이다.' 그래서 그들은 언제나 용감하게 싸운다."[16]

그리고 지하드를 수행하는 이들은 반드시 진심이거나 경건한 의도를 가져야 할 의무는 없었다. 이것이 중요하다.[••] 《코란》의 냉정하고 사

• 역사가 마리우스 카나르(Marius Canard)는 이렇게 썼다. "종교적 열정과 성전(지하드)에 대한 열의가 많은 이슬람교도를 감동시킨 정서였다는 것은 확실하다. 전투에 나서는 병사들이 기쁨에 찬 마음으로 죽음을 향해 나아갔다는 수많은 기록이 있으며, 그들은 자신들을 부르고 손짓하는 천국 미녀들의 환상을 보았다고 한다"(Donner 2008, 66).

•• 올바른 의도가 필요하다는 점을 보여주기 위해 자주 인용되는 《하디스》에서도 분명히 드러난다. 무함마드는 이런 질문을 받았다. "어떤 이는 전리품을 얻기 위한 욕망 때문에, 어떤 이는

무적인 언어가 이를 명확히 보여준다. 지하드를 수행하는 자는 누구든 '알라께 좋은 대출'을 해주는 것이며, 알라는 그 대가를 여러 배로 보상해주는 것을 보장한다. 언제나 그 노력에 비례해서다(《코란》2:245, 4:95). 간단히 말해서 "알라는 신자들로부터 그들의 생명과 세속의 재산을 '구입'하고, 그 대가로 그들에게 천국을 약속하셨다. 그들은 알라의 길에서 싸우며, 죽이고 또 죽임을 당하게 될 것이다. 그러니 너희가 맺은 이 거래에 기뻐하라. 이것은 최고의 승리이기 때문이다"(《코란》9:111).•

죄에 대한 즉각적인 용서가 신자들에게 주어지면서, 이는 자연스럽게 믿음이 약한 이슬람교도에게 죄를 지을 수 있는 면허가 됐다. 신앙 고백인 샤하다를 선언하고 무함마드·알라·움마에게 충성을 맹세하기만 하면 누구든 지하드에 참여해 그 보상을 누릴 수 있었다. 아무것도 묻지 않았다. 이슬람교에 공헌하기 위해 죽음의 위험을 무릅쓰고 싸우는 것만으로도 충성심을 입증하기에 충분했다. 실제로 때로는 충성심보다 싸우는 것이 우선시됐다. 지하드에 참여하는 사람에게는 기도나 단식 같은 것을 지키지 않아도 되는 여러 가지 면제 혜택이 있었다. 오스만 술탄들은 다른 이슬람교도들에게는 개인적인 의무였던 메카 순례가 사실상 금지됐는데, 순례가 매년 벌어지는 지하드를 방해할 수

명예나 영광을 위해 싸울 것입니다. 누가 알라의 길에서 싸우는 자입니까?" 무함마드는 이렇게 대답했다. "누구든 알라의 말씀이 최고의 것이 되도록 싸우는 자가 알라의 길에서 싸우는 자다"(Bonner 2006, 51). 주목할 점은 이 설명이 이기적인 소득을 위해 싸우는 것과 모순되지 않는다는 것이다. 그저 이슬람 편에 서서 싸운다는 것만으로도 그는 사실상 '알라의 말씀'을 위한 전사가 되며, 의도는 상관이 없다.

• 《코란》은 지하드 수행의 이득을 설명할 때 상인의 언어를 자주 사용한다. "너희를 고통스러운 형벌(지옥)로부터 구원할 거래"《코란》61:10) 같은 식이다. 비이슬람교도 냉소주의자들은 오랫동안 이를 근거로 《코란》의 진짜 저자가 상인 무함마드였음을 반영한다고 보았다.

있기 때문이었다.[17] 마찬가지로 유명한 수니파 법학자 이븐 쿠다마Ibn Qudama(1147~1223)는 "지도자가 존경할 만한(즉 경건한) 사람이든 타락한 사람이든, 우리는 그 휘하에서 싸워야 한다"[18]라고 말했다.

이 모든 것은 중요한 일이어서 기억해 둘 만하다. 뒤에 나오는 여러 중요한 지하드 전사*들이 다른 때에는 술을 마시거나 동성애에 빠지는 등 비이슬람적인 생활을 했기 때문이다. 이러한 사실은 서방 역사가들로 하여금 이와 같은 이슬람교도들과 이들이 흔히 비이슬람교도에게 가학적으로 대했던 일들을 이슬람교와 떼어서 생각하게 만들었다. 반면 이슬람 역사에서는 이들을 훌륭한 이슬람교도로 칭송한다. 그들이 이교도를 상대로 성공적인 지하드를 수행했기 때문이다. 그러나 무함마드를 소봉하고 그와 싸움을 벌였지만, 무함마드가 메카를 점령하자 샤하다를 선언한 칼리드 이븐 알왈리드Khalid ibn al-Walid 같은 일부 사람들은 사실상 대량 학살을 저지른 정신병자이자 강간범이나 다름없었다.

서방(또는 기독교 세계)

지하드에 대해 기초적인 이해를 했으니 이제 무함마드가 '서방'을 어떻게 다루었고, 어떤 견해를 가지고 있었는지를 살펴볼 필요가 있다. 그

---

* 아라비아어로 지하드를 수행하는 사람은 무자히드(mujahid)이고, 복수형은 무자히딘(mujahidin)이다.

러나 '서방'이라는 용어는 문제점과 시대착오적인 요소들을 내포하고 있기 때문에(어떤 문명이 아직도 방향을 기준으로 불리고 있단 말인가?) 몇 가지 해명이 있어야 한다.

이슬람 세계와 마찬가지로 오늘날 '서방'이라 불리는 지역도 오랫동안 종교의 영토적 범위에 따라 인식되고 구분됐다. 그래서 더 오래되고 응집력 있는 용어인 '기독교 세계Christendom'라는 말이 사용됐다. 이는 옛 로마 제국의 영토(유럽의 일부, 북아프리카 전역, 이집트, 시리아, 소아시아)를 포함했으며, 이들 지역은 이슬람교가 등장하기 수백 년 전에 기독교화됐고 모두 같은 문명권에 속해 있었다.

다시 말해서 '서방'이란 이슬람 세력이 원래 기독교 세계의 약 4분의 3을 정복한 뒤 남은 그 잔존 부분이다. 역사학자 프랑코 카르디니Franco Cardini는 이렇게 말했다. "우리가 현대의 유럽 개념과 유럽인의 정체성이 어떻게, 언제 탄생했는지를 자문해 본다면, 이슬람 세계가 그 형성 과정에서 얼마나 큰(비록 부정적인 것이지만) 요소였는지를 깨닫게 된다. 유럽에 대한 이슬람 세력의 반복적인 침공은 유럽 탄생의 '폭력적인 산파'였다."[19] 이슬람 세력에 대한 저항은 기독교 세계의 단합을 통해 유럽을 규정했다. 버나드 루이스는 수백 년에 걸친 이슬람 세력의 침공을 요약한 뒤 이렇게 썼다. "유럽의 동쪽 끝과 서남쪽 끝의 양쪽에서 유럽의 경계, 그리고 어떤 의미에서는 유럽의 정체성이 이슬람 세력의 진격과 퇴각에 의해 형성됐다."[20] 즉 유럽의 자기 정체성은 민족이나 언어가 아니라 종교를 중심으로 한 것이었다. 유라시아 대륙의 작은 한 귀퉁이에 수십 개의 민족과 언어가 아직도 공존하고 있는 이유도 여기에 있다. 유럽은 이슬람 세력에 정복되지 않은 마지막이자 가장 강고한 기독교 세계의 요새였다. 간단히 말해 '서방'은 사실상 이슬람 세력이 영구히 잘라낸 훨씬 더 광범위했던 문명권 토막의 '가장 서쪽 끝' 잔존물이었다.

이 점은 중요하다. 오늘날 서아시아와 북아프리카는 문화적으로 유럽과 다른 세계지만, 이슬람 세력이 기독교 세계의 유기적 연속성과 영토의 단일성을 끊어버리지 않았더라면 고전적 지중해 세계는 아마도 동일한 문명권의 일부로 남아 있었을 것이다. 플라톤이 기독교가 등장하기 오래전에 표현했듯이 흔하게 볼 수 있는 "연못 주위의 개구리들"[21]처럼 말이다. 따라서 다른 측면에서는 정확할지 몰라도(무엇보다도 서방은 더이상 기독교라는 종교로 자신을 정의하지 않는다), '서방'이라는 용어는 이슬람 세력과의 역사적 관계 및 이슬람 세력에 의한 단절을 충분히 드러내지 못하고 있다. 더 나아가 이 용어는 이슬람 세력이 정복한 모든 '동방' 지역들이 결코 '서방 문명'의 일부가 아니었던 것처럼 암시하지만, 사실 이 지역들은 서방의 그리스-로마와 기독교 유산의 정통 계승자였다.

당시 부, 학문, 문명 같은 모든 중요한 것이 동방에 있었기 때문에 330년에 로마 황제 콘스탄티누스 대제는 현재의 튀르키예 땅의 일부가 되는 곳에 노바 로마Nova Roma(새 로마)라는 이름의 새 제국 수도를 건설했다. 나중에 그를 기려 콘스탄티노플이라고 불리게 되는 곳이다. 이 도시는 급성장하는 기독교 제국의 풍요로운 중심지이자 수도가 됐으며, 옛 로마의 직접적인 계승자로서 그것이 멸망한 뒤로도 1천 년이나 더 존속했다. 우방이든 적이든 모두가 이를 '로마'라고 불렀고, 수백 년 동안 이슬람 세력에 맞선 기독교 세계의 가장 동쪽 보루 역할을 맡았으며, 1857년 이후 이 도시와 제국은 '비잔티움'으로 알려졌다. 이는 로마 제국(서방) 자신의 역사 및 유산의 연속성과 통합성을 단절시키는 또 하나의 신조어다.* (하지만 '동로마 제국'에 비해 간결하기 때문에 이후의 역사 서술에서는 두 용어가 함께 사용됐다.)

요컨대 무함마드가 무대에 등장했을 당시 '서방'은 옛 로마 제국의 영토를 따라 존재했던 기독교 세계였으며, 상징적 대표는 콘스탄티노플에 자리잡은 로마 황제였다. 따라서 서방과 관련된 무함마드의 이야기와 전쟁의 율법을 이해하는 것은 곧 기독교 세계와 관련된 무함마드의 이야기와 전쟁의 율법을 이해하는 것과 마찬가지다.

선지자와 기독교 세계

이슬람교 선지자 무함마드가 《코란》에서 뭉뚱그려 '성서의 백성'이라 부른 기독교도 및 유대인과 맺은 관계는 그의 생애 동안 변화했지만, 그의 최종적인 입장은 그들이 외부의 이교도이며(《코란》5:51) 적이라는 것이었다. 무함마드가 기독교를 부정한 주된 이유는 예수가 핵심이었다. 그는 예수가 동정녀에게서 태어났고 기적을 행했으며 본질적으로 죄가 없다는 점에는 동의했지만, 예수가 십자가에 못 박혀 죽고 부활했다는 주장은 부정했다. 무함마드는 예수가 신의 아들이라는 주장에 대

---

* 이 용어는 1556년 무렵 처음 사용됐는데, 당시엔 오로지 시적인 맥락에서만 쓰였다. 그러다 19세기와 20세기에 들어서 '동로마 제국'의 동의어가 되어 마침내 그것을 밀어냈다.

해 특히 비난했다. 이슬람교에서 가장 큰 죄인 쉬르크shirk, 즉 다신 숭배에 해당하기 때문이다. 이는 다른 존재를 알라와 동격으로 놓는 우상숭배여서 다신교가 된다.• 무함마드는 자신이 부정하는 이러한 교리를 십자가가 구현했다 해서 십자가 형상에 대해 극심한 혐오감을 갖고 "그 모습이 들어 있는 물건이 집에 들어오면 모두 부숴버렸으며",[22] 예수가 심판의 날에 돌아오면 그의 주요 임무 가운데 하나가 "십자가를 부수는 것"이 될 것이라고 공언했다(이 표현은 이후 시기와 오늘날까지도 이어지고 있다).[23]

무함마드가 메카의 지배자로 올라서던 무렵, 그는 동로마 제국의 기독교도 황제 이라클리오스에게 편지••를 보냈다. 그해 이라클리오스는 수십 년간 전쟁을 벌인 끝에 페르시아 제국을 막 이긴 참이었다. 무함마드가 보낸 편지의 핵심은 아라비아어 두 단어로 이루어져 있었다. "아슬람 타슬람Aslam taslam", 즉 "(이슬람에) 복종하면 평화를 얻을 것이다"라는 내용이었다.[24] 그러나 이는 거절당했다. 이에 대한 반응으로 무함마드는 629년에 약 3천 명의 아라비아 원정군을 기독교 지역으로 보

• 《코란》에는 "알라가 세 분 중 하나라고 말하는 자들은 이교도다"(5:73)라는 말이 있다. 기독교의 삼위일체설을 이야기한 것이다. "알라가 마리아의 아들 그리스도(예수)라고 말하는 자들은 이교도다"(5:17; 또한 4:171 참조)라는 말도 있다.

•• 이슬람교도 저자 M. J. 아크바르(Mobasher Jawed Akbar)는 이 편지가 서방 및 이슬람 세계 양쪽의 역사에 대한 견해에 미친 중요성을 다음과 같이 요약했다. "(이 편지의) 한 사본은 이스탄불의 톱카프궁 박물관 이슬람부에서 찾아볼 수 있다. 이 문서는 이슬람교도의 관점에서 보면 분명히 이슬람교도-기독교도 관계에서 매우 중요한 요소이며, 수백 년 동안 지속적인 참조 대상이 돼왔다. 현대 이란의 고위 성직자 루홀라 호메이니도 미하일 고르바초프에게 이와 비슷한 성격의 편지를 보냈으며, 그 유사성을 충분히 의식하고 있었다. 그러나 서방의 많은 작가들은 '이 편지가 이슬람교도들의 사고에서 가지는 위치를 생각해 보려고도 하지 않은 채' 가짜로 치부해 버린다"(2003, xxiii).

내 "승리 아니면 순교!"를 외치게 했다.[25] 수백 년 동안 자신들의 남쪽 이웃을 짐승 같고 피에 굶주린 삶을 사는 자들로 여겨온 로마인들은 이들을 무타(현재 요르단 동쪽 카라크 근처)에서 맞아 싸워 물리쳤다.[26]

그뒤 630년의 어느 시점에 이라클리오스가 이전에 페르시아에 빼앗겼던 성십자가(예수가 처형당한 십자가의 일부로 여겨진 유물로, 수백 년 전 콘스탄티누스 황제 시절 발견됐다)를 예의를 갖추어 다시 예루살렘에 봉환할 때에도 무함마드는 기독교 세계에 대해 영원한 전쟁을 선포했다. 이는 《코란》(9:29)에 나타난다. "성서의 백성(기독교도와 유대교도) 중 알라와 심판의 날을 믿지 않고, 알라와 그분의 사도가 금지한 것을 금지하지 않으며, 참된 종교를 받아들이지 않는 자들과 싸우라. 그들이 기꺼이 복종하며 지즈야jizya(인두세)를 바치고 스스로 굴복했다고 생각할 때까지 싸우라."● 다시 말해서 이슬람 세력은 유대인과 기독교도에게 개종하거나, 싸우다 죽거나, 강제된 돈을 내고 자신들의 종교를 지키며 이슬람 사회에서 딤미dhimmi로서의 열등한 지위를 받아들이는 것의 세 가지 선택지를 주었다.●●

● 《코란》 9장 29절 및 그와 짝을 이루는 9장 5절은 합쳐서 '아야트 앗사이프(ayat as-sayf, 칼의 구절)'로 알려져 있으며, 이슬람 정통 율법에 따라 평화와 관용을 말하는 124개의 구절이 폐기됐다.

●● 이는 지즈야와 딤미라는 단어 모두에서 분명하다. 딤미는 '잘못을 찾아내다', '책임을 지우다'라는 의미를 지닌 어근에서 온 것이다. 지즈야는 보통 '세금'으로 번역되지만 어원은 무언가에 대해 '갚다', '보상하다', '벌충하다'의 의미를 지닌다. 다시 말해서 정복당한 비이슬람교도는 원래 죽어야 할 목숨을 돈을 내고 사게 되는 것이다. 어떤 율법학자들은 이를 명확히 밝혀 이렇게 썼다. "그들(이교도)의 생명과 재산은 오직 지즈야를 내는 경우에만 보호받는다"(Ibrahim 2013, 22~24). 딤미가 따라야 했던 차별적이고 굴욕적인 규칙에 대한 포괄적인 요약은 "The Conditions of Omar"(Ibrahim 2013, 24~30)를 보라.

그후 무함마드는 기독교도들이 이슬람교를 말살하기 위해 아라비아를 침공할 계획을 세우고 있다고 주장하며 선제적으로 약 3만 명의 이슬람교도를 이끌고 로마와 아라비아의 경계 지대인 타부크로 진군했다. 그들은 그곳에서 3주 정도 머물렀으나 로마인들은 오지 않았고, 이슬람교도들은 메디나로 되돌아갔다.* 그로부터 2년 뒤인 632년, 무함마드는 세상을 떠났다. 그는 살아 있는 동안 아라비아 부족들을 이슬람의 깃발 아래 결집시키는 데 성공했다. 그가 죽자 몇몇 부족이 이탈하려 했다. 그중에는 이슬람 신앙은 유지하되 무함마드의 장인이자 후계자(칼리파)인 아부 바크르에게 자카트zakat라는 희사금을 내지 않겠다는 사람들도 있었다. 칼리파는 그들 모두를 배교자로 간주하고(배교는 이슬람교에서 흔히 사형에 처해질 수 있었다) 배교 전쟁을 개시했다. 이 전쟁으로 수만 명의 아라비아인이 참수되거나, 십자가형에 처해지거나, 산 채로 불태워졌다. 633년에 이 전쟁이 끝나면서(634년에는 아부 바크르도 사망했다) 한때 갈라졌던 아라비아 부족들이 알라의 깃발 아래 완전히 통일됐다. 반목하던 아라비아인들의 온 힘을 '타자'를 향해 투사하는 일은 두 번째 칼리파인 우마르 이븐 알하타브Umar ibn al-Khattab(재위 634~644)에게 맡겨졌다.

테오파네스(758~818)는 150년 뒤 이렇게 기록했다. "이 해에 팔레스

• 타부크 원정은 겉보기에는 별다른 사건 없이 끝났지만,《코란》9장 29절을 통해 모든 기독교인과 유대인의 운명을 결정지은 것 이상의 중요한 의미를 지닌다. 많은 아라비아인들이 자신들을 전쟁에 보내지 말아 달라고 무함마드에게 간청하자, 무함마드(혹은 알라)는 보상으로 유혹하고 지옥의 불로 위협하는 새로운 구절들(《코란》9:81)을 쏟아냈다. 그리고 무엇보다 지하드에 나서려 하지 않는 자들을 위선자라며 끊임없이 비방했다.

타인 부근에서 지진이 일어났다.* 그리고 남쪽 하늘에 징조가 나타났는데, 사람들은 그것이 아라비아인의 침공을 예고하는 광선이라고 했다. 그것은 30일간 지속됐고 남쪽에서 북쪽까지 뻗어 있었으며, 칼 모양이었다."[27] 한편 이라클리오스 황제가 악몽에 시달리기 시작했다고 또다른 연대기 작가는 썼다. 꿈속에서 그는 "사막의 쥐 떼에 의해 무자비하게 짓밟히곤 했다."[28]

---

* 알타바리(al-Tabari)의 저술 같은 아라비아 사료들 역시 이슬람의 초기 침공기 동안 팔레스타인에서 지진이 일어났음을 확인해주고 있다.

1장

기독교 세계를 빼앗은 이슬람의 강습

야르무크 전투(636년)

그 무렵 교회는 황제들과 불경한 사제들에 의해 시달리고 있었는데, 그때 아말렉인들이 광야에서 일어나 그리스도의 백성인 우리를 공격했고, 로마 군대는 처음으로 참담한 패배를 당했다. 아즈나다인과 야르무크에서의 유혈 사태가 그것이다.

— 테오파네스[1]

우리를 우리 땅인 아라비아에서 몰아낸 것은 굶주림도, 가난도 아니다. 우리 아라비아인은 피를 마시는 자들이며, 그리스인의 피보다 더 맛있는 피는 없다는 것을 안다. 그래서 우리는 너희를 피 흘리게 하고, 그것을 마시기 위해 여기에 왔다.

— '알라의 검' 칼리드 이븐 알왈리드[2]

634년 아라비아인들이 로마령 시리아를 침공했을 때의 '시리아'는 오늘날보다 더 넓어서 현재의 이스라엘, 요르단, 팔레스타인 땅을 포괄하고 있었다. 그곳은 또한 기독교 세력이 매우 강한 곳으로 본래의 사도좌使徒座 다섯 곳 중 두 곳이 이곳에 있었는데, 예수의 추종자들이 처음으로 '기독교도'라 불렸던 안타키아와 기독교가 탄생한 예루살렘이 바로 그것이다. 그러나 451년 칼케돈 공의회에서 시작되고 오늘날의 평균적인 기독교도들에게는 이해하기 어려운 신학적 복잡성으로 얼룩진 그리스도의 본성에 대한 논쟁으로 인해 제국은 분열됐다. 현대의 양측 일부 주요 성직자들은 이 논쟁이 본질적인 문제보다는 단어의 의미를 중심으로 한 것이었다고 말한다.

초기 아라비아인의 침입은 결국 사막으로 흩어져 사라지는 전형적인 유목민식 습격으로 여겨졌다.* 그러나 결과는 그렇지 않았다. 634년에 떼를 지은 아라비아인들(일부는 말이나 낙타를 탔고** 일부는 도보였다)이 로마령 시리아 깊숙이 진입해 학살과 약탈을 자행했다. 이라클리오스는 페르시아(그들은 동시에 아라비아의 공격을 받고 있었으며, 곧 아라비아인들

---

* 아라비아인들이 이전까지 전혀 위협으로 여겨지지 않았다는 것은 정복 수십 년 전에 만들어진 동로마 제국의 군사 편람인 《전략(Strategikon)》에서 드러난다. 이 편람은 페르시아인, 아바르인, 튀르크인, 훈족, 프랑크인, 롬바르드인, 슬라브인, 안테스인 등 적대적이고 제국에 위협이 될 수 있는 민족들을 정리하고 그들에 대한 대처 방식을 추천하고 있지만, 아라비아인에 대해서는 언급하지 않는다.

** 약 1천 년 전, 헤로도토스는 아라비아의 낙타 전투에 대해 논의하면서 말은 "낙타를 보면 견디지 못한다"라고 말했다(《역사》 제7권 87절). 알타바리는 아라비아인과 페르시아인 사이의 전투(아라비아인이 낙타를 이용했다)를 다루면서 이에 동의한다. "페르시아군의 말들이 (낙타를 보고) 겁을 먹어 도망쳤다. 페르시아인들은 이슬람교도들이 코끼리로 인해 겪은 어려움보다 더 큰 어려움을 겪었다"(al-Tabari 1992, 100).

에게 정복당하게 된다)를 상대로 10년에 걸친 성전을 경험한 지 얼마 되지 않아 지친 상태였지만, 또다시 이 신흥 강자를 진압하기 위해 시리아에 자신의 군대를 집결시키는 일에 나섰다. 한편으로 침략자들이 작은 승리를 거둘 때마다 수천 명의 열정적인 신입병이 아라비아에서 시리아로 몰려들었다. 칼리드 이븐 알왈리드도 그들 가운데 하나였다.

알라의 검

칼리드는 초기 이슬람 정복기의 아라비아 역사에서 큰 존재감을 드러내며, 오늘날에도 여전히 최고의 지하드 전사로 간주된다. 칼리드는 메카 출신의 다신교도로서 군사적 능력으로 명성을 떨쳤으며, 오랫동안 무함마드를 거짓 선지자로 치부해 왔다. 그러나 무함마드가 메카를 점령하자 칼리드는 그를 추앙하며 이슬람 공동체에 들어왔다. 무함마드는 그에게 '독수리 깃발', 즉 흰 글씨로 샤하다(이슬람 신앙 고백)가 쓰인 검은 깃발을 수여했는데, 현대 ISIS의 깃발은 이를 모방한 것이다. 칼리드는 독수리 깃발을 펄럭이며 이교도들을 응징하는 채찍이 됐다. 그는 629년, 이라클리오스 황제가 무함마드의 '복종' 권유를 거부한 뒤 기독교도들을 징벌하기 위해 무타로 파견된 3천 명의 지하드 전사 가운데 한 명이었다. 그는 이교도 적들을 상대로 칼을 휘두르다 아홉 자루의 곡도scimitar를 부러뜨렸다고 하며, 이에 감탄한 무함마드는 그를 '알라의 검' 또는 '뽑힌 알라의 검'이라 부르기에 이르렀다. 이 칭호는 9세기 초의 테오파네스(758~818) 같은 초기 기독교도 역사가들도 알고 있었다.

오늘날 이슬람교도들은 대체로 칼리드가 지하드에 헌신한 일에 대해 찬양 일변도다.* 하지만 그에게는 어두운 면도 있다. 배교 전쟁 당시 칼리드는 인기 있는 아라비아 지휘관 말리크 이븐 누와이라Malik ibn Nuwayra가 이슬람에서 배교했다고 덮어씌웠다. 그리고 그는 말리크를 학살하고, 그날 밤 그의 아내 레일라를 강간(이슬람 사서들은 이를 '혼인'이라고 표현한다)했다. 거기서 멈추지 않고 그는 말리크의 머리를 벤 뒤 두 돌 사이에 세워놓고 불을 붙였으며, 그 위에 솥을 걸고 자신의 저녁 식사를 위한 요리를 했다. 이슬람교도 역사가 이븐 카티르는 이렇게 기록하고 있다. "그날 밤 칼리드는 배교한 아라비아 부족민들과 그밖의 사람들에게 겁을 주기 위해 그것을 먹었다. 말리크의 머리카락이 활활 타올라 고기가 잘 익었다고 한다."³

아라비아의 여러 유력 인사들은 말리크가 진정한 이슬람교도였고 칼리드는 아름답기로 유명한 그의 아내를 차지하려고 그를 배교자로 몰았을 뿐이라고 말했다. 우마르 이븐 알하타브조차 당시 칼리파였던 아부 바크르에게 "칼리드의 칼은 정말로 못 할 짓을 했다"고 털어놓았다. 그가 이슬람교도 남자를 살해하고 그 아내에게 달려들었다는 것이다. 아부 바크르는 칼리드를 메디나로 소환했다. 메디나에 도착한 '알라의 검'은 자신이 경건하게 지하드에 매진하는 것처럼 보임으로써 고발자들로부터 동정 또는 존경심을 이끌어내려고 더러워진 전투복을 입고 이슬람교당으로 들어갔다. "머리에는 터번을 감쌌는데 거기에는

화살들이 박혀 있었다"고 한 이슬람 연대기는 설명한다. 여기에 넘어가지 않은 우마르는 그에게 다가가 머리에 박힌 화살을 뽑아 내동댕이쳤다. 그러고는 "이런 위선자 같으니라고! 이슬람교도를 죽이고 그 아내에게 달려들어? 알라께 맹세코 너를 돌로 쳐 죽이고 싶다"라고 말했다. 칼리드 이븐 알왈리드는 아무 말도 하지 못했고, 아부 바크르도 자신에 대해 우마르와 같은 생각을 가질 수밖에 없겠다고 생각했으나 그로서는 다행스럽게도 아부 바크르는 칼리드를 용서했으며, 그의 최근 원정에서 벌어진 모든 일에 대해서도 처벌을 내리지 않았다.[4]

우마르가 계속해서 아부 바크르에게 매달리며 칼리드의 칼이 정말로 못 할 짓을 했다고 다시금 목소리를 높이자, 짜증이 난 칼리파는 이렇게 말하며 논란을 끝내버렸다. "우마르, 알라께서 불신자들을 베려고 뽑아든 검을 칼집에 넣지는 않을 것이네."[5] 결국 편의주의가 승리했다. 약간의 도덕적 결함을 이유로 칼을 칼집에 넣기보다는 이교도를 상대로 칼을 뽑는 것이 나았다. 칼리드는 기독교 세계인 시리아에서 지하드를 벌이기 위해 파견됐고, 그곳에서 그는 인기를 얻어 모든 전투에서 이슬람교도들의 총사령관이 됐다.[6]

대규모 동원

634년 늦여름, 이라클리오스 황제는 침략자들을 격퇴하기 위해 대규모 육군을 소집해 파견했다. 이에 맞서 이슬람교도들은 오늘날 이스라엘의 아즈나다인에 병력을 집결시켰다. 양측의 전투 병력은 1만에서 2만 명에 달했다. 이슬람교도 역사가 알발라두리al-Baladhuri(820~892)는 "이 군대에 맞서 이슬람교도들은 격렬한 전투를 벌였으며, 특히 칼리드 이븐 알왈리드가 두드러진 활약을 했다"라고 기록했다. 그리고 "마침내 알라의 도움으로 알라의 적들은 패배해 궤멸했고, 매우 많은 수가 도륙당했다"라고 했다.[7] 이 전투로 얼마 전에 죽은 선지자 무함마드의 가장 가까운 사하비(동반자) 몇 명이 전사했으며, 패배한 기독교도 병력 상당수는 북쪽의 성곽 도시로 후퇴해 훗날 다시 싸울 준비를 했다.

이라클리오스는 아라비아 침략자들이 파괴와 약탈을 저지른 후 늘 그랬듯이 결국 자신들이 왔던 사막으로 돌아가리라고 기대했다. 그러나 침략자들은 북쪽으로 계속 침투해 들어왔고, 로마 군대와 몇 차례 더 전투를 벌여 그들에게 패배를 안겼다. 다마스쿠스 바로 남쪽의 마르즈 알 사파르에서 벌어진 전투는 피가 물과 함께 흘러 물레방아를 돌릴 정도로 격렬했다.[8] 635년 2월, 의기양양한 이슬람 구호를 외치며 칼을 휘두르는 이슬람교도들에 의해 다마스쿠스의 성벽이 뚫렸다.[9] 타르수스의 사울이 사도 바울이 된 이 옛 도시에서 또 하나의 기독교도 학살이 벌어졌다.

이라클리오스는 최근 페르시아로부터 되찾은 시리아를, 더더욱 혐오하는 사라센인들에게 넘겨주고 싶지 않았다. 아라비아의 시리아 정복에 대한 가장 오래되고 상세한 기록을 남긴 이슬람교도 역사가 알와키디al-Waqidi(747~823)에 따르면 635년 말 황제는 "십자가를 진 자 모두에게 편지를 썼고, 로마 제국의 가장 먼 곳으로부터 병력이 도착하기를 기다렸다."[•] 아르메니아인, 조지아인, 그리스인, 기독교도 아라비아인, 심지어 슬라브인과 프랑크인 등 곳곳에서 온 기독교도 병사들이 기독교 십자군의 정신에 충만해[10] 안타키아에 집결했다. 황제는 이들 앞에 서서 "너희 자신과 너희의 종교, 그리고 너희의 여인을 지키기 위해 싸우라"고 열변을 토했다.[11]

현대 역사서에서 자주 빠뜨리는 것은 초기 전투들이 지닌 깊은 종교적 성격이다. 모든 이슬람교도 역사가들이 전하는 바와 같이 아라비아인들이 《코란》을 낭독하고 이슬람 구호를 외쳤지만, 로마군의 진영 역시 사실상 기독교도의 행렬과도 같았다. 결국 기독교 제국으로서의 동로마의 역할은 사기에 핵심적인 요소였다. 전투 전에는 꼼꼼한 종교적 준비가 있었다. 사제들이 전사들 앞에서 기도문을 암송하고, 성스런 유물과 십자가가 병사들 앞에서 행진했다. 모두가 병사들의 정신에 깊은 영향을 미치는 일이었다.[12] 로마 병사들이 "알라후 아크바르"를 외치는 침략자들에게 맞서 십자고상+字苦像을 치켜들고 고함을 질렀다는 기록도 자주 등장한다. 이는 십자군 운동이 펼쳐지기 수백 년 전의 진지한 성전이었다.

636년 늦봄, 약 3만 명의 병력으로 이루어진 이라클리오스의 다민족 군대가 남쪽으로 진군하기 시작했다. 칼리드의 조언에 따라 약 2만 4천 명을 헤아리는 이슬람교도 병력(여성, 노예, 아이, 낙타, 천막이 따르고 있

• 나는 야르무크 전투에 대해 단연 가장 상세하고 오래된 아라비아어 기록인 알와키디의 요약과 서술을 따랐지만(그리고 많은 부분을 번역했지만), 훨씬 오래된 기독교 사료에도 야르무크에 대한 언급이 흩어져 있음을 주목할 필요가 있다. 그러나 유감스럽게도 이들 사료는 자세한 내용은 별로 없고 단지 그것이 완전한 재앙이었다고만 말한다. 게다가 알와키디는 지나친 윤색을 했다는 비판을 받는 초기 아라비아 역사가 중 하나다. 그렇지만 대부분의 이슬람교도가 그의 기록을 따르기 때문에 나 역시 이를 따랐다. 이는 독자들에게 이슬람교도들이 어떻게 생각하는지를 보여주는 동시에 상세한 서술을 제공하기 위해서다.

었다)은 최근에 점령한 영토를 버리고 시리아의 야르무크 강가에 집결했다. 그들은 로마의 대군이 서서히 전진하는 것을 바라보며 놀라움을 금치 못했다. 한 아라비아인은 그 수가 "개미 떼처럼 많았다"고 표현했다.[13] 기독교도들이 마침내 진영을 꾸리자 그 길이는 무려 27킬로미터에 달했다고 한다.

이슬람군 최고사령관 아부 우베이다Abu Ubaida는 칼리파 우마르에게 급히 전갈을 보내 이렇게 불평했다. "로마인의 개 이라클리오스가 십자가를 진 자들을 모두 모아 우리에게 보냈고, 그들이 메뚜기 떼처럼 우리를 향해 달려오고 있습니다."[14] 이슬람 사료들에 따르면 "기독교 세계의 몰락을 보는 것이 그(우마르)의 기쁨이고, 그들의 굴욕은 그의 양식이며, 그들의 멸망은 그의 숨결 그 자체"라고 했는데, 증원군이 오고 있었다.[15]

이슬람교도와 기독교도 양측의 진지는 모두 전략적으로 견고했다. 아라비아인들은 진영 주변에 낙타들을 장애물처럼 배치함으로써, 필요할 경우 전통대로 자기네 뒤편 사막으로 재빨리 퇴각할 수 있었다. 동로마군은 최근에 되찾은 다마스쿠스로부터 불과 하루 반 행군 거리에 있었다. 루카드 강과 야르무크 강을 따라 위치한 두 개의 협곡이 풍광을 지배했으며, 각 협곡은 높이가 30～60미터에 달하는 수직 낭떠러지를 이루고 있어 급히 도주하려는 자에게는 치명적일 수 있었다.

이라클리오스 황제는 페르시아 전쟁의 영웅인 아르메니아인 바한Vahan을 연합군 최고사령관으로 임명했다. 이슬람 진영에서는 아부 우베이다가 최고 지휘관이었지만, 보병 뒤에서 수천의 기병과 낙타병을 이끈 칼리드는 여전히 군사적 결정에 영향을 미쳤다. 무기와 갑옷 면에서는 로마군이 더 잘 갖추어져 있었는데 보병과 기병 모두 검(옛날 검보다 훨씬 길어졌다), 찌르는 창, 던지는 창과 화살에 의존했다. 아라비아인들이 입은 갑옷은 전사한 로마 병사들로부터 벗겨낸 것이었으며 무기는 주로 검, 창, 활이었다.

이렇게 전열을 갖춘 이슬람군과 기독교군은 몇 주 동안 서로 대치했지만, 간헐적인 소규모 충돌 외에는 별다른 교전이 없었다. 이슬람 측은 때를 보며 아라비아에서 도착할 증원군을 기다렸고, 바한은 전전 황제 마우리키우스(539~602)가 쓴 군사 편람《전략》의 권고(끝없는 인내심, 기만과 거짓 협상, 타이밍, 기민함, 끝이 없어 보이는 기동 훈련[16]을 추천했다)를 지키며 아라비아군을 매수하고, 위협하고, 내부에 불화의 씨를 뿌리려 했다. 당시 아라비아인들 가운데 상당수가 기독교를 신봉했고 제국과 십자가를 위해 끝까지 싸웠기 때문에,[17] 바한은 오랜 세월 제국의 아라비아 변경에서 보조군으로 싸워온 가산족의 아라비아인 기병들이 남쪽 동족들을 다루는 법을 가장 잘 알 것이라고 특히 기대했다. 그는 침략자들과의 협상을 위해 가산족 족장인 자블라Jabla를 보냈는데, 이는 "강철은 오직 강철로만 꺾을 수 있다"는 신념에서였다.[18]

이슬람교냐 지즈야냐 죽음이냐

이슬람 진영에 온 자블라는 로마 제국의 연합군과 싸우는 것이 무익하다는 점을 경고했다. 그는 남쪽 동족들에게 그들이 다시 아라비아로 철수한다면, 그들이 획득한 전리품을 모두 가져가게 하겠다고 제안했다. 그러나 이는 받아들여지지 않았다. "우리는 피 맛을 보았고, 로마인의 피보다 더 달콤한 것은 없다는 걸 알게 됐다"라고 선지자 무함마드의 사하비 가운데 하나인 우바다 이븐 알사마트'Ubada ibn al-Samat가 그에게 말했다. 기독교군의 수가 많은 것에 대해서는 "우리의 전사와 영웅들은 죽음을 이득으로 여기고 삶을 짐스러운 것으로 여긴다"고 말했다. 이어 우바다는 자블라와 그의 기독교도 부족에게 아라비아인 동포들과 마찬가지로 이슬람교로 개종하라고 권유했다. "이슬람교는 여러분을 이 세상과 다음 세상에서 모두 영광스럽게 만들어줄 것"이기 때문이었다. 자블라는 거부했다. "나는 결코 내 종교를 저버리지 않을 것이다." 우바다는 "당신이 지즈야를 내거나 이슬람교를 받아들이지 않는 한, 우리 사이에 평화는 결코 없을 것"이라고 그에게 경고했다. 자블라는 다시 단호히 거절했다. 이에 우바다는 외쳤다. "알라를 두고 맹세하건대, 이토록 가증스러운 기만이 없었다면(자블라는 휴전 깃발을 들고 이슬람 진영에 들어왔다) 여기서 내 곡도로 너를 베어버렸을 것이다!"¹⁹

바한은 자블라가 이슬람 아라비아의 강철을 꺾을 수 있는 기독교 아라비아의 강철이 되기를 바랐지만, 이슬람교도들 역시 자블라라는 동족을 이용하려는 희망을 품고 있었다. 이에 보다 약삭빠른 사절단이 가산족 족장을 회유하기 위해 파견됐다. 그들은 자블라에게 고귀한 혈통을 지닌 아라비아인으로서 이슬람교로 개종만 한다면 이슬람교도들로부터 큰 존경을 받을 것이라고 말했다. 자블라는 다시 한번 그 권유를 거절했다. "나는 이슬람교나 다른 종교는 좋아하지 않는다. 나는 내 종교에 애착이 있기 때문이다." 그러고는 친족으로서 부드럽게 덧붙였다. "그대들은 이슬람교에 만족하고, 우리는 기독교에 만족한다. 그대들에게는 그대들의 종교가 있고, 우리에게는 우리의 종교가 있다." 그러자 끈질긴 사절단은 그저 로마인들 편에서 싸우는 것만 중지하고, 개종 여부는 전투의 결과에 따라 결정하라고 청했다. 자블라는 다시 거절했고, 이슬람교도들의 회유는 살벌한 위협으로 바뀌었다. 대표단은 자블라의 머리를 깨부수고 그를 도륙하겠다고 협박했다. 마찬가지로 격분한 자블라는 이렇게 선언했다. "그리스도와 십자가를 걸고 맹세하건대, 나는 기필코 로마를 위해 싸울 것이다. 상대가 나의 가장 가까운 친족 모두일지라도 말이다!"[20]

이슬람 사료들은 칼리드 이븐 알왈리드와 최고사령관 바한 사이에 휴전 깃발 아래 진행된 유사한 대화를 강조하고 있다. 그들은 너른 평원에서 말을 탄 채 만났다. 아르메니아 출신의 바한은 외교적인 어조로 아라비아의 척박한 환경과 빈곤한 경제로 인해 아라비아인들이 로마 영토를 침략하지 않을 수 없었다며 탓을 돌렸다. 이에 따라 제국은 그들이 본국으로 돌아가기만 한다면, 기꺼이 식량과 금전을 제공하겠다고 제안했다. 이에 대해 칼리드는 냉정하게 대답했다. "우리가 이곳에 온 것은 굶주림 때문이 아니다. 우리 아라비아인들은 피를 마시는 데 익숙하며, 로마인의 피가 가장 달다는 말을 들었다. 그래서 우리는 당신들의 피를 흘리게 하고 그것을 마시러 온 것이다."[21]

바한의 외교적 가면은 즉시 벗겨졌고, 그는 그 건방진 아라비아인을 향해 장광설을 늘어놓기 시작했다. "우리는 너희들이 너희 동포가 늘 찾던 노략질, 강탈, 용병 일을 위해 온 줄 알았는데, 우리가 잘못 생각했다. 너희는 사람을 죽이고, 여인을 노예로 삼고, 재물을 약탈하고, 건물을 파괴하고, 우리를 우리의 땅에서 몰아내기 위해 왔구나." 바한은 이전에도 더 뛰어난 자들이 그런 시도를 했지만 언제나 패배하고 말았다며 최근의 페르시아 전쟁을 언급했다. 그리고 이렇게 이어갔다.

너희들만큼 비천하고 비루한 민족은 없다. 시를 짓는 것 외엔 아는 게 없는[●]
비참하고 가난한 사막민(베두인)들이다. 그럼에도 불구하고 너희들은 자기
나라에서 나쁜 짓을 저지르더니 이제는 우리 땅까지 왔다. 이런 형편없는
짓을 저지르다니! 너희들은 자기 것이 아닌 말을 타고, 자기 것이 아닌 옷을
입는다. 로마의 어린 백인 소녀들을 데려다 즐기고 노예로 삼는다. 자기 것
이 아닌 음식을 먹고, 자기 것이 아닌 금은보화와 귀중품을 움켜쥐고 있다.
지금 우리는 너희들이 우리의 물건과 우리와 같은 종교를 믿는 자들에게서
약탈한 물건을 가지고 있음을 알고 있다. 우리는 그것을 모두 너희에게 주
고, 그것을 돌려달라고 하거나 꾸짖지도 않겠다. 우리가 요구하는 것은 우리
땅에서 떠나라는 것뿐이다. 그러나 만약 이를 거부한다면 우리는 너희를 몰
살시킬 것이다![22]

'알라의 검'에게는 쓸데없는 이야기였다. 그는 《코란》을 암송하며 무
함마드라는 인물에 대해 이야기하기 시작했다. 바한은 분노를 억누르
며 그의 말을 들었다. 그러다가 칼리드가 '우호적인 평화'의 가능성을
암시하기 시작하자, 바한은 그것이 어떻게 이루어질 수 있느냐고 간절
하게 물었다. 칼리드는 그에게 이 말을 암송하라고 요구했다. "알라 외
에 신은 없으며, 무함마드는 그의 종이자 사도이며 마리아의 아들 예수
가 예언한 자이다." 바한이 시큰둥하게 대답했다. "그대는 내게 내 종교

를 버리고 그대의 종교로 들어오라고 하는데, 나로서는 불가능한 일이오." 칼리드는 결론지었다. "그대가 자신의 오도된 종교에 매달리므로, 우리가 형제가 되는 일은 불가능하오."[23] 바한은 계속해서 그를 설득하려 했다. 그는 그저 (샤하다의) 말을 암송하는 것만으로 충분한지, 아니면 행동 또한 필요한지를 물었다. 칼리드는 대답했다. "그대는 또한 기도하고, 자카트를 내고, (메카의) 성스러운 집에 순례를 하고, 알라를 거부하는 자들을 상대로 지하드를 수행하고, 알라의 친구인 자들(이슬람교도)과 친구가 되고 알라를 적대하는 자들(비이슬람교도)을 적대해야 하오.* 그대가 이를 거부한다면 우리 사이에는 오직 전쟁만이 있을 뿐이오. 그대는 그대가 삶을 사랑하는 만큼 죽음을 사랑하는 자들을 만날 것이오." 바한은 체념하며 말했다. "당신 마음대로 하시오. 우리는 결코 우리의 종교를 포기하지도, 그대들에게 지즈야를 내지도 않을 것이오."[24] 협상은 이렇게 끝났다.

상황은 8천 명의 이슬람 병사들이 4천 명의 기독교도 병사들의 잘린 머리를 창끝에 꽂은 채 로마군 진영 앞을 행진하면서 극단으로 치달았다. 말 그대로 머리 끝까지였다. 이들은 야르무크 주력 부대에 합류하기 위해 암만에서 오던 5천 명의 증원군 중 일부 병력이었다. 이슬람교도들은 매복했다가 그들을 도륙했다. 그리고 "알라후 아크바르!"라고 울려 퍼지는 외침이 이슬람 진영을 가득 채웠고, 그들의 목을 베어 "이교도들의 마음에 공포를 심어라"라는 《코란》 구절(《코란》 8:12)에 따라

---

* 본질적으로 '이슬람의 다섯 기둥'을 말하는데, 다만 여기서는 단식 대신 불신자에 대한 지하드가 들어 있다. 또한 칼리드가 '알왈라 왈바라'(충성과 거부) 교리를 언급한 것과, 이 모든 행위들이 서론에서 논의한 바와 같이 올바른 의도를 요구하지 않는다는 점은 주목할 필요가 있다.

나머지 1천 명의 기독교도 포로 뒤에 서 있던 이슬람교도 병사들은 그들을 쳐서 쓰러뜨리고, 같은 기독교도들의 눈앞에서 포로의 목을 쳤다. 아라비아 자료들은 기독교도들이 완전히 정신이 나가 이를 바라봤다고 전한다.[25]

이에 따라 전쟁이 불가피해졌다. 파키스탄의 장군이자 군사사학자인 A. I. 아크람은 이렇게 기록했다. 전투 전날 밤, 아라비아인들은 "지옥의 불과 천국의 즐거움에 대해 이야기했으며, 성스러운 선지자가 전투에서 보인 시범을 인용했다. 이슬람교도들은 밤새 기도를 하고 《코란》을 암송했으며, 그들을 기다리고 있는 두 가지 축복을 서로에게 상기시켰다. 승리해 살아남거나, 아니면 순교해 천국에 가는 것이었다."[26] 기독교도들에게는 그들을 기다리는 그런 '흥분'이 없었다. 그들은 생명, 가족, 신앙을 위해 싸웠다. 성직자들이 십자가를 들고 들어와 무릎 꿇은 병사들에게 죽음을 앞둔 기도를 했고, 바한은 전투 전 연설에서 이렇게 말했다. "너희들 앞에 서 있는 이 아라비아인들은 너희들의 자식과 아내를 노예로 삼으려 하고 있다."[27] 또다른 장군은 병사들에게 악착같이 싸우라고 경고했다. 그러지 않으면 "저들은 너희 땅을 점령하고, 너희 여인들을 능욕할 것"이라고 했다. 이러한 두려움은 터무니없는 것이 아니었다. 로마인들이 기도를 올리고 있는 도중에도 이전에 무함마드의 최대의 적 가운데 하나였지만 칼리드와 마찬가지로 목숨을 잃기보다는 기꺼이 개종을 택했던(서론 참조) 아부 수프얀이 군마를 타고 집결한 이슬람교도 병사들 앞에서 창을 휘두르며 "알라의 길에서 지하드를 수행하라"라고 훈시했다. 그래야 그들은 기독교도의 땅과 도시를 차지하고, 그 아이와 여인들을 노예로 삼을 수 있었다.[28]

야르무크 전투

전투는 엿새 동안 벌어진 것으로 전해진다. 636년 8월 말의 어느 시기인 첫째 날, 동로마 군대의 상당수가 진격했고 그들은 화살 세례를 맞았다. 병사들이 차례차례 쓰러졌지만, 거침없는 방진方陣은 전진을 계속해 이슬람군의 전방을 강타했다. 피비린내 나는 난전이 이어졌다. 해가 질 무렵, 양군은 교전을 멈추고 각자의 진영으로 철수했다. 사상자는 그리 많지 않았다.

상대의 전력을 탐색한 바한은 이후 이틀 동안 이슬람군 중앙을 묶어둘 수 있을 정도의 병력으로 그곳을 공격하고, 동시에 양 날개를 강공했다. 로마 좌익은 주로 슬라브인으로 구성돼 있었는데, 이들은 아므르 이븐 알아스Amr ibn al-As(무함마드의 또다른 사하비다)가 이끄는 아라비아 우익을 특히 맹렬히 몰아붙였다. 이틀 모두 기독교군은 돌파에 성공해 이슬람 전사들을 그들 진영으로 후퇴시켰고, 진영에는 여자들이 대기하고 있었다. 전투에 앞서 아부 수프얀은 아라비아 여자들에게 "선지자께서 여자에게는 두뇌와 신앙심이 없다고 하셨지만,• 남자들이 진영으로 후퇴해 올 경우 돌과 천막 기둥으로 아라비아 남자들의 얼굴을 내리쳐 그들이 수치심을 느끼고 싸움터로 돌아갈 수 있게 도울 수는 있다"

• 《하디스》 정전에 나오는 말이다. 무함마드가 한 무리의 이슬람 여성들에게 "지옥에 가는 것은 대부분 너희들(여자)"이라고 말하자 그들은 이유를 물었고, 무함마드는 이렇게 설명했다. "너희는 자주 저주하며, 남편에게 감사하지 않는다. 나는 두뇌와 신앙심이 너희보다 부족한 자들을 본 적이 없다"(*Sahih Bukhari* 1:6:301). 여성의 지위에 관한 이런 발언들 때문에 무함마드의 가장 어린 아내 아이샤는 이렇게 말했다. "당신은 우리를 개나 당나귀와 마찬가지로 보는군요!"(*Sahih Muslim* 4:1039).

라고 말했다.[29] 실제로 무너진 이슬람 병사들이 진영 안으로 돌아올 때마다 아라비아 여자들은 돌을 던지고 병사들을 비롯해 말과 낙타까지 막대기로 때리며 이런 시구로 조롱했다. "적 앞에서 도망치는 자에게 알라의 저주가 있을지어다! 우리를 기독교도들에게 넘기고 싶으냐? 적을 죽이지 않는다면, 너희는 우리의 사내가 아니다." 아부 수프얀의 아내 힌드는 심지어 진격해 오는 로마 병사들과 싸우며 "할례 받지 않은 자들의 다리(남근을 말한다)를 잘라라"라고 외쳤다고 한다.[30] 이런 모욕에 완전히 수치심을 느낀 이슬람 병사들은 진격해 오는 로마군을 다시 그들의 원위치까지 몰아냈다고 한다. 그러나 소득은 없었고, 양측 모두 상당한 인명 피해를 입었다.

전투 넷째 날이 시작되자 바한은 다시 한번 약화된 아라비아 우익을 거세게 공략했다. 자블라의 아라비아인 기독교도 기병대는 분노의 공격을 펼쳐 이슬람군 중앙을 돌파했고, 칼리드가 이끄는 기병대 및 낙타 부대와 맞섰다. 이들은 무함마드 시절 상인 행렬을 습격했던 이슬람 초기의 노병들이었다. 격렬한 전투가 벌어지면서 많은 사람이 죽었다. 이슬람군이 "알라후 아크바르!"라는 승리 구호를 외치며 전진하자 결국 기독교군은 물러났다. 기독교군에게는 질책하는 여자들이 없었으나, 많은 궁수들이 달려드는 이슬람군에게 계속해서 화살을 쏘아댔다. "화살이 이슬람교도 위로 쏟아졌다. 들리는 것은 '아, 내 눈!'이라는 외침뿐이었다. 대혼란 속에서 그들은 말고삐를 움켜잡고 후퇴했다."[31] 이 전투로 700명가량의 이슬람교도가 한쪽 눈을 잃었다. 이날은 이슬람 역사에서 '눈 잃은 날' 혹은 '부상의 날'로 알려졌다. 바한은 이슬람군의 혼란을 이용하기 위해 휘하 병사들에게 추격 명령을 내렸다. 여기저기서 아라비아 병사들이 도륙당했다.

땅에 쓰러져 죽어가던 이슬람 병사들은 지하드를 통해 죽은 자에게 약속된 천국의 미녀가 양팔을 벌리고 자신들을 부르는 모습을 보았다. 이러한 여러 일화가 이슬람 연대기에 들어갔다. 한 이슬람 병사는 야르무크 강변에서 칼을 맞고 땅에 쓰러진 전우를 보고 이렇게 말했다. "나는 그가 하늘을 향해 손가락을 쳐드는 것을 보았고, 그가 기뻐하고 있음을 알았다. 그는 미녀들을 보고 있었던 것이다." 또다른 아라비아 지휘관은 깃발을 흔들며 병사들에게 "기독교도 개들에게 맹렬히 돌진하는 것은, 미녀들의 품으로 달려가는 것과 같다"고 외쳤다.[32]

다섯째 날은 별다른 일 없이 지나갔다. 이전 며칠 동안의 전투로 지쳤기 때문이다. 전투의 여섯째이자 마지막 날에 대해 이슬람 사료들은 기독교군 우익의 중무장 보병에 대해 강조하며 이들이 로마 군대에서 '최강'이라고 말했다. 이 전사들은 결연한 의지를 보여주기 위해 서로를 사슬로 묶고 "그리스도와 십자가, 그리고 네 군데 교회"를 두고 마지막 한 사람까지 싸울 것을 맹세했다.[33]• 칼리드조차 그들의 결의에 찬 모습에 우려를 표했다. 그는 이슬람군 중앙과 좌익으로 하여금 이들과 맞붙어 견제하도록 명령하고, 자신은 수천의 기병과 낙타병을 이끌고 로마 좌익을 우회 공격했다. 로마 좌익은 기병대와 분리된 상태였는데, 이는 《전략》이 권장한 복잡한 '혼성 진형' 기동 가운데 하나를 시도하다 발생했을 가능성이 있다. 설상가상으로 대략 이 시점에 모래폭풍이 발

• 아라비아인들이 로마 방진의 밀집 대형을 사슬로 잘못 본 것일 수 있다. '네 군데 교회'는 고대의 다섯 교회 중 로마를 제외한 알렉산드리아, 안타키아, 콘스탄티노플, 예루살렘 등 동방 정교회 네 교회를 의미하는 듯하다.

생겼는데, 아라비아인들은 이에 익숙했으나 로마인들은 그렇지 못해 큰 혼란이 일어났다. 결과적으로 로마군의 많은 숫자는 혼잡하고 혼란스런 상황에서 불리하게 작용했다. 드디어 이 전쟁에서 가장 치열하고 필사적인 전투가 벌어졌다. 도처에서 검이 부딪치고 병사들이 고함쳤으며, 말이 비명을 지르고 낙타가 울부짖었다. 그 혼란의 한가운데서 모래바람이 날렸다. 이러한 상황 속에 기동이 불가능해진 대부분의 로마 기병대는 바한에게 불만을 표하면서 본대에서 떨어져 북쪽으로 철수했다.

로마 제국군의 다른 부대들이 자신들을 버리고 떠났음을 알게 된 기독교도 보병들(그중에는 '사슬로 묶인 병사들'도 있었다)은 대오를 유지한 채 그들에게 유일하게 열려 있는 곳이었던 서쪽으로 후퇴했다. 그러나 그들은 곧 이슬람군의 망치와 모루 사이에 갇혔다. 북에서 남으로 펼쳐진 초승달 모양의 아라비아군이 동쪽에서 그들에게 접근하고 있었고, 서쪽에는 루카드 강의 가파른 협곡이 기독교군 앞에 반원형으로 펼쳐져 있었다. 그리고 칼리드는 이미 강을 건너는 유일한 다리를 점령한 상태였다.

이 일촉측발의 상황에 어둠이 내린 8월의 어느 저녁, 전쟁의 마지막 국면이 전개됐다. 곧 사막 생활로 야간 시력이 단련된 아라비아인들이 함정에 빠진 로마군을 공격했다. 이슬람 사료에 따르면 로마인들은 용감히 싸웠다. "일대는 이슬람 병사들의 외침과 함성으로 가득 찬 공포스러운 굉음으로 메아리쳤다. 그림자는 순식간에 살을 찢는 칼날로 바뀌었다. 바람은 적이 은밀히 아군 사이로 대열을 뚫고 들어오는 동안 자바라 소리, 북소리, 전투 함성이 뒤섞인 지옥 같은 소음 속에서 전우들의 비명을 실어 날랐다. 로마인들은 이슬람 병사들이 밤중에 공격할 것이라고 예상하지 못했기 때문에 더욱더 공포스러웠을 것이다."[34] 이 것은 무함마드가 사용하던 전략 가운데 하나였다.•

혼잡하고 앞을 볼 수 없었던 기독교군은 제대로 기동할 수 없었고, 무기를 휘두를 공간조차 없었다. 이슬람 기병은 계속해서 로마 보병을 압박했고, 말의 무릎과 발굽으로 지친 병사들을 쓰러뜨렸다. 결국 '사슬로 묶인 병사들' 모두를 포함해서 제국군의 남은 병력은 줄줄이 협곡의 벼랑 끝으로 몰렸고, 가파른 절벽 아래로 떨어져 죽었다. 다른 일부 장교와 병사들은 무릎을 꿇고 기도한 뒤 십자가 성호를 긋고 달려오는 이슬람 병사들을 기다렸다가 그들을 쳐서 쓰러뜨렸다.[35] 그날 포로는 단 한 명도 잡히지 않았다. "이라클리오스가 1년 동안 엄청난 노력 끝에 집결시킨 동로마 군대는 완전히 사라졌다."•• 후퇴도 없었고, 후위 작전도 없었고, 살아남은 핵심도 없었다. 그야말로 아무것도 남지 않았다."[36] 달빛이 밤하늘을 가득 채우는 가운데 승자들은 죽은 자들의 시체를 수색했고, 야르무크 계곡 곳곳에는 "알라 외에 신은 없으며, 무함마드는 그의 사도다", "알라후 아크바르!"라는 외침이 울려 퍼졌다.

• 무함마드는 야간 습격을 매우 좋아했다. 그로 인해 얻을 수 있는 기습성과 어둠의 보호 때문이다. 그래서 이전에는 반드시 잡아 노예로 삼아야 한다고 말했던 여자와 아이들이 무차별적으로 희생될 수 있다는 경고에도 이를 허용했다. 선지자의 말에 따르면 여자와 아이들도 '이교도 중 하나'이기 때문이었다. 대상자로 삼지 말아야 할 사람인 같은 이슬람교도, 여자와 아이들이 죽는 경우라도 지하드 수행을 정당화할 수 있는 상황과 전제 조건에 대한 논의는 Ibrahim(2007, 161~171)을 참조하라.

•• 로마 지휘부의 운명에 대해서는 상충된 보고가 있다. 바한은 철수 도중 싸우다가 죽었거나, 추격하는 이슬람 병사들에게 붙잡혀 살해당했거나, 혹은 수치스러워 세상을 등지고 수도원으로 들어갔을 것이다. 기독교도 아라비아인 지휘관 자블라는 한 이슬람 기록에 따르면 야르무크 전투 이후 마침내 이슬람의 진리를 깨닫고 개종한 후 메디나로 가서 칼리파 우마르를 만났지만, 그와 싸움을 벌이고 다시 이슬람교를 버린 후 북쪽 기독교도 지역으로 달아났다고 한다.

예루살렘의 지하드

패전 소식이 전해지자 이라클리오스는 당황해 어찌할 바를 몰랐지만, 안타키아를 포기할 수밖에 없었다(이곳은 다음 해에 아라비아인들의 손에 넘어갔다). 그는 콘스탄티노플로 향하며 아나톨리아를 가로질러 서북쪽으로 행군하면서, 로마 군대의 주둔지를 모두 철수시키고 성벽들을 무너뜨리라고 명령했다. 추격자들이 와도 황폐한 땅만을 마주하게 하려는 것이었다. 이때부터 수백 년 동안 동로마 제국과 그 숙적 이슬람 세력 사이의 경계선 역할을 한 황량한 무인 지대는 이렇게 만들어졌다.[37]

야르무크 전투 몇 주 후, 승리한 이슬람 군대는 예루살렘을 향해 행군을 시작했다. 그들은 휴식을 취하고 새로 도착한 병력을 통해 증강했으며, 수천 명의 전사한 기독교도 병사들에게서 얻은 무기를 자랑스럽게 들고 있었다. 야르무크의 참사 소식을 들은 예루살렘의 총대주교 소프로니우스는 수비대를 성도聖都의 성벽 안으로 철수시키라고 명령하고, 얼마 전 페르시아로부터 되찾은 성십자가를 비밀리에 콘스탄티노플로 옮겨 보관하게 했다.[38] 총대주교가 이 시기에 관해 한 말이 한 설교문에 담겨 있다.

왜 사라센의 군대가 우리를 공격하는가? 왜 수많은 파괴와 약탈이 벌어졌는가? 왜 인간의 피가 그토록 끊임없이 흐르는가? 왜 하늘의 새들이 인간의 시신을 쪼아 먹는가? 왜 교회들이 무너졌는가? 왜 십자가가 조롱당하는가? 왜 그리스도가 이교도의 말을 통해 모독당하는가? 복수심에 불타고 하느님을 미워하는 사라센인들, 선지자들에 의해 우리에게 분명하게 예언된 그

'파괴자의 우상'이 그들에게 허락되지 않은 곳에 몰려들고, 도시를 약탈하고, 들판을 유린하고, 마을을 불태우고, 성당에 불을 지르고, 성스런 수도원을 무너뜨리고, 그들에게 맞서 늘어선 동로마 군대를 적대하고, 싸움을 통해 전리품을 모으고 승리에 승리를 쌓는다.[39]

당시 기독교도들이 쓴 침략자들에 대한 묘사는 대부분 소프로니우스의 관점과 비슷하다. 사람, 심지어 나중에 쓰인 이슬람 사료들이 주장하듯이 종교적 사명을 띤 단호한 사람이 아니라 거룩한 모든 것을 파괴하러 온, 신을 믿지 않는 야만인들이라는 관점이었다. 야르무크 전투 무렵의 인물인 '고백자' 막시무스(580~662)는 이 침략자들을 "사막의 야만인이며 인간의 형상만 지닌 야생의 길들여지지 않은 짐승들로, 문명사회를 삼키러 왔다"[40]고 묘사했다. 교회, 십자가, 기타 기독교적 상징이나 성물을 의도적으로 광범위하게 목표로 삼았기 때문에 어떤 사람들은 침략자들이 악마적 증오심에 사로잡혀 있다고 생각했다.•

이슬람교도들이 처음 침략해 올 때 어린 아이였으며 그 지배하에서 70년 가까이 살았던 시나이의 아나스타시우스(630~701)에게 사라센인은 '악마보다도 더 나쁜 존재'였다. 왜냐하면 악마는 종종 그리스도

• 시드니 그리피스(Sidney Griffith)의 설명에 따르면 십자가와 이콘[성상(聖像)]은 기독교 신앙의 핵심을 공개적으로 천명했는데, 이슬람교도들이 보기에 《코란》은 예수가 하느님의 아들이자 십자가에 못 박혀 죽었다는 것을 분명하게 부정하고 있었다. 따라서 이슬람교도들은 혼히 십자가와 예수의 이콘을 존중하는 기독교 관행을 경멸했고, 이집트와 시리아 등 과거 기독교도의 땅에서는 공공연한 기독교 상징들, 특히 이전에 곳곳에 있었던 십자가 상징을 지우려는 운동이 지속적으로 벌어졌다. 초기 이슬람 시대에 이슬람교도들을 자극해 충돌을 일으키게 했던 기독교 그림 및 십자가를 파괴하고 훼손한 고고학적 증거들이 있다고 한다(2010, 14, 144~145).

의 신비들, 즉 성찬용 빵과 포도주인 그의 성체聖體와 십자가, 그밖의 여러 가지를 두려워하지만, 이 육신을 입은 악마들은 모든 것을 짓밟고 조롱하며 불태우고 파괴하기 때문이었다.• 흥미롭게도 가장 오래된 이슬람 사료들조차도 기독교도들이 아라비아인들을 악마로 여겼다고 인정한다.[41]

636년 11월, 이슬람 군대는 예루살렘 성벽을 포위하고 있었다. 몇 달 동안 성 안에 갇혀 굶주리며 자포자기하고 전염병에 시달리던 예루살렘은 결국 637년 봄에 항복했다. 성도를 정복한 것이 너무도 좋았던 칼리파 우마르는 먼 메디나에서 이곳까지 직접 찾았다. 그는 이곳에 와서 성묘聖墓 교회를 보았다. 330년대에 예수가 십자가 처형을 당하고 매장된 장소에 콘스탄티누스 대제가 지은 거대한 복합 건물이었다. 테오파네스의 표현을 빌리자면 승리한 칼리파가 '더러운 낙타털 옷을 입고 마치 악마 같은 행색'으로 기독교 세계에서 가장 성스러운 곳에 들어올 때 이를 지켜본 소프로니우스는 쓸쓸하게 말했다. "이것이 분명히 성소에 선 다니엘 선지자가 말한 '파괴자의 우상'이다."[42]

• 아나스타시우스는 비유적으로 말한 것이 아니었다. 그는 안타키아에서 악령 들린 소녀들을 심문한 바스라의 요한 이야기를 전한다. 소녀들의 입을 통해 "악마들은 자신들이 가장 두려워하는 세 가지가 십자가, 세례수, 성체라고 밝혔으며, 그렇기에 그들은 이 세 가지를 모두 부정하는 그들의 '친구'인 사라센의 종교를 좋아한다고 덧붙였다"(Tolan 2002, 43, 44).

가자의 순교

실로 이 시기는 종말을 떠올리게 할 만큼 극적인 시대였다. 성전산聖殿山 위에 세워진 초기 이슬람교당이 지진으로 무너졌고, 이슬람교도들이 예루살렘의 교회 지붕 위 십자가와[43] 심지어 행진을 하고 경건한 기도를 하는 기독교도들의 머리 위의 십자가까지[44] 마구 부수었다는 기록이 있다.

이러한 혼란 속에 보다 흥미로우면서도 후대에 잘 알려지지 않은 이야기 중 인근 가자 지역 정복과 관련된 것이 있다.[45] 그곳에서 60명의 기독교도 병사가 용감하게 밤낮으로 싸웠고, 계속해서 많은 사라센인들을 베었다. 사라센인들은 야르무크 전투 이후 아므르 이븐 알아스의 지휘 아래 다음 목표인 이집트를 향해 이동하던 중이었다. 그러나 이 60명의 전사들은 결국 포로가 됐다. 아므르는 그들의 용기에 감동을 받아 그들을 지하드에 참여시키고자 60명을 자기 앞에 데려다 놓고, 기독교 신앙을 버리라고 강요했다.* 이슬람교에 복종하라는 것이었다. 그들이 거부하면 매번 더 혹독하고 불결한 토굴로 보냈다.

결국 아므르는 그들을 예루살렘의 감옥으로 보냈고, 소프로니우스는 그곳에 가서 그들에게 굳건히 버티라고 권했다고 한다. 열 달이 지난 후, 아므르는 예루살렘에 있는 아부 우베이다에게 편지를 보내 이렇게 말했다. "60명의 포로에게 자신의 믿음을 부인하라고 하십시오. 그

---

* 이는 예수가 신성하며 신의 아들이고, 삼위일체의 일부이자 죽었다가 부활했다는 주장을 멈추라는 것이었다. 이것은 모두 이슬람교와 《코란》에서 혐오하는 것들이었다.

들이 예수를 부인하는 데 동의한다면 쇠사슬을 풀고 큰 영예를 주어 보낼 것이며, 복종을 거부한다면 그들의 우두머리와 다른 아홉 명을 그들 앞에서 참수하십시오. 그러면 이를 본 나머지가 두려움에 휩싸여 자신들의 신앙을 부정하게 될 것입니다."

아부 우베이다는 그대로 따랐지만, 포로들은 그의 명령에 굴복하지 않고 모두 주 그리스도에 대한 신앙을 고백했다. 격분한 아부 우베이다는 그들의 우두머리와 다른 아홉 명을 참수하라고 명령하고, 나머지를 더 불결한 토굴에 가두었다. 한 달 후, 아므르는 나머지 50명의 포로를 다시 자기에게 오게 했다. 그들이 말 몇 마디만 하면 되는 샤하다를 외치는 것을 완강하게 거부하는 이유를 이해하지 못한 아므르는 화가 나서 그들의 아내와 자녀들을 데려다 보여준 뒤 이렇게 외쳤다.

"너희는 어찌 이렇게도 완고하게 종교에 관해 우리에게 굴복하기를 거부하느냐! 자, 너희가 우리에게 굴복하면 아내와 아들들을 되찾을 것이고, 우리처럼 될 것이며, 우리 가운데 한 사람처럼 존경받을 것이다. 그러나 거부한다면 너희도 전우들이 당한 대로 당할 것이다." 그러자 거룩한 순교자들은 모두 함께 아므르에게 대답했다. "아무도 그리스도의 사랑에서 우리를 떼어놓을 수 없습니다. 아내도, 아이도, 이 세상의 모든 부귀도 할 수 없습니다. 우리는 살아 계신 하느님의 아들인 그리스도의 종이며, 우리를 위해 죽었다가 부활하신 그분을 위해 죽을 준비가 돼 있습니다." 잔혹한 아므르는 이 말을 듣고 분노에 차서 얼굴빛이 변했고, 사라센 무리에게 명령해 거룩한 그리스도의 순교자들을 에워싸게 했다. 그리고 온갖 고문을 가해 그들을 잔혹하게 죽였다.[46]

덧붙여 이를 작성한 기독교도의 기록에 따르면 예루살렘 함락 1년 뒤에 사망한 것으로 알려진 소프로니우스가 사실은 이슬람교도 몇 명을 기독교로 개종시키는 데 동의해 참수됐다고 한다.

이슬람교가 강제 개종을 금한다는 널리 퍼진 주장에도 불구하고 이슬람교로의 개종을 거부한 초기 기독교 순교자들의 이야기는 이슬람교와 기독교 양측 기록에 모두 퍼져 있으며(오늘날에도 여전히 매우 현실적인 현상이다), 이것이야말로 전근대 기독교도들이 이슬람교에서 '적그리스도의 영'을 보았던 주된 이유 가운데 하나였다.●

이슬람의 이집트 정복

639년 12월, 아므르는 이슬람의 깃발 아래 약탈을 갈망하는 수천 명의 사막민들을 더 모은 뒤 가자를 떠나 이집트로 향했다. 시리아의 경우와 마찬가지로 이슬람교도들이 옛 파라오의 땅에 도착했을 때, 이곳은 이미 수백 년 동안 상당한 정도로 기독교가 퍼져 있었다.●● 알렉산드리아

● 무함마드 사후 얼마 지나지 않아 기록된 이슬람에 관한 가장 이른 기록 가운데 하나인《세례 받은 야고보의 교훈(Doctrina Iacobi nuper baptizati)》역시 이슬람교도들이 죽이겠다고 위협하며 기독교도들에게 이슬람교를 받아들이게 했음을 시사한다(Kaegi 1995, 109). 자주 이야기되는 "종교에는 강제가 없다"(《코란》 2:256)라는 말은 이슬람교도들에게 지키라는 명령이라기보다는 오히려 사실을 진술하는 주장에 가깝다. 이슬람교도가 비이슬람교도를 강제로 개종시킬 수 없다는 것은 사실이다. 그러나 그렇다고 해서 거부하는 사람들에게 유혹, 회유, 보상을 하고, 다른 한편으로 노예화, 갈취, 살육을 가할 수 없었다는 말은 아니다.

●● 오늘날 루마니아 지역 출신의 기독교 수도사 요한 카시아누스(Ioannes Cassianus)는 아라비아 침략 약 250년 전 이집트를 방문했는데, "북쪽 알렉산드리아에서 남쪽 룩소르로 가는

의 클레멘스(150~215), 오리게네스(184~253), 수도사의 아버지 성 안
토니우스(251~356), 지금도 모든 주요 기독교 종파에서 사용하고 있는
325년 니케아 신경의 핵심 제정자이자 수호자인 알렉산드리아의 아타
나시우스(297~373) 등 이곳은 기독교 초기의 위대한 신학자들과 교부
들의 본거지였다. 알렉산드리아 교리학교는 최초의 체계적 신학과 기
독교 성서에 대한 가장 광범위한 주해 연구를 낳은 곳으로, 세계 기독
교 학문의 첫 명소이자 가장 오래된 곳이었다.[47] 이집트 선교사들은 심
지어 스위스, 영국, 아일랜드 같은 유럽의 먼 지역에 복음을 최초로 전
한 이들이었다고 한다.•

　이집트에 들어선 아라비아 침략자들은 여러 도시를 포위·점령하고
남녀노소를 가리지 않고 그들 앞에 있는 사람들을 모조리 학살했다.[48]
침략을 지켜본 한 목격자는 "이집트 모든 도시에 공포가 덮쳤고, 모든
주민이 달아나 알렉산드리아로 몰려들었다"라고 적었다.[49] 이슬람 전
사들은 급히 이를 뒤쫓아 641년 3월, 알렉산드리아 성벽에 도달했다.

사람은 가는 도중 내내 사막에 흩어져 있는 수도자들과 수도원 및 동굴의 수도사, 은둔자, 독거
수도자들에게서 나오는 기도와 찬송 소리를 들을 수 있었다"라고 기록했다(*Abba Anthony*, 6).

• 　영국 역사학자이자 고고학자인 스탠리 레인풀(Stanley Lane-Poole, 1854~1931)은 다음
과 같이 말했다. "597년 캔터베리의 초대 대주교가 된 아우구스티누스가 오기 전까지 이집트
식 수도생활 규율이 지배적이던 잉글랜드에 복음을 처음 전한 것은 이집트 기독교도(콥트인)
일 가능성이 매우 높다. 그러나 더 중요한 것은 초기 중세에 북방 민족들을 문명화하는 데 중요
한 역할을 한 아일랜드 기독교가 이집트 교회의 자식과 같다는 믿음이다. 일곱 명의 이집트 수
도사가 디서트 울디스(Disert Uldith)에 묻혀 있으며, 초기 아일랜드의 의식과 건축에는 더 이
른 이집트의 기독교 유적을 떠올리게 하는 것이 많다. 주지하다시피 9~10세기 아일랜드 수도
사들의 수공예는 유럽의 다른 곳에서 발견할 수 있는 어떤 것보다 뛰어났는데, 동로마풍의 화
려한 금·은 세공장식을 비롯해 비길 데 없는 그들의 채색이 이집트 선교사들의 영향에서 비롯
된 것이라면, 우리는 이집트 기독교도들에게 지금까지 생각한 것보다 훨씬 더 많은 빚을 지고
있는 셈이다"(*British Quarterly*, 52).

알렉산드리아는 이중 성벽의 견고한 방어 시설을 갖추고 보급과 증원을 위해 곧바로 해상으로 연결될 수 있어, 이슬람교도들이 그때까지 맞닥뜨린 것 중 가장 난공불락의 도시였다. 설상가상으로 야르무크 전투 이후 정신적으로 약간의 혼란을 겪었던 이라클리오스 황제는 칼케돈에서 은거하며 점차 정신을 회복했고, 제국을 위해 이집트를 지키는 것의 중요성을 뼈저리게 인식하고 있었다.[50] 그는 알렉산드리아로 가서 이슬람교도들을 기독교 제국 영토에서 몰아내기 위한 최후의 총력전을 벌일 새로운 군대를 직접 소집하기 시작했다.

포위전은 6개월 정도 이어졌다. 높은 성벽 위의 기독교도들은 발사 무기를 이용해 이슬람교도 포위군에 상당한 피해를 끼쳤으나, 이라클리오스는 끝내 오지 않았다. 한때 기독교 세계의 방어와 영광을 위해 많은 업적을 세운 용맹하고 카리스마 넘치는 영웅은 이제 누가 보더라도 끝장난 사람이었다.

페르시아 이교도들을 무찔렀던 승리자가 믿음이 없는 사라센인들에게 패배했다. 개인적 용기가 필요한 모든 전투에서 선봉에 섰고 전장의 모든 움직임을 지배했던 그 남자, 그리고 6년 전에 '알라의 검' 칼리드와의 결투에서 대등하게 맞섰으며, 전술가로서의 천재성으로 아라비아 지휘관들의 미숙한 용맹을 꺾고 부술 수 있었던 사람이었던 그는 다시는 그들을 상대로 전쟁터에서 군대를 직접 이끌지 않았다. 그의 손과 두뇌는 모두 마비된 상태였다.[51]

이라클리오스는 641년 2월 11일, 예순여섯 살의 나이로 사망했다.

그는 길고도 뛰어났던 자신의 치세의 마지막 몇 년 동안 그가 이루었던 많은 성과들이 아라비아인들에 의해 무너져가는 것을 지켜봐야 했다. 콘스탄티노플로부터 지원을 받지 못한 알렉산드리아는 성문을 지킬 수 없었다. 641년 9월, 언제나와 같은 "알라후 아크바르"라는 승리의 외침 앞에 성문이 열렸다.[52] 아라비아어 사료에서 알무카퀴스al-Muqawqis로 알려진 음험하고 배신적인 로마 지도자가 도시 항복을 주도했는데, 그는 아마도 10년 동안 통치하며 칼케돈 공의회를 인정하지 않는 이집트인 '분리주의자'들을 박해했던 동로마 성직자 키로스Cyrus인 듯하다. 그러나 항복 조건과 상관없이, 이슬람교도들이 알렉산드리아에 입성하자 유혈 사태가 벌어졌다. 그들은 곧바로 "성벽을 허물고 많은 교회에 불을 질러 태웠다"라고 콥트 연대기는 전한다. 불탄 교회 가운데는 성 마르코가 세우고 그 유해가 안치돼 있던 옛 교회도 포함돼 있었다. 마르코는 자신의 이름으로 불린 복음서(마가복음)를 저술했으며, 서기 50년 무렵 이집트에 기독교를 전하기도 했다.[53]

이슬람 및 콥트 역사가들에 따르면 아라비아 침략자들은 알렉산드리아 대★도서관도 불태웠다. 아므르는 이 거대한 건물 안에서 발견한 수만 권의 책과 두루마리를 어떻게 처리해야 할지 묻는 전갈을 칼리파 우마르에게 보냈다. 우마르가 이렇게 대답한 것은 (나쁜 쪽으로) 유명하다. "만약 그것들이 우리의 책(《코란》)과 일치한다면 우리에게는 그것들이 필요 없다. 만약 그것들이 우리의 책과 다르다면 우리는 그것들을 원하지 않는다. 불태우라." 보존됐다면 우리가 아는 역사를 다시 썼을 수도 있었을, 잉크로 쓰인 파피루스의 양은 엄청났다고 한다. 바그다드 역사가 압둘 라티프Abdul Latif의 말에 따르면 정복자들이 차지한 알렉산드리아의 여러 공중목욕탕에 6개월 동안 계속해서 불을 땔 연료로 쓸 수 있을 정도였다.[54] 비록 대부분의 서방 역사학자들은 이 거대 도서관의 파괴를 비이슬람교도의 소행으로 보지만, 여기서 중요한 점은 이 사건을 이슬람 역사서와 역사가들이 기록했다는 것이다. 이것이 일어났음을 이슬람교도들이 '믿었다는' 얘기다. 이는 이교도의 책을 어떻게 다루어야 하는지에 대한 전례를 세웠다.

이집트 상실은 로마인들에게 큰 비통의 원인이 되었다. 시리아 상실보다도 더 큰 아픔이었다.[55] 이는 서기전 332년 마케도니아의 알렉산드로스 대제가 이곳을 건설한 이후 1천 년 가까이 이어져 온 알렉산드리아의 그리스어와 그리스 문화의 종말이 시작된 것이었고, 그리스 문화 확산의 중심지로서 7세기에도 세계에서 가장 훌륭한 도시이자 부유한 도시 중 하나였던 곳의 몰락이었기 때문이다.[56] 이라클리오스의 후계자들은 이 도시를 이슬람교도로부터 되찾으려는 시도를 계속 했다. 그들은 645년에 잠시 성공했지만, 646년에 다시 빼앗겼다. 654년에 이집트로 보낸 대규모 침공 함대 역시 실패로 끝났다.

곧 이집트는 동방 기독교 세계에 대한 상실의 땅에서, 그들을 공격하기 위한 전초 기지로 변모했다. 649년, 알렉산드리아에서 출항한 아라비아 함대가 키프로스의 수도 콘스탄티아(살라미스)를 침공했다. 시리아인 미카엘은 이렇게 썼다. "그곳은 온통 사람들로 가득 차 있었다. 그들은 대규모 학살을 통해 도시의 지배권을 확립했다. 그리고 섬 전체에서 금을 수집했고, 재물과 노예를 모아들였으며, 전리품을 나누어 가졌다." 그들이 갑작스럽게 다시 들이닥치자, 이미 충격을 겪은 주민들은 공포에 사로잡혔다.[57] 얼마 후 "이미 알렉산드리아와 이집트를 장악한 사라센 민족이 갑자기 많은 배를 타고 시칠리아를 침략해 시라쿠사에 들어간 뒤 많은 사람들을 학살했다. 극히 소수만이 가까스로 견고한 요새와 산악 지대로 달아났다. 침략자들은 엄청난 전리품을 챙긴 후 알렉산드리아로 돌아갔다"라고 부제_{副祭} 파울루스Paulus(720~799)는 전한다.[58] 이 시기 이후 이슬람 세력은 지중해 역사상 전례가 없을 정도의 해적질과 무법 행위를 마구 저질렀다.[59] 이 주제는 3장에서 더 자세히 검토할 것이다.

오늘날 '콥트인'•으로 알려진 이집트의 기독교도 원주민들(이슬람 침략 수백 년 전 이미 기독교로 개종한 파라오의 후손들)은 어떻게 됐을까? 그들이 이슬람 치하에서 겪은 경험은 잘 기록돼 있는데, 이를 잠시 살펴보면 야르무크 전투 이후 정복된 모든 기독교도 주민이 겪은 경험을 알 수 있다. 이집트 정복 200년 혹은 그후에 쓰인 이슬람 역사서들은 흔히 아라비아 지도자들이 지즈야를 내면 콥트인들을 건드리지 않았다고 묘사하지만, 그들이 이슬람교를 혐오했다는 사실은 그들의 역사서 곳곳에서 증명된다.[60] 10세기 콥트인 역사가 세베루스Severus의 다음과 같은 기록은 흔한 것이다. "이집트 땅의 아라비아인들은 나라를 황폐하게 만들었다. 그들은 요새를 불태우고 지방을 약탈했으며, 그들 가운데 있는 거룩한 수도사를 대량으로 학살하고, 많은 순결한 수녀들을 능욕하고 그중 일부는 칼로 살해했다."[61]

• 콥트(Copt)는 '이집트인'에 해당하는 그리스어 '아이-깁트-이오스(Αἰγύπτιος)'를 아라비아어로 음역한 것을 영어로 옮긴 형태다. 아라비아인들은 그리스어의 세 음절 가운데 중간 부분인 '깁트'를 가져다가 '킵트(qibṭ)'라고 발음했고 여기서 영어 '콥트'가 나왔다. 이집트의 가장 토착적인 주민은 기독교도였다는(지금도 그러하다) 사실은 아라비아인들이 붙인 이름에서도 분명히 드러나는데, 이 명칭은 이집트인을 의미할 뿐만 아니라 기독교와도 연관되기 때문이다.

가장 오래되고 가치 있는 기록은 650년 무렵 나일 강 삼각주의 주교이자 침략의 목격자인 니키우의 요한에 의해 쓰였다. 그의 기록에 따르면 "이슬람교도(또는 이스마엘의 자손이라 불린 자들)에게 항복한 자는 누구든 학살당했으며, 노인·여성·아이도 살려두지 않았다. 이슬람교도들은 달아나는 기독교도들의 재산을 약탈했으며, 그리스도의 종들을 알라의 적으로 여겼다."[62] 요한의 연대기는 유혈 사태로 가득 차 있어, 흔히 기록을 이렇게 마무리하곤 했다. "이제 더는 말하지 않겠다. 이슬람교도들이 저지른 공포를 묘사하는 것은 불가능하기 때문이다."[63]

곧 이집트의 부에 대한 수백 년에 걸친 칼리파국의 '착취'가 시작됐다. 이는 칼리파 우마르 시대부터 시작됐는데,《모사라베 연대기Crónica mozárabe》의 표현을 빌리면 그는 "이집트에서 가장 오래되고 번영한 대도시인 알렉산드리아에 공물의 멍에를 씌웠다."[64] 8세기 이슬람 법학자 아부 유수프Abu Yusuf에 따르면 두 번째 정통 칼리파* 우마르는 "이슬람교도들은 콥트 기독교도들이 살아 있는 한 그들을 먹고, 우리가 죽더라도 우리의 자손들이 그들의 자손을 먹는다"라고 말했다.[65] 초기 방화 이후 교회들을 건드리지 않았다고 하며, 이슬람 역사서들도 정복된 주민들에게 비교적 온건하게 대했다고 묘사하는 아므르조차도 콥트 총대주교 관구 연대기와 니키우의 요한의 기록에서는 다르게 묘사된다. "돈을 사랑하는 자였다", "농민들의 세금을 두 배로 늘렸다", "무수한 폭력 행위를 자행했다", "이집트인들에게 전혀 자비가 없었으며, 야

---

* 처음 네 명의 칼리파는 이상적인 이슬람 통치자로 여겨졌기 때문에 이슬람 전승에서 라시둔(Rashidun)이라는 아라비아어 칭호로 알려졌다. '독실한' 또는 '올바르게 인도된'이라는 뜻이다.

만적인 부류였기 때문에 그들에게 한 약속을 지키지 않았다", "보물을 숨기는 모든 콥트인에게 사형에 처하겠다고 위협했다" 같은 내용들이 그렇다.[66]

그러나 아므르에게는 책임이 없을 것이다. 644년 우마르가 암살된 후 세 번째 칼리파가 된 우스만Uthman은 이집트에서 충분한 부를 보내지 않는다는 이유로 아므르를 소환했는데, 동시대 아라비아인의 표현을 빌리면 아므르는 "제멋대로고, 탐욕스럽고, 욕심 많은 자"였다.[67] 아므르의 후임자는 전임자에 비해 칼리파국 금고에 보내는 돈을 두 배로 늘렸고, 이에 우스만은 자신이 젖을 짜는 낙타(이집트 토착 기독교도 주민을 가리키는 말)에게서 더 많은 젖을 짜내게 했다고 자랑했다.[68] 당시 기록에는 전면적인 수탈에 이어 기근이 발생했던 이 시기에 관한 종말론적 장면이 많이 나온다. "물고기가 물 밖으로 내던져진 것처럼 죽은 자들이 거리나 시장터에 버려졌는데, 그들을 묻어줄 사람이 없었기 때문이다. 그리고 일부 사람들은 인육을 먹었다."[69]

이러한 방식으로 "이집트는 악마의 노예가 됐다"고 니키우의 요한은 결론짓는다. "아라비아인들이 이집트인들에게 씌운 멍에는 옛날 파라오가 이스라엘에 씌운 멍에보다 더 무거웠다. 하느님의 심판이 이슬람교도들에게 내릴 때 그분께서 옛날 파라오에게 행하신 그대로 그들에게 행하시기를!"[70] 그러나 그런 심판은 내려지지 않았다. 박해와 마찬가지인 삶을 사는 것이 콥트인들의 운명이었다. 그들은 4세기 초 디오클레티아누스 황제 치하에서 로마 제국의 대박해의 예봉을 견뎌낸 사람들로서 이어 페르시아 치하에서 고통 받았으며(619~629), 그다음에는 로마인 키릴Cyril 치하에서 고통 받았고(630~640), 그뒤에 이슬람교도의 지배 아래 고통 받았으며, 이 고통은 오늘날까지 이른다.

이집트는 또한 기독교 인구가 많은 지역이 어떻게, 그리고 왜 이슬람화되었는지를 보여준다는 점에서 도움이 된다. 초기 이슬람 연대기들은 수백 년에 걸친 박해와 재정적 수탈로 인해 점점 더 많은 콥트인들이 샤하다를 고백하게 됐고, 이로써 이집트가 오늘날과 같이 이슬람교도가 다수인 국가가 됐음을 분명히 보여준다. 이슬람 역사학자 타키알딘 알마크리지Taqi al-Din al-Maqrizi(1364~1442)는 그의 방대한 이집트사를 통해 이슬람교도들이 교회를 불태우고, 기독교도들을 학살 또는 화형에 처하고, 그들의 여자와 아이들을 노예로 삼았다는 여러 별도의 기록들을 전하고는 "이러한 상황을 통해 매우 많은 기독교도가 이슬람교도가 됐다"[71]고 결론지었다. 모두가 가자에서 순교한 60명의 병사들처럼 버틸 수 있었던 것은 아니었다.*

---

* 여기서 깊이 뿌리내린 딤미 제도의 영향은 말할 것도 없다. 점점 더 가난해진 이집트 원주민들은 수백 년에 걸쳐 서서히 이슬람교로 개종해 갔다. 19세기 역사가 앨프레드 버틀러(Alfred Butler)의 견해를 참조할 필요가 있는데, 그는 지즈야 제도를 가리켜 "기독교도들을 회유해 개종시키는 악질적인 제도"라고 부르며 다음과 같이 평했다. "비록 항복 조건에 따라 콥트인들의 종교의 자유가 이론상 보장됐으나, 실제로는 공허하고 환상에 불과한 것임이 곧 드러났다. 종교의 자유가 사회적·재정적 속박과 동일시되는 한, 그것은 실질적인 내용이나 생명력을 가질 수 없다. 이슬람교가 확산됨에 따라 콥트인들에 대한 사회적 압력은 엄청나게 커졌다. 그러므로 놀라운 것은 그렇게 많은 콥트인들이 압도적인 힘으로 그들을 이슬람교로 밀어붙이는 조류에 굴복했다는 사실이 아니라, 매우 많은 기독교도들이 조류에 맞서 굳게 자리를 지키고 1300년 동안 온갖 폭풍우를 맞으면서도 반석 위에서 흔들리지 않았다는 사실이다." 또한 콥트인들이 동로마에 맞선 '해방자'로서 아라비아인들을 환영했다는 대중적인 주장에 대해 버틀러는 "이집트 민족의 어떤 집단도 이슬람교도들의 도래를 공포 이외의 다른 감정으로 맞이했다는 기록은 단 한 마디도 없다"라고 지적했다(Butler 1992, iv-v, 236).

이슬람의 북아프리카 정복

이집트와 마찬가지로 7세기 북아프리카 역시 로마 세계에서 가장 부유한 지역 가운데 하나로 리비아, 알제리, 모로코에서 과거의 유물인 옛 폐허를 여전히 볼 수 있다. 튀니지는 로마의 고대 경쟁자인 카르타고의 폐허 위에 세워져 있다. 또한 이집트 및 시리아와 마찬가지로 이슬람 세력이 침입했을 당시 북아프리카는 제국의 다른 어느 지역 못지않게 확고히 기독교도 지역이었고, 도시와 시골 곳곳이 우아한 교회들로 장식돼 있었다.[72] 이 지역은 또한 위대한 기독교 신학자들을 배출했다. 가장 대표적인 사람이 서방 신학의 아버지로 불리는 히포(현재 알제리의 안나바)의 아우구스티누스 성인이다. 우리가 알고 있는 형태의 기독교 신약성서의 정전은 397년 카르타고 공의회에서 결정됐다.

서쪽으로 향한 이슬람 세력의 행군은 이집트 정복 이후 거의 곧바로 이어졌다. '명백한 사명manifest destiny'(19세기 미국의 서부 개척을 정당화하기 위한 논리였으나, 점차 확대돼 사용됐다)이라는 개념은 유럽의 아메리카 식민지 개척보다 훨씬 오래됐다. 문명화된 해안 도시 밖에는 베르베르Berber인들이 살았다('베르베르'는 야만인을 뜻하는 그리스어 바르바로스barbaros에서 유래했다). 부족 중심의 반¥문명 사회였던 그들은 토속 종교, 유대교, 기독교 요소가 뒤섞인 혼합 종교를 믿었다. 이슬람 세력은 일찍이 642년 바르카(현재 리비아의 마르지)에서 그들과 처음 전쟁을 벌였다. 이후 베르베르인들이 지즈야를 납부한다는 조건이 담긴 조약이 체결됐는데, 거기에는 눈에 띄는 조항도 있었다. "사람들이 그 돈을 마련하기 위해 아들딸을 노예로 팔 수 있다"라는 내용이었다.[73] 그 직후 아므르 이븐 알아스의 조카인 우크바 이븐 나피Uqba ibn Nafi는 이슬람의 이름으로 북아프리카 나머지 지역을 복속시키기 위해 출정했다. 666년 무렵, 그는 1만 명의 병력을 이끌고 남부 튀니지의 도시들을 정복하고 그곳에 살던 모든 기독교도들을 학살했다.[74] 이슬람 사료들은 이 초기 이슬람 영웅이 수많은 습격을 감행했고, 종종 도시 전체를 약탈하고 주민을 대규모로 노예화했다고 전한다.[75] 심지어 북아프리카에서 나온 고고학적 증거는 7세기 말 이슬람 정복자들이 지나간 경로를 따라 교회들이 파괴된 흔적을 보여준다.[76] 그러나 기독교도들을 대할 때와는 달리 우크바와 다른 지하드 전사들은 베르베르인들을 학살할 때 언제 멈춰야 할지 알지 못했다. 베르베르인들은 이슬람교로 개종하는 것, 즉 무함마드라는 사람에 관해 몇 마디 말을 내뱉는 것에 아무런 거리낌이 없었기 때문이다. 한 중세 이슬람 역사가는 이렇게 설명했다.

우크바는 아프리카로 가서 도시들을 포위했으며, 무력으로 정복하고 주민들을 칼로 죽였다. 그는 많은 베르베르인을 이슬람교로 개종시켰고, 이슬람교는 그들 사이에서 퍼져 수단(아라비아어로 '검은 땅'을 의미하며, 사하라 이남 아프리카를 가리킨다) 땅까지 이르렀다. 그러자 우크바는 동료들을 모아 말했다. "이 나라 사람들은 쓸모없는 족속이다. 칼을 들이대면 이슬람교도가 되지만, 우리가 등을 돌리자마자 다시 옛 습관과 종교로 돌아간다."[77]

쉬지 않고 움직인 우크바는 지중해 연안을 따라 공격을 계속해 결국 대서양에 도달했다. 거기서 그는 맹렬하게 말을 몰아 바다로 들어가며 "알라후 아크바르"를 외쳤다. 그는 파도를 칼로 가르며 이렇게 한탄했다. "이 바다가 내 길을 막지 않았다면 나는 계속해서 말을 몰아 서쪽의 알 수 없는 왕국들까지 가서 타우히드tawhid(알라의 유일성)를 전도하고, 그분 이외의 다른 신을 섬기는 반역 민족들을 칼로 베었을 것이다!"[78] 《코란》에 맞추어 "나는 지고하신 알라께 나 자신을 팔았다"(9:111)라는 말을 했던 이 지하드 전사는 마침내 683년 전투에서 '순교'했다. 이슬람의 역사 속에서 우크바의 북아프리카 정복은 칼리드의 시리아 정복에 비견된다. 그리고 '알라의 검' 칼리드와 마찬가지로 이 존경받는 이슬람 전사에게도 어두운 면이 있었다. 그는 무수히 많은 베르베르 소녀들을 자기 몫으로 삼거나 다른 사람들에게 팔기를 즐겼는데, 그 미모는 세상 누구도 본 적이 없는 수준이었다.[79]

그만 그런 것이 아니었다. 또다른 이슬람 지도자 하산Hassan 역시 비길 데 없는 미모의 어린 베르베르 여자 노예들을 유괴해 팔기를 일삼았는데, 그중 일부는 값이 1천 디나르에 이르렀다.[80] 이후 북아프리카의 이슬람 통치자들은 베르베르인들을 공격해 대규모로 노예로 삼는 일을 계속했다. 이에 한 현대 역사가가 말했듯이 "이슬람 지하드는 불편하게도 거대한 노예무역처럼 보인다."[81] 아라비아 연대기는 특히 예멘 출신 지휘관으로 698년 이프리키야 총독이 된 무사 이븐 누사이르 Musa ibn Nusayr에 대한 기록에서 천문학적인 숫자의 노예에 대해 기록했다. 그는 이슬람 교리에 반대하는 부족에 대해서는 잔혹하고 무자비했지만, 개종한 자들에게는 관대하고 너그러웠다.[82] 또한 그는 오늘날의 표현으로 하자면 종족 말살이라고 할 수 있는 '몰살의 전투'를 벌여 무수한 사람을 죽이고, 놀라울 만큼 많은 포로를 만들었다.[83] 이슬람교도의 북아프리카 정복사에서 가장 포괄적인 사료 중 하나를 남긴 역사가

아흐마드 이븐 무함마드 알마카리Ahmad ibn Muhammad al-Maqqari(1578~
1632)는 이렇게 썼다.

무사가 이프리키야 본토에 도착하자마자 몇몇 부족이 이슬람교의 멍에를
벗어던졌다는 소식을 들었다(형식적으로 샤하다를 외치는 것이 습관이 된 것
이다). 그는 아들 압둘라를 보내 그들을 공격하게 했다. 압둘라는 곧 10만 명
의 포로를 데리고 돌아왔다. 무사는 또다른 아들 마르완을 다른 지역의 적
들에게 보냈고, 그 역시 10만 명의 포로를 데리고 돌아왔다.[84]

요컨대 노예가 된 베르베르인의 수는 당시까지 이슬람 통치권 아래
있던 어떤 나라에서도 전에 들어본 적 없는 수에 달했다. 그 결과 이프
리키야 대부분의 도시에서 인구가 줄었고, 농지는 경작되지 않은 채 방
치됐다. 그럼에도 불구하고 무사는 베르베르인들 나라의 요새이자 그
들의 도시의 어머니인 탄자(탕헤르) 앞에 이르기까지 정복을 멈추지 않
았고, 그곳 또한 포위한 끝에 함락시켜 주민들에게 강제로 이슬람교를
받아들이게 했다.[85]

카리스마 넘치는 베르베르 여왕 카히나Kahina가 이끄는 완강한 저항
이 마침내 이슬람교도들에게 진압되고 여왕이 참수되자, 카히나의 아
들들이 이끈 이프리키야인들은 그들이 이슬람 세력을 이길 수 없다면
차라리 그들을 따르는 것이 낫다고 결론지었다. 알마카리는 요령 있게
설명한다. "이프리키야의 황량한 평원에 사는 여러 민족은 베르베르인
에게 닥친 일을 보고 서둘러 평화를 요청하고 무사에게 복종을 맹세했
으며, 그의 군대에 자신들을 편입시켜 달라고 청했다." 무사는 이를 받

아들였고, 아라비아인 교사들을 남겨 그들에게 지하드의 전문 지식을 가르치게 했다.[86]

이렇게 해서 수십 년 동안 이슬람 세력에게 저항하며 가끔씩 유리할 때만(그것도 명목상으로만) 개종하던 베르베르인들이 마침내 완전히 이슬람 세력에 굴복했다. 그 보상으로 이전의 노예들은 미래의 노예 상인이 됐다. 그들 상당수는 아라비아인의 종교에 무관심했지만, 그것은 중요하지 않았다. 그들은 공식적으로 이슬람의 권위에 복종했고, 곧 유럽을 침공하며 1천여 년 동안 알라의 이름으로 지중해 지역을 공포에 몰아넣게 된다. 이전에 대규모로 학살당하고 노예로 붙잡혔던 이들이 수십 년 동안 자신들을 비인간화했던 신앙으로 개종한 뒤에는 이교도를 비인간화하는 것을 배웠고, 그렇게 학살하고 노예를 잡고 약탈하는 자들이 됐다. 언제나 정의라는 이름 아래에서였다.

기독교 세력의 마지막 흔적과 관련해서는 698년에 카르타고가 이슬람 세력의 손에 떨어지면서 수백 년에 걸친 로마의 북아프리카 지배가 종말을 맞았다. 부제 파울루스는 무사가 "그곳을 불로 무자비하게 황폐화시키고 완전히 무너뜨렸다"라고 썼다.[87] 한때 북아프리카의 보석이었던 카르타고는 200년 동안 폐허로 남았고, 튀니스가 새로운 중심지가 됐다. 709년까지 북아프리카 전역은 이슬람 세력의 지배하에 들어갔다. 이제 침공과 약탈의 대상으로 남은 것은 유럽뿐이었고, 그곳은 마지막 기독교도 자유인들이 통치하고 있었다. 그들 역시 개종과 지즈야와 죽음 가운데 선택을 강요당할 날이 임박해 있었다.

전 세계 역사상 가장 중대한 전투

이 시기에 한때 로마 제국이었고 이후 기독교 제국이었던 고전적 헬레니즘 세계는 예전의 위용을 거의 잃은 껍데기에 불과했다. 고고학조차도 이를 입증한다. 역사 무대에 이슬람교가 등장한 것은 지중해 세계 전역에 폭력과 파괴의 홍수를 동반했다. 북아프리카와 서아시아 곳곳에 지금도 그 폐허가 남아 있는 거대한 로마와 동로마 도시들은 7세기에 급격히 종말을 맞았다. 고고학자들은 어디서나 대규모 파괴의 증거를 발견했고, 이는 우리가 이슬람이라는 이념에 대해 알고 있는 것과 정확히 일치한다.[88]

이는 또한 이 장에서 개괄한 바와 같이 1차 사료를 통해 우리가 알 수 있는 것과도 정확히 일치한다.《묵시록Apocalypsis》(서기 4세기 초에 순교한 그리스의 교부 파타라의 메소디오스 성인을 가탁한 위서僞書라고 한다)이라는 적절한 이름으로 알려지고 오랫동안 예언서로 생각됐으며, 후세 유럽인의 사고에 깊이 영향을 끼친 7세기 말의 한 기독교 필사본은 이렇게 말한다. "산비탈의 모든 나무가 뿌리째 뽑히고, 산의 아름다움은 사라지며, 도시는 황폐해지고, 인구 감소로 인해 토지는 경작할 수 없게 되며, 땅은 피로 물들 것이다. 아라비아인들은 그 열매를 차지할 것이다. 폭압적으로 정복하는 저 야만인들은 사람이 아니라 사막의 자식들이며, 그들은 황폐를 몰고 오고 파멸시키며 미움을 불러올 것이다."[89]

야르무크 전투에서 패배했다면 이슬람의 칼날은 아라비아 본토에서 수천 킬로미터 떨어진 곳인 유럽의 동쪽 끝과 서쪽 끝 관문(각각 2장과 3장 참조) 양쪽에서 침공을 준비할 수 없었을 것이다. 이 사실은 과거와 현재, 기독교도와 이슬람교도를 막론하고 여러 세대의 역사가들로 하여금 의문을 품게 했다. 이슬람 세력은 어떻게, 그리고 왜 승리할 수 있었을까? 특히 로마 군대가 거의 모든 면에서 이슬람 군대보다 우월했음에도 불구하고 말이다.

기독교도와 이슬람교도의 초기 대답은 유사하면서도 동시에 상이했다. 양측 모두 신이 이슬람교도 편이었다는 점에는 동의했지만, 그 이유는 완전히 달랐다. 기독교도들은 소프로니우스 총대주교의 견해에 동의했다. 그것은 고대 히브리인들이 타락할 때마다 신이 자주 무자비한 이교도 정복자들을 일으켜 그들을 벌했듯이, 이 새로운 침략자는 기독교도들의 타락을 징계하기 위한 신의 매라는 것이다.* 특히 7세기 《묵시록》의 기록을 믿는다면, 그 이유는 이성異性 복장을 포함한 만연한 성적 부도덕 행위 때문이었다.

그러므로 주 하느님께서 이슬람교도들에게 기독교도의 땅을 빼앗을 힘을 주신 것은 주께서 그들을 사랑해서가 아니라 기독교도들의 불법 때문이다. 이는 세상 모든 세대에 전무후무한 일이었다. 왜냐하면 남자들이 간음하는 여자나 창녀의 옷을 입고, 스스로를 여인처럼 꾸미고 도시의 광장과 시장에 대놓고 서며 자연스러운 관습을 부자연스러운 것으로 바꾸었기 때문이다.

---

* 소프로니우스는 "참으로 악마적 야만성으로 가득 찬 짐승 같고 야만적인 사라센인의 검"으로 인해 기독교도들이 성지 순례를 하지 못하게 됐다고 설명한 뒤 이렇게 덧붙였다. "우리가 하느님께서 친애하고 사랑하는 자로서 절제한다면 사라센 적들의 몰락을 비웃고 머지않아 그들의 죽음을 볼 것이고, 그들의 최종적인 파멸을 볼 것이다. 피를 좋아하는 그들의 칼날이 자신들의 심장을 찌르고, 그들의 활은 부러지며, 화살은 스스로에게 박힐 것이기 때문이다"(Donner 2008, 114~115).

마찬가지로 여자들도 남자들이 한 것과 똑같은 일을 했다. 아버지, 아들, 형제가 한 여인과 관계를 가졌고, 그 여인은 모든 친척과 관계했다. 이러한 이유로 하느님은 그들을 야만인의 손에 넘기셨다. 그것은 그들의 죄와 악행 때문이다. 이미 더럽혀진 남자들을 통해 여자들도 스스로를 더럽히게 될 것이며, 이스마엘의 자손들이 그들을 두고 제비를 뽑을 것이다.[90]

기독교 성서의 예언은 또한 아브라함의 내쫓긴 맏아들(아라비아인들은 그가 족장이라고 주장했다) 이스마엘에 대해 말하면서 아라비아인들의 타고난 적대감의 증거로 인용했다. 그에 대해서는 이렇게 예언됐다. "네 아들은 들나귀 같은 사람이라, 닥치는 대로 치고받아 모든 골육의 형제와 등지고 살리라"(《창세기》 16:12).

한편 이슬람교도들은 신(알라)이 기독교도에게 화가 나 자신들에게 그들을 칠 힘을 주었다는 데 동의했지만, 그 분노는 특정한 죄 때문이 아니라 '기독교도'이기 때문이었다. 그들이 삼위일체를 믿었기 때문에, 다시 말해서 알라와 다른 존재를 결부시키는 가장 큰 죄인 쉬르크(다신 숭배)를 저질렀기 때문이다. 게다가 당시나 지금이나 마찬가지지만, 7~8세기에 한 이슬람교도가 딤미 수도사에게 말했듯이 이슬람교도들에게 정복은 "알라께서 우리를 사랑하시고 우리의 종교를 기뻐하신다는 표징이며, 그분은 우리에게 모든 종교와 민족 위에 군림할 권세를 주셨다. 그들은 우리에게 종속된 노예들이다"[91]라는 개념을 내포하고 있었다.

찬양 일변도가 좀 덜한 초기의 일부 기독교 및 이슬람 자료들은 이슬람 초기 정복의 원인을 간사한 꾀와 기습 행위에서 찾았다. 《모사라베 연대기》는 이렇게 말한다. "사라센인들이 지도자 무함마드의 영향을 받아 용맹보다는 기습으로, 정면 침공보다는 은밀한 습격을 지속해 시리아, 아라비아, 메소포타미아를 정복하고 황폐화시켰다. 이렇게 그들은 힘이 아니라 교묘함과 속임수로 제국의 이웃한 모든 도시들을 공격했다."[92] 《모사라베 연대기》의 다른 판본에서는 아라비아인의 힘보다 속임수, 교활함, 기만을 이야기한다.[93] 이와 마찬가지로 무함마드가 "나는 공포로 승리를 거두었다"라고 자랑한 상황을 논의하면서 이븐 할둔은 "적들의 마음속에 심어진 공포가 이슬람 정복 당시 그들이 그렇게 많은 패배를 당한 이유"였다고 말한다.[94]

마지막으로, 경건함과 포악함을 결합한 중도적 입장도 있었다. 이슬람 세력이 왜 이겼는지에 대한 전통적인 이슬람 역사는 그들이 알라와 맺은 어느 경우든 이득이 되는 거래, 즉 현세에서든 내세에서든 낙원을 보상으로 얻는다는 것이 아라비아인들의 맹목적인 투지를 자극했다고 본다. 한 후대 페르시아 학자는 이렇게 설명한다. "야르무크 전투에서 이슬람 설교자들은 쉬지 않고 전사들을 격려했다. 크고 검은 눈을 가진 천국 미녀들을 만날 준비를 하라는 것이었다. 그리고 분명히 야르무크 전투 날만큼 목이 많이 떨어진 날은 없었다."[95] 또한 이집트 침공 전 무함마드의 한 사하비는 동로마 관리에게 이렇게 말했다. "자신을 속이지 말라. 우리는 너희들의 숫자가 두렵지 않다. 우리의 가장 큰 소망은 전투에서 로마인들을 만나는 것이다. 그들을 이기면 좋고, 그러지 못하더라도 우리는 내세의 복을 받는다."[96]

유럽 작가들 또한 이슬람교도의 광신적 믿음이 아라비아인들이 승리한 원인이었다는 생각을 받아들였다. 1963년 존 배거트 글럽John

Bagot Glubb 중장은 "아라비아의 정복의 원동력은 종교적 열정이었다"라고 주장했다. 그는 분명히 자신이 무슨 말을 하는지 잘 알고 있었다. "나는 30년 동안 바로 그 아라비아 정복을 수행했던 부족 출신 병사들을 지휘했는데, 그들은 1300년이 지난 지금도 변하지 않았다"는 것이다.[97]

보다 최근에 와서는 물질적·경제적 설명이 진지한 원인으로 받아들여지면서, 이슬람 세력이 전투에서 광신적이고 순교를 감수하는 열정 덕분에 승리했다는 주장은 서방 학계에서 문학적 요소 또는 장치로 치부돼 버렸다. 그 대신 여러 가설이 등장했다. 일부는 그럴듯했고 일부는 억지스러웠으나, 그 어떤 것도 야르무크 전투와 그 이후의 승리를 완전히 설명하지는 못했다. 예를 들어 로마와 페르시아가 내부 싸움으로 인해 지나치게 많은 세금을 거두었기 때문이었다는 설, 기독교 세계의 분열 때문이었다는 설, 로마군을 구성한 다양한 민족 사이의 내분 때문이었다는 설, 아라비아의 건조화로 인해 아라비아인들이 다른 곳으로 퍼져 나갈 수밖에 없었다는 설 등이다.•

이슬람 세력이 승리한 이유가 무엇이든 간에 변하지 않는 사실은 이 것이다. 이런 혁명은 전례가 없었다. 이전의 그 어떤 공격도 이렇게 갑작스럽고 격렬하며 영구적으로 성공한 적은 없었다. 634년(아즈나다인 전투)의 첫 공격 이후 20년이 되기 전에 초기 기독교의 중심지였던 동 지중해 지역이 이슬람 세력에 의해 정복되었다. 기독교 신앙의 발상지였던 시리아, 강력한 기독교 교구였던 알렉산드리아가 있는 이집트가

• 다양한 가설에 대한 검토를 위해서는 The Battle of Yarmuk: An Assessment of the Immediate Factors Behind the Islamic Conquests(www.RaymondIbrahim.com에서 볼 수 있다)를 보라.

무너졌다.[98] 야르무크 전투로부터 불과 73년 후에는 동쪽의 샴(광역권 시리아)에서부터 서쪽 모로코까지 약 6천 킬로미터에 이르는 모든 고대 기독교 지역이 영구적으로 이슬람 세력에 정복됐다. 다시 말해 기독교 세계 원래 영토의 3분의 2*(그중에는 예루살렘, 안타키아, 알렉산드리아 등 기독교의 5대 중심지 중 세 곳이 포함돼 있었다**)가 영구히 이슬람 세력에 넘어가 아라비아화됐다. 이전 수백 년 동안 유럽을 정복했던 야만족 게르만인들이 기독교 문화·문명·언어(라틴어와 그리스어)에 동화됐던 것과 달리, 아라비아인들은 자신들의 종교와 언어를 정복지 사람들에게 강제했다. 이에 따라 아라비아인은 한때 오직 아라비아 반도에서만 번성했지만, 오늘날 '아라비아 세계'는 서아시아와 북아프리카에 펼쳐진 22개 정도의 민족으로 이루어져 있다.

만약 이전에 야르무크 강둑에서 이슬람 침략자들이 일으킨 범람이 없었다면 상황은 이렇게 되지 않았을 것이며, 세계는 완전히 다른 방식으로 전개됐을 것이다. 아마도 이 책의 나머지 장 자체 역시 이어질 수 없었을 것이다. 이슬람 군대가 자신의 고향인 이집트를 침략할 때 아직 젊은이였던 시나이의 아나스타시우스는 사건 1천여 년 이후의 역사가가 가질 수 있는 통찰의 힘 없이도 그 전투가 결정적이었음을 증언했다. 그는 이를 "로마군 최초의 끔찍하고 치유할 수 없는 몰락"이라고 했

• 3분의 2라는 수치에 대해서는 일반적인 공감대가 이루어져 있으며(Stark 2012, 199), 이슬람 정복 전후의 기독교 세계 지도 비교로도 확인된다. 나중에 보겠지만 주로 튀르크인들 덕분에 결국 이슬람 군대가 기독교 세계의 4분의 3을 정복했다(Madden 2004, 213).

•• 예루살렘이 십자군 전쟁 시기에 잠시 기독교 세력의 손에 돌아갔고, 오늘날에는 이스라엘 통치하에 있는 것이 예외다.

다. 그리고 "나는 야르무크에서의 유혈 사태를 말하고 있다. 그 이후 팔레스타인 도시에 점령과 방화가 일어났다. 심지어 카이사리아와 예루살렘도 피할 수 없었다. 이집트 파괴 이후에는 지중해 연안 지역과 섬들의 노예화와 회복 불가능한 파괴가 뒤따랐다. 그러나 로마 제국을 통치하고 지배하던 자들은 이러한 사실을 깨닫지 못했다"라고 말했다.[99]

다시 말해 동로마 제국이 침략자들에게 결정적인 타격을 주어 그들을 아라비아로 돌려보내지 못했기 때문에 고대 지중해의 통일성은 산산이 부서졌고, 세계사의 흐름은 영원히 바뀌었다. 그러니 "야르무크 전투는 의심할 여지없이 세계사 전체에서 다른 대부분의 일보다도 더 중요한 결과를 가져온 전투"[100]라고 일부 역사가들이 생각하는 것은 전혀 놀라운 일이 아니다.

2장

동쪽 석성에 도달한 지하드

콘스탄티노플 포위전(717년)

틀림없이 콘스탄티노플은 우리 공동체에 의해 정복될 것이다. 그곳을 정복하는 지휘관은 얼마나 복된 자이며, 그의 군대는 얼마나 복된가.

— 무함마드, 이슬람교 선지자[1]

그는 사람들을 속이고 있다. 선지자들이 칼과 전차를 가지고 오는가? 진실로 오늘날의 이 일들은 혼란의 소산이다. 자칭 선지자에게서 진실은 전혀 발견할 수 없을 것이다. 오직 사람의 피를 흘리게 할 뿐이다.

— 유대인 서기(634년경)[2]

콘스탄티노플: 지하드의 초점

칼리파국이 수많은 영토를 정복했지만 궁극의 전리품은 여전히 손에 잡히지 않았다. 기독교 동로마 제국의 수도인 노바 로마(새 로마), 즉 콘스탄티노플은 다른 모든 도시들이 이슬람의 곡도에 무너진 뒤에도 여전히 버티고 있었다. 그곳의 '십자가의 노예들'과 그들의 '로마인 개'인 황제를 정복하는 것은 강박관념이 됐다. 학자 율리우스 벨하우젠Julius Wellhausen은 이렇게 썼다. "이슬람교도에게는 십자가가 알라와 경쟁하며 지배력을 유지하는 것이 분노의 원인이었다. 그들의 인식 속에서 동로마 황제와의 전쟁은 다른 모든 것보다 우선시해야 하는 것이었기에 끊임없이 이 전쟁에 몰두했다."[3]

이 집착은 무함마드까지 거슬러 올라간다. 로마인들을 상대로 한 타부크 원정 상황에서 그는 《코란》 9장 29절에 기록된 대로 기독교도들과의 끝없는 전쟁을 개시했다(서론 참조). 무함마드는 콘스탄티노플이 이슬람 군대에 함락되는 것을 보기를 매우 원해 그곳의 점령에 기여하는 모든 이슬람교도들에게 큰 영예와 보상, 모든 죄에 대한 사면을 약속(예언)했다.[4]

야르무크 전투에 참전한 장군이자 흠잡을 데 없는 지하드 경력을 가진 무아위야 이븐 아부 수프얀Muawiya ibn Abu Sufyan(602~680)은 그 영광을 추구했다.* 중대한 전투 3년 후에 시리아 총독이 된 이래 그는 자주 콘스탄티노플로 가는 길을 노렸다. 650년에 그는 부하들을 아르메니아의 기독교 도시 에우카이타까지 북진시켰다. 그들은 그곳을 약탈

---

* 무아위야의 부모 역시 야르무크 전투에서 싸웠다. 그의 아버지 아부 수프얀은 전우들에게 "알라의 길에서 지하드를 하고 기독교도의 땅과 도시를 빼앗으며, 아이와 여자들을 노예로 삼으라"고 독려했으며, 그의 어머니인 힌드 또한 여성들에게 "할례 받지 않은 자들의 다리(남근)를 잘라라!"라고 외쳤다.

하고 전 주민을 포로로 삼았다. 이때 일어난 일에 대해 시리아인 미카엘은 이렇게 묘사했다.

> 무아위야는 도착 후 주민 모두를 칼로 베어 죽이라고 명령했다. 그는 아무도 도망치지 못하도록 경비를 세웠다. 도시의 모든 재물을 챙긴 후에는 지도자들에게 고문을 가해 숨긴 보물을 내놓으라고 강요했다. 그리고 남자와 여자, 아이 등 가리지 않고 타이이(아라비아의 한 부족민)들은 모두를 노예로 끌고 갔으며, 그 불운한 도시에서 흥청망청 즐겼다. 또한 사악하게도 교회 안에서까지 부도덕한 짓을 저질렀으며, 이후 기뻐하며 자신들의 나라로 돌아갔다.[5]

그 직후에 무아위야는 또다른 부대를 보내 반 호수 주변 아르메니아 지역에서 파괴와 약탈을 감행하고 조지아로 들어가게 했다. 그들은 다시 주민을 사로잡고 마을에 불을 질렀으며, 기뻐하며 자신들의 나라로 돌아갔다.[6]•

661년에 무아위야는 칼리파이자 우마이야 왕조의 창건자가 됐다. 이슬람 움마의 최고 지도자가 된 그는 칼리파국의 수도를 메디나에서

• 무아위야는 칼리파가 되기 전인 시리아 총독(639~661) 시절에 소아시아 연안의 코스 섬으로 아라비아인 원정대를 보냈다. 그들은 섬을 파괴하고 그곳의 모든 재물을 약탈했으며, 주민을 학살하고 남은 자들을 포로로 끌고 가고, 성채를 파괴했다. 다음으로 크레타 섬으로 이동해 그곳을 약탈했고, 이어 654년에 로도스 섬을 파괴했다. 그후 아시아(여기서는 아나톨리아 반도 서단에 있던 동로마 속주를 가리키며, 아래의 네 지역도 모두 아나톨리아 반도에 있었다), 비티니아, 팜필리아 전역을 약탈했다. 메소포타미아 땅에는 심각한 전염병이 돌았다. 타이이들은 다시 한번 약탈하며 멀리 폰토스와 갈라티아까지 파괴했다(Ye'or 2010, 275~276).

다마스쿠스로 옮겼고, 이로써 약속된 전리품인 콘스탄티노플에 더 가까이 다가섰다. 또한 로마 영토 깊숙한 곳을 향해 습격을 계속했다. 일흔두 살이 된 무아위야는 역대 최대 규모의 잇단 원정을 감행했다. 노바 로마를 점령하기 위한 마지막 총력전이었다. 이어진 전투와 포위전들은 674년에 시작해 678년에 끝난 길고도 치열한 전쟁이었지만, 오늘날 뭉뚱그려 '제1차 콘스탄티노플 포위전'이라 불린다. 이때의 원정에 관한 세부 기록은 거의 남아 있지 않다.

테오파네스는 그저 "그리스도를 부정하는 자들이 거대한 함대를 꾸렸다"라고 적었으나, 전투 병력은 약 10만 명에 달했다.[7] "하느님의 적들이 콘스탄티노플을 향해 매우 거대한 원정대를 파견했다는 소식을 듣고 황제 콘스탄티노스 4세(이라클리오스의 증손자다)는 그들에게 맞서기 위해 양쪽에 두 줄의 노를 갖추고 불가마솥을 실은 커다란 갤리선과, 흡수관을 장착했으며 노가 있는 고속 대형 목조 범선을 건조했다." 이는 '그리스 화염' 사용에 대한 첫 번째 언급이다. 동로마인들 스스로는 '바다의 불'이라고 부른 이 가연성 혼합물은 물 위에 떠 있는 상태에서도 계속 타올랐다. 이것은 사상 최초의 화염 방사기였으며, 아라비아인의 침공을 피해 달아난 시리아인 난민이 발명한 것으로 보인다.

거대한 이슬람 함대가 콘스탄티노플에 인접한 트라키아 지역에 도착한 뒤, 매일 아침부터 저녁까지 군대의 교전이 벌어지며 공격과 반격이 이어졌다. 적군은 4월부터 9월까지 이를 계속했다. 그후 그들은 뒤돌아 소아시아 서쪽 끝, 콘스탄티노플 맞은편에 있던 키지코스로 가서 그곳을 점령하고 거기서 겨울을 났다. 이듬해 봄에는 다시 같은 방식으로 바다에서 기독교도를 상대로 전쟁을 벌였다. 5년가량 이런 상황이

계속되다 많은 전사자와 부상자가 발생하자, 그들은 큰 슬픔 속에 퇴각했다.[8]

기독교도들이 지금까지 막을 수 없었던 알라의 전사들을 상대로 처음으로 거둔 이 두드러진 승리에 대해 저명한 동로마 연구자 게오르크 오스트로고르스키George Ostrogorsky는 이렇게 썼다. "그때 콘스탄티노플이 겪은 아라비아의 공격은 이교도들이 기독교 요새를 상대로 벌인 것 중 가장 강력한 것이었으며, 동로마 수도는 치솟는 이슬람의 물결을 막아낸 마지막 방벽이었다. 그들의 버팀은 동로마 제국뿐만 아니라 전체 유럽 문명을 구한 셈이었다."[9]

백인 여성: 잊힌 지하드의 매력

2년 후인 680년, 무아위야는 일흔여덟 살의 나이로 사망했다. 그리고 그와 함께 콘스탄티노플의 정복자가 되리라는 꿈도 사라졌다. 젊은 시절 선지자가 예언했다고 들은 일이었다. 그러나 그를 자극한 것은 명예와 부만이 아니었다. 이슬람 연대기들은 무아위야가 이슬람 최초의 분열인 제1차 피트나Fitna(내전)에서 결정적인 역할을 했음을 전하는데, 이는 수많은 이슬람교도의 죽음을 딛고 그가 칼리파 자리에 오르게 만든 사건이었다.

나이가 들면서 그는 자신을 기다리는 지옥 불에 대한 음울한 두려움을 품었고, 그로 인해 우마이야 왕조의 첫 칼리파는 콘스탄티노플 정복에 집착했다. 그래야 알라가 자신의 젊은 시절의 죄악을 눈감아 줄 것

이라고 생각했다.•

그렇기는 하지만 예언과 신앙심 아래에는 이 큰 도시를 노리는 훨씬 더 물질적인 동기가 숨어 있었다. 콘스탄티노플은 모든 다르 알 쿠프르(이교도 세계) 가운데서도 단연 가장 부유한 도시였다. 높은 성벽 뒤에는 믿기 어려울 정도로 멋진 것들과 엄청난 보물이 숨겨져 있다고 했다. 그러나 그들이 원하는 것은 생명이 없는 것뿐만이 아니었다. 아름다우면서도 '살아 있는' 것 또한 그들을 기다리고 있었다. 바로 잠재적인 노예, 특히 여성이었다.

여기서 대략 이 시기에 발전한 좀 지저분한 이슬람적 사고방식의 기원에 대해 검토할 필요가 있다. 이후 역사가 전개되는 과정에서 반복적으로 등장하고 영향을 미치기 때문이다. 한 이슬람교도 출신 서양 학자는 다소 완곡하게 이렇게 설명한다.

동로마 사람들은 신체적 아름다움의 뛰어난 사례로 간주됐으며, 동로마 출신의 젊은 남녀 노예는 매우 귀하게 여겨졌다. 아라비아인들이 동로마 여성에 대해 찬탄한 것은 아주 역사가 길다. 이슬람 시기의 가장 이른 문헌 증거는 《하디스》(선지자의 언행) 가운데 하나 남아 있다. 무함마드는 새로이 개종한 한 아라비아인에게 이렇게 말했다고 한다. "너는 바누 알 아스파르 Banu al-Asfar(금발 또는 백인)의 소녀들을 원하느냐?"[10]

• 무아위야는 기독교도의 동로마 제국을 멸망시키고자 했다. 왜냐하면 수도 콘스탄티노플 함락에 참여한 자는 모든 죄가 용서된다고 알려졌기 때문이다(P. Davis 1999, 99).

무함마드의 질문은 그를 로마인을 상대로 한 타부크 원정에 참여하도록 유혹하기 위한 것으로 이는 효과가 있었는데, 바로 매력적인 여성들의 성 노예화를 말한 것이었다. 다시 말해 또다른 한 학자의 표현을 빌리자면 "흰 피부, 금발, 직모, 푸른 눈"을 지닌 동로마 여성들은 단순히 '상찬'되거나 '높이 평가'된 것이 아니라 욕망의 대상이 된 것이다.[11]

그러나 칭찬은 그뿐이었다. 이슬람교도들은 습관적으로 이웃 동로마에서 처음 접한 여성들을 비롯한 유럽의 기독교도 여성들이 경멸스럽고 타락한 이교도들로서, 태생적으로 성적으로 문란하다고 묘사했다. 이는 어쩌면 그저 그들이 기꺼이 성 노예가 되기를 원한다는 환상을 뒷받침하기 위한 것일 수 있다. 알자히즈al-Jahiz(통방울눈)로 알려진 다작多作의 궁정 학자 아부 우스만Abu Uthman(776~868)은 콘스탄티노플 여성들을 "세상에서 가장 부끄러움 없는 여자들"이라며 "그들은 성관계를 즐기며, 간통에 쉽게 빠진다"라고 했다. 또다른 유명 학자인 압둘 잡바르Abd al-Jabbar(935~1025)는 "동로마 도시와 시장에서는 간통이 흔하다"라고 주장했고, 심지어 "수도원의 수녀들이 요새로 나와 수도사들에게 자신을 바쳤다"라고까지 말했다.[12]

이 모든 이유로 이웃 동로마 여성으로 대표되는 유럽 기독교도 여성은 이슬람 세계에서 남자의 자제력을 잃게 만드는 아름다운 요녀妖女가 됐다. 《아라비아인이 본 동로마Byzantium Viewed by the Arabs》의 저자 나디아 마리아 엘셰이크Nadia Maria el-Cheikh는 이렇게 설명한다.

이슬람 자료는 실제 동로마 여성들이 아닌, 이들에 대해 작가가 상상한 모습을 보여준다. 이들은 영원한 여성성의 상징 노릇을 했다. 특히 그들의 성적 문란이 지나치게 과장된 탓에 늘 잠재적인 위협이 됐으며, 문헌에서 동로마 여성은 성적 부도덕과 강하게 연결됐다. 이슬람 자료에서 결코 부정되지 않는 한 가지 특성은 동로마 여성들의 아름다움이지만, 이들에 대한 묘사 속에 그들이 만들어내는 이미지는 전혀 아름답지 않다. 묘사는 때로 지나치고 희화화에 가까우며, 압도적으로 부정적이다.[13]

이러한 열광적인 환상은 동로마의 실제 현실과는 분명히 거리가 멀었으며, 단지 이슬람교도 남성들의 머릿속에만 존재했다. 그것은 경쟁 문화를 폄하하고 비방하려는 시도였다. 실제로 동로마에서 여성은 수줍고, 소심하고, 겸손하고, 가정과 종교적 의무에 헌신할 것이 요구됐다. 따라서 대다수의 동로마 여성의 행동은 아라비아 문헌에 나타나는 묘사와는 거리가 멀었다.[14]

그렇지만 지하드가 콘스탄티노플의 성벽을 뚫어 상상 속의 색기 넘치는 탕녀들을 지배할 수 없다면, 다른 길을 찾아야 했다. 이에 따라 칼리파국은 이슬람교도와 마찬가지로 기독교에 대해 적대감을 갖고 있던 이교도 스칸디나비아 해적과의 노예무역 관계를 시작했고, 그것은 수백 년 동안 이어졌다. 7세기 중반부터 거의 300년 동안 바이킹의 습격은 이슬람 세계의 유럽 백인 노예 수요에 의해 촉발됐다.[15] 실제로 바이킹 노예무역에서 이슬람 세계를 분리하는 것은 불가능하다고 인도 출신이자 과거 이슬람교도였던 M. A. 칸Mahmud Ali Khan은 주장한다. 공급은 전적으로 이슬람 세계의 귀중한 백인 노예에 대한 끊임없는 수요를 충족시키기 위한 것이었기 때문이다. 특히 '백인 성 노예'가 그러했다.[16] 에밋 스콧Emmet Scott은 한 걸음 더 나아가 "애초에 바이킹 현상을

불러온 것은 유럽 노예에 대한 칼리파국의 수요"라고까지 주장한다.[17]

이슬람에 대한 기독교도의 인식 증대

서방의 부정적인 이슬람관이 십자군 전쟁 때 처음 시작됐다는 인식이 흔하지만, 이는 잘못된 통념이다. 당시 제국주의적인 교황들과 탐욕스러운 기사들이 동방에서의 '식민지 개척' 야망을 정당화하기 위해 이슬람교도와 선지자를 악마화하고자 했다는 점에서 그렇다. 앞으로 이어질 수백 년 전쟁을 이해하기 위해 여기서 또 하나의 연결고리가 필요하다. 이슬람교도들이 콘스탄티노플을 기독교의 '개들'이 아직도 감히 알라에 맞서 버티고 있는 마지막 보루이자 정복을 통해 그곳의 재물과 여자를 약탈해야 마땅한 왕국으로 여겼다면, 기독교도들은 이슬람 세력을 어떻게 보았을까? 1장에서 보았듯이 침입한 아라비아인들은 처음에는 파괴와 약탈에만 몰두하는 불경한 약탈자로, 때로 기독교 상징을 혐오하는 습격자로 여겨졌다. 이는 불과 몇 년 전까지만 해도 그들이 모두 이교도였다는 사실을 생각하면 놀랍지 않다. 초기 침략 기간 대부분의 아라비아인과 사막민들은 오로지 전리품을 얻는 것에만 이끌려 이슬람교도 대열에 합류했다.

그럼에도 불구하고 가장 초기의 기독교 기록들 가운데서 한 선지자와 신앙에 대한 언급이 산발적으로 나타난다. 예를 들어 650년 무렵, 니키우의 요한은 이슬람교도들(그는 이 단어를 기록한 최초의 비이슬람교도 가운데 한 사람인 듯하다)이 단지 하느님의 원수일 뿐만 아니라 짐승, 즉 무함마드의 가증스러운 교리의 신봉자라고 적었다.[18] 호전적인 선지자를 암시하는 가장 오래된 양피지 문서는 무함마드가 죽은 지 불과 2년 후인 634년에 작성됐다. 거기에는 한 남자가 학식이 있는 유대인 서기에게 사라센인들 사이에 나타난 선지자에 대해 무엇을 알고 있는지를 묻는 장면이 나온다. 노인은 크게 탄식하며 이렇게 대답했다. "그는 사람들을 속이고 있다. 선지자가 칼과 전차를 가지고 오는가? 진실로 오늘날의 이 일들은 혼란의 소산이다. 너는 그 자칭 선지자에게서 진실은 전혀 발견할 수 없을 것이다. 오직 사람의 피를 흘리게 할 뿐이다."[19] 다른 기록자들도 이렇게 확인했다. "이른바 선지자라는 자에게서는 아무런 진실을 찾을 수 없으며, 오직 사람들의 피를 흘리게 할 뿐이다. 그는 천국의 열쇠를 자신이 가지고 있다고 하는데, 이는 믿기 어렵다."[20]

무함마드의 이름이 처음 언급된 것은 역시 634년 무렵 작성된 시리아어 잔편에서인데, 이 문서는 산발적인 구절들만 알아볼 수 있다. 거기에는 "홈스(에메사)의 많은 마을이 무함마드(의 추종자들)의 살육으로 황폐해졌고, 갈릴리에서 베트까지 많은 사람들이 죽임을 당하거나 포로로 잡혀갔다"고 했으며, "다마스쿠스 근처에서 다른 기독교도 약 1만 명이 살해됐다"는 기록이 있다. 640년 무렵에 글을 쓴 사제 토마는 이렇게 전했다. "팔레스타인 가자에서 동쪽으로 20킬로미터 떨어진 곳에서 로마인들과 무함마드의 아라비아인들 사이에 전투(아마도 아즈나다인 전투로 보인다)가 벌어졌다. 로마인들은 도망쳤다. 팔레스타인의 가련한 마을 주민 약 4천 명이 그곳에서 죽임을 당했다. 아라비아인들은 온 지역을 파괴했다." 그들은 심지어 "마르딘 산에 올라 케다르와 브나타 수도원에 있는 많은 수도사를 죽였다." 역시 640년대 무렵에 작성된 한 콥트어 설교문은 비록 위선적이지만 침략자들을 신앙과 연관 지은 가장 이른 기록이다. 여기서는 기독교도들에게 금식을 권유하면서 "억압자인, 그리고 매춘과 살육에 몸을 내던지고 사람의 아들들을 포로로 잡으면서도 '우리도 금식하고 기도한다'라고 말하는 사라센인들처럼 하지 말라"고 경고한다.[21]

그러나 이슬람교의 신학적 주장에 대해 학식 있는 기독교도들이 제대로 접하고 분석하게 된 것은 7세기 말에서 8세기 초에 이르러서였다. 이슬람교도에 대한 이미지는 갈수록 나빠졌다. 《코란》은 아라비아인 무함마드의 '가장 한심하고 졸렬한 작은 책'으로 여겨졌으며, 특히 "그들이 이야기하는 천국은 성적 쾌락의 소굴에 불과해 지극히 높으신 분에 대한 신성모독으로 가득하며, 추하고 불결함으로 차 있다"라고 8세기의 니케타스 비잔티오스Niketas Byzantios는 평가했다. 그는 《코란》 사본을 소지해 면밀히 연구한 사람이었다. 알라는 곧 신을 사칭하는 자, 즉 사탄으로 비난받았다. 동로마의 한 교회의 예식문에는 "나는 무함마드의 신을 저주하노라"라는 문구가 있었다.[22]

그러나 특히 기독교도들을 분노케 한 것은 이슬람교의 근원인 무함마드 자신이었다. 이 시기 기독교도의 이슬람 인식에 대한 전문가인 노먼 대니얼Norman Daniel은 이렇게 썼다. "선지자의 인물과 이력은 그들을 충격에 빠뜨렸고, 그가 존경받는 인물로 받아들여진다는 사실에 분노했다."[23] 과거나 지금이나 기독교도들이 보기에 가장 어처구니없는 것은 이슬람교도들이 기록하고 공경하는 무함마드의 전기였다.* 예를

들어 무함마드는 알라가 이슬람교도들에게 아내 네 명과 무제한의 첩을 허락했다고 선포한 뒤(《코란》 4:3), 나중에 알라가 선지자 자신에게만 원하는 만큼의 여성과의 관계 및 혼인을 허용하는 새로운 계시를 내렸다고 주장했다(《코란》 33:50~52). 그러자 그의 어린 아내 아이샤는 이렇게 비꼬았다. "당신의 주님은 당신의 소망과 욕망을 이루어주시는 데 급급하신 것 같군요."•

이에 따라 셈계 출신의 초기 기독교 저술가들(대표적인 인물이 다마스쿠스의 성 요한이다)은 이슬람 자료에 기초해 무함마드에 대한 여러 가지 반박 주장을 제시했는데, 이는 오늘날에도 여전히 기독교의 이슬람교에 대한 모든 비판의 핵심이다.•• 그들의 주장에 따르면 무함마드가 행한 유일한 기적은 자신에게 복종하기를 거부한 자들을 침략, 학살하고 노예로 삼은 것이었다. 이것은 심지어 평범한 도적이나 노상강도조차도 할 수 있는 기적이었다. 그 선지자는 무엇이든 자신에게 가장 유리

인 현상을 잘 보여준다. 수도사가 무함마드의 악행을 계속 낭독하자 이슬람교도는 "우리 선지자 무함마드를 모독했다"고 비난했다. 그를 당신이 무례하게 조롱했다는 것이다. 이에 대해 수도사는 이렇게 대답했다. "맹세코 우리는 우리 스스로 말하는 것이 아니고, 당신들의 성서와 《코란》에서 가져왔을 뿐이오"(Hakkoum 1989 참조).

• 《하디스》 원문은 이렇다. 아이샤가 말한 내용이다. "나는 하느님의 사도께 자신을 바친 여인들을 경멸하며 '여자가 자신을 남자에게 줄 수 있단 말인가?'라고 말하곤 했다. 그러나 알라께서 '무함마드는 아내들 가운데 원한다면 누구든 차례를 미룰 수 있고, 그들 가운데 누구든 원한다면 받아들여도 되며, 차례를 일시적으로 제쳐놓았던 자를 다시 불러들이더라도 아무도 비난하지 못하리라'(33:51)라는 계시를 내리셨을 때 나는 선지자께 '당신의 주님은 당신의 소망과 욕망을 이루어주시는 것을 서두르시는 것 같군요'라고 말했다"(*Sahih Bukhari* 6:60:311).

•• 많은 현대 학자들은 이슬람교에 대한 초기 논박이 수백 년 후까지 거의 변함없이 이어졌다는 사실을 중세 기독교도들이 성찰 없이 아무렇게나 초기의 주장을 베끼고 모방했다는 증거로 묘사한다. 그러나 오히려 초기의 논박이 매우 포괄적이고 치밀했기 때문에 오늘날에도 심지어 이슬람교도였던 사람들이 배교를 결심하는 이유로 그것들을 계속 인용하고 있는 것이다.

한 것을 신의 입을 빌려 말했고, 그렇게 자신의 성적 방종을 정당화하기 위해 계시를 가장했다.[24] 또한 아라비아인들의 성적·도덕적 규범을 완화시켜 자신의 종교를 매력적으로 만들고 스스로의 행동을 정당화했으며, 신에 대한 순종 개념을 전리품과 노예로 자기 자신을 살찌우는 전쟁과 결합시켰다.[•]

가장 중요한 것은 무함마드가 삼위일체, 부활, 그들이 혐오하는 십자가 등 분명히 기독교적인 모든 것을 부정하고 싸웠다는 점은 곧 그가 악마의 대리인임을 입증한 것이었다. 이로 인해 '거짓 선지자', '위선자', '거짓말쟁이', '간음자', '적그리스도의 전조', '짐승'이 7세기 말부터 1천 년 이상 기독교도들 사이에서 무함마드를 지칭하는 주요 호칭이 됐다.[25] 이슬람교에 대해 조금이라도 비판하면 '이슬람 혐오'라고 하는 사람들에게는 무함마드에 대해 1천 년 이상에 걸쳐 쓰인 서방 저작물의 엄청난 양과 거기에 담긴 독설은 믿기 어려운 정도일 수 있다.[••]

• 핵심은 후자다. 기독교도들이 무함마드의 세속적 유혹보다 고결했다는 것이 아니라, 그들은 그러한 유혹을 잘 알고 두려워했다는 것이다. 예를 들어 기독교도들에게는 부부생활의 절제를 실천하도록 권장된 반면, 이슬람교에서는 그 반대가 장려됐다. 따라서 폭력과 성(기독교에서는 적어도 이를 길들이려 했다) 같은 남자들이 어쨌든 포기하지 않을 것들을 허용하거나 장려하는 교리로 인해 성직자들이 느꼈던 공포는 아무리 과장해도 지나치지 않다(Daniel 1962, 266).

•• 심지어 초기 기독교의 이슬람교에 대한 태도 연구에서 무함마드에 대한 가장 불쾌한 비난을 신사답게 라틴어 원문 그대로 남겨둔 옥스퍼드대학교의 노먼 대니얼(Norman Daniel) 같은 관대한 역사가조차도 이를 분명히 한다. "기독교도들이 보기에 무함마드 생애의 두 가지 중요한 측면은 그의 성적 방종과 자신의 종교를 확고히 세우기 위해 무력을 사용한 것이었다." 기독교도들에게 무함마드의 삶 전체는 사기였다. 그는 종교를 통해 죄악과 나약함을 정당화했기 때문에 엄청난 신성모독자였다. 이런 모든 이유로 기독교도들이 이슬람교도를 매우 증오하고 의심했다는 데에는 의문의 여지가 있을 수 없다(Daniel 1962, 274, 107, 265). 그러나 유감스럽게도 현대 학자들과 저술가들은 이 사실을 왜곡해 무함마드에 대한 기독교도들의 부정적

또한 지하드의 뒤에 있는 신학적 주장 역시 면밀한 검토와 그에 따른 조롱을 피하지 못했다. 테오파네스는 629~630년에 이렇게 썼다.

무함마드는 자신의 신민들에게 적을 죽이거나 적에게 죽으면 천국에 간다고 가르쳤다(《코란》9:111). 그리고 천국이 속세처럼 먹고 마시고 여자와 성관계를 하는 곳이라고 말했다. 거기에는 포도주, 꿀, 젖이 흐르는 강이 있으며, 여인들은 이 세상의 여인들과 같지 않고 다른 존재라고 했다. 또 성관계는 오래 지속되고 쾌락은 끊임없다고 했다. 그밖에 온통 방탕하고 어리석은 것들도 말했다.[26]

아라비아인 기독교도 시어도어 아부 쿠라Theodore Abu Qurra(750~825) 주교는 이슬람교도 지인에게 보낸 서신에서 이렇게 조롱했다. "너희는 이교도들과의 성전에서 죽는 자는 모두 천국에 간다고 하니, 로마인들에게 감사를 표해야 한다. 그렇게 많은 너희 형제들을 죽여주었잖은가?"[27]

시각이 십자군 운동 이후에 비로소 시작됐다고 주장한다. 이 '이슬람 혐오'적 시각이 7세기로 거슬러 올라갈 수 있고, 그 이후 꾸준히 남아 있었는데도 말이다. 이와 관련해 종교사 베스트셀러 작가 카렌 암스트롱(Karen Armstrong)은 "서방 사람들이 선지자 무함마드를 사악한 인물로 본 것은 오직 십자군 운동 이후의 일일 뿐이었다. 유럽의 학자 겸 수도사들은 무함마드를 칼로 거짓 종교인 이슬람교를 세운 잔혹한 군사 지도자로 낙인찍었다. 그들은 또한 교황들이 성직자들에게 내키지 않는 독신을 강요하려 하던 시기에 시기심을 숨기지 못한 채, 그를 호색가이자 성도착자라며 비난했다"("Balancing the Prophet," *Financial Times*, April 27, 2007)라고 했다. 조지타운대학교의 존 에스포지토(John Esposito)는 이슬람과 기독교 세계 사이에는 "500년 동안 평화로운 공존이 있었고, 그뒤 정치적 사건들과 황제-교황의 권력 게임으로 인해 수백 년에 걸친 이른바 성전을 벌이게 되면서 기독교 세계와 이슬람 세력을 대결시켰고, 오해와 불신의 지속적인 유산을 남겼다"(Andrea 2015, 1)라는 주장을 했다.

104

광신의 확대

이 모든 것은 아무런 소용이 없었고, 때마침 시기도 좋지 않았다. 기독교도들의 이슬람 교리에 대한 지식과 조롱이 늘어나던 시기는 마침 칼리파국이 제1차 콘스탄티노플 포위전 이후 굴욕을 당하던 때였다. 게다가 동로마는 일부 잃었던 영토를 회복해 승리의 뒷마무리를 했을 뿐 아니라, 상처에 소금 뿌리는 격으로 우마이야 왕조에게서 공물까지 징수했다. 이 모든 것은 한층 더 광신적이고 특히 반反기독교적인 반응을 촉발시켰다.* 이러한 경향은 칼리파 압둘 말리크Abd al-Malik(재위 685~705) 때 시작됐으나, 지하드가 재개되고 '적그리스도' 정신이 더욱 강화된 것은 그의 아들 칼리파 알왈리드(재위 705~715, 연대기에는 '기독교도를 매우 증오한 자'로 표현됐다)의 치세에 이르러서였다.[28]

알왈리드는 자신의 재위 첫해에 아르메니아로 깊숙이 쳐들어가라고 이슬람군에 명령했으며, 그곳에서 모든 귀족과 민족 지도자들을 사로잡아 한데 모아놓고 산 채로 불태워 죽였다.[29] 이듬해에는 아라비아인들이 처음에는 기독교도들에게 인정해주었던 건물인 다마스쿠스에 있는 세례자 요한에게 봉헌된 대성당을 철거하고, 그 위에 우마이야 이슬

● 심지어 상징적인 측면도 있었다. 처음 로마 제국이 주조한 금화에는 한쪽 면에 십자가의 형상이 새겨져 있었다. 이 금화들은 아라비아의 정복 이후에도 칼리파국 내에서 계속 유통됐으나, 이후 압둘 말리크가 십자가의 한쪽 또는 양쪽 팔을 지우도록 명령해 그 형상은 더이상 십자가를 닮지 않게 됐다. 그 자리에는 이슬람 구호, 특히 샤하다가 새겨졌다. 압둘 말리크는 또한 기독교의 가장 거룩한 성지인 성묘 교회 위쪽, 즉 그 교회를 내려다보는 위치에 '바위의 돔'이라는 이슬람교당을 건설하고 그 내부에 기독교의 진리, 특히 삼위일체를 공개적으로 부인하는 비문들을 새겨 넣었다. 그러나 이러한 거부에도 불구하고 초기 칼리파들은 메카의 건축물, 심지어 카바 신전조차 동로마 건축 양식을 그대로 본떠지었다.

람교당을 세웠다. 이러한 일은 계속 이어졌다. 《모사라베 연대기》조차 마지못해 인정하듯이 "비록 천우신조는 없었으나 그는 거의 모든 이웃 민족들의 군대를 분쇄했고, 끊임없는 습격으로 로마니아(아나톨리아)를 크게 약화시켰으며, 거의 모든 섬들을 멸망에 이르게 했다."[30]

다시 불붙은 광신의 시기에는 이슬람교에 대한 어떤 도전도 용인되지 않았다. 테오파네스의 기록에 따르면 "알왈리드는 다마스쿠스의 가장 거룩한 대주교 베드로가 아라비아인의 불경을 공개적으로 책망하자, 그의 혀를 잘라버리라고 명령했다." 이어서 베드로는 아라비아로 추방되고 거기서 참수됐으며, "그는 성스러운 기도문을 낭송한 뒤 그리스도를 위한 순교자로 죽었다."[31] 또다른 일화는 십자가와 그 추종자들에 대한 알왈리드의 적의를 특히 단적으로 보여준다. 아직 기독교 신자였던 아라비아인 샤말라에게 "십자가를 숭배함으로써 아라비아인을 욕되게 하지 말라"라고 명했으나 그가 거부하자 알왈리드는 격분해 샤말라를 고문했다. 그뒤 다시 이슬람교로 개종하거나 아니면 자기 살을 먹을 각오를 하라고 요구했다. 샤말라는 또다시 거부했고, 명령이 실행됐다. 이슬람교도인 수하들이 샤말라의 넓적다리에서 살점을 잘라내 불에 구운 뒤 그의 입에 억지로 넣었다.[32]

칼리파는 또한 콘스탄티노플에 대한 이슬람의 복수를 자신이 직접 이루겠다는 뜻을 품고 전면적인 포위를 위한 대대적인 준비를 시작했다. 715년, 황제 아나스타시오스 2세는 이슬람교도들이 다가올 원정을 위해 '백향목의 땅'이라고 불린 레바논의 온 숲을 베어내 수만 척의 전함을 건조하고 있다는 소식을 접했다.[33] 이에 로마 함선들은 로도스 섬 근처에서 아라비아군을 차단하고 교전하라는 명령을 받았다. 이 전투 이후 다마스쿠스에서 돌아온 동로마 궁정 사신은 "사라센인들이 바다와 육지에서 과거의 경험을 능가하며, 현재로서는 믿기 어려운 무장 준비를 하고 있다"라고 보고했다.[34] 무려 20만 명의 기세등등한 이슬람 전사들이 콘스탄티노플로 향하고 있었다. 12만은 육상, 8만은 해상을 통해서였다.

다가올 대공세를 우려한 아나스타시오스 2세는 콘스탄티노플의 성벽을 개축하고 성벽 위에 투석기와 각종 포위전 무기를 설치했으며, 충분한 보급품과 비축 식량을 모으기 시작했다. 당시 인구가 최대 50만 명에 달했던 도시로서는 엄청난 과업이었다. 3년 동안 버틸 만큼의 식량을 비축할 수 없는 시민들은 도시 밖으로 대피시켰다. 동로마는 마지막 수단으로 칼리파에게 막대한 양의 금을 공물로 바쳐 전쟁을 피하려 했다. 그러나 그것은 통하지 않았다. 이번에는 이슬람 세력에게 무조건 항복하는 것 이외에는 어떤 것도 받아들여지지 않았다.

그러나 유감스럽게도 알왈리드는 콘스탄티노플을 정복한다는 그의 원대한 꿈을 끝내 이루지는 못했다. 대주교 베드로를 처형한 바로 그해인 715년, 칼리파는 마흔일곱 살의 나이로 사망했다. 하지만 그의 동생(압둘 말리크의 또다른 아들)이자 후계자인 술레이만Suleiman 역시 같은 야망을 품고 있었으며, 또다른 예언 덕분에 더욱 강력하게 준비를 계속했다.• 그는 또한 기독교도들을 계속 박해했다. 이전에 메디나를 방문

했을 때 그는 현지 총신들에게 400명의 그리스인 노예를 선물했는데, 한 이슬람 시인이 시에서 조롱했듯이 그들은 "받은 노예들을 학살하는 것 말고는 다른 생각을 할 수 없었다."[35] 그의 군대는 점령한 곳의 사람들을 강제로 이슬람교로 개종시키거나 돈을 쥐어짜 냈다. 술레이만은 이집트 총독에게 서신을 보내 토착 콥트 기독교도들을 가리켜 "낙타가 젖이 더이상 나오지 않을 때까지, 피가 나올 때까지 짜내라"라고 명령했다.[36] 그의 징세관 우사마 이븐 자이드Usama ibn Zayd는 특별히 야만스런 방식을 사용해 기독교도들에게서 돈을 뜯어냈다. 그는 달군 쇠막대로 모든 납세자의 몸에 표지를 찍었다. 수도자나 평신도 기독교도임에도 표지가 없는 것이 발견되면 우사마는 먼저 양팔을 잘라내고 참수했다. 이에 많은 기독교도들이 처벌을 피하고 공납에서 벗어나기 위해 이슬람교로 개종했다.[37]

모든 준비가 완료되자 술레이만은 그의 동생 마슬라마Maslama를 불러 이슬람 연합군을 이끌고 콘스탄티노플로 가서 "네가 그곳을 정복하거나 내가 불러들이기 전까지는 거기 머물라"라고 명령했다.[38] 이 젊은 지휘관은 영예를 기꺼이 받아들였다. 그리고 "머지않아 나는 이 도성에 입성하게 될 것이다. 이곳은 기독교의 수도이며 그 영광이니, 내가 이곳에 입성하는 목적은 오로지 이슬람교를 떠받들고 또한 믿지 않는 자들에게 굴욕을 안기는 것이다"라고 했다.[39] 715년 말, 마슬라마는 12만의 지하드 전사를 이끌고 동로마 제국 영토로 진입했다. "칼과 불로써 그는 소아시아를 끝장냈다"라고 거의 동시대의 한 연대기 작가는 적었다.[40] 그리고 그는 병사들이 월동을 하게 했다.

코논과 마슬라마의 모험

휴지기에 마슬라마는 코논Konon(685~741)이라는 동로마 장군과 만나게 됐다. 그는 그리스어와 아라비아어를 유창하게 했고, 그의 고향인 시리아 북부의 게르마니케이아(현재 튀르키예 카흐라만마라시)에서부터 평생을 이슬람 세력과 싸우며 살아온 인물이었다.• 이곳은 637년 칼리드 이븐 알왈리드에 의해 처음 정복된 후 이슬람 병사들로 방비를 강화해 수십 년 동안 동로마로 습격을 나가는 기지로 이용됐다. 그러다가 제1차 콘스탄티노플 포위전 실패 직후 기독교도들이 다시 탈환했고, 그 시기에 코논이 태어났다. 이후 거의 곧바로 이슬람군의 습격이 재개됐으며, 694년에는 무함마드 이븐 마르완Muhammad ibn Marwan 사령관이 이 변경 도시를 완전히 파괴했다. 당시 아홉 살이었던 코논의 말에 따르면 "많은 기독교도들의 목을 베었다."[41]

이슬람교도와의 싸움 속에서 나고 자란 "전쟁의 기술에 정통한 전문가"라는 코논의 명성은 곧 콘스탄티노플에까지 퍼졌다.[42] 그는 빠르게 군대의 최고위층까지 승진했으며, 황제 아나스타시오스 2세의 총애를 받는다는 말이 나왔다. 그러나 715년 11월 아나스타시오스 2세가 폐위되고 수도원으로 은퇴하자 코논은 이사우리아의 한 부대에 배속됐는데(이는 유배라 볼 수도 있다), 그곳은 마슬라마가 아나톨리아에서 겨

• 코논의 경험은 이슬람 세계와 국경을 맞댄 모든 비이슬람교도들이 겪은 것과 유사하다. 프랑스의 중세사학자 C. E. 뒤푸르크(Charles-Emmanuel Dufourcq)는 이렇게 말했다. "그곳은 항상 불안이 지배했기에 빈 곳이 늘어났다. 농장은 버려졌고 경작지는 묵힌 채 방치됐으며, 주민들은 성벽이 있는 도시로 피난했다"(Bostom 2005, 419).

울을 보내던 곳 근처였다. 이슬람 대군과 일종의 눈치싸움을 벌이던 끝에, 코논은 마슬라마와 만나 회담했다. 코논은 같은 아라비아인 혈통임을 내세우며 콘스탄티노플 궁정에 대한 불만을 토로한 뒤, 동로마를 배반할 의향이 있음을 내비쳤다. 그리고 곧 거래가 이루어졌다. 마슬라마는 코논이 콘스탄티노플에 가도록 하고 그가 황제 자리에 오르는 데 군사적 지원을 하며, 코논은 마슬라마에게 도시 성문을 열어주기로 했다. 마슬라마는 즉시 사절들을 보내 이슬람 군대가 "너희와 너희 나라, 너희 종교, 그리고 너희 교회를 평화롭게 남겨두는" 유일한 길은 자신의 새로운 제후를 그들이 '왕'으로 받아들이는 것이라고 콘스탄티노플 시민들에게 알렸다.[43]

콘스탄티노플은 내부의 자체 문제가 있었고, 심각하게 분열돼 있었다. 코논은 도시에 들어간 뒤 2년 전 아나스타시오스 2세의 제위를 찬탈한 테오도시오스 황제를 강제로 퇴위시켰다. 지도자를 잃은 시민들은 닥쳐오는 폭풍우로부터 자신들을 지켜줄 가장 유능한 사람은 이 서른두 살의 강력한 장군뿐이라고 빠르게 결론을 내리고 그를 황제로 추대했다. 717년 3월 말, 기독교 세계에서 가장 오래되고 큰 대성당 가운데 하나인 하기아소피아(거룩한 지혜)에서 코논은 황제의 관을 썼다. 역사 속에서 기억되는 이름으로는 레온 3세였다.

이 시점에 마슬라마와 그의 군대는 아비도스에서 다르다넬스(차나칼레) 해협을 건너 트라키아로 들어섰다. 이슬람 군대는 여러 도시를 공격해 약탈한 끝에 마침내 717년 여름, 콘스탄티노플 성벽에 도달해 그곳을 포위했다. 마슬라마는 코논이 황제 레온 3세가 됐다는 소식을 듣고 사절을 보내 언제 성문을 열 것인지 물었다. 이에 레온 3세는 "열지 않겠다"라고 대답했다. 충격을 받은 사절들이 레온 3세에게 정말로 더 강력한 동맹자를 배신하겠다는 얘기냐고 물었다. 새 황제는 이렇게 응수했다. "그와의 신의를 깨뜨려야만 기독교의 영광이 있을 것이며, 이를 수호하는 것이 최고의 보상이라 믿고 있소."[44] 그는 더 나아가 마슬라마가 기독교도들을 더이상 공격하지 말 것이며, 당장 물러나지 않는다면 "지금까지 그가 치렀던 것과는 전혀 다른 진짜 전쟁에 맞닥뜨리게 될 것"이라고 했다. 이슬람 사절단의 대표 술레이만은 당황했다. 그는 "내 입으로 이 소식을 마슬라마 사령관께 전한다면 나는 꼼짝없이 죽은 목숨이다!"라며 울부짖었다. 이에 기독교 세계의 새 수호자는 "당신이 죽는 것보다 나에게는 내 왕국을 잃는 것이 더 큰 문제요"라고 싸늘하게 대답하며 협상장을 떠났다. 역시 마슬라마는 이 엄청난 재앙을 보고받고 "화가 머리끝까지 뻗쳐" 불운한 사신이 예견한 대로 그는 십자가형에 처해졌다고 이슬람 사료는 전한다.[45]

그리스 사료들 역시 황제가 마슬라마를 "속였다"고 확인하며, 마슬라마는 "레온 3세의 약속을 기다리고 있었다"라고 전한다.[46] 이슬람 사료는 마슬라마에게 가혹했다.* 알타바리는 레온 3세가 마슬라마를 마치 여인의 노리개라도 되는 것처럼 쉽게 속여 넘겼다고 단정했다.[47] 마슬라마를 변호하자면, 같은 '아라비아인'으로서 명목상의 기독교 셈족이 로마보다는 이슬람교도 아라비아인 편에 설 것이라는 생각은 논리적으로 그럴듯했다(이는 야르무크 전투에서 이슬람교도들이 기독교도 아라비

---

* 한 이슬람교도 역사가에 따르면 레온 3세는 이렇게 자랑했다고 한다. "만약 마슬라마가 여자였고 내가 그를 유혹하도록 선택됐다면, 나는 그가 나의 어떤 요구도 거절하지 못하게 만들었을 것이다"(Brooks 1899, 23).

아인 지휘관 자블라의 개종을 한껏 기대했다가 실패한 사례에서도 드러난다). 게다가 레온 3세는 평생 이슬람교도들을 대해 온 경험 덕에 그들이 이런 속임수에 잘 넘어간다는 사실을 알았을 것이고, 이를 통해 최대의 효과를 거둔 것이다.

콘스탄티노플 포위전

717년 8월 15일, 마슬라마는 도시에 대한 포격을 개시했다. 수천 마리의 노새와 낙타가 수백 킬로미터 밖에서 운반해온 충차衝車, 투석기와 그밖에 여러 공성 병기들이 콘스탄티노플 석성을 향해 거센 공격을 퍼부었으나 효과는 미미했다. 콘스탄티누스 대제가 자신의 '새 로마'를 둘러싼 방어 성벽으로 처음 축조한 이후, 역대 황제들은 계속해서 개축을 하고 성벽을 더 높고 두텁게 만들었다. 이에 따라 이슬람군이 도착했을 때 도시는 겹겹의 거대한 성벽들로 감싸여 있었다. 이러한 방벽들은 수백 년 동안 수많은 포위 공격을 견뎌냈고, 가장 최근에는 이슬람군의 제1차 포위전(674~678)도 막아냈다. 레온 3세는 해상 교통로만 열려 있으면 도시가 버틸 수 있음을 알고 있었다. 이에 맞서 마슬라마는 봉쇄로 대응했다. 그는 자신의 진지 둘레에 참호를 파도록 명령해 콘스탄티노플에서 기습 공격이 나오지 못하게 하고, 병사들에게 주변 농촌 지역 전체를 약탈하게 했다. 그러면서 8만 명의 추가 병력을 실은 1800척의 함선이 이스탄불(보스포루스) 해협으로 들어와 도시를 집어삼키기를 기다렸다.

이슬람 전함들은 2주 후인 9월 1일에 도착했는데, 장비를 가득 실은 데다 당시 아라비아인들은 해전 경험이 아직 적어 그리스인들과는 비교도 되지 않을 정도로 동작이 둔중했다. 이때 레온 3세가 평소 항구를 지키던 무거운 쇠사슬을 풀어버리라고 명령했다. 이슬람 함대가 기회를 잡아야 할지 망설이고 있을 때, 파괴의 수행자들이 다가왔다.[48] 레온 3세는 곧바로 "불을 실은 배들을 이슬람 함대 쪽으로 보냈고, 함대는 순식간에 불길에 휩싸였다. 어떤 배들은 불이 붙은 채 해안 성벽 옆으로 떠밀려 왔고, 다른 배들은 선원들과 함께 바닷속으로 가라앉았으며, 또다른 배들은 불길에 휩쓸려 갔다"고 테오파네스는 기록했다.[49]

사태는 더욱 악화됐다. 마슬라마는 자신의 형인 칼리파 술레이만이 죽었다는 소식을 접했다. 사인은 '소화 불량'이었다. 알려지기로는 달걀과 무화과 열매 두 바구니를 먹고, 호박과 설탕을 후식으로 먹었다고 한다. 새 칼리파인 술레이만의 사촌 우마르 2세는 신앙심이 더 깊고 율법(샤리아)을 철저히 준수하는 인물로 알려져 있었다.[50] 그는 영토 확장보다는 이슬람 세계의 경계 강화에 더 관심이 있는 듯했고, 처음에는 이슬람 군대의 필요에 무심했다. 그러나 그것은 중요하지 않았다. 술레이만은 생전에 동생 마슬라마에게 이렇게 명령한 바 있다. "네가 콘스탄티노플을 정복하거나 내가 너를 불러들일 때까지 거기에 머물러라." 두 가지 중 어느 것도 일어나지 않았고, 이제 후자는 더이상 가능하지 않다. 그리하여 마슬라마는 계속 머물렀고, 겨울이 시작됐다.

콘스탄티노플 포위가 처음이 아니었던 이슬람군은 뜻밖의 일을 당하지는 않았다. 침략군은 처음부터 넉넉한 보급품을 지니고 있었고, 이 도시로 진군해 오는 도중 많은 도시를 약탈해 보급품을 늘렸다. 또 몇

몇 상인단이 밀을 가져와 뿌리고 수확했는데, 이것은 현명한 조치였다. 트라키아 농촌 지역은 이미 완전히 파괴돼 약탈할 것이 없었기 때문이다. 원래 계획은 이런 식으로 버티면서 콘스탄티노플을 굶주리게 하는 것이었다. 그러나 이슬람 해군이 도시를 봉쇄하는 데 실패하면서 계획은 무용지물이 됐다. 기독교도들은 여전히 물자를 실어 나르고 있었고, 시간은 이슬람교도가 아니라 그들 편이었다. 그리고 모두가 기억할 수 있는 가장 혹독한 겨울 가운데 하나가 찾아오면서, 100일 동안 눈이 땅을 덮었다.[51] 마슬라마가 할 수 있는 일이라고는 야위고 반쯤 얼어붙은 휘하 병사들에게 "곧 보급품이 이리로 온다!"라고 말하는 것뿐이었다.[52] 그러나 보급품은 오지 않았다. 더 나쁜 일은 이곳의 지형과 기후에 익숙한 불가르인(불가리아라는 나라 이름이 여기서 나왔다)으로 알려진 호전적인 유목 부족민들이, 굶주리며 식량을 찾아 진지를 벗어난 이슬람 분견대를 족족 공격하기 시작한 것이다.

봄이 되자 육로와 해로를 통해 마침내 이슬람 측의 증원군과 보급품이 도착했다. 그러나 이미 혹독한 추위와 기근이 콘스탄티노플 성벽 바깥에 진을 친 이슬람군에게 타격을 입힌 상태였다. 테오파네스는 이렇게 썼다. "아라비아인들은 극심한 굶주림에 시달려 말, 당나귀, 낙타 등 모든 죽은 짐승들을 먹었다. 심지어 어떤 이들은 사람의 시체와 자기들의 배설물을 냄비에 넣고 반죽해 먹었다고도 한다. 전염성 질병이 그들을 덮쳐 수많은 사람이 죽었다."[53]

하지만 여러 해에 걸쳐 조직하고, 이미 칼리파국의 자원을 심하게 소모한 대군이 이슬람 숙적의 성벽 앞에 도착해 있다는 것을 알았던 우마르 2세에게 철수 명령은 너무도 어려운 선택이었다. 새 칼리파는 또한 이슬람 세력에게 가시처럼 박혀 있는 이 유일한 이교도 왕국을 정복하는 것보다 자신의 명성을 높여줄 일이 없음을 알고 있었다. 이에 따라 이슬람 육군이 회복하는 동안, 알렉산드리아와 리비아의 항구에서 800척으로 이루어진 새 함대가 채비를 했다. 함대는 어둠을 틈타 도착해 이스탄불 해협을 봉쇄하는 데 성공했다. 그리스 화염의 교훈을 얻은 선박들은 신중해져 거리를 두었다.

콘스탄티노플에 드디어 종말이 닥쳐오기 시작한 듯 보이던 그 순간, 갑작스러운 구원이 찾아왔다. 가장 기대하지 않았던 곳에서였다. 칼리파국의 새 함대에 투입된 선원들은 아라비아인 이슬람교도가 아니라, 이집트의 기독교도였다. 칼리파국의 전사들은 넓은 지역에 퍼져 있었고 이번 포위전에서 많은 이들이 죽었기 때문에, 칼리파는 이교도 징집병에게 의존하는 수밖에 없었다. 다만 그들이 전사로 쓰였는지 아니면 노잡이였는지는 확실치 않다. 어쨌든 우마르 2세에게는 매우 유감스럽게도 이들 함대의 이집트 선원들은 "자기네끼리 서로 의논한 뒤, 밤에 수송선의 거룻배들을 탈취해 도시로 피신하고 황제에게 귀순했다. 그러자 바다는 온통 목재로 덮인 듯 보였다"라고 테오파네스는 기록했다.[54]

이슬람 전함들은 상당한 인력을 잃었을 뿐 아니라, 콥트인들은 레온 3세에게 이슬람 측의 대형과 계획에 관한 유용한 정보를 제공했다. 이 정보를 바탕으로 황제는 해상 봉쇄 장치를 해제하고, 화공선을 풀어놓았다. 인력 손실과 이집트인들의 탈주 이후 이어진 전반적인 혼란을 감안하면 대결은 전투라기보다는 궤멸에 가까웠고, 바다가 다시 불길에 휩싸인 대화재였다.

레온 3세는 승리를 확실히 하기 위해 퇴각하는 이슬람 함대를 바다에서 추격했다. 기독교 제국을 별로 좋아하지는 않았지만 새로운 침략자들은 더 싫어했던 인근의 불가르 부족들은 레온 3세의 선물과 약속에 설득돼, 전투에 지치고 굶주린 이슬람교도를 공격해 2만 2천 명이나 되는 사람들을 학살했다.[55] 여기에 "가톨릭 세계의 미지의 민족인 프랑크인이 기독교의 대의를 지키기 위해 해상과 육상에서 무장하고 있으며, 그들의 막강한 원조가 곧 도착할 것"이라는 소문이 빠르게 퍼졌다.[56] (프랑크인은 결국 오긴 했지만, 그것은 380년이 더 지난 뒤의 일이었다. 실제론 이슬람교도들이 먼저 프랑크인을 찾아가게 되는데, 이는 다음 장에서 다루겠다.)

이제 칼리파 우마르 2세는 모든 것이 끝났음을 깨달았다. 마슬라마는 본국으로 소환됐다. 아마도 그는 소환을 반겼을 것이다. 718년 8월 15일, 콘스탄티노플의 포위가 풀렸다. 포위가 시작된 지 정확히 1년 만이었다(다만 일부 역사가들은 포위전의 시작을 8월 15일이 아니라 7월 15일로 보기도 한다). 그러나 이슬람교도들의 불행은 거기서 끝나지 않았다. 동로마의 시각에서 보자면 신, 즉 자연은 그들을 놓아주지 않았던 것이다. 마르마라 해에서 무시무시한 폭풍이 불어 많은 선박들을 집어삼켰고, 산토리니 섬의 화산 폭발로 날아온 화산재가 다른 배들에 불을 붙였다. 이에 다마스쿠스와 알렉산드리아로 퇴각하던 2560척의 함선 중 단 10척만이 살아남았다고 한다. 그리고 그 가운데 절반은 로마인들에게 나포돼 본국에 도달해 그 소식을 칼리파에게 알린 배는 고작 5척뿐이었다. 결국 처음 기독교도의 수도를 정복하기 위해 출정한 20만 이슬람교도 대군과 봄에 추가된 증원군 가운데 육로를 통해 돌아간 병력은 3만 명 정도에 불과했다.•

예상치 못한 콘스탄티노플의 구원, 특히 퇴각하는 이교도들을 쫓아가 삼켜버린 천벌과도 같은 바다의 폭풍우와 화산의 불길 등은 곧 신의 섭리가 기독교 세계를 위해 개입해 당대인들의 표현을 빌리자면 그들을 "탐욕스럽고 너무도 사악한 아라비아인들"로부터 구해주었다는 대중적 믿음을 낳았다.[57]

건너편에 있는 '이교도의 개들'을 복속시키지 못해 울분을 품은 우마르 2세는 재빨리 연좌제(오늘날에도 이슬람 세계에서 소수 이교도들에게 가해지고 있다[**])를 통해 자기 권력 아래에 있는 이교도들에게 그 분노를 쏟아냈다. 연대기 작가 바르 헤브라에우스Bar Hebraeus의 기록에 따르면 "콘스탄티노플에서의 철수로 인해 아라비아인들에게 수치가 닥쳤으므로 우마르 2세의 마음에 기독교도들에 대한 엄청난 증오가 싹텄고, 그는 그들을 심하게 박해했다."[58] 테오파네스는 구체적인 내용을 전한다.

포위가 풀린 해에 시리아에 격렬한 지진이 일어난 뒤, 우마르는 도시에서 포도주의 사용을 금지하고 기독교도들을 강제로 개종시키는 일에 나섰다. 개종한 자들에게는 세금(지즈야)을 면제해주었지만 이를 거부한 자들은 죽였고, 이에 따라 많은 순교자가 생겨났다. … 그는 자신이 황제 레온 3세를

설득해 개종시킬 수 있을 것이라 믿고, 그에게 보내는 종교에 관한 서신을
작성했다.[59]

종교 간 대화(8세기의 방식)

새로 즉위한 칼리파들이 이교도 왕들에게 그들의 신앙을 버리고 이슬
람에 복종할 것을 요구하는 편지를 보내는 것은 흔한 일이었으며, 이는
무함마드가 이라클리오스 등에게 보냈던 서신의 전형을 따른 것이었
다. 레온 3세는 이에 대해 자신의 편지로 응답했는데, 이것은 알려져 있
는 이슬람을 반박하는 최초의 동로마 문서로서, 다른 동시대 논객보다
이 주제에 대해 훨씬 잘 알고 있었음을 보여준다.[60] 우마르 2세만큼이나
자신의 기독교 신앙에 열성적이었던 레온 3세는 《코란》뿐만 아니라 기
독교 복음을 근거로 해서 이슬람교를 반박했다.[61] 아라비아인들이 무함
마드의 자명한 '엄청난 사기극'에도 불구하고 그를 선지자로 믿는다는
믿기 어려운 일에 대한 기독교도로서의 전형적인 충격은, 솔직한 황제
가 가한 많은 비판 가운데 하나일 뿐이었다.

나는 당신들의 입법자인 무함마드가 이슬람교도에게 부여한, 차마 말하기
부끄럽게도 아내와 관계를 맺는 일을 밭을 가는 일에 비유한 그 끔찍한 허락
을 조용히 넘어가고 싶지 않습니다(예컨대 《코란》 2:223). 이 허락의 결과 당
신들 상당수는 마치 밭을 가는 일을 하듯이 여인과 관계 맺는 일을 자주 하
는 습관에 물들게 됐습니다. 나는 또한 당신들의 선지자의 순결과 그가 제

118

다의 여인*을 유혹해 내는 데 사용한 매우 교묘한 술책을 잊을 수 없습니다. 이 모든 가증스러운 행위 중 최악은 하느님이 모든 더러운 행위들의 근원이라고 모독하는 것입니다. 분명 이는 의심할 여지없이 당신들 사이에 여자를 '밭'처럼 대하는 역겨운 법이 도입된 원인이 되었을 것입니다. 하느님이 모든 악의 근원이라고 주장하는 것보다 더 큰 신성모독이 어디에 있겠습니까?[62]

천국에 대해 레온 3세는 이렇게 썼다. "기독교도는 그곳에서 포도주, 꿀, 젖이 흐르는 샘을 발견하거나, 영원히 처녀 상태인 여자들과 관계 맺는 일을 즐길 것이라고 기대하지 않습니다. 왜냐하면 우리는 극단적인 무지와 우상숭배에서 비롯된 그러한 어리석은 이야기들을 전혀 믿지 않기 때문입니다. 그러나 육욕에 사로잡혀 그것을 절제할 줄을 전혀 알지 못하는 당신들, 조금이라도 더 즐거운 것을 좋아하는 당신들은 바로 그런 이유로 여자가 없는 천상의 세계는 아무 의미가 없는 것으로 여기는 것입니다."[63] 여기서 말하는 여자는 성관계를 위한 천국의 미녀를 말한다.

마치 전근대 시기의 인권 옹호자라도 되는 듯이 황제는 또한 우마르 2세에게 이렇게 말했다. "하느님께서 율법의 굴레를 깨뜨리고 인류를 해방하신 오늘날과 같이 현대적인 시대에 당신이 할례의 옹호자라고 자처하는 것은 부끄러워해야 할 일입니다." 더욱 고약한 것은 할례가

• 자이드 이븐 하리사의 아내 자이납이다. 자이드는 무함마드가 자신의 아내에게 관심이 있다는 사실을 알고 선지자를 위해 이혼했다. 정황상 미심쩍은 일이기는 하지만, 알라는 새 계시를 내려 무함마드에게 자이납과 혼인하도록 권했다. 이 사건은 《코란》과 초기 이슬람 자료에 기록돼 있으며, 레온 3세의 언급에서 나타나듯이 아마도 기독교도들의 귀에 들어간 가장 충격적인 사건 중 하나였을 것이다.

신의 '옛 율법' 안에서 남성에게 상징적 의미를 지녔던 반면, 이슬람교도 사이에서는 남성뿐 아니라 여성들까지도 나이에 상관없이 이 수치스러운 행위에 노출돼 있었다는 것이다.[64]

마지막으로, 황제가 보기에 예수의 평화와 무함마드의 지하드는 빛과 어둠과 같은 차이였다.[*] "당신들은 모든 민족에게 죽음과 억류를 가져오는 이 참혹한 습격을 '하느님의 길'[**]이라고 부릅니다. 이것이 바로 당신들의 종교가 말하는 보상인 죽음과 파괴이자, 천사 같은 삶을 산다고 주장하는 당신들의 영광입니다."[65]

레온 3세는 포괄적인 답변을 했지만 자신의 말이 받아들여질 것이라고 생각지 않았다. 왜냐하면 그가 보기에 "지금 이 순간에도 당신들이 마치 이교도에 걸맞은 일종의 광신에 사로잡혀 하느님의 신자들인 기독교도를 배교시켜 개종하려는 목적으로 그들에게 잔혹한 행위를 저지르며, 당신들의 구상에 저항하는 자들을 모두 죽음으로 내몰고 있어 당신들에게 기대할 것이 없기 때문"이었다. 덧붙여 이렇게 말했다. "날마다 '너희를 죽이는 사람들이 그런 짓을 하고도 그것이 오히려 하느님을 섬기는 일이라고 생각할 때가 올 것이다'(《요한복음》 16:2)라는 우리 구세주의 예언이 성취되고 있습니다. 그러나 당신들은 저항하는 이들을 모두 죽이는 것이 결국 자신을 영원한 죽음으로 이끈다는 것을 전혀

• 이와 같은 이분법은 오랜 시간 동안 반복됐다. 영국 철학자 로버트 홀코트(Robert Holkot, 1290~1349)는 "예수의 생애를 가르치는 것은 무함마드의 법을 파괴하고 정죄하지 않고서는 불가능하다"라고 말했다(Wheatcroft 2005, 182).

•• 《코란》에 자주 등장하는 아라비아어 표현 'fi sabil Allah'는 '알라의 방법, 대의, 길 안에서'로 다양하게 번역되며, 사실상 지하드와 동의어나 다름없거나 지하드를 함축한다.

생각지 못하고 있습니다."[66]

10세기의 한 기독교 기록에 따르면 우마르 2세는 황제의 답장을 읽고 "대단히 혼란스러워 했다"고 한다. 그러나 결국 그 편지는 매우 긍정적인 영향을 주었다. 그때부터 그는 기독교도들을 매우 친절히 대하기 시작하며 그들의 처지를 개선해주었고, 자신이 그들에게 매우 호의를 갖고 있음을 보여주었다. 그래서 사방에서 그에게 감사의 말이 들려왔다.[67] 우마르 2세가 황제와 서신을 교환하고 2년쯤 뒤에 암살당했다는 사실은 이러한 주장에 어느 정도의 신빙성을 부여한다. 이슬람교의 공식적인 설명은 우마르 2세가 일련의 이타적인 개혁을 추진해 백성들의 부담과 세금을 크게 경감시켰기 때문에 수입이 줄어든 우마이야 귀족들이 720년에 그를 암살했다고 한다. 당연히 이러한 개혁이 기독교도들에게 호의적인 태도와 연관된 것이었다면, 그를 암살한 사람들이 배교한 칼리파를 죽여야 할 이유는 더욱 컸을 것이다. 더욱 흥미롭게 살펴봐야 할 점은 아라비아 연대기에 따르면 우마르 2세는 죽기 직전 자신을 독살한 비천한 노예를 용서했을 뿐만 아니라, 그가 도망칠 수 있도록 도와주기까지 했다고 한다. 이는 지금까지 모든 사람을 노예로 만들고 약탈하는 일에 몰두해 온 무자비한 전쟁 기계였던 제국의 수장이 보여준, 놀랍도록 '기독교적'인 행위였다.[68]

건재한 성벽

어쨌든 손해는 이미 발생했고, 교훈도 얻었다. 이슬람 세력이 다시 숙적의 석성을 돌파하려 시도하기까지는 이로부터 약 700년이 걸리게 된다. 물론 원정대는 이전처럼 출발했으나, 콘스탄티노플을 상대로는 더이상의 시도가 없었다. 적을 제거하거나 무찌르려는 전략적 시도가 이루어지지 않았다는 얘기다. 주로 해상과 육상에서의 연례적인 습격이 전쟁의 주요 양상이 됐다. 그럼에도 불구하고 콘스탄티노플 정복은 특히 717~718년에 그것을 이루는 데 실패한 이후, 이슬람교도들에게 초월적이고 종교적인 목표로 남아 있었다.[69]

실제로 이 패배의 엄청난 충격은 지하드의 법제화에도 직접적인 영향을 끼쳤다. 이슬람 전쟁법 자체가 실패한 치욕스러운 포위전에 대한 대응으로 이 시기에 성립했음을 기억해야 한다.[70] 칼리파국이 동로마를 상대로 제 역할을 다하지 못한다고 확신한 엄격하고 급진적인 이슬람 울라마(율법학자)들은 아나톨리아의 기독교-이슬람교 경계 지대로 이동해 평생을 그곳에서 보냈다. 이 경계선은 타우루스 산맥을 따라 고착됐다. 이교도와의 국경 지대에서 이슬람교도가 장악한 쪽에는 리바트라는 군사·종교 시설이 있었고, 그 위험한 국경 지대에서 지하드를 실천하는 데 몰두한 이들은 '무라비툰'이라 불렸다.[71] 이들은 그곳에서 무함마드의 지하드 관련 가르침을 교정 및 검증하고 연구했으며, 로마인에 대한 끊임없는 습격이 이루어지고 있는 가운데 그곳에서 생활했다. 이 초기 형태의 '외톨이 늑대' 지하드 전사들은 자신들의 저술과 행동을 통해 이슬람교도 개인이 이교도에 대한 지하드를 선포하는 데 이맘(지도자)을 기다리거나 그에게 의존할 수 없음을 분명히 했다. 이런 생각은 오늘날에도 여전히 매우 활발하게 나타나고 있다. 무함마드는 "모든 공동체에는 수도 생활이 있고, 우리 공동체의 수도 생활은 알라의 길에서의 지하드다"라고 말했다. 이들 전사 수도자들은 십자군 기사 수도회보다 수백 년 앞선 존재였다.[72]

현존하는 가장 오래된 아라비아어 지하드 교본인《지하드의 책Kitab al-Jihad》역시 변경 전사들 중 한 명인 압둘라 이븐 무바라크Abdallah ibn Mubarak에 의해 편찬됐다. 그는 717년의 실패한 포위전의 10년 뒤에 태어나 아나톨리아 변경에서 지하드를 연구하고 실천하는 데 일생을 바쳤고, 797년에 세상을 떠났다. 그는 다른 열광적인 전사들과 함께 전설의 소재가 됐으며, 세대를 거듭하며 오늘날까지도 야망이 있는 지하드 전사들에게 자극을 주고 있다. 예컨대 8세기에 아라비아-동로마 변경에 살러 간 알리 이븐 바크르Ali ibn Bakr가 한번은 전투에서 부상을 입어 내장이 안장 위로 흘러나왔다. 그는 그것을 다시 집어넣고 터번으로 동여맨 뒤 '알라후 아크바르'를 외치며 적 열세 명을 죽였다.[73] 압둘라 이븐 무바라크 자신도 자원 참여 열정의 모범 노릇을 했다. 그의 신앙심과 고행은 전우들에게 엄청난 힘을 주었고(전투 도중 그는 도살되는 소처럼 울부짖곤 했다), 전우들은 그가 죽은 뒤에도 계속해서 그의 힘에 이끌렸다.[74] 그의《지하드의 책》은 오늘날에도 전 세계 이슬람교도 무장 세력들 사이에서 고전으로 남아 있다.

물론 고행과 울부짖음만 있는 것이 아니었다. 그곳에는 일상적인 유혹도 있었다. 변경 지하드 전사들이 탐독한 종말론적 자료들은 콘스탄티노플이 결국 정복된 일을 묘사하면서 금, 보석, 처녀들에 관해 이야기했으며, 정복자들이 "왕궁에서 7만 명의 기독교도 소녀들을 원하는 만큼 유린할 것"이라고 예언했다.[75]

제2차 콘스탄티노플 포위전은 오랜 시간이 걸렸고, 칼리파국의 전폭적 지원을 받았으며, 선지자의 예언이 실린 일이었다. 그럼에도 동방 정교회의 기독교 왕국이 그때까지 막을 수 없었던 이슬람 군대를 격퇴한 것은 서방 역사에서 가장 결정적인 순간 가운데 하나였다. 앞 장에서 본 것처럼 로마가 야르무크 전투에서 패한 뒤 이슬람의 곡도 앞에 드넓은 땅이 열려 있었을 때, 수만 제곱킬로미터가 영구적으로 정복당했다. 만약 유럽의 동쪽 방벽이었던 콘스탄티노플이 함락됐다면 유럽의 상당 부분, 어쩌면 전부가 8세기 초에 이미 칼리파국의 서북쪽 속지가 됐을 것이다(그랬다면 이 책의 나머지 분량은 크게 줄었을 것이다). 이른 시기의 역사가들도 이를 알았기에 포위가 풀린 8월 15일을 '온 기독교의 날'이라고 이야기했다. 즉 기독교 세계 전체가 기뻐해야 할 날이었다.[76]

또한 승리의 기획자를 잊어서는 안 된다. 역사가 알렉산드르 바실리예프Alexander Vasiliev는 "레온 3세의 성공적인 방어 덕분에 동로마 제국과 동방 기독교 세계뿐만 아니라 서방 문명 전체가 구조됐다"라고 말한다.[77] 그러나 동로마 역사의 부침과 역설에 걸맞게(동로마를 나타내는 영어 형용사 '비잔틴Byzantine'이 '복잡한'을 의미하게 된 것도 무리가 아니다) 레온 3세가 죽을 즈음 정교회 역사 속에서 그는 사라센인과 다름없는 자로 묘사됐다. 주로 이콘 파괴 운동에서 그가 한 역할 때문이었다.* 다른 기독교 세계의 수호자들이 기억되고 기려진 반면, 레온 3세는 거의 파문에 가까운 취급을 받았다. 이로 인해 역사에서 결정적인 사건으로 취급됐어야 할 이 대결이 불행히도 흐릿해지게 되었다.

---

* 레온 3세는 기독교에서 관습적이며 당시에도 그랬던 이콘 숭배를 금지하는 데까지 나아갔다. 그에게도 일부 지지자가 있었으나 결국 이콘 옹호파가 승리했고, 그 결과 황제는 불명예스럽게 기억 속에 남았다.

3장

서쪽 빙벽에 도달한 지하드

투르 전투(732년)

이슬람교도들은 북쪽으로 유럽을 침투해 들어가면서 정복하지 않고 지나친 곳이 한 곳도 없었으며, 그 재물을 손에 넣지 않은 곳이 없었다. 이는 전능하신 알라께서 이교도들의 마음에 공포를 심어주셨기 때문이다.

— 알마카리, 이슬람교도 역사가[1]

북방의 병사들은 벽처럼 꼼짝하지 않고 서 있었으며, 마치 서로 얼어붙어 녹지 않는 얼음 떠 같아 칼로 아라비아인을 베어 쓰러뜨리면서도 결코 무너지지 않았다.[2]

— 라틴 연대기(754년경)

이슬람교도의 스페인 정복

무사 이븐 누사이르가 마지막으로 등장했던 것은 709년이었다. 우마이야 왕조의 이슬람교도 총독이었던 그는 이미 북아프리카 전역을 굴복시킨 상태였다. 그 결과 "주위를 둘러보니 더이상 공격할 적도, 복속시킬 민족도 없었다"라고 이슬람교도 역사가 알마카리는 전한다. 그래서 무사는 탕헤르 총독이었던 그의 해방노예이자 베르베르인 지휘관 타리크에게 편지를 보내, 군대를 준비시켜 맞은편 땅인 알안달루스•를 침공하도록 명령했다.[3] 그곳은 스페인, 즉 이베리아 반도 지역이었다.

이전에 이슬람교도가 정복했던 대부분의 영토와 마찬가지로 그들이 스페인을 침공했을 때 그곳 역시 수백 년 동안 기독교도 지역••이었으며, 눈에 띄는 소수 종교로는 유대교가 있었다. 5세기 초, 서로마 제국을 무너뜨린 수많은 이교도 부족 가운데 하나였던 서방 고트족인 비시고트족(서고트족)•••이 스페인에 자리잡았다. 이들은 본래 기독교의 이단인 아리우스파를 믿었으나, 589년에 주류 기독교인 가톨릭으로 개종하고 동화됐다.

무사가 처음 스페인으로 보낸 정찰대는 그곳이 생물과 풍광 모두 매우 화려하고 아름다운 곳이라는 보고를 가지고 왔다. 이는 이슬람교도들의 야망을 더욱 자극했다.•••• 710년에 있었던 한 후속 습격에서 이슬

• 알안달루스(여기서 안달루시아라는 말이 나왔다)는 어원적으로 '반달(Vandal)'이라는 말의 아라비아어 와전에서 비롯된 것으로 보인다. 반달족은 북아프리카를 가장 먼저 침공해 그 주민들에게 가장 먼저 알려진 게르만계 야만족 집단이다.

•• 스페인에 기독교가 전래된 것은 사도 시대까지 거슬러 올라간다(《로마서》 15:28).

••• 비시고트와 오스트로고트는 접두어를 달리해 각각 서고트와 동고트를 나타냈다.

•••• 이슬람 사료에 따르면 이슬람교도가 처음 북아프리카에서 스페인으로 건너간 것은 불만을 품은 한 귀족의 도움으로 이루어졌다. 그가 그리스인인지 고트인인지 혹은 북아프리카인인지는 불분명하나, 일리안(스페인어로 돈 훌리안)이라는 자였다. 그는 자신의 아름다운 딸을 비시고트 왕 로데리크의 궁정에 보내 교육받게 했는데, 로데리크가 그 딸을 성적으로 유혹했다.

람교도들은 "본토를 여러 차례 침공해 막대한 전리품과 포로를 얻었는데, 포로들이 너무나도 준수해 무사와 그의 동료들은 그와 같은 미모의 사람들을 본 적이 없었다"고 한다.[4]

그러나 생각은 같지 않았다. 유럽의 가장 서쪽 끝 사람들은 최근에 이슬람교로 개종한 베르베르인들을 유럽의 가장 동쪽 끝 사람들이 처음에 이슬람교로 개종한 아라비아인들을 본 것과 마찬가지로 달갑지 않게 여겼던 듯하다. 알마카리는 연대기에 이렇게 썼다.

북아프리카 해안을 따라 흩어져 사는 베르베르 부족 일부가 우연히 바닷가에 접근할 때마다 그리스인[•]들은 공포와 놀람이 커져, 침략 위험에 대한 두려움으로 사방으로 달아나곤 했다. 베르베르인들에 대한 그들의 두려움은 더욱 커져 본성에 새겨졌으며, 후세에 가서도 그들의 두드러진 특징으로 남았다. 한편 베르베르인들은 안달루시아인(스페인 기독교도의 후예)이 자신들에 대해 품고 있던 악감정과 증오를 알게 되면서, 그들을 더욱 증오하고 시기하게 되었다. 이것이 어느 정도 오랜 시간이 지난 뒤에도 베르베르인 가운데 안달루시아인을 진심으로 증오하지 않는 자를 찾기 어려운 이유다. 반대로 안달루시아인도 베르베르인에 대해 마찬가지였다.[5]

이에 복수심을 품은 일리안은 타리크에게 많은 배를 제공해 이슬람교도들이 스페인으로 건너가도록 했다. 이 이야기에서 의심스러운 대목은 일리안이 타리크의 신뢰를 얻기 위해 다른 두 딸을 인질로 제공했다는 것이다. 딸들을 노예무역에 깊숙이 관여하고 있는 야만족 수령에게 맡긴다는 것은 이미 자신의 딸과 관련해 다른 남자에게 복수하려는 아버지가 취해야 할 방법과는 배치되기 때문이다.

• 여기서 말하는 '그리스인'은 포괄적으로 백인 기독교도를 가리키거나, 혹은 스페인 본토 앞바다의 그리스·동로마령 섬들의 주민을 의미한다.

스페인 땅에 발을 디딘 후 이슬람화된 베르베르인들의 '뿌리 깊은 증오'가 드러났다. 또다른 초기 습격 때 한 베르베르 족장은 "그들의 집과 밭에 불을 지르고, 그들이 높이 떠받들던 교회도 불태웠다. 이어서 마주치는 많은 주민들을 칼로 찔러 죽이고, 일부는 포로로 잡아 무사히 아프리카로 돌아갔다."[6]

성공적인 습격은 대규모 정복의 꿈을 더욱 북돋웠다. 711년 4월 말, 타리크는 준비를 마쳤다. 그는 대부분이 베르베르인과 노예였으며, 진정한 아라비아인은 극히 소수였던 7천 명의 군대[7]를 이끌고 운명적인 항해에 나서며 스페인으로 향했다. 그는 헤라클레스의 기둥을 지나 침략자의 이름을 기려 오늘날 지브롤터라 불리는 곳에 상륙했는데, 지브롤터는 아라비아어로 '타리크의 산'을 의미하는 자발타리크의 스페인어 변형인 '히브랄타르'를 영어식으로 읽은 것이다. 타리크는 퇴각하지 않겠다는 뜻을 분명히 하기 위해 유럽 땅에 닿자마자 배들을 모두 불태우라고 명령했다. "우리는 돌아가기 위해 이곳에 온 것이 아니다. 여기서 정복하고 자리잡든지, 아니면 죽을 것이다."[8]

침략자들은 이교도들의 마음속에 공포를 심기 위해 땅을 파괴하기 시작했다. 스페인 정복에 관한 가장 오래된 이슬람 연대기에서 이븐 압둘하캄Ibn Abd al-Hakam(803~871)이 기록한 일화는 특히 생생하다.

이슬람교도들이 섬에 정착했을 때, 그곳에는 포도를 가꾸는 사람들 외에는 아무도 없었다. 그들은 포도밭 일꾼들을 사로잡았다. 그리고 일꾼 중 한 명을 붙잡아 다른 일꾼들이 지켜보는 가운데 도살하고 토막 내어 삶았다. 그들은 또한 다른 솥에도 고기를 삶았는데, 고기가 다 익자 삶았던 사람의 시체는 아무도 모르게 버리고, 대신 삶은 다른 고기를 먹었다. 이 광경을 나머지 포도밭 일꾼들이 지켜보았는데, 그들은 아무런 의심도 없이 이슬람교도들이 자기 친구의 살을 먹었다고 믿었다.[•]

충격에 휩싸인 기독교도들은 풀려나자 달아났고, 이슬람교도들은 인육을 먹는다는 말을 동네 사람들에게 퍼뜨려 시골 지역을 공포에 몰아넣었다.[9]

곧바로 비시고트 수도 톨레도에 있는 로데리크 왕에게 급보가 전달됐다. "우리의 땅이 이름도, 나라도, 뿌리도 알려지지 않은 자들에 의해 침략 당했습니다. 심지어 그들이 어디서 왔는지조차 보고드릴 수 없습니다. 하늘에서 떨어졌는지 땅에서 솟아났는지 알 수 없습니다."[10] 수천 명의 무장한 귀족들을 이끌고 로데리크는 이슬람교도 군대와 맞서러 나아갔다. 군대는 아프리카에서 예비대 5천 명을 증원해 총 1만 2천 명의 병력으로 불어났고, 스페인 남부의 한 물가(과달레테 강으로 추정된다) 부근에 집결해 있었다.

기독교도 군대가 다가오는 것을 본 타리크는 병사들을 자신의 주위에 모아 독려했다. "너희가 어디로 달아나겠느냐? 앞에는 적이 있고, 뒤에는 바다가 있다. 알라의 이름으로 맹세한다. 너희의 구원은 오직 용기와 인내 속에 있다!"[11] 그러나 경건한 말 뒤에는 역시 육욕적 유인이 숨어 있었다. 타리크는 심지어 두 가지 가장 큰 보상(무궁한 재물과 아름다

운 여인)을 차지하는 일을 결합시키고자 애썼으며, 더 나아가 유럽 여인들이 스스로 겁탈당하고 싶어한다는 상투적인 이야기를 끄집어냈다. 한 간결한 문장은 이렇다. "너희는 이 섬에 관한 수많은 이야기를 들어 이미 알고 있을 것이다. 요염한 천국의 미녀들만큼 아름다운 이곳의 그리스 소녀들이 수많은 진주와 보석을 목에 두르고, 금실이 수놓아진 값비싼 비단옷을 몸에 걸치고, 왕과 귀족들의 호화로운 궁전에서 부드러운 침상에 기대어 너희의 도착을 기다리고 있다." 타리크는 또한 빈틈없이 어느 경우든 이득이 되는 알라의 거래를 상기시켰다. "많은 용사들처럼 전투에 뛰어들라. 이슬람교도 누구라도 싸우다가 죽는 일이 생긴다면, 천국에서 알라의 상이 너희를 기다리고 있음을 알라."[12]

양군이 충돌하자 타리크는 로데리크를 발견하고 외쳤다. "저자가 바로 기독교도들의 왕이다!" 그러자 비시고트 진영을 향해 광란의 돌격이 시작됐다.[13] 그뒤의 전개가 실제로 어땠는지에 대한 기록은 불충분하고 엇갈리지만, 분명한 것은 비시고트 귀족들 사이에 분열이 있었고 그 가운데 일부는 전투 중 로데리크를 버렸다는 점이다. 어쨌든 이슬람교도들은 비시고트족을 상대로 결정적 승리를 거두었다. 알하캄은 이렇게 전한다. "알라께서 로데리크와 그를 따르는 자들을 죽이시고, 이슬람교도들에게 길을 열어주셨다." 서방에서 이보다 더 피비린내 나는 전투는 없었다. 이슬람교도들은 사흘 동안 그들에게서 곡도를 거두지

• 아라비아어 및 다른 이슬람교도 언어에서 역사 속의 이슬람 정복은 결코 '정복'으로 불리지 않고 푸투흐(futuh, 구멍)라고 한다. 이슬람의 빛이 들어갈 수 있는 곳이라는 뜻이다. 이런 맥락에서 이슬람교도가 침략하거나 점령한 적이 있는 모든 땅은 항상 이타적인 의도로 이슬람교를 길 잃은 이교도들에게 가져다준 것으로 간주된다. 반면 이교도들은 정당하지 않은 침략자로 묘사되며, 이슬람에 저항한 대가로 죽음이나 노예 신세를 당연히 치르는 것으로 여겨진다.

않았기 때문이다."¹⁴ 왕은 전사했거나 그 직후 살해당했으며, 그의 잔여 병력은 사방으로 흩어져 도주했지만 운이 나쁜 이들도 있었다. "전장에서 죽은 고트족 병사가 매우 많아 승리 이후 오랜 시간이 지난 후에도 전사자의 뼈가 전쟁터를 뒤덮은 모습을 볼 수 있었다"¹⁵는 기록이 이를 뒷받침한다. 이로써 "스페인에서 350년 가까운 고트족 지배의 시대"가 종말을 고했다고 《모사라베 연대기》는 결론짓는다.¹⁶ 로데리크의 검 시종이던 펠라요(라틴어 이름인 펠라기우스로도 알려졌다)는 반도의 북쪽 아스투리아스의 험준한 산악 지대로 물러났으며, 그곳에서 곧 새로운 이슬람-기독교 전쟁사의 긴 장(이 책의 6장에서 다룬다)이 시작된다.

한편 "알라가 다신교도(기독교도)들의 마음을 공포와 불안으로 가득 채우셨고, 타리크가 자신들의 나라 깊숙이 뚫고 들어오는 것을 보자 그들의 당혹감은 매우 커졌다"라고 알마카리는 기록한다.¹⁷ 타리크는 다시 한 번 로데리크의 잔당과 에시하에서 맞붙어 승리했고, 이 시점에서 조직적인 저항은 완전히 무너졌다. 더 많은 시체가 더 많은 독수리를 불러 모으듯, 해협 건너편(아프리카) 사람들은 타리크의 승전 소식과 그가 거둔 많은 전리품에 대해 듣자 사방에서 그에게 몰려들었고, 그들이 이용할 수 있는 크고 작은 모든 배를 타고 바다를 건넜다. 타리크의 군대가 크게 증강되자 기독교도들은 자신들의 성과 요새에 틀어박힐 수밖에 없었으며, 평지를 버리고 산으로 달아났다.

사태는 그렇게 이어졌다. 타리크는 계속해서 북쪽으로 스페인을 뚫고 들어갔는데, "한 곳도 지나치지 않고 굴복시켜 그 재물을 차지했으니, 전능하신 알라께서 이교도들의 마음에 공포를 불어넣으셨기 때문"이었다.* 이전 세기의 동방 기독교도들과 마찬가지로 스페인의 초기 기독교도들도 이슬람교도 침략자들을 영구적인 정복자가 아니라 단순히 약탈과 강탈만을 목적으로 하는 신을 믿지 않는 도살자들로 보았다. 분명히 어떤 새로운 종교를 내건 사람들은 아니었다.[••] 그들은 타리크의 공격 목적이 단지 전리품을 얻고 자기 나라로 돌아가는 데 있다고 믿었다.[18]

이 가운데 어느 것도 일부 현대 서양 역사가들이 주장하듯이 스페인 사람들이 이슬람교도들의 통치가 결코 가혹하지 않으며, 비시고트족의 지배보다 오히려 더 관대할 것이라고 생각해 이슬람교도들에게 기꺼이 항복했음을 시사하지는 않는다. 이슬람 연대기에는 "기독교도들이 지극한 힘과 결의로 자신들을 방어했으며, 기독교 신자인 병사들이 큰 손실을 입었다"라는 식의 기록이 자주 등장한다. 코르도바에서는 비시고트족 지도자들과 백성들이 교회 안에 틀어박혔다. 포위된 사람들은 구출될 희망이 없었지만 이슬람교를 받아들이거나 지즈야를 내는 조건으로 안전을 제공하겠다는 제의에 굴복하기를 거부했으며, 이슬람교도들이 교회에 불을 지르자 그들 모두가 불길 속에서 죽었다. 이교회 유적은 후대 스페인인들에게 큰 숭앙을 받는 장소가 됐다고 이슬

• 《코란》의 "이교도들의 마음에 공포를 불어넣으라"(3:151, 8:12)라는 요구와 일치해서인지 혹은 그것이 전략적이라고 생각돼서인지는 알 수 없지만, 이슬람교도 역사가들은 과거의 이슬람교도들이 알라와 그의 선지자를 거부하는 자들에게 공포를 심어주었다는 점을 자주 강조한다. 알마카리에 따르면 타리크는 계속해서 죽은 기독교도들의 시체를 포로들 앞에서 도살해 요리하게 했다. 그뒤 일부 포로들을 풀어주어 그들이 본 것을 동포들에게 알리게 했다. 이 계략은 원하는 효과를 냈다. 도망자들의 말이 이교도들의 공포를 증대시키는 데 적잖이 기여했기 때문이다(Maqqari 1964, 276).

•• 한 가지 주목할 예외는 《모사라베 연대기》로, 여기서는 "사라센인들이 무함마드를 숭배한다", "그가 하느님의 사도이자 선지자라고 인정한다"라고 기록돼 있다(Wolf 1990, 39).

람 연대기는 덧붙인다. 그 안에서 죽은 이들이 자기 종교를 위해 보여준 용기와 인내심 때문이었다.[19]

건너편 아프리카에서는 무사가 계속되는 타리크의 승리 소식을 듣고 질투와 원한을 품게 됐다. 그리고 타리크가 정복을 계속하다가 모든 전리품과 영광을 독차지하고 자신에게는 아무것도 남기지 않을 것이 두려워, 타리크에게 엄한 꾸지람과 함께 자신이 합류할 때까지 지금 있는 자리에서 움직이지 말라는 명령을 보냈다.[20] 무사는 그들의 무용에 감탄하면서도 타리크와 그의 민족을 여전히 불신했다. 그는 이렇게 말한 적이 있다. "베르베르인들은 활동, 힘, 용기, 인내력, 전쟁에 대한 사랑, 친절 면에서 아라비아인들과 가장 비슷한 사람들이지만, 그들은 가장 배신을 잘하는 자들이다. 신의도 없고, 약속을 전혀 지키지 않는다."[21] 이 아라비아인 총독은 마침내 자신의 부하인 베르베르인 장수를 대면하자 기본적으로 자신에게 거만했다는 이유로 그를 꾸짖었다. 또한 공개적으로 채찍질하며 심지어 처형까지 고려했다. 무사가 물었다. "왜 내 명령을 거역했느냐?" 타리크는 현명하게도 "이슬람을 섬기기 위해서였습니다"라고 대답했다.[22] 두 사람은 화해했지만 이제 무사가 지하드의 고삐를 잡았고, 무수한 아프리카인들이 유럽 서남쪽 끝으로 더 몰려들었다. 그리고 이름을 알 수 없는 한 8세기 연대기 작가는 "사라센인들은 스페인, 특히 코르도바에 자신들의 야만 왕국을 세웠다"라고 한탄했다. 그곳에서부터 그들은 더 깊은 곳으로 뚫고 들어갔고, 모든 민족을 이긴 톨레도마저도 마침내 이스마엘 자손들의 승리에 굴복해 정복됐다.[23]

앞선 세기 아라비아인의 시리아와 이집트 정복에서와 마찬가지로,

몇몇 초기 이슬람 및 기독교 자료들은 이슬람교도들의 승리를 속임수와 공포 덕분으로 돌린다. 알하캄에 따르면 "이슬람교도들이 스페인을 정복했을 때 그들은 그곳을 약탈하고 수많은 속임수를 썼다."[24]《모사라베 연대기》는 더 자세히 덧붙인다. "무사가 이와 같은 방식으로 모든 사람들을 공포에 빠뜨리자, 일부 남아 있던 도시들은 억지로 평화를 청했다. 사라센인들은 교활하게 그들을 설득하고 조롱한 뒤, 지체 없이 그들의 요구를 들어주었다.* 시민들은 이후 두려움과 공포로 인해 허락받았던 것을 내놓고 산으로 달아났는데, 거기서 그들은 굶주림과 여러 형태의 죽음을 무릅써야 했다."[25]

야심찬 지하드 전사와 시샘하는 칼리파

어쨌든 무사와 그의 병사들은 계속해서 스페인의 가장 북쪽 지역으로 나아가며 "도중의 모든 교회를 파괴하고, 모든 종을 부수었다"라고 이슬람교도 역사가는 말한다.[26] 715년에 무사는 스페인과 유럽 본토 사이의 관문인 피레네 산맥 기슭에 섰다. 709년에 북아프리카를 완전히 제압한 뒤 스페인을 노렸듯이, 이제 스페인마저 함락되자 야심만만한 이슬람 군벌과 많은 수의 이슬람교도들은 프랑크족의 땅으로 계속해서 밀고 들어가기를 간절히 원했다. 피레네 산맥 북쪽 갈리아로 들어가려

----

* 알폰소 10세와 대주교 로드리고의 역사서는 기독교 지도자들이 겉보기에는 관대한 것처럼 보이는 조건에 응해 침략자들에게 굴복했으나, 아라비아인들은 절대적 통제권을 장악하자 약속을 어겼다고 지적한다.

는 것이었다.[27]

그러나 그것으로 그치지 않았다. 이슬람 사서에 따르면 승리에 도취한 무사는 콘스탄티노플을 거쳐 동방으로 귀환할 계획을 품었던 것이 확실하다. 이 목적을 이루기 위해 그는 "용맹한 군대를 이끌고 알안달루스(스페인)에서 출발해 큰 대륙(유럽)에 사는 무수한 기독교도 민족들을 돌파하며 동방의 칼리파가 있는 다마스쿠스 궁정에 도달하고자 했다."[28] 다시 말해서 715년 이슬람교도들이 앞 장에서 다루었던 콘스탄티노플 포위전을 한창 준비하고 있던 시기에 무사는 그 큰 도시에 먼저 도달하고, 아마도 심지어 약탈하려 했던 듯하다. 그리고 그는 이것을 콘스탄티노플과 스페인 사이의 모든 지역을 정복함으로써 이루려고 했다.

그의 야망은 눈에 띄지 않을 수 없었다. 그가 타리크를 시기했던 것처럼 그 역시 시기를 받았다. 715년, 무사는 다마스쿠스로 소환됐다. 그는 베르베르인 부하 타리크와 함께 북아프리카를 가로질러 긴 여정을 떠났고, 수천 마리의 낙타에 실린 막대한 보물과 함께 3만 명의 포로를 인적 공물로 우마이야 조정으로 데려 갔다. 그러나 무사에게는 불행하게도 그가 도착했을 때는 자신에게 호의를 가졌던 칼리파 알왈리드가 막 세상을 떠난 직후였다. 새 칼리파 술레이만은 그가 스페인에서 거둔 성공을 질투해 무사의 모든 전리품을 몰수하고, 그를 목에 밧줄을 맨 채 끌고 다니게 한 뒤 감옥에 가두었다.[29]

같은 해, 무사가 알안달루스 총독으로 남겨둔 아들 압둘 아지즈Abdul Aziz가 같은 이슬람교도들에게 암살당했다. 이슬람교에서 배교했다는 죄목이었다. 그는 비시고트의 왕과 귀족의 딸들을 취해 첩으로 삼았다가 함부로 버리는 것으로 악명이 높았는데,[30] 결국 로데리크 왕의 미망인과 혼인했다. 질투심에 불탄 이슬람교도 지휘관들은 미망인이 총독에게 영향을 미쳐 그를 기독교로 개종시키기까지 했다고 비난했다. 그러던 어느 날, 압둘 아지즈가 당시 이슬람교당으로 개조됐던 산타루피나 수도원에 있을 때 자객들이 들이닥쳐 그를 살해했다. 그의 머리는 다마스쿠스로 보내져 대중 앞에 전시됐으며, 그후 칼리파 술레이만이 치욕을 당하고 상심해 있던 무사에게로 내던졌다. 무사는 그로부터 얼마 되지 않은 716년 혹은 717년에 아마도 감옥에서 죽음을 맞이한 것으로 보인다. 이것이 얼마 전까지만 해도 온 기독교 세계를 이슬람의 이름으로 정복하겠다는 야망을 품었던 자의 말로였다.

타리크의 최후에 대해서는 알려진 바가 없다. 그러나 이 베르베르인 역시 술레이만의 시기와 멸시를 받아 완전히 잊힌 채 아마도 서아시아 어딘가에서 구걸하는 신세로 전락했다가 죽었을 것으로 추정된다.

이러한 대우를 받은 것은 스페인 정복자들이 처음은 아니었다. 이슬람 초기의 많은 영웅들 역시 적인 이교도들의 손이 아니라 분개한 칼리파들에 의해 불명예스러운 최후를 맞았다. 위대한 칼리드 이븐 알왈리드도 그 가운데 하나다. 그는 637년 게르마니케이아(훗날 이곳은 황제 레온 3세를 배출하며 복수했다)를 약탈하고 푸짐한 전리품을 가지고 개선했으나, 그의 명성이 지나치게 높아지자 칼리파 우마르가 그를 군직에서 해임했다. 이에 따라 한창 경력을 쌓아가던 '알라의 검'은 홈스(에메사)로 은퇴해야 했고, 4년 뒤 그곳에서 조용히 죽었다. 그의 장례식에서 당황한 칼리파는 "그를 의심해서 해임한 것이 아니라, 사람들이 그를 지나치게 숭배해 그에게 의지할까 두려웠기 때문"이라고 해명했다.[31] 우마르는 또한 칼리드가 요절하지 않았다면 자신은 심지어 그를 후계자로 삼았을 것이라고 덧붙였다. 마찬가지로 야르무크 전투의 또다른 영웅이자 이집트 정복자인 아므르 이븐 알아스도 칼리파들의 변덕으로 불분명한 상황 속에서 두 차례나 이집트 총독직에서 불명예스럽게 축출당했다.

유럽 한복판에서의 지하드

그러나 알라는 사람을 차별하지 않으며, 지하드에서 개인의 존재는 중요하지 않다. 지하드는 가차 없이 갈리아로 이어졌다. 당시 프랑키아, 즉 프랑크족의 왕국으로 불리던 곳이었다. 호전적인 프랑크족은 5세기에 로마령 갈리아로 이주한 게르만 부족으로, 서기 500년 이후 유럽의 지배적 세력이 됐다. 그들에게 프랑크인이 된다는 것은 곧 전사가 된다는 의미였다. 전쟁, 전쟁터에서의 용맹, 전투에서의 승리는 왕권의 본질적 요소였다. 당시 중요한 역사가들의 기록을 읽어보면, 통치자의 우월성은 일대일 전투에서 얼마나 많은 적을 쓰러뜨렸는가에 달려 있었다는 인상을 피할 수 없다.[32] 그러나 다른 야만족들(예를 들어 오스트로고트족이나 롬바르드족)과 달리 프랑크족은 이미 200년 이상 전에 가톨릭 세계에 동화됐고, 이제 '신앙의 수호자'가 되는 길로 나아가고 있었다.

719년, 알안달루스의 이슬람교도 왈리(총독) 알사므 이븐 말리크 알카울라니al-Samh ibn Malik al-Khawlani가 프랑스 남부에 이르러 "나르본을 자기 것으로 삼고, 잦은 전투로 프랑크인들을 괴롭혔다"라고 《모사라베 연대기》는 전한다.

(알사므는 이어) 군대를 소집해 툴루즈를 공격하러 왔으며, 성을 포위하고 무릿매와 다른 여러 가지 공성 기계를 동원해 이를 함락시키려 했다. 이런 상황 전개 소식을 접한 프랑크인들은 그들의 지휘자인 아키텐 공작 외드 (오도Odo의 대공大公으로도 알려졌다)의 휘하에 모두 집결했다. 툴루즈에서 양군의 전선이 서로 치열한 전투를 벌였고, 프랑크인들은 사라센 군대의 지휘관 알사므 및 그와 함께 모여 있던 부대를 살해한 뒤, 나머지 병력이 패주해 달아나자 이를 추격했다.[33]

이슬람 세력이 718년 콘스탄티노플 성벽 앞에서 패배한 데 이어, 툴루즈 전투는 또다시 우마이야 왕조의 명성에 치명적 타격을 입혔다. 스페인의 이슬람교도들은 이 참담한 패배를 이후 수백 년 동안 시로 애도했다. 한편, 로마 교황은 승리를 기뻐하며 외드를 기독교 세계의 수호자로 찬양했다.

기세가 오른 아키텐 공작 외드는 프랑크 제국으로부터 독립을 선언했다. 717년 이래 프랑크 제국은 전장에서 단련된 카를 마르텔Charles Martell이 다스리고 있었는데, 그는 젊은 시절부터 전사로서 입증된 인물이자 군사 분야의 전문가였으며[34] 당시 제국의 북부와 동부 국경에서 이교도 작센인, 튜턴인, 슈바벤인들과 싸우는 데 전념하고 있었다. 이슬람교도의 추가적인 공격을 막고 프랑크 제국으로부터 독립을 더 공고히 하기 위해 외드는 피레네 산맥 바로 북쪽에 자리잡은 인근 베르베르족 지휘관 우스만과 동맹을 맺었다. 외드는 그의 욕망을 만족시키기 위해 딸을 시집보냈는데, 우스만이 처음으로 세례를 받았을 가능성도 있다.[35] 확실한 것은 우스만이 스페인과 아프리카에서 아라비아인들이 계속해서 베르베르인 동포들을 억압하고 있다는 소식을 듣고 불만을 품었다는 점이다(베르베르인도 이슬람교도였지만, 아라비아인들은 여전히 그들을 얕보고 학대했다).[•] 그는 이교도들을 상대로 한 지하드에 점차 냉담해졌고(그의 동포들이 이슬람교도가 아니어서 여전히 이교도 취급을 받고 있단 말인가?), 외드와 마찬가지로 코르도바의 지배자로부터 벗어나고자 하는 의도로 동맹에 참여했다.

그러나 이것은 도움이 되지 않았다. 731년, 툴루즈 전투의 생존자로 프랑키아에 특별한 원한을 품고 있던 호전적인 인물 압둘 라흐만 알가피키Abdul Rahman al-Ghafiqi가 알안달루스의 새 왈리가 된 것이다.[36] 그는 우스만이 약탈을 중단했을 뿐 아니라 이교도들과 동맹을 맺었다는 사실을 알게 됐다. 압둘 라흐만은 그를 배교자라고 비난하고, 격분 속에 원정을 준비해 산속 깊숙이까지 우스만을 맹렬하게 추격했다. 그곳에서 우스만은 자신이 붙잡힐 경우 어떤 운명을 맞을지 알았기에 스스로 절벽에서 뛰어내려 죽었다.[37] 우스만의 아내는 외드의 딸로 기독교도였던 랑페지아Lampegia였는데, 이 뛰어난 미모의 소녀는 포로가 되어 다마스쿠스 칼리파의 하렘을 장식하기 위해 보내졌다(잘려 전리품이 된 남편의 머리와 함께였다).[38] 이어 압둘 라흐만은 땅이 자신의 병사로 가득 찬 것을 보고, 험준한 바스크 산악을 뚫고 평원을 건너 프랑크인의 땅을 침공하려 했다. 외드는 자신이 최근 벗어나려 했던 대상인 카를에게 급

• 한 기독교 연대기는 이렇게 기록한다. "719년 무렵 당시 스페인의 아라비아인 지배자는 오랫동안 스페인에 거주해 온 모로(무어)인들에게 형벌을 내렸다. 그들이 숨겨 보관한 전리품 때문이었다. 그는 그들을 깊이 후회하게 만들었다. 벌레와 이가 들끓게 하고, 감옥에 가두고 무거운 쇠사슬을 채웠으며, 심문 과정에서 고문을 했다"(Wolf 1990, 136).

히 전갈을 보내 도움을 청했다. 프랑크의 실권자인 마요르 도무스maior domus(궁재宮宰)였던 카를은 인내를 권했다.

"내 조언을 따라 그들의 행군을 방해하거나 성급히 공격하지 마시오. 그들은 마치 급류와 같아서 진로를 막는 것은 위험하오. 재물에 대한 갈망과 연이은 승리에 대한 자각이 그들의 용기를 배가시키니, 용기는 무기나 숫자보다 더 가치가 있소. 그들이 재물을 메는 것이 거추장스러워질 때까지 참고 기다리시오.● 재물을 가지게 되면 의견이 나뉠 것이고, 당신의 승리는 보장될 것이오."[39]

자신의 영토가 유린되는 것을 수수방관할 수 없었던 외드는 보르도에서 저항을 시도했으나 패배했고, 도시는 약탈당했다. 이어 가론 강변에서도 다시 저항하고자 했으나 패했다. "죽고 다친 자의 수를 하느님만이 아실 정도로 참혹한"[40] 패배였다. 기가 죽은 외드는 파리에 있는 카를에게로 도망쳤다. 이제 더이상 침략자들을 막을 자가 없었고, 프랑키아에는 새로운 고통의 장이 열렸다. 아라비아인으로 이름을 알 수 없는 한 역사가는 이렇게 요약한다.

압둘 라흐만의 부하들은 연이은 승리에 기고만장했고, 사령관의 용맹과 전략을 전적으로 신뢰했다. 그렇게 이슬람교도들은 적을 무찔렀고, 가론 강을

● 흥미롭게도 이는 황제 니키포로스 2세 포카스(다음 장에 나온다)가 주로 이슬람교도를 염두에 두고 썼다는 동로마 제국 군사 교범에서 제시된 것과 같은 조언이다. "적이 로마니아(아나톨리아)를 침입하기 위해 올 때 그들과 맞서 싸우기보다는, 그들이 우리 땅에서 자기네 나라로 돌아갈 때 공격하는 것이 여러 면에서 더 유리하고 적절하다. 그때쯤이면 적은 로마 땅에서 매우 오랜 시간을 보낸 후라 지치고 상당히 후줄근해질 것이며 많은 짐, 포로, 가축으로 인해 부담을 안고 있을 것이다"(Dennis 2008, 157~159).

건너 시골을 초토화하며 수없이 많은 포로를 사로잡았다. 군대는 파괴적인 폭풍처럼 모든 곳을 휩쓸었다. 승리는 전사들을 만족할 줄 모르는 자들로 만들었다. 그들의 곡도 앞에서 모든 것이 무너졌고, 칼은 생명을 앗아갔다. 프랑크족의 모든 민족은 그 무시무시한 군대 앞에 떨었고, 그들은 국왕 칼두스Caldus(카를)에게 달려가 이슬람 기병이 일으킨 파괴에 대해, 그리고 그들이 마음대로 나르본, 툴루즈, 보르도 전역을 휩쓸며 다니는 데 대해 호소했다.[41]

파괴는 극심했다. "압둘 라흐만이 지역과 민족을 남김없이 파괴해, 참혹한 기억은 오랫동안 전승에 남았다"라고 에드워드 기번은 기록한다. 또한 가장 값진 전리품은 교회와 수도원에서 발견됐는데, 거기서 장식품을 빼낸 뒤에는 불을 질렀다. 이에 프랑크인들은 이렇게 외쳤다. "아, 이 무슨 불행이고, 이 무슨 치욕인가! 우리는 아라비아의 이름과 정복 소식을 들은 지 오래였고, 동쪽에서 올(717~718년 콘스탄티노플의 포위 때 그들이 성벽을 넘었을 경우를 말한다) 그들의 공격을 두려워했다. 그들은 이제 스페인을 정복하고, 서쪽에서 우리나라를 침략한다."[42]

730년대 초 이슬람교도들은 피레네 산맥과 론 강 사이의 프랑키아 지중해 해안에 있는 주요 도시를 모두 장악했고, 철권통치를 펼쳤다. 730년에 인근 세르다냐에서 그들은 다른 이들에게 대한 경고로서 한 주교를 산 채로 불태웠다.[43] 압둘 라흐만과 그의 대군은 이에 만족하지 않고 북쪽으로 깊숙이 프랑키아를 뚫고 들어가며 시골을 유린하고, 도중의 모든 교회와 수도원을 약탈했다.[44] 그들의 즉각적인 목표는 투르였다. 서방 기독교 세계에서 가장 성스러운 성지 가운데 하나인 투르의 생마르탱 대성당에 엄청난 보물이 있다고 들었기 때문이다. 압둘 라흐만은 최대한 공포를 확산시키고 약탈품을 모으기 위해 약 8만 명으로 추산되는 그의 군대를 여러 부대로 나누어 보내 약탈을 벌이게 했다.[45] •
도시는 하나씩 함락됐고, 다마스쿠스의 칼리파는 "환관, 말, 약품, 금, 은, 그릇들과 함께 특히 남녀 노예들과 700명의 가장 아름다운 소녀들을 받으며 기쁨에 넘쳐 두 손을 맞비볐다"고 알하캄은 말한다.[46]

이슬람교도들이 프랑키아에서 파괴를 일삼자, 카를은 북부와 동부 국경을 안정시키고 봉신封臣들을 파리에 집결시키기 시작했다. 그는 전투로 단련된 3만 명의 프랑크인들을 이끌고 침략군을 막기 위해 출진했다. 한편 압둘 라흐만은 "궁전을 파괴하고 교회를 불태웠으며, 북쪽으로 진격하면서 자신이 투르의 생마르탱 대성당을 약탈할 수 있다고 생각했다"고 한 기독교도 역사가는 한탄한다. 그리고 이렇게 덧붙인다. "그때 아우스트라시아의 영주 카를과 딱 마주쳤다. 젊은 시절부터 강력한 전사였으며, 전투의 모든 상황을 훈련받은 자였다."[47]

투르 전투

이슬람 선지자 무함마드가 죽은 지 정확히 100년(그 100년 동안 수천 킬로미터에 달하는 과거 기독교 영토가 정복됐다)이 지난 732년에 이슬람의 곡도

는 유럽의 중심부에 들어가 대륙의 가장 강력한 군사 세력인 프랑크족과 맞서게 됐다. 침략자 무리는 주로 베르베르인으로 이루어졌는데, 그들은 갑옷이나 활의 부족함을 용맹과 종교적 열정으로 벌충하며 말을 타고 싸웠다. 한편 무어인들은 곡도와 창을 가지고 싸웠다. 그들의 전형적인 전투 방식은 대규모 기병 돌격을 감행하는 것으로, 수적 우세와 용기로 어떤 적이든 압도하는 것이었다. 이러한 전술로 그들은 수천 킬로미터를 진격했고, 수많은 적을 물리쳤다. 그들의 약점은 할 수 있는 것이 오직 공격뿐이라는 점이었다. 방어에 대해서는 훈련이나 심지어 개념 자체가 없었다.[48]

프랑크족은 자신들이 정복한 로마인들의 영향을 받아, 이제 카롤루스와 같은 기마 귀족들을 제외하고는 주로 보병으로 이루어진 군대였다. 그들은 깊숙한 방진 대형과 무거운 갑옷(표준적인 보병은 30킬로그램이 넘는 철갑옷을 착용했다)에 의존했는데, 기동성이 뛰어난 이슬람군에 비교하면 둔중한 군대였다. 프랑크 병사들의 무장은 성인식을 마친 후 주어지는 방패와 함께 검, 단검, 창, 그리고 두 종류의 도끼였다. 도끼 가운데 하나는 휘두르는 것이고, 다른 하나는 악명 높은 투척 도끼 '프랑키스카francisca'였다. 이 도끼는 프랑크족과 한 몸이 돼서, 도끼 이름에서 민족명이 나왔는지 아니면 민족명에서 도끼 이름이 나왔는지는 분명치 않다.•

• 성인식과 함께 방패를 받는 관습과 전쟁, 전투에서의 용맹, 전쟁터에서의 성공이 프랑크 왕권의 필수 요소였다는 사실의 상징적 중요성은 고대 스파르타인들을 연상시킨다. 스파르타인의 삶은 전쟁을 중심으로 하고 있었고, 전쟁터에 나갈 때마다 그들의 어머니는 "방패를 들고 돌아오거나, 방패 위에 실려 돌아오라"고 말했다. 프랑크족을 처음 통합한 왕인 클로비스 1세(466~511)와 관련된 이야기는 프랑크인들이 무기를 얼마나 중요시했는지를 잘 보여준다.

이슬람교도들의 목표였던 투르와 푸아티에 사이 어딘가에 도착한 프랑크군은 익숙하고 숲이 우거진 지형을 활용해 고지대를 점령했다. 이는 적은 수의 병력을 숨기고 방어하는 데 도움이 될 뿐 아니라, 충분히 예상된 이슬람 기병의 돌격을 방해할 수도 있었다. 침략군이 도착하자 맞선 양군은 6~7일 동안 서로 대치했는데, 어느 쪽도 먼저 움직이려 하지 않았다. 압둘 라흐만은 속아 넘어가지 않고 몇 킬로미터에 이르는 울창한 숲 뒤에 프랑키아가 소집할 수 있는 최정예 병사들이 대규모로 모여 있다는 것을 알아챘다. 더 큰 문제는, 카를이 예측했던 대로 이슬람교도들의 승리가 이제 그들에게 독이 됐다는 점이었다. 북쪽으로 진군하는 도중에 많은 도시와 교회를 약탈한 그들은 전리품을 주체할 수가 없었다. 이는 한 부대나 부족이 다른 쪽에 자신들의 것을 맡길 수도 없었다. 압둘 라흐만은 이 대치 기간을 이용해 약탈물을 남쪽으로 옮겨 보관하기 시작했다. 카를은 자기 영토의 먼 변방에서 더 많은 병사들이 합류하기를 기다렸다. 결국 10월 10일, 유럽의 기후가 아프리카와 아라비아 출신들에게는 너무 추워지고 있었고, 식량과 목초지도 줄어들던 시점에 압둘 라흐만은 전투를 개시했다. "알라후 아크바르"의 커다란 함성과 함께 그들은 파도처럼 돌격해 왔다.[49] 이름을 알 수 없는 한 중세 아라비아 역사가는 이 전투를 약간 장엄한 어투로 묘사한다.

어느 전쟁 회합에서 클로비스는 한 전사에게 "너는 창도, 칼도, 도끼도 쓸 수 있게 벼려놓지 않았다"며 꾸짖었다. 그는 이어 넌더리를 내며 전사의 도끼를 빼앗아 땅에 내던져버렸다. 창피를 당한 전사가 몸을 구부려 도끼를 주우려 하자 클로비스는 자신의 도끼를 꺼내 그를 쳐 죽였다. 이는 이전의 모욕에 대한 보복이었지만, 그것이 무기에 대한 존중이라는 맥락에서 이루어졌기 때문에 클로비스는 우회적으로 정당화됐다(Santosuosso 2004, 55).

오와르(루아르) 강 근처에서 두 언어(아라비아어와 라틴어)와 두 신앙(이슬람교와 기독교)의 대군이 마주 늘어섰다. 압둘 라흐만과 그의 지휘관들, 그리고 병사들의 마음은 분노와 오만으로 가득 차 있었으며,* 그들이 먼저 전투를 시작했다. 이슬람 기병은 격렬하고 빈번하게 프랑크군의 대열을 향해 돌진했으나 프랑크인들은 용감하게 저항했다. 양측에서 많은 이들이 죽어갔고, 전투는 해가 질 때까지 이어졌다.[50]

이슬람교도들의 공격은 매번 사나운 정면 돌격이었지만 결과적으로 효과는 없었다. "북방의 병사들은 벽처럼 꼼짝하지 않고 서 있었으며, 칼로 아라비아인들을 베면서도 그들은 한데 얼어붙은 얼음 띠처럼 결코 무너지지 않았다. 거대한 체구와 강철 같은 팔을 가진 아우스트라시아인(동프랑크인)들은 치열한 전투의 한가운데서 용맹하게 싸웠다"라고 또다른 연대기는 기록하고 있다.[51] 프랑크군은 결코 대형을 흩트리지 않았고, 유목민 기병들의 핵심 전술이었던 '대열 돌파 후 공격'을 허용하지 않았다. 이를 위해 그들은 더욱 조밀하게 밀집했고, 대장인 카롤루스를 중심으로 대열을 짜고 파죽지세로 나아갔다. 그들의 지칠 줄 모르는 손은 칼날을 적의 가슴팍 깊숙이 꽂아 넣었다.[52]

군사사가 빅터 데이비스 핸슨은 보다 실제적인 해석을 제공한다. "사료에서 보병의 '벽,' '얼음덩어리,' '움직이지 않는 전열'이라는 표현이

---

* 이슬람교도들이 이교도 프랑크족에 대해 '분노와 오만'으로 가득 차 있었다는 표현은 아라비아 사서에 자주 나온다. 몇 해 앞서 누군가 프랑크족에 대해 묻자, 무사는 이렇게 거만한 대답을 했다. "그들은 수가 매우 많고 힘도 강한 자들이다. 공격할 때는 용감하고 거칠지만, 패배하면 비겁하고 나약하다. 나의 군대가 적에게 패한 적은 한 번도 없다"(W. Davis and West 1913, 362).

나오면 우리는 그것을 문자 그대로의 인간 방벽으로 상상해야 한다. 앞에 방패를 맞물려 세운 채 갑옷을 두른 프랑크인 병사들이 그들을 공격하기 위해 달려오는 무모하기 짝이 없는 이슬람 기병의 말의 배를 찌르기 위해 무기를 앞으로 뻗고 있는 모습 말이다." 예상했던 대로 전투는 혼돈 그 자체였다. 이슬람교도들은 큰 무리로 달려와 서투른 프랑크군을 베고 화살을 쏘았으며, 프랑크군의 전열이 전진하면 달아났다. 이에 대해 방패를 치켜든 프랑크 병사들은 창으로 기병의 다리나 말의 얼굴과 옆구리를 찔렀고, 칼로 기병을 베고 찔러 떨어뜨렸다. 그러는 동안 내내 방패로 적들의 노출된 살을 내리쳤는데, 방패 중앙의 무거운 쇠돌기 자체가 가공할 무기가 됐다. 프랑크군은 무리를 이루어 조금씩 전진하며 발밑에 쓰러진 기병들을 짓밟고 찔러 죽였으며, 언제나 서로 밀착해 대형을 유지하려 애썼다.[53]

전투 중 한때 알라의 전사들은 카를을 에워싸 함정에 빠뜨렸지만, "그는 굶주린 늑대가 사슴을 덮치듯 맹렬히 싸웠다. 주님의 은혜로 그는 기독교 신앙의 적들을 크게 무찔렀다"라고 생드니의 연대기 작가는 칭송했다. 그는 이때 처음으로 '마르텔Martel', 즉 망치라 불렸다. 그가 철과 강철, 그 외 모든 금속으로 만든 망치처럼 전투에서 모든 적을 쳐부쉈기 때문이다.[54]

살육이 벌어진 들판에 어둠이 깔리자 피투성이가 된 양측 군대는 전투를 멈추고 자신들의 진영으로 철수했다. 동이 트자 프랑크인들은 전투 재개를 준비했으나, 이슬람교도들은 모두 밤을 틈타 도망치고 없었다. 그들의 주인 압둘 라흐만은 전날 전투에서 전사했으며, 주인의 채찍에서 해방되고 프랑크군의 기개를 맛본 베르베르인들은 순교보다 생명과 약간의 약탈품을 택했다. 그들은 모두 다시 남쪽으로 달아났다. 여전히 약탈과 방화를 저질렀으며 지나는 곳마다 사람들을 노예로 삼았지만, 카를은 자신의 강점이 '얼음의 벽'에 있음을 알고 있었기에 추격하지 않았다.

전투 후의 모습은 모든 기병 전투가 그렇듯이 유혈이 낭자한 혼란상이었다. 수천 필의 다치거나 죽어가는 말이 흩어져 있었고, 전리품이 버려져 있었으며, 죽거나 다친 아라비아인들이 널려 있었다. 부상자 가운데 포로가 된 이들은 거의 없었는데, 그들이 전에 사람을 죽이고 약탈했던 것을 고려하면 당연한 결과였다.[55] 가장 오래된 기록은 엄청나게 많은(수십만이라고 했다) 이슬람교도가 죽었으며, 프랑크족의 피해는 아주 적었다고 전한다. 실제 수치는 불분명하지만, 전투에서 이슬람교도보다 훨씬 적은 프랑크인이 죽었다. 심지어 아라비아 연대기들조차 이 전투를 '순교자의 길' 전투라 불러, 땅에 이슬람교도의 시체가 널려 있었음을 시사하고 있다.

기쁜 소식은 곧 가톨릭 세계 전역에 퍼져 나갔다.[56] 앞서 말한 저자를 알 수 없는 아라비아어 연대기를 포함해 지금 남아 있는 당시의 연대기들은 이 승리를 장엄한, 더 나아가 종말론적인 어조로 묘사했다. 심지어 먼 잉글랜드에서도 2주 전부터 불타는 혜성이 하늘에 나타나 "그것을 보는 모든 사람에게 공포를 안겼다"고 '가경자可敬者' 베다Beda는 썼다. 이 유성들은 "동방과 서방 모두에 끔찍한 재앙이 닥친다는 전조인 듯했으며, 인류가 악에 위협받고 있음을 보여주었다. 그 무렵 사라센인의 무리가 갈리아를 약탈하며 끔찍한 살육을 자행했으나, 잠시 후 그들은 그 땅에서 자신들의 악행에 대한 처벌을 받았다"라고 투르 전투가

벌어지고 불과 3년 뒤에 세상을 떠난 '영국 역사의 아버지' 베다는 결론 지었다.[57]

카를: 망치에서 대제로

비록 결정적인 승리였지만, 이슬람교도의 위협이 단숨에 사라진 것은 아니었다. 피레네 산맥 북쪽 지중해 해안을 따라 여전히 무리 지은 약탈자들이 들끓었다. 그리하여 741년 카를이 죽을 때까지 그의 치세는 거의 매년 갈리아를 통합하거나, 유럽에서 이슬람 세력을 몰아내기 위한 전쟁으로 채워졌다.[58] 투르 전투가 있은 지 2년 후, 알안달루스의 새 왈리 우크바 이븐 알하자즈Uqba ibn al-Hajjaj가 푸아티에에서의 패배를 설욕하고 이슬람교를 전파하기 위해 프랑키아를 침공했다. 그의 대규모 육군은 거의 4년 동안 갈리아에 머물렀고, 그 기간 동안 그는 멀리 리옹, 부르고뉴, 피에몬테까지 원정을 감행하고 약 2천 명의 기독교도에게 죽이겠다고 위협해 이슬람교로 개종시켰다.[59] '망치' 카를은 다시 구원에 나섰다. 역사가 아인하르트Einhard(770~840)는 이렇게 기록한다. "카를은 프랑키아 전역의 지배권을 주장하던 폭군들을 타도했고, 갈리아를 점령하려던 사라센인들을 두 차례의 대전투에서 아주 철저히 격파해 그들이 돌아가지 않을 수 없게 했다. 하나는 732년 아키텐의 푸아티에에(혹은 투르)에서였고, 또 하나는 737년 베르 강 부근의 나르본 근처에서였다."[60] 739년의 또 하나의 중대한 승리를 포함한 카를의 후속 승리들을 통해 이슬람교도들은 무기력한 세력이 됐고, 결국 피레네 산맥 너머 이슬람교도 점령지인 알안달루스로 다시 밀려나게 됐다.

피레네 산맥이 이슬람 세력의 밀물을 막는 제방이 되긴 했지만, 지하드는 곧 지중해 연안으로 넘쳐흘러 유럽의 전 해안선과 섬들은 끊임없는 습격에 시달렸다. 이슬람교도들의 공격은 바이킹, 색슨족, 마자르족 등 주변 이교도 민족들의 동시다발적인 침공으로 더욱 심화됐는데, 그들 모두는 상상할 수 없는 파괴를 남기고 갔다. 이로 인해 로마 교황은 476년 이후 황제가 사라진 서유럽이 통합되기를 간절히 바랐다. 그때 프랑크족의 수장인 또다른 카롤루스(카를 마르텔의 손자이자 그의 이름을 물려받은 사람. 카를의 라틴어식 발음은 카롤루스다)가 구원에 나섰다. 서기 800년 성탄절에 로마의 성 베드로 대성당에서 교황 레오 3세는 카롤루스 마그누스Carolus Magnus(742~814), 곧 샤를마뉴를 첫 신성로마제국 황제로 즉위시켰다.

영국의 법학자이자 역사가 제임스 브라이스James Bryce는 "대성당 안에 울려 퍼진 환호는 오랫동안 준비해온, 그리고 그 결과가 실로 막대한 '로마와 게르만의 결합'이라는 남쪽 문명의 기억과 북쪽의 신선한 활력이 하나로 합쳐지는 것을 선언하는 것이었다. 그 순간부터 근대사가 시작된다"라고 썼다.[61] 그러나 이 모든 것은 100년이 넘는 끊임없는 지하드에 대한 대응에서 비롯된 일이었다. 저명한 역사가 앙리 피렌Henri Pirenne의 다음과 같은 말은 옳았다. "이슬람 세력이 없었다면 아마도 프랑크 제국은 결코 존재하지 않았을 것이며, 무함마드가 없었다면 샤를마뉴 또한 상상조차 할 수 없었을 것이다."[62]

후대는 카롤루스 마그누스를 서방의 통합에서부터 학문에 대한 애정에 이르기까지 여러 가지 측면에서 찬양하지만, 여기서 중요한 것은 그가 이슬람 세력을 대한 방식이다. 그는 그리스도교 세계의 수호자로서 전형적인 기독교 전사, 곧 십자군의 선구자가 되었다. 그는 이슬람 교도들을 자신의 영토 밖에 묶어두는 데 만족하지 않았다. 그의 업적을 비롯해 이슬람 세력이 점령한 알안달루스로 진군해 들어가 카탈루냐에 완충국을 세운 아들이자 후계자 경건왕 루이 1세를 비롯한 후손들의 업적은, 영웅적 서사시와 무훈시武勳詩 속에서 찬미되어 후대 십자군들에게 자극을 주었다.

우마이야 칼리파국(661~750)이 마침내 몰락했을 때 카롤루스 마그누스는 아직 어린아이였다. 버나드 루이스Bernard Lewis의 설명에 따르면 717~718년 콘스탄티노플 포위전 실패는 우마이야 정권의 평판을 떨어뜨렸을 뿐만 아니라, 권력에 중대한 전환점을 가져왔다. 원정의 장비를 갖추고 그것을 유지하기 위해 필요한 재정적 부담은 이미 위험할 정도로 불만을 불러온 재정 및 금융상의 압박을 더욱 심화시켰다. 콘스탄티노플 해안 성벽 앞에서 시리아 함대와 육군이 궤멸된 일은 권력의 주요 물질적 기반을 앗아갔다.[63] 정복과 팽창 능력에 그 정당성이 달려 있던 전쟁 기계*로서는 불과 십수 년 전에 투르 전투에서 패배한 일과, 이슬람 세력이 프랑키아에서 완전히 축출된 일 같은 연이은 실패가 치명적이었을 것이다. 결국 카롤루스 마그누스가 여덟 살이 되던 해인 750년, 새로운 이슬람 왕조인 아바스 왕조가 우마이야를 전복하고 피

---

* 이슬람교로 개종한 미국의 역사학자 칼리드 야흐야 블랭킨십(Khalid Yahya Blankinship)은 "우마이야 칼리파국은 전형적인 지하드 국가였다. 그 핵심적인 존재 이유는 알라의 율법을 유지하는 것 외에 이슬람교를 방어하고 그들이 통제하고 있는 영토를 확장하는 데 있었으며, 그 평판은 군사적 성공과 강하게 결부되어 있었다"라고 확인한다(1994, 232).

의 숙청으로 일족을 모두 쓸어버렸다. 그 결과 왕족 가운데 단 한 명만이 겨우 살아남아 스페인으로 도피했고, 그곳에서 우마이야 왕조를 재건했다.

카롤루스 마그누스가 아바스 왕조의 칼리파 하룬 알라시드Harun al-Rashid와 우호적 관계를 유지한 것은 이러한 맥락에서였다. 양측은 이슬람령 스페인의 우마이야 잔존 세력을 공통의 적으로 두고 있었기 때문이다. 더욱이 카롤루스 마그누스는 딤미 기독교도 주민들을 돕기 위해 이슬람교도 통치자들과 적극적으로 우정을 쌓았다. 카롤루스 마그누스를 직접 알았던 아인하르트는 이렇게 설명한다.

그는 가난한 이들을 돕는 일에 매우 열성적이었으며, 그리스인들이 '엘레에모시네eleēmosynē'라 부르는 자발적 기부에서도 그러했다. 자기 나라와 왕국 안에서만이 아니라 시리아, 이집트, 아프리카 같은 해외에서 빈곤에 처한 기독교도가 있다는 소식을 들으면 으레 지원할 정도였다. 그리고 예루살렘, 알렉산드리아, 카르타고에서 궁핍에 시달리는 이들을 불쌍히 여기고 돈을 보내곤 했다. 그가 바다 건너(이슬람교도) 왕들과의 우정을 힘써 추구한 이유는 그들의 통치 아래 살던 가난한 기독교도들에게 조금이나마 도움과 위안을 주기 위해서였다.[64]

카롤루스 마그누스는 직접 예루살렘 순례를 했고, 그곳에서 기독교 순례자들을 받아들이기 위해 숙소를 매입했다. 순례자들 대부분은 당시 이슬람교도 지배하에 있던 이집트와 기타 지역에서 온 신실한 남녀들이었다.[65] 그는 이들이 이용할 수 있도록 교회와 도서관도 세웠다.

물론 카롤루스 마그누스의 황금기보다 더 오래간 것은 지하드였다. 전자는 일시적인 것이었고, 후자는 성격상 시간을 초월한 것이기 때문이다. 846년, 이슬람 함대가 로마 근처의 오스티아 해안에 상륙했다. 그들은 '영원한 도시' 로마의 성벽을 뚫을 수는 없었지만, 주변 시골을 약탈하고 파괴했다. 이때 파괴된 것 가운데는 서방 기독교 세계에는 충격적이게도 카롤루스 마그누스가 대관식을 치른 성 베드로 대성당과 4세기에 콘스탄티누스가 세운 성 바오로 대성당이 있었다. 침략자들은 두 성지를 파괴하고 기독교 세계에서 가장 존경받는 두 사도의 무덤을 모독했으며, 그곳에 있는 대형 황금 십자가, 카롤루스 마그누스가 기증한 은제 탁자, 호화로운 각종 전례 용기와 보석이 박힌 유물함 등 각종 보물들을 약탈했다.

이 신성모독 사건으로 교황 레오 4세(재위 847~855)는 테베레 강 오른쪽 기슭에 강력한 성벽과 요새를 세워 대성당들과 기타 교회를 이슬람교도의 재침으로부터 보호했다.[66] 그는 십자군 운동을 200여 년 앞당겨 예견한 듯, 이슬람교도 약탈자와 싸우다 죽은 모든 기독교도는 천국에 들어간다고 선언했다. 그만큼 피해가 심각했던 것이다.[67] 그러나 굴하지 않고 이슬람교도들은 "849년에 다시 오스티아 상륙을 시도했으며, 857년 무렵부터는 거의 매년 로마 해안을 위협했다"라고 프랑스의 중세사학자 C. E. 뒤푸르크는 설명한다.

이 문제를 해결하기 위해서 교황 요한 8세(그 또한 침략자와 싸우다 죽은 기독교도에게 죄의 사면을 약속했다)는 878년, 이슬람교도들에게 매년 수천 닢의 금화를 지즈야로 지불한다는 약속을 하기로 결심했다. 그러나 교황이 이슬람교도들에게 지즈야를 보낸 것은 단 두 해에 그친 것으로 보이며, 10세기 초까지 이슬람교도들은 때때로 테베레 강 어귀나 인근 해안에 다시 출몰했다.[68]

이때가 바로 이슬람교도 해적의 첫 전성기였다. 육상으로는 진출할 수 있는 한계에 다다르자, 스페인과 북아프리카 해안 전역을 거점으로 하여 지중해 섬들을 침략하는 데 힘을 쏟았다. 이전 세기에도 일부 약탈이 있었지만 발레아레스 제도, 코르시카 섬, 크레타 섬, 키프로스 섬, 몰타 섬, 사르데냐 섬, 시칠리아 섬은 9세기 중에 완전히 황폐화되고 점령당했다.* 대량 학살 및 노예화, 지즈야 부과, 교회 파괴로 이 작은 기독교도 섬들은 사실상 인구가 소멸하다시피 했다. 예컨대 826년 크레타 침략 당시 이슬람교도는 기독교도들에게 이슬람교로 개종할 것을 강요했고, 섬의 중심 도시 칸디아는 가장 번성한 노예 시장 가운데 하나로 바뀌었다.[69]

---

* 이슬람교도 역사가 이븐 알아시르(Ibn al-Athir)가 전하는 남부 이탈리아 및 시칠리아에 대한 기록은 습격의 규모와 성격을 잘 보여준다. "(835년의) 또다른 습격은 에트나와 인근 성채들을 향했고, 그 결과 수확물이 불타고 많은 사람이 학살됐으며 약탈이 자행됐다. 같은 방향으로 아부 알아글라브(Abu al-Aghlab)가 이슬람력 221년(서기 835년 성탄절에 해당한다) 또 한 차례 원정을 조직했는데, 가져온 전리품이 너무 많아 노예가 헐값에 팔렸다. 같은 해 이웃의 기독교도 섬들에 함대가 파견됐다. 그들은 몇몇 도시와 성채를 점령하고 많은 약탈품을 챙긴 뒤 무사히 돌아왔다. 이슬람력 234년(서기 848년 8월 5일), 라구사의 주민들은 도시와 재산을 이슬람교도들에게 넘겨주는 조건으로 평화를 얻었다. 정복자들은 운반할 수 있는 모든 것을 가져간 뒤 도시를 파괴했다. 이슬람력 235년(서기 849년 7월 25일) 이슬람교도 부대가 카스트로조반니를 습격해 약탈, 학살, 방화를 저지른 뒤 무사히 귀환했다"(Ye'or 2010, 289~290).

약탈에는 언제나 종교적 적대감이 동반됐다. 사라센인들에게는 수도원과 교회를 모독하는 일이 약탈만큼 즐거운 일이었다. 살레르노 포위전에서 한 이슬람교도 지휘관은 성찬대 위에 자신의 자리를 펴고, 그 제단에서 매일 밤 기독교 수녀의 순결을 제물로 삼았다.[70] 이런 무도한 행위는 흔한 일이었다. 습격은 지하드의 지속적인 요소로, 언제나 칭찬받을 만하고 심지어 필수적인 것으로 여겨졌다. 정복에 더해 약탈이 있었고, 정치적 기획과 국가 건설에 더해 파괴와 황폐화가 있었다.[71]

놀라운 일은 아니지만 먼저 로마의 고전 문명에서, 이어서 기독교 세계에서 수백 년 동안 동방과 서방을 연결하는 세계 최대의 경제 간선도로였던 지중해는 10세기가 되자 '이슬람 세계의 호수'로 변해 해적과 노예상의 사냥터가 됐다.* 이븐 할둔은 이렇게 썼다. "이슬람교도들이 지중해 구석구석을 장악했다. 그들의 힘과 권세는 엄청났다. 기독교 국가들은 바다에서는 이슬람 함대에 저항하기 위한 어떤 일도 할 수 없었다. 이슬람교도들은 정복자로서 끊임없이 바다를 오가며 성공을 거두었고, 그 징표가 정복과 전리품 취득이었다."[72]

이미 이전 수백 년 동안 기존의 부 상당수가 약탈당했기 때문에, 유

• 몇몇 역사가들은 이 점에 대해 단호했다. "이제 '가운데 바다', 로마인들의 표현으로 '마레 노스트룸(Mare Nostrum, 우리 바다)'은 더이상 대로가 아니라 가장 위험한 형태의 국경이 됐다. 전쟁과 해적질은 일상이 됐고, 어떤 지역에서는 그것이 1천 년 가까이 지속됐다. 그러나 특히 북유럽 출신 역사가들은 이를 완전히 무시해 왔다. 이들은 지중해의 역사를 고전기 역사의 프리즘을 통해서만 보았다. 학식 있는 유럽인들은 그리스와 로마 문명에 너무도 푹 빠져, 지중해 역사의 보다 최근 1천여 년을 마치 존재하지 않았던 것처럼 취급했다"(Scott 2014, 162~163). 비슷하게 "이슬람교도 해적의 영향은 유럽의 9~10세기의 쇠퇴라는 위기에서 중요한 요인이었고, 때로는 결정적이어서 사회·경제적, 심리·문화적 문제를 초래했다. 항해 활동의 급감, 기독교도가 장악한 항구와 연안 도시 수의 감소, 빈곤 확산, 화폐 경제의 축소, 그리고 만연한 두려움과 불안이 그것이다"라는 의견도 있다(Cardini 2001, 18).

럽 해안 습격은 주로 "대단히 탐나는 상품이었던 백인 노예"[73]를 붙잡아 파는 것이었다. 실제로 10세기의 이슬람 세계는 유럽의 생산물이나 천연자원을 소비하는 일은 거의 없었고, 오직 유럽인들의 몸 자체만이 필요했다. 수요가 많은 것은 젊은 여성과 소년이었지만, 10세기 중에 거의 모든 연령과 계층, 그리고 대륙의 거의 모든 지역의 유럽인들이 사슬에 묶여 북아프리카나 서아시아로 가는 배에 실렸다.[74] 이슬람교도는 심지어 스위스 발레 지역에 정착해 수십 년간 습격을 감행했다.

마찬가지로 아라비아의 황금에 혹한 바이킹들은 북유럽에서 노예가 될 만한 대상을 찾아 습격을 계속했다.[75] 이 끊임없는 습격의 결과는 원인은 잊혔을지라도 잘 알려져 있다. 점점 가난해지고 문맹이 되어가던 유럽인들은 해안을 떠나 고지대의 요새와 성으로 피신했고, 자신들을 지켜줄 수 있는 어떤 영주나 기사에게든 충성을 맹세했다. 유럽의 '암흑시대'가 시작된 것이다.•

역사의 심판

이 책에서 다룬 모든 전투 가운데 투르 전투는 당시의 연대기에서부터 현대에 이르기까지 서방에서 가장 널리 회자된, 아니면 그에 버금가는 전투 중 하나다. 지중해를 빼앗겼고 해안에 대한 약탈이 일상화되었음

• 역사가 앙리 피렌은 "이슬람 세력이 지중해에 있던 과거의 통일성을 파괴했기 때문에 고전기의 전통은 무너졌다"고 적었다(1939, 28). 이집트 정복 이후 유럽의 파피루스 수입은 거의 즉각 끊어졌고, 그 결과 문해율은 다시 로마 시대 이전 수준으로 떨어졌다.

에도 불구하고, 이슬람 세력은 스페인에 묶여 있어 서유럽은 유기적으로 발전할 수 있었다. 그래서 20세기에 이르기까지도 고드프루아 쿠르트Godefroid Kurth 같은 서방의 많은 역사가들은 여전히 투르 전투를 "그 결과에 따라 기독교 문명이 존속할 것인지 아니면 이슬람이 유럽 전역을 지배할 것인지가 달려 있었던, 세계 역사에서 가장 중요한 사건들 중 하나"라고 보았다.[76] 사실 프랑크인의 승리는 14년 전 동로마의 보다 결정적이었던 승리와 관련되며, 그것을 보완한 것이었다. 무엇보다도 콘스탄티노플 포위는 상서롭게도 카를 마르텔이 프랑키아의 통치자가 된 것과 같은 해인 718년에 해제됐는데, 그는 황제 레온 3세와 동시대 인물이었다. 더 중요한 점은 '망치'(카를)가 강력하고 흉악한 적군을 단번에 격파한 반면, '사자'(레온)는 칼리파가 이슬람교의 숙적 동로마를 정복하고자 1년간 벌인 집요한 포위전에서 그들이 쏟아 부은 모든 공격을 이겨냈다는 점이다. 즉 이슬람교도가 투르 전투에서 단 하루의 치열한 전투 끝에 퇴각했다면, 콘스탄티노플 성벽 앞의 병사들은 혹한, 불가르족의 습격, 시체와 배설물을 먹어야 하는 기근 같은 온갖 고난을 견디며 1년 동안 버텨냈다. 결정적으로 만약 레온 3세가 버티지 못하고 이슬람교도가 동쪽에서 유럽을 무너뜨렸다면 카를은 두 전선에서 이슬람 세력과 싸워야 했을 것이고, 결과는 아마도 달라졌을 것이다.

그렇다고 해서 투르 전투의 상대적 중요성이 깎이는 것은 아니다. 동방에서 무슨 일이 일어나고 있었든, 카를의 승리는 이슬람 세력의 서유럽 침공이 끝났음을 알렸다. 또한 후대에 대한 자극제로서의 중요성 역시 무시할 수 없다. 그럼에도 불구하고 오늘날 학계에서는 투르 전투의 중요성을 엄청나게 낮게 평가한다.《군사사 독자의 벗The Reader's

Companion to Military History》의 저자들은 "'북과 나팔'의 옛 접근법은 더이상 통하지 않는다"라고 선언한 뒤, "경제와 변화된 관점이 한때 가장 중요하게 생각됐던 것들에 대한 우리의 생각을 바꾸었다. 분수령적 사건이라 여겨졌던 732년 투르(푸아티에)에서의 이슬람교도와 기독교도 사이의 대결은 무력 습격으로 격하됐다"고 했다.[77] 그들은 이슬람교도가 정복이 아니라 약탈을 목적으로 침입했다고 주장한다. 유럽의 연대기 작가들이 투르 전투의 거시적 의미를 강조한 반면, 현대의 부정론자들은 대부분의 아라비아 역사가들이 이를 거의 언급하지 않아 이 전투가 이슬람교도의 시각에서는 중요하지 않았음을 시사한다고 주장한다.

이러한 주장은 설득력이 부족하다. 무엇보다도 알안달루스의 첫 이슬람 지배자 무사 이븐 누사이르가 언명한 목표를 무시하고 있다. 즉 서쪽의 피레네 산맥에서부터 동쪽의 콘스탄티노플까지 온 유럽을 관통하며 정복함으로써 100년 전 시작된 지하드의 고리를 완성하겠다는 선언 말이다. 이것은 결코 불가능한 과업도 아니었다. 이슬람 세력이 로마 제국의 모든 남쪽 영토(시리아, 이집트, 북아프리카, 스페인)를 정복했는데, 로마 제국의 모든 북쪽 영토(즉 유럽 대륙 전체)를 정복하면서 귀환하지 못할 이유가 어디 있는가? 최대의 전리품인 콘스탄티노플 점령으로 정점을 찍으면서 말이다. 압둘 라흐만의 대군이 "자기네 아내와 아이들을 알안달루스에서 데리고 나왔는데, 그 수가 너무 많아 아무도 이를 헤아리거나 추산할 수 없었다"라는 기록은 식민지 개척의 계획이 있었음을 더욱 시사한다.[78]

게다가 서론에서 언급했듯이, 많은 무함마드의 초기 아라비아인 추종자들부터 언제나 지하드 전사 대열에 기꺼이 합류한 사막민들과 유럽에 처음 들어간 베르베르인 무리에 이르기까지 지하드의 깃발 아래에서 싸운 모든 사람들은 언제나 약탈의 약속에 이끌렸다. 이런 동기는 결코 이슬람 신앙과 충돌하지 않았다. 이슬람교의 신은 생명이 있는 것과 없는 것 모두를 포함한 전리품을 약속하며 추종자들을 전쟁으로 끌어들였다. 그래서 《코란》의 하나의 장은 전리품을 뜻하는 '알안팔al-Anfal'을 제목으로 하여 이에 관한 이야기를 하고 있다. 즉 약탈품 취득과 영토 정복은 언제나 함께했으며, 지하드의 자연스러운 결말이었다. 프랑스의 중세학자 C. E. 뒤푸르크는 이렇게 설명한다.

원칙적으로 아라비아인들은 새로운 목표를 향한 첫 공격에서 곧바로 영토를 합병하려 들지 않았다. 그들은 언제나 습격이나 야간 상륙 같은 정찰 임무로 시작했다. 그렇게 해서 약간의 전리품을 챙기고, 그 지역의 사정을 살피고, 그곳에 다시 와서 자신들의 영토로 만들 가치가 있는지의 여부를 평가한 뒤에 그들이 맞닥뜨린 저항의 정도에 따라 최종적인 정복 사업에 필요한 실질적인 군사력을 계산했다.[79]

이는 바로 아라비아군이 로마령 시리아에 처음으로 침입할 때 사용한 방식이었다. 스페인 역시 마찬가지였다. 711년 타리크의 침입은 그저 전리품과 노예를 얻으려는 습격에 불과했다. 알마카리는 기독교도들이 "그의 공격 목적은 그저 전리품을 얻은 뒤 자기 나라로 돌아가는 것이라고 생각했다"라고 기록한다.[80] 하지만 이러한 전리품을 겨냥한 습격이 저지되지 않고 오히려 식욕을 돋우는 역할을 했기 때문에 점점 더 많은 아프리카인들이 스페인으로 몰려들었고, 결국 718년에 우마이야 칼리파조의 가장 서쪽 영토가 됐다. 만약 압둘 라흐만의 군대가 투르에서 무력으로 저지되지 않았다면, 또한 카를을 죽이고 계속해서 프랑키아를 휩쓸었다면, 그들은 그곳에 머물렀을 것이다.

이슬람 역사가들이 두드러지게 침묵했다는 것은 어느 정도 사실이다.• 이슬람 정복을 자세히 서술한 가장 이르고 포괄적인 아라비아어 사서들은 심지어 투르 전투를 언급조차 하지 않는다. 알발라두리al-Baladhuri, 알타바리, 알와키디의 책이 모두 그렇다. 언급한 소수의 이슬람 사료는 매우 간략하다. 9세기의 역사가 알하캄al-Hakam이 전한 바는 이것뿐이다. "압둘 라흐만은 의로운 사람이었고, 그는 알안달루스에서 가장 먼 적인 프랑크인을 습격했다. 그는 많은 전리품을 얻고 그들을 이겼다. (나중에) 그는 다시 그들을 습격하러 나갔고, 많은 전우들과 함께 순교했다."[81]

이런 간략한 서술은 결국 에드워드 기번이 이슬람교도의 초기 정복에 관한 동로마 사료 부족에 대해 한 언급을 상기시킨다. 그는 이렇게 말했다. "논쟁에서는 매우 말이 많은 그리스인들은 적의 승리를 기념하는 데는 그리 열심이지 않았다."[82] 이는 이슬람교도들도 마찬가지였다고 할 수 있다.

• 그러나 에드워드 셰퍼드 크리시(Edward Shepherd Creasy)와 존 길머 스피드(John Gilmer Speed)는 이렇게 썼다. "이슬람교도의 관점에서 투르 전투의 영구적인 중요성은 저자들이 이 전투를 언급할 때 끊임없이 사용하는 '치명적인 전투'나 '치욕적인 패배'라는 표현뿐만 아니라, 사라센인들이 피레네 산맥 너머로는 더이상의 본격적인 정복 시도를 하지 않았다는 사실에서도 입증된다"(1900, 168).

4장

—

새로운 이슬람 투사

만지케르트 전투(1071년)

(한 이슬람교도 청년이 말했다.) "알라의 사도시여. 저는 멀리, 그리고 널리 여행을 다녔습니다. 그러나 제가 본 땅 가운데 룸(동로마령 아나톨리아, 오늘날의 튀르키예)만 한 곳은 없었습니다. 도시들은 서로 가깝게 이어져 있고, 강에는 많은 물이 흘러 샘물은 솟구쳐 나오고, 사람들은 매우 친절합니다. 다만 그들은 모두 이교도입니다." 그는 이 땅을 매우 길게 묘사했고, 그로 인해 사도의 복된 마음은 진정으로 룸에 큰 호감을 갖게 됐다. (이에 알라께서 말씀하셨다.) "내 복된 사도가 룸을 좋아하게 됐으니 나 또한 그 지방을 그의 움마(공동체)에게 주어야겠다. 그들이 그곳의 수도원을 허물고 그 자리에 이슬람교당과 마드라사(학교)를 세우리라."

— 〈바탈나마Battalnama〉, 초기 튀르크 서사시[1]

마지막 지푸라기, 아모리온

750년 우마이야 칼리파국이 멸망한 후 아라비아인의 패권은 점차 약화되기 시작했다. 새로 들어선 아바스 왕조(750~1258)는 바그다드로 천도 후 페르시아인 관료들이 운영했을 뿐만 아니라, 군대 또한 갈수록 비아라비아인 노예들로 구성됐다. 군사 노예 제도를 정착시킨 것으로 알려진 칼리파 알무타심Al-Mu'tasim(재위 833~842)은 이를 적극적으로 활용했다. 838년, 수십 년간의 교착 끝에 알무타심은 8만 명에 달하는 노예 병사들을 이끌고 동로마 제국의 가장 크고 중요한 도시 가운데 하나인 아모리온에 난입했다. 그들은 도시를 불태우고 완전히 파괴했으며, 무수한 사람들을 학살했다. 시리아인 미카엘에 따르면 "사방에 시체들이 산더미처럼 쌓여 있었다"고 한다. 사람들이 교회 안으로 피신하자 침입자들은 그들을 그곳에 가둔 채 건물에 불을 질렀다. 갇힌 기독교도들이 산 채로 불에 타 죽어가며 외치는 "주여, 자비를 베푸소서!" 하는 소리가 들릴 뿐이었다. 신경이 날카로워진 여인들은 닭이 새끼를 품듯 아이들을 품에 안았고, 칼에 맞거나 노예사냥에 끌려가지 않기 위해 함께 있고자 했다.[2] 그러나 도시 인구 7만 명 가운데 절반가량은 살해되었고, 나머지는 쇠사슬에 묶여 끌려갔다.[3] 인간 전리품이 너무 많아 칼리파는 4천 명의 남자 포로를 보자 그 자리에서 모두 처형하라고 명령했다. 인구가 많았던 이 기독교도 도시에는 "수많은 수녀원과 수도원이 있었고, 살육당한 이들을 제외하고도 1천 명이 넘는 처녀들이 포로로 끌려갔다. 그들은 무어인과 튀르크인 노예 병사들에게 주어졌는데, 그들의 욕망을 채우게 하려는 것이었다"라고 한 역사가는 탄식했다.[4] 칼리파 알무타심이 아바스 왕조 지도자들의 주장처럼, 수녀들을 포함해 동로마 여성들이 성행위에 특히 능숙하고 이를 열망한다는 즐거운 이야기를 사전에 노예 병사들에게 해서 그들을 부추겼을지도 모른다.

칼리파가 끌고 간 많은 포로 가운데는 42명의 유명 인사도 있었다. 주로 군인과 성직자 계급이었다. 이들은 이라크에서 오랜 포로 생활을 하는 동안 거듭 이슬람교로 개종하라는 명령을 받았으나 끝내 거부했다. 무려 7년 동안 예수를 버리고 무함마드를 받아들이라는 고문과 유혹이 이어지다가 845년에 그들은 모두 참수당하고, 시신은 유프라테스 강에 버려졌다. 동방 정교회는 지금도 매년 3월 6일 이들의 순교를 기념한다.

누가 보더라도 아모리온 약탈은 동로마 제국에 충격적인 영향을 미쳤다. 특히 황제 테오필로스(재위 829~842)에게 그러했다. 아모리온은 그의 고향이었고, 칼리파 알무타심은 바로 그러한 이유로 이곳을 공격했기 때문이다. 즉 더 큰 치욕을 주려는 계산이었다. 젊은 황제는 잔학 행위가 저질러지고 아모리온이 완전히 파괴됐다는 소식을 듣자 갑자기 병이 들었다. 테오필로스는 이후 계속 건강이 좋지 않다가 3년 뒤 스물여덟의 나이에 죽었다. 슬픔이 지나쳤기 때문이었다고 한다. 그러나 다른 이들에게 아모리온은 슬픔보다 분노를 불러일으켰다. 칼리파에게 다시는 당하지 않겠다는 분위기가 확산됐고, 기독교 제국은 곧 복수를 위한 출정에 나섰다.

이에 따라 850년대 말, 200여 년 전 야르무크 참사 이후 처음으로 바르다스Bardas 장군이 대군을 이끌고 유프라테스 강을 건너 깊숙이 이슬람 영토로 진격했다. 그는 이집트 해안에 대한 습격에 나서 여러 장수들을 살해했다. 이어 동로마 황제 바실리오스 1세(재위 867~886)는 신성로마 황제 루트비히 2세와 협력해 아드리아 해에서 이슬람 해적들을 소탕했다. 그는 키프로스를 해방시키고, 메소포타미아에서 아라비아군에게로 진격해 그들을 전멸시켰다. 그러나 승세를 이어가려던 바실리오스 1세는 718년 콘스탄티노플 제2차 포위전 때 황제 레온 3세의 '선물과 약속'에 설득돼 포위를 풀게 하는 데 도움을 주었던 바로 그 불가르인들의 세력 확장에 발목이 잡혔다. 그들의 제국은 893년에서 927년 사이에 최전성기를 누렸다. 바실리오스 1세와 그 후계자들은 70여 년 동안 불가르인들과 힘겨루기를 이어갔다. 동로마 제국은 그 문제를 처리하는 데 다시 한번 뇌물과 외교 및 무력 위협을 적절히 병행함으로써 전선을 충분히 안정시켰고, 덕분에 대부분의 역량을 이슬람 세력에 집중할 수 있었다.[5]

승리를 가져오는 자

처음에는 장군이었다가 20년 뒤에는 황제가 된 니키포로스 2세 포카스(재위 963~969)가 부상하면서, 이슬람 세력을 상대로 한 십자군의 원형이라 할 만한 원정이 전개됐다. 그는 전설 속의 헤라클레스에 비견될 용기와 힘을 가진 것으로 묘사됐지만, 친구와 적 모두가 주목한 것은 그의 대단한 신앙심과 수도자 같은 금욕주의였다. 부제 레온(950~?)의 기록에 따르면 "장군 시절 니키포로스는 평소의 절제된 생활 방식을 유지하고자 아내와의 동거를 피하고, 고기를 삼간다"라고 직접 밝혔다고 한다. 그러나 그가 '지극히 존경을 표하던' 수도사들은 그에게 빼어난 미모를 지닌 죽은 로마노스 황제의 부인과 혼인하라고 권유했다.[6] 아르메니아가 동로마에 대해 호의적일 이유가 거의 없던 시대에 글을 쓴 아르메니아 역사가 에데사의 마테오(?~1144)도 이에 동의한다. "그는 친절하고 거룩하며 독실한 인물로서 모든 미덕과 강직함을 갖추었고, 전투에서 용감히 싸워 승리했으며, 기독교 신자들에게 자비로웠고, 과부와 포로를 돌보고 고아와 노인들을 보호했다."[7]

그렇지만 '승리를 가져오는 자'라는 뜻의 이름을 지닌 니키포로스는 전쟁에 나설 때면 이슬람교도들에게 무시무시하고 참혹한 살육을 가했다.[8] 전임 황제 레온 3세와 마찬가지로 끊임없는 이슬람교도의 습격에 시달리던 아나톨리아 변경(카파도키아) 출신이던* 그는 이슬람교도에 대한 원한을 품었고, 또한 그들에 대해 잘 알고 있었다.** 부제 레온의 연대기에 전하는 그의 공훈에 대한 전형적인 기록은 이렇다.

• 715년에 카파도키아는 여전히 "인구의 밀집도, 포도원의 풍요로움, 온갖 종류의 거대한 나무들"로 유명했다고 한 역사가는 기록했다. 그러나 716년 콘스탄티노플 포위전에 나가던 마슬라마가 이곳을 지나가면서 폐허가 됐다. 그는 포위전에 실패한 후 돌아갈 때도 같은 길을 거치며 그 지역을 다시 약탈하고 황폐화시켜 메마른 사막으로 바꾸어놓았다(Bostom 2005, 596).

•• "아라비아인들은 전리품에 대한 기대와 야만적인 전쟁 사랑에 의해서만 움직인다고 믿었던, 그리고 전사들에게 천국의 보상이 약속됨으로써 미칠 수 있는 영향을 고려하지 않았던 이전의 기독교도 통치자들과 달리 오직 니키포로스 2세 포카스만이 이를 이해했고, 그리하여 동로마 교회가 이슬람교도의 순교 교리와 유사한 교리를 채택하도록 설득하려고 했지만 실패했다"라고 역사가 마리우스 카나르는 지적한다(Donner 2008, 67). 정교회 총대주교는 기독교도가 이슬람교도와 싸우다 죽으면 죄가 사면된다는 황제의 믿음을 인정하지 않았지만, 이 생각은 결국 유럽 가톨릭에서 받아들여져 이로부터 100년 뒤 십자군 전쟁으로 절정에 이르게 된다.

니키포로스는 (961~963년 사이 이슬람교도가 장악한 아나톨리아 지역) 주변을 천둥처럼 초토화하며 들판을 파괴하고, 도시의 수천 명 주민 전체를 노예로 만들었다. 그는 지나는 곳의 모든 것을 불과 칼로 파괴한 뒤 요새들을 공격했는데, 대부분은 첫 번째 공격만으로 함락시켰다. 성벽과 많은 인구 덕분에 방어가 견고했던 요새는 공성전 장비를 끌어와 가차 없이 전투를 벌이며 병사들에게 격렬히 싸우도록 독려했다. 각 병사는 그의 명령에 기꺼이 복종했다. 왜냐하면 그는 단순히 말로만 진정한 용기를 가지도록 격려하고 설득한 것이 아니라, 행동으로 보여주었기 때문이다. 그는 언제나 군대의 선봉에서 비상한 방식으로 싸웠으며, 어떤 위험이 닥쳐도 용감하게 물리쳤다. 그리하여 그는 매우 짧은 시간에 60개가 넘는 하가르Hagar 자손〔하가르는 아라비아인의 조상으로 여겨지는 이스마엘의 어머니다〕의 요새를 함락 및 파괴하고 막대한 양의 전리품을 탈취했으며, 그 누구보다도 영광스러운 승리를 거머쥐었다.[9]

961년에 니키포로스는 135년간 이슬람 세력이 점령하고 있던 크레타를 해방시켰고, 965년에는 타르수스와 키프로스를 점령했다(키프로스는 바실리오스 1세가 그곳을 해방한 지 7년 뒤에 다시 이슬람교도의 손으로 넘어갔다). 그는 맞불 작전을 펼쳐, 이슬람교도들이 기독교도들을 공포에 떨게 한 것처럼 그들을 공포에 몰아넣고자 했다. 적의 목을 베어 그것을 적의 성벽 안으로 돌려보낸 것 또한 그 일환이었다.[10] 그는 이슬람교도들의 모든 협상 시도를 비웃고, 복속과 조공 제안을 거절했다. 니키포로스에게 이슬람 세력과 맞서는 일은 곧 '사생결단의 전쟁'이었다.[11]

968년 그는 시리아 원정에 나서 홈스와 트리폴리를 점령했고, 969년에는 300여 년 동안 이슬람교도들이 점령하고 있던 알레포와 안타키아를 다시 기독교도의 통제하로 되돌렸다. 그의 정복은 예루살렘과 다마스쿠스 교외에까지 이르렀으며, 300년 전 이슬람의 깃발이 처음 아라비아 반도에서 쏟아져 나온 이래 그 어느 때보다도 동로마의 통치권이 아라비아의 영토 안으로 깊숙이 뻗어 들어갔다.[12]

이슬람교도들에게 니키포로스는 '창백한 죽음'으로 알려졌다. 아라비아 사료에는 이슬람교도들에게 결코 굽히지 않는 괴물 같은 인물에 대한 이야기가 있다.[13] 이븐 알아시르에 따르면 "이슬람교도들은 그를 몹시 두려워했고, 그가 진군해 오고 있다는 소문이 들리면 전쟁터에서 달아나는 일이 흔했다"고 한다.[14] 부제 레온의 말에 따르면 심지어 그는 어느 땐가 "가장 가증스럽고 불경한 무함마드가 약탈해 갔던 칼"을 빼앗기까지 했다.[15]•

니키포로스는 이슬람교에 대한 경멸을 숨기지 않았고, 《코란》 사본은 발견하는 대로 수거해 불태우라고 명령했다.•• 타르수스를 탈환한 후에는 전령에게 "재산과 자신 및 자녀들의 생명, 공정한 법과 대우를 원하는 이슬람교도는 기독교의 지배를 받아들일 것"을 선포하라고 명령했다. 그러나 음행, 폭압적인 법과 관습, 강탈, 재산 몰수를 원하는 자들은 이슬람의 땅으로 가야 한다고 했다. 한 현대 역사가에 따르면 칼

• 여기서 언급된 무함마드의 칼은 아마도 선지자가 624년 바드르 전투에서 휘둘렀던 유명한 칼일 것으로 생각된다. 그것은 '둘파카르(Dhu'l-fakar, 척추 가르개)'라고 불렸다(Leo the Deacon 2005, 126 주).

•• 그만 그런 것이 아니었다. 그보다 앞서 866년에 교황 니콜라오 1세는 불가리아인들에게 편지를 보내 이슬람교도에게서 노획한 책은 해롭고 불경스러운 것이므로 모두 불태우라고 명령했다(Kedar 2014, 32; Fletcher 2004, 67).

리파에게 보낸 서신에서 황제는 바그다드, 이집트, 예루살렘으로 진군하겠다고 위협했는데, 그는 "선지자를 가지고 이슬람교도들을 모욕했으며, 자신의 다음 원정은 기독교도의 왕좌를 세우기 위해 메카를 향할 것"이라고 말했다고 한다.[16]

동로마 제국의 이슬람 세력에 대한 승리는 궤도에 올라, 오랫동안 니키포로스가 집필했다고 여겨졌던 (그러나 그의 동생 레온 포카스 장군이 쓰거나 둘이 함께 집필했을 가능성이 더 높은) 이슬람교도와의 전투에 관한 한 군사 교범은 이런 내용으로 시작한다.

(이 교범이) 현재 동방 지역에서는 크게 적용될 만한 점이 없을지도 모른다. 우리 참된 하느님 그리스도께서 이스마엘의 후손들이 지닌 권세와 힘을 크게 꺾고 그들의 맹공격을 물리치셨기 때문이다. 그럼에도 시간의 흐름에 따라 우리가 알고 있던 것을 잊게 되면서 이 유용한 지식이 완전히 사라져버리지 않도록, 우리는 이것을 기록으로 남겨야 한다고 생각한다. 훗날 만약 기독교도들이 이 지식을 필요로 하는 상황이 생긴다면 언제든 쉽게 참고할 수 있도록 말이다.[17]

그러나 이러한 승리의 시기 한가운데에서도 동로마 제국의 궁정 음모와 모반은 결코 멀리 있지 않았다. 니키포로스가 끊임없이 전쟁을 벌이면서 제국의 재정은 고갈되었고, 반감이 큰 세금이 더 징수됐다. 니키포로스의 철저한 신앙심은 언제나 양날의 검이었다. 기독교도 농민이나 구제받는 딤미에게는 호감을 샀으나, 궁정의 방탕한 인사들에게서는 경멸을 촉발했다. 몇몇 귀족들은 '거무스름한' 황제에 대한 혐오를 서슴없이 드러냈다.[18] 부제 레온은 이렇게 설명한다.

(니키포로스는) 기도와 신에 대한 철야 의식에서 매우 엄격하고 흔들림이 없었으며, 찬송가를 부를 때도 마음이 흐트러지지 않고 세속적인 생각으로 방황하는 일이 없었다. 그는 모든 이가 타협 없이 덕을 지키고 정의의 엄격함을 훼손하지 않기를 바랐기 때문에, 대부분의 사람들은 이것을 그의 약점으로 여겼다. 그는 이를 추구하는 데 가차 없었고, 범죄자들에게는 범접할 수 없고 가혹한 것처럼 보였으며, 방탕하게 살고자 하는 자들에게는 성가신 존재로 여겨졌다.[19]

그러나 그의 파멸을 가져온 것은 젊은 아내였다. 그의 영묘에는 "모든 것을 정복했으나 한 여인만은 정복하지 못했다"라는 문구가 새겨져 있다. 전사이자 수도사 같은 남편에게서 애정을 찾지 못한 황후 테오파노는 황제의 누이의 아들이자 카리스마 있고 강건한 장군인 요안니스 치미스키스Johannes Tzimiskes에게 빠져들었다. 그는 말 세 마리를 뛰어넘어 네 번째 말의 안장에 앉을 수 있었다고 하며, 흰 피부와 금발에 남성적이고 빛나는 파란 눈을 가졌으나 키는 다소 작았다. 그는 황제와 정반대의 인물처럼 보였다.[20] 요안니스는 얼마 전에 외숙에게 미움을 받아 추방됐으나, 황후가 그를 불러달라고 남편에게 간청하자 너그러운 황제는 들어주었다. 곧 두 연인은 음모를 꾸몄다.

눈이 내리고 추웠던 969년 12월 10일 밤 자정이 훨씬 지난 시각, 요안니스와 몇몇 공모자들은 궁궐 창문에서 내려진 바구니를 타고 안으로 들어갔다. 그들은 칼을 들고 살금살금 황제의 방으로 갔으나, 침대는 비어 있었다. 금욕적인 황제는 늘 그렇듯 바닥에서 잠을 자고 있었다. 그는 얼굴이 칼에 베이고 발길질 세례를 받자 깜짝 놀라 깨어났다. 놀라움 속에 온몸에 피가 덮이고 붉게 물든 니키포로스가 할 수 있는 일이라고는 그저 하늘에 도움을 청하는 것뿐이었다. 요안니스는 황제의 침대에 앉아 그를 자기 앞으로 끌어오라고 명령했다. 황제는 끌려와서 넘어지고 바닥에 엎어졌다. 칼에 맞아 힘이 빠져나간 탓에 무릎을 꿇을 수조차 없었기 때문이다. 요안니스는 감사할 줄 모르는 외숙이 질투 때문에 자신을 추방했다고 비난했다.[21] 부제 레온은 그 이후의 일을 이렇게 전한다.

이미 실신 상태에다 지켜줄 사람도 없었던 황제는 계속해서 성모 마리아에게 도움을 청했다. 그러나 요안니스는 그의 턱수염을 붙잡고 무자비하게 잡아당겼고, 공모자들은 칼자루로 그의 턱을 잔인하게 사정없이 후려쳐 이가 결국 떨어져 나가게 했다. 그들이 그를 실컷 괴롭힌 뒤 요안니스는 그의 가슴을 걷어차고 칼을 들어 그의 머리 한가운데를 내리쳤으며, 다른 자들에게도 그를 치라고 명령했다.[22]

살해된 황제의 머리는 잘렸고, 훼손된 시신은 창밖 아래의 눈밭으로 내던져졌다. 이렇게 '이슬람의 천벌', '사라센의 창백한 죽음'은 쉰일곱 살의 나이로 치욕스러운 최후를 맞았다. 그러나 궁정은 곧 그를 잊었으나 다른 이들은 그렇지 않았다. 교회는 그를 복자福者로 추앙했고, 변경 시인들은 그의 무훈을 노래했으며, 아토스 산의 수도사들은 여전히 그를 창건자로 공경했다.

황후는 암살에 관여했기 때문에 서둘러 수녀원으로 보내졌다. 황후와 공모했던 요안니스는 가장 유능한 지도 인물로 여겨져 (그리고 아마도 엄격주의자인 니키포로스를 제거한 데 대한 보상으로) 실용적인 궁정의 지지를 받아 황제로 추대됐다. 그에 대해 뭐라고 말하든, 요안니스는 외숙의 십자군 운동을 힘차게 이어갔다. 그는 자주 불가리아인 및 그 동맹들과 싸웠으며, 승리에 취하고 분노로 가득 차서 이슬람교도들을 상대로 전쟁을 벌여 온 땅을 학살과 피로 가득 채웠다. 모술, 베이루트, 다마스쿠스, 티베리아스, 나사렛, 아크레, 트리폴리 등 이슬람교도 지역이 차례차례 그에게 함락됐고, 시리아 북부 전역이 초토화됐다. 그는 "페니키아, 팔레스타인, 시리아 전역이 이슬람교도의 속박에서 해방됐다"라고 선언했으며, 예루살렘으로 진군할 준비를 시작했다.[23] 그러나 복수의 여신은 이를 놓치지 않았다. 외숙을 냉혹하게 암살한 일로 내내 시달렸던 그는, 결국 같은 운명을 맞았다. 요안니스는 976년 원한을 품은 귀족 지주에게 독살당해 생을 마감했다.

(그럼에도 불구하고) 니키포로스 포카스와 요안니스 치미스키스의 원정은 다시 한번 동로마 제국을 동방의 강대국으로 만들었다. 중요한 점은 이 전쟁들이 자각에 따른 성전聖戰이기도 했다는 것이다. 이는 이라클리오스가 페르시아와 전쟁을 벌인 이후 처음이었다. 이전까지 이슬람 세력과의 전쟁에서 동로마인들은 너무도 수세적이었다. 즉 기독교도의 영토를 확장하는 것이 아니라 방어하는 것이 그들의 목표였다. 그러나 니키포로스와 요안니스는 자신들이 벌이는 전쟁이 기독교 세계의 영광을 위한 것이라고 선언했으며, 성지를 구출하고 이슬람 세력을 파괴하는 것을 목적으로 삼았다.[24]

그리고 더 큰 영광이 뒤따랐다. 요안니스의 뒤를 이은 이는 바실리오스 2세[*]였는데, 그가 이슬람교도들을 상대로 승전을 거두자 이집트의 파티마 왕조 칼리파가 분노해 영토 내의 모든 교회를 파괴하라고 명령하기까지 했다.[25] 콘스탄티누스 대제가 동쪽의 로마 제국을 세운 이래 700년 동안 바실리오스 2세의 치세 말기인 1025년처럼 제국이 권력의 정점에 오른 적은 없었다. 이 냉혹한 철인은 역사 속에서 '불가르인 학살자'로 알려졌다.[26]

하지만 이는 오래가지 않았다. 앞서 바실리오스 1세부터 바실리오스 2세에 이르는 황제들의 손으로 이룬 200여 년의 성공으로 인해 그릇된 안도감이 퍼졌다. 경계심은 사라지고 통치는 일련의 얼간이, 호색가, 고급 매춘부들의 손으로 넘어가면서 여성의 지배가 다시금 우세해졌다. '중년의 창녀'라 불린 황후 조에는 29년의 치세 동안 여러 남편을 맞이하고 이혼했는데, 그 과정은 종종 실명이나 살해를 수반했다.[27] 국경에 대한 관심이나 이슬람 세력과의 투쟁은 내팽개쳐졌고, 제국의 자원은 사실상 정권을 장악한 문신 관료들의 환락과 기호에 낭비됐다.

---

[*] 그는 "귀족들의 반란에서 교훈을 얻어 그들을 경멸하고 누구도 믿지 않았다. 또한 젊은 시절 즐기던 쾌락을 버리고, 근육질에다 쇳덩이 같은 의지를 가진 남자로 변했다. 그는 고독한 사람이 됐고, 누구로부터도 조언과 권고를 받지 않았으며, 혼인도 하지 않았다. 엄격하고 거칠고 음울한 그는 궁정 생활의 사치, 의례, 구경거리, 화려함을 배격했으며, 콘스탄티노플 사람들이 매우 숭상하던 수사학을 경멸했다. 그리고 수도를 외면하고 군대와 함께 전쟁터에 나가 여러 해 동안 계속해서 그들과 머물렀으며, 여름은 물론 겨울에도 원정을 나갔다"고 한다(Friendly 1981, 56).

172

이 모든 일이 벌어진 때는 좋지 않은 시기였다. 이슬람 세계에서는 중대한 변화가 진행되고 있었기 때문이다. 칼리파 알무타심이 아모리온에서 노예 병사들을 효과적으로 활용한 후, 이들에 전적으로 의존하기로 하는 중대한 결정이 내려졌다. 특히 그는 튀르크인 노예들을 편애했는데 "그들보다 용맹하고, 수가 많으며, 신의가 두터운 민족은 세상에 없다"고 말할 정도였다. 이에 따라 수많은 튀르크인들이 칼리파국으로 수입됐다.[28] 처음엔 튀르크인들이 주인이 아니라 피지배자의 지위에서 아라비아인들과 함께 행군했지만, 10세기에 이르자 노예가 주인이 되는 상황이 벌어졌다. 아바스 칼리파는 그저 이들에게 이슬람적 정통성을 부여하는 명목상의 존재로 남았다.[29]

이전의 다른 유목 민족들과 마찬가지로 초기 튀르크 부족민들은 이웃의 이교도들과 싸우는 보편적·원초적 이슬람교에 자연스레 이끌려 이 종교로 개종했다.[30] 통찰력 있는 이슬람 철학자 이븐 할둔은 유사성을 인식했다. 그는 아라비아인들을 "야생적이고 길들일 수 없는 짐승, 사나운 맹수"로 묘사한 뒤, "서쪽에서는 유목 베르베르인이 그들과 상응하며, 동쪽에서는 쿠르드인·튀르크멘인·튀르크인이 그러하다"라고 기록했다.[31] 요컨대 생명을 빼앗고 이교도의 땅을 유린하는 것이 곧 이슬람 확장이라는 목표를 이루는 수단이라면, 새 개종자인 튀르크인들의 전통적 쾌락은 이제 경건한 명분을 기꺼이 부여받게 된 것이었다.[32]

지하드, 즉 '타자'에 대한 약탈 중심의 습격이 초기 튀르크인들에게 가장 잘 맞아떨어진 이슬람교의 요소였음은 구전 전통에 기반한 그들의 가장 오래된 서사시 〈코르쿠트 할아버지의 책Dede Korkut Kitabı〉에서도 분명하다. 이 작품에서 새로 개종한 튀르크인들은 이슬람교가 못마땅하게 여기거나 금지하는 이교적 관습들을 행한다. 그들은 말고기를 먹고, 포도주와 기타 발효주를 마셨으며, 아들이 전장에서 적의 목을 베어 오기 전에는 이름을 지어주지 않았다. 여성들은 이슬람 여성에 비해 상대적으로 자유롭고 독립적이었다. 그들의 생활에서 이슬람교는 오직 '이교도'(부족 외부인 또는 적)에 대한 습격이라는 맥락에서만 드러난다. 전투 전의 그들의 전형적인 호언은 이러하다. "피 묻은 이교도의 땅을 습격하리라. 머리를 베고 피를 흘리게 하리라. 이교도로 하여금 피를 토하게 하리라. 남녀 노예를 잡아 오리라. 나의 기량을 보여주리라."[33] 새 개종자들의 전형적인 종교적 공훈에 대한 기록은 이러하다. "그들은 이교도의 교회를 파괴하고 사제를 죽였으며, 그 자리에 이슬람교당을 세웠다. 그들은 아잔(예배 소집)을 외치게 하고, 전능하신 알라의 이름으로 샤하다(기도)를 암송하게 했다. 그리고 최고의 사냥용 새, 가장 순수한 음료, 가장 아름다운 소녀 등을 선택했다."[34] 그 외에는 그들의 생활에서 이슬람교가 보이지 않는다. 〈코르쿠트 할아버지의 책〉 번역자는 이렇게 지적했다. "적은 언제나 '이교도'와 동일시되며, 용사들은 곤경에 처했을 때 선지자 무함마드를 불러내고 이슬람의 기도 의례를 행한다. 그러나 어려움에 처하지 않았을 때 그렇게 했다는 언급은 전혀 없다."[35]

페르시아인과 아라비아인 고위층들은 처음에는 튀르크인들의 신앙심에 큰 감명을 받지 않았으나,• 새 개종자들이 알라의 길에서 싸우며 이교도들을 상대로 지하드를 수행하는 점을 칭찬했다. 이는 언제나 이슬람교에 어긋나는 다른 행태들을 용서받게 하는 중요한 요소였다.[36] 1037년에 이르러 셀주크 부족이 최정상에 오르면서 그들의 지도자는 진정한 권력 행사자, 곧 아바스 칼리파국의 술탄이 됐다. 셀주크인들은 이교도(기독교도)와 이단자(이집트의 시아파 파티마 왕조)에 대한 성전 열기가 불타고 있던 시기와 장소에서 이슬람교도가 됐기 때문에, 개종자의 열정으로 횃불을 이어받았다.[37] 덜 전투적이고 페르시아화된 아바스 칼리파국 아래서 지하드 정신의 중요성이 식어가기 시작하던 바로 그때, 튀르크의 영향 아래 이슬람교는 초기 아라비아 정복기의 열정을 되찾아 기독교도 적들[**]을 상대로 한 성전을 대규모로 재개했다.[38]

아르메니아 파괴

인근의 기독교 왕국 아르메니아가 가장 먼저 이슬람교도 튀르크인들의 맹공을 받았다. 1019년, "처음 보는 피에 굶주린 짐승들, 튀르크인이

• 한 아라비아인은 튀르크인들에 대해 이렇게 썼다. "그들의 일반적인 결점은 우둔하고 무지하며, 허풍스럽고, 소란스러우며, 불만이 많고, 정의감이 없다는 것이다. 아무런 이유 없이 문제를 일으키고 상스러운 언어를 내뱉는다. 그들의 장점은 용감하고, 위선이 없으며, 적대감은 숨김없이 드러내고, 무엇이든 맡겨진 일에 열성적이라는 것이다"(Friendly 1981, 51).

•• "이슬람의 전투 정신이 튀르크인의 전투적 기질과 완벽하게 부합했고, 약탈에 대한 욕구가 알라에 대한 경건한 복무로 정당화됐다"(Crowley 2014, 24)는 점은 여러 차례 지적됐다. 버나드 루이스는 심지어 "이슬람교의 단순한 강렬함 때문에, 그리고 그들이 일시에 이슬람교로 개종하면서 성전에 휘말렸기 때문에 개종한 튀르크인들은 아라비아인이나 페르시아인과 달리 민족적 정체성을 이슬람교 속에 완전히 흡수시켰다. 튀르크인의 이슬람교는 처음부터 이슬람의 신앙과 권세를 방어하거나 확장하는 데 바쳐졌으며, 전투적 성격을 결코 잃지 않았다"라고 말한다(2003, 88, 95).

라 불리는 이교도 야만 민족이 아르메니아에 들어와 기독교 신자들을 칼로 무자비하게 학살했다"라고 이 시기의 주요 정보원인 에데사의 마테오는 썼다.[39] 아르메니아인들은 완강히 저항했고 계속해서 자신들을 방어할 수도 있었지만, 1045년에 분열주의자로 낙인찍힌 아르메니아인들에 대한 오래된 그리스도론 논쟁이 일부 작용하면서, 동로마 황제이자 황후 조에의 방탕한 남편이었던 콘스탄티노스 9세는 그들의 왕국 일부를 병합하고 무장 해제시킨 뒤 막대한 재물을 콘스탄티노플로 실어 갔다. 분개한 아르메니아인 역사가의 표현을 빌리면 "무익하고 나약하고 비천한 민족인 그리스인들이 아르메니아를 튀르크인들에게 넘겨 준 것"이었다.[40]

4년 후인 1049년, 셀주크 제국의 창건자인 술탄 투그릴 베그Tughril Bey(재위 1037~1063)가 반 호수 서쪽의 성벽 없는 도시 아르젠에 이르러 온 도시를 도륙해 많은 사람이 학살당했는데, 그 수가 15만 명에 달했다. 그는 교회가 800개나 있던 도시였던 아르젠을 철저하게 약탈한 뒤 그곳에 불을 지르라고 명령해 황무지로 만들어버렸다. 그곳은 시체로 가득 찼으며, 불길에 휩싸여 죽은 이들의 수를 헤아릴 수 없었다. 기록에 따르면 침략자들은 "교회 안에서 붙잡은 사제들은 불태워 죽이고, 밖에서 발견한 자들은 학살했다. 죽지 않은 자들의 손에는 큼지막한 돼지고기 덩어리를 쥐여 주어 모욕하고(이슬람교에서 돼지는 부정한 짐승으로 간주된다), 그들을 바라보는 모든 사람에게 조롱의 대상으로 만들었다"고 한다. 또한 주로 교회에서 나온 막대한 약탈물을 실어 나르기 위해 황소 800마리와 낙타 40마리가 동원됐다. 마테오는 이렇게 한탄했다. "눈물로 목이 메어 어찌 귀족들과 성직자들의 죽음을 이야기할 수 있겠는가? 그들의 시신은 무덤도 없이 버려져 썩은 고기를 먹는 짐승들의 먹이가 됐고, 고귀한 혈통의 여성들은 자녀들과 함께 대량으로 페르시아에 노예로 끌려가 영원한 노역을 면치 못하게 됐다.* 여기서 아르메니아의 불행이 시작됐다. 그러니 이 비통한 이야기에 귀 기울이라."[41]

이후에도 마찬가지였다. 1060년 시바스 포위전 도중 600개의 교회가 파괴됐으며 수많은 소녀, 새색시, 귀족 여성들이 포로로 잡혀 페르시아로 끌려갔다. 또다른 아르메니아 지역 습격에서는 셀 수 없이 많은 사람들이 불태워져 죽었다.[42] 마테오는 잔혹 행위가 너무 많아 이루 다 기록하지 못하고, 앞서 언급된 여러 역사가들처럼 이렇게 체념으로 글을 맺는다. "아르메니아인들에게 닥친 사건과 파멸적인 일들을 누가 다 이야기할 수 있겠는가? 모든 것이 피로 뒤덮였으니 말이다. 시신이 너무 많아 악취가 진동했으며, 페르시아 전역에는 헤아릴 수 없는 수의 포로들로 가득 찼다. 야수 같은 민족 전체가 이렇게 피에 취해 버렸다. 기독교 신앙을 가진 모든 사람은 눈물을 흘리고 구슬픈 고통에 빠졌으니, 이는 우리 창조주 하느님께서 자애로운 얼굴을 우리에게서 돌리셨기 때문이다." 아르메니아는 첫 번째 이슬람의 악몽을 다시 겪고 있었다. "재앙과 파괴가 회오리바람처럼 우리에게 들이닥쳤고, 악한 옛 이스마엘 자손(아라비아인)의 거센 폭풍이 우리를 괴롭혀** 유예도 휴식도

---

* 당대의 다른 기록자들도 아르젠에 가해진 파괴를 확인해 준다. 아티스타케스(Atistakes)는 이렇게 썼다. "이교도의 무리가 굶주린 개처럼 우리 도시에 달려들어 포위하고 안으로 밀려 들어와 사람들을 도륙했고, 들판에서 수확하듯 모든 것을 쓸어버려 도시를 황무지로 만들었다. 그들은 민가와 교회에 숨은 자들을 무자비하게 불태워 죽였다"(Friendly 1981, 134).

** 이슬람교도들 가운데 먼저 아르메니아를 침입하고 공포에 빠뜨린 것은 튀르크인이 아니라 아라비아인들이었다. 한 기독교 측 연대기에 따르면 "아바스 칼리파 압둘라 알만수르(재위

주지 않았다"라고 마테오는 탄식했다.[43]

튀르크인들의 적의를 부채질한 것이 무엇이었는지에 대해 별다른 의혹은 없었다. "이교도 민족이 습격한 것은 우리의 기독교 신앙 때문이며, 그들은 십자가를 숭배하는 사람들의 의례를 파괴하고 기독교 신자들을 말살하려 한다"라고 아르메니아 어느 지역의 영주 다비트Davit는 동포들에게 설명했다. 따라서 모든 신자들이 칼을 들고 나서서 기독교 신앙을 위해 죽는 것은 합당하고 옳은 일이었다.[44] 많은 사람들이 같은 생각이었다. 사료들을 보면 수도사와 사제, 아버지, 아내, 아이들까지 모두 자신들의 생활 방식을 지키기 위해 무장은 초라하지만 열정을 가지고 침략자들에 맞서려 나섰다. 물론 거의 소용은 없었다.

신앙에서 비롯된 용기에 관한 일화들은 연대기에도 많이 나온다. 1054년 이슬람교도들의 첫 번째 만지케르트 포위전 당시 거대한 투석기가 잇달아 발사돼 성벽이 흔들리게 되자, 아르메니아인 정교도들과 함께 성 안에 숨어 있던 한 프랑크인 가톨릭교도가 스스로 희생을 자원했다. "나에게는 울어줄 아내와 자식이 없으니, 내가 나아가 투석기를 불태우겠소. 오늘 내 피가 모든 기독교도를 위해 흘려질 것이오." 이는 많은 평신도 기독교도들이 교회 공의회의 난해하고 추상적인 분열을 훌쩍 넘어선 연대 의식을 지니고 있었음을 분명히 보여준다. 그는

754~775) 시대에 야지드 총독의 명령에 따라 아르메니아는 극도로 가혹한 세금에 시달렸다. 무자비한 적의 악마 같은 탐욕은 나라의 꽃인 기독교도의 살을 먹는 것으로도, 우리가 물을 마시듯이 그들의 피를 마시는 것으로도 만족되지 않았다. 아르메니아 전체가 돈의 절대적 부족으로 끔찍하게 고통받았다. 각 개인은 자신이 가진 모든 것, 즉 옷과 식량, 생필품까지 내주어도 자신의 몸값을 치러 고문에서 벗어나는 데 성공하지 못했다. 교수대, 압착기, 처형대가 사방에 설치됐고, 어디서나 공포스럽고 끊임없는 고문만 볼 수 있었다"(Ibrahim 2007, 200~201).

성공을 거두고 돌아와 감사와 존경을 받았다. 상처에 모욕을 더하기 위해 성을 지키던 이들은 투석기로 돼지를 쏘아 이슬람 진영으로 날려 보내며 외쳤다. "자, 술탄(투그릴), 이 돼지를 네 아내로 삼아라. 그러면 우리가 만지케르트를 지참금으로 주겠다!" 격분한 투그릴은 그의 진영에 있던 모든 기독교도 포로들에 대한 참수 의식을 거행했다.[45]

이 시기 내내 동로마는 자국의 동방 변경에서 벌어지고 있던 사태에 대해 거의 관심을 보이지 않았다. 황후 조에(재위 1028~1050)의 무관심하고도 '낭비적'인 생활 방식은 "우리 국가의 철저한 몰락의 시작이자, 이후 겪은 굴욕의 원인"이었다고 당대의 역사가이자 궁정 인사였던 미카엘 프셀로스Michael Psellos(1018~1078)는 탄식했다.[46] 그 후계자들도 나을 것이 없었다. 콘스탄티노스 9세와 그의 참모들 가운데 그 누구도 치세 동안 점차 빈번해지고 광범위해지며 성공적으로 이루어진 셀주크족의 습격이 가져올 위험을 당시 제대로 인식했다는 증거를 남기지 않았다.[47] 그들이 기껏 한 일은 술탄 투그릴과 조약을 맺은 것이었다. 그리고 떠돌이 튀르크인 무리가 기독교도 영토를 침범해 공포를 퍼뜨리면서 조약을 깼을 때 동로마가 항의하자, 교활한 술탄은 이들 전근대적 '외톨이 늑대'들을 통제할 수 없다며 무고함을 가장했다. 그러는 동안 그들은 아나톨리아 서부로 점점 더 깊이 들어와 약탈을 계속했다.

동로마가 수백 년 동안 의지해 온 강인한 아나톨리아 농민 징병은 이 시기에 극적으로 감소했다. 대신 그저 그런 외국인들이 모집됐고, 무기 및 대포 준비와 전쟁을 위한 비축은 소홀했으며, 성채와 요새는 허물어지게 내버려두었다.[48] 사치에는 헤프게 돈을 쓰면서도 정작 중요한 군대에는 인색했던 문민 관료들과 그들이 지명한 꼭두각시인 황제들이

남긴 유산은 무방비 상태의 소아시아였다. 튀르크인들은 결국 마음대로 서쪽 더욱 깊숙이까지 침략했다.[49]

1063년, 술탄 투그릴은 일흔 살의 나이로 평온하게 세상을 떠났고, 서른여섯 살이던 그의 조카 무함마드 빈 다우드 차그리Muhammad bin Dawud Chaghri가 뒤를 이었다. 후세에 알프 아르슬란Alp Arslan('용감한 사자'를 뜻하는 튀르크어 존칭)이라는 칭호로 알려진 인물이다.* 이슬람 사료들은 그를 극도로 경건하지만 공정한 군주로 묘사한다. 그의 와지르wazir(대신)로서 만만찮은 인물이었던 니잠 알물크Nizam al-Mulk는 젊은 술탄에 대해 이렇게 말했다. "그는 지극히 위압적이고 두려움을 불러일으켰다. 신앙에서는 너무도 진지하고 광신적이었으며, 수니파 이슬람 법학의 네 정통 학파 가운데 하나인 샤피이 학파를 인정하지 않았기 때문에** 나는 끊임없이 그를 두려워하며 살았다."[50] 언제나 그렇듯이 이슬람교도의 극단적 신앙심은 기독교도의 눈에는 극단적 적대감으로 비쳤다. 에데사의 마테오에게 술탄 무함마드는 피에 굶주린 본성으로 광포해진 짐승 같았고, 피를 마시는 자였으며, 독이 있는 뱀이었고, 사나운 짐승이었다.[51] 동시대 그리스 역사가 미카엘 아탈레이아테스Michael Attaleiates(1022~1080)는 그를 '적그리스도'라고 불렀다.[52]

---

* 당대의 묘사에 따르면 그는 매우 위엄 있고 압도적인 인물이었으며, 거대한 체격과 우아한 풍채의 소유자였다. 그는 길고 성긴 수염을 가지고 있었는데, 활을 쏠 때 그것을 묶곤 했다. 그리고 그의 화살은 결코 빗나가는 법이 없었다고 한다. 또한 그의 모자 맨 위 단추에서 콧수염 끝까지의 길이가 180센티미터였다고 한다(Hillenbrand 2007, 217).

** 술탄 무함마드는 하나피 학파에 지극히 헌신적이어서 항상 샤리아 법학자인 카디(판관)를 곁에 두었으며, 전쟁터에서도 예외가 아니었다. 그는 샤피이 학파와 견해 차이를 보이기는 했지만 지하드나 관련 주제와는 무관했는데, 수니의 네 학파 모두 비이슬람교도가 사실상 적이어서 이슬람의 이름으로 전쟁을 수행해야 한다는 데는 의견이 일치했기 때문이다(서론 참조).

　1064년에서 1065년 사이, 분노로 가득 찬 막강한 군대를 이끌고 술탄 무함마드는 기독교 국가였던 조지아를 침략하고, 당시 인구가 많고 번성했던 아르메니아의 요새 수도 아니를 포위했다. 술탄의 공성 병기가 내뿜는 천둥 같은 포격에 온 도시가 흔들렸고, 마테오는 공포에 질린 수많은 가족들이 서로 부둥켜안고 울부짖었다고 기록했다. 양손에 각기 칼 한 자루를 들고 입에도 추가로 하나를 문 이슬람교도들은 성 안에 들어와 "도시 전체의 주민들을 무자비하게 학살하기 시작했으며, 시신을 차곡차곡 쌓아 올렸다. 귀족 집안의 아름답고 존경받는 여인들이 포로로 잡혀 페르시아로 끌려갔다. 해맑은 얼굴의 이루 헤아릴 수 없이 많은 소년과 예쁜 소녀들이 자신들의 어머니와 함께 잡혀 갔다"고 한다.[53]

　그러나 가장 잔혹한 대우는 언제나 자신의 기독교 신앙을 드러내놓고 표방하는 이들에게 돌아갔다. 성직자와 수도사들은 불에 타 죽었고, 어떤 사람들은 머리끝부터 발끝까지 산 채로 가죽이 벗겨졌다. 이전에 아니는 1001개 교회가 있는 도시로 알려졌는데, 모든 수도원과 교회는 약탈과 모독을 당하고 불길에 휩싸였다.● 광신적인 지하드 전사(기독교도의 눈에는 '사악한 이교도')는 도시 대성당의 꼭대기로 올라가 둥근 지붕 위에 있던 매우 무거운 십자가를 끌어내려 땅에 내던졌으며, 성당 안으로 들어가 그곳을 더럽혔다. 순은으로 만들어지고 사람 크기였던, 그러나 이제 기독교를 제압한 이슬람의 힘에 대한 상징이 된 부서진 십자

● 아니에 약 10만 명의 주민이 살고 있었다는 점을 고려하면, 에데사의 마테오 등 여러 기록자들이 말하듯이 1001개의 교회가 있었다는 말은 무리가 아니다. 모든 사람이 교회에 나갔던 당시에 이것은 주민 100명당 교회 하나 꼴이 된다.

고상十字苦像은 오늘날 아제르바이잔의 한 이슬람교당을 장식하기 위한 전리품으로 보내졌다.[54]

한 당대 사람이 무함마드가 "대학살과 불로 아니를 황무지로 만들었다"[55]라고 간결하게 기록하기도 했던 아르메니아 수도 약탈은 몇몇 기독교 사료에서 기록되었을 뿐만 아니라 이슬람 사료 또한 종종 종말론적 어조로 기록했다. 한 아라비아인은 이렇게 설명했다. "나는 그 도시로 들어가 직접 내 눈으로 그것을 보고 싶었다. 나는 시체를 밟지 않고 걸을 수 있는 거리를 찾으려 애썼으나, 그것은 불가능했다."[56]

상황은 이어졌다. 1067년, 이슬람교도들은 에데사 주변 지역을 초토화했다. 그들의 지휘관은 많은 포로와 헤아릴 수 없는 전리품을 싣고 페르시아로 돌아갔다. 그는 술탄에게 2천 명이나 되는 매혹적인 어린 소년·소녀 노예를 바쳤다.[57] 이들은 당대 이슬람 기록에 나오는 비슷한 시기 알레포에서 노예로 팔려간 7만 명의 기독교도 가운데 가장 우수한 이들이었음에 틀림없다.[58]

전쟁의 서막

1068년, 또다른 부도덕한 동로마 황후 에우도키아는 로마노스 4세 디오예니스Romanos IV Diogenes(1030~1072)와 혼인했다. 로마노스는 오랜 무반 명문가 출신 귀족으로, 넓은 토지를 소유하고 있었다. 에우도키아는 그에게 매료된 것이 분명하다. 로마노스와 여러 해 동안 함께 원정을 치른 휘하 장수 가운데 하나인 아탈레이아테스에 따르면 "그는 자질이 남들보다 뛰어났을 뿐 아니라 모든 면에서 보기에 좋았기” 때문이다.[59] 그러나 시리아인 미카엘은 그가 “판결을 내릴 때 매우 가혹하고 광포”했다고 하며, 한 번은 황제가 정전 명령을 내린 후에 어떤 병사가 이슬람교도의 당나귀를 훔치자 그의 코를 잘라버렸다고 한다.[60] 하지만 지난 50년간 권력에 오른 나약하고 부패하며 방탕한 동로마 지배자들과 비교해 볼 때, “그를 만족시키는 단 한 가지는 적들을 향해 진격하는 일”이었다는 점은 틀림없이 신선한 것이었다.[61] 사실 로마노스의 용기는 오만이나 순진함에 가까웠다. 그는 종종 무장이나 호위 없이 야만적인 적들과 담판을 하러 나가곤 했다고 그의 장수들이 불평을 했기 때문이다.•

새 황제는 최근 아르메니아를 집어삼키고 아나톨리아 평원을 가로질러 서서히 서쪽으로 밀려드는 지하드의 물결을 되돌리는 일에 매달렸다. 1069년에 그는 그리스인, 프랑크인, 불가리아인, 튀르크멘인, 노르만인, 조지아인, 아르메니아인, 기독교도 아라비아인 등으로 이루어진 대군을 소집했다.[62] 그러나 그 수가 아무리 많았다 하더라도 수십 년간의 방치가 군대에 큰 타격을 입힌 것은 분명했다. 당대의 역사가 요안니스 스킬리체스Johannes Skylitzes(1040~?)는 “여기서 볼 수 있는 광경은 끔찍했다”라고 회상한다. 병사들은 완전한 갑옷을 갖추지 못한 채 있었고, 칼과 기타 전쟁 무기도 없었으며, 군마와 기타 장비도 부족

• 적이 항복할 때 “직접 그 자리에 있었던 나는 갑옷도 입지 않은 채 무모함과 광기로 일생을 보내는 흉악한 자들 가운데 섞여 있는 황제의 단순함을 수긍할 수 없었다”라고 미카엘 아탈레이아테스는 썼다(Hillenbrand 2007, 230). 프셀로스도 로마노스가 “결과를 생각지 않고 스스로를 위험에 노출시켰다”라고 확인한다(1966, 355).

했다.• 오랫동안 어떤 황제도 이 지역에서 원정을 벌이지 않았기 때문이다. 이를 본 사람들은 로마 군대가 추락하기 전에 있었던 위치를 되돌아볼 때 이 모습에 억장이 무너지지 않을 수 없었다.[63]

이에 굴하지 않았던 로마노스는 "진군해 나아가 이슬람교도들의 땅으로 쳐들어갔다"라고 에데사의 마테오는 기록한다. 그는 아나톨리아 중부 프리기아 부근에서 그들을 물리치고, 약탈품을 모두 빼앗고 노예들을 해방시켰다. 이어 얼마 전 7만 명의 기독교도가 노예로 팔려간 일을 복수하고자 알레포 동북부에 격렬한 공격을 퍼부었다. 두려움에 질린 이슬람교도들은 급히 만든 십자가를 손에 들고 성문 쪽으로 달려가 황제의 발 앞에 엎드려 목숨을 구걸했다. 그는 도시를 불쌍히 여겨 항복을 받아주었다.[64]

로마노스의 성공적인 진격은 1070년에도 이어졌다. 그는 이슬람교도들을 카파도키아에서 몰아냈으며, 반 호수 근처 아흘라트에서 술탄 무함마드의 군대와 맞서 승리를 거두었다. '용감한 사자' 무함마드는 간신히 달아났다. 바로 그때 로마노스는 서방에서 일어난 노르만인의 반란을 진압하기 위해 소환됐다. 무함마드는 기독교도 군대가 철수한 것을 최대한 이용해 불과 칼을 들고 돌아와 그의 전임자인 숙부조차 이

• 그들은 군대를 성공적으로 이끌었던 니키포로스 포카스 혹은 그의 동생 레온이 군대의 대우에 관해 권고한 것과 정반대로 대우받았다. "병사들은 급료와 식량을 위한 비용을 정기적으로, 그리고 선물과 포상을 관례 또는 규정 이상으로 넉넉히 지급받아야 한다. 아무것도 부족하지 않게 되면 그들은 이를 최상의 군마와 기타 장비를 마련하는 데 사용할 수 있을 것이다. 또한 쾌활한 기분과 자발적이고 의기양양한 마음으로 우리의 성스러운 황제와 모든 기독교도들을 위해 위험을 무릅쓰는 길을 택할 것이다. 매일같이 황제를 위해 죽어가는 그들은 기독교도들의 방패이자 하느님 다음가는 구원자이기 때문이다"(Dennis, 215~217).

루지 못했던 일을 성취했다. 즉, 반 호수 바로 북쪽의 요충지 만지케르트를 정복한 것이다. "그리스인 황제 디오예니스(로마노스)는 최근에 일어난 이 참혹한 소식을 듣자 사자처럼 포효하며* 그의 대군을 모두 소집하라고 명령했다. 이에 따라 칙령이 내려지고 서방 전역으로 전령이 파견됐다"고 전한다.[65]

"바닷가 모래알처럼 셀 수 없이 많다"라고 묘사된 약 7만 명의 용병 중심의 대규모 군대의 선두에 선 로마노스는 1071년 초 다시 아나톨리아로 돌아와 만지케르트를 향해 진군했다.[66] 이슬람교도들은 이 대규모 행군을 기독교 세계가 이슬람 세력을 최종적으로 멸절하려는 시도로 해석했다. 한 이슬람교도 역사가는 "그들이 칼리파를 몰아내고 대신 교회 수장을 세우며, 이슬람교당을 파괴하고 교회를 세우겠다고 맹세했다"라고 기록했다. 또다른 이는 로마노스가 "세계를 정복하고 이슬람교를 파괴하며, 술탄들을 무너뜨리고 악마들에게 도움을 주려는 생각으로 왔다"고 격분해 썼다. 또다른 기록자는 간단히 "황제는 이슬람의 땅을 파괴하기로 결심했다"라고 적었다.[67]

술탄 무함마드와 그의 병사들이 남쪽에서 시아파 파티마 왕조의 침략군과 싸우고 있어 제때 도착하지 못할 것이라는, 그리고 결코 필적할 만한 병력을 거느리고 있지 않을 것이라는 잘못된 믿음을 바탕으로 황제는 자신의 군대를 둘로 나누기로 결심했다. 그는 노르만인과 다른 용병들을 노르만 기사이자 용병인 루셀 드 바이욀Roussel de Bailleul의 지

• 황제의 성급한 성품은 당대 기록에도 드러난다. "분노에 휩싸인 동로마 황제는 용맹한 기질 또한 지녀 전쟁을 하기로 결심했다. 자만심과 분노에 가득 차 그는 마치 바다가 육지인 양 건너갔다"(Hillenbrand 2007, 238).

휘 아래 아흘라트로 보냈고, 자신은 만지케르트로 가서 그곳을 손쉽게 탈환했다. 이 승리로 자신감을 얻은 황제는 다시 군대를 나누어 바이욀에게 증원군을 보내는 한편, 식량 조달을 위해 약 1만 2천 명을 조지아로 보냈다. 그것은 '군사학에 대한 그의 무지'였다고, 황제와 친하지 않았던 궁정 음모가 프셀로스는 꾸짖었다. "그는 자신의 군대를 흩어놓았다. 그래서 그의 군대 전체 전력으로 적에게로 맞서지 못하고, 절반 이하의 병력만이 실제 전투에 참가했다."[68]

한편 무함마드와 그의 기병대는 병력을 증강해 도합 4만의 기병을 이루어 아흘라트를 향해 질풍처럼 내달리고 있었다.[69] 이슬람 사료에 따르면 그들은 그곳에 도착하자 금세 기독교군을 격파하고 그들의 '러시아인 지휘관'(아마도 노르만인 바이욀일 것이다)의 코를 베었으며, 가장 큰 십자가를 노획해 무함마드가 바그다드의 칼리파에게 전리품으로 보냈다.[70] 동로마 사료는 바이욀이 아흘라트를 저항 없이 내주었음을 시사하는 다른 이야기를 전하는데, 그것이 보다 그럴듯하다. 그가 곧바로 로마군의 절반가량이었던 자신의 군대를 황제가 기다리던 만지케르트가 아닌, 서북쪽 안전지대로 철수시켰다는 것이다. 이 해석은 로마노스가 원정을 떠나기 전부터 궁정 내 음모가들(여기에는 황후까지 포함돼 있었는데, 황제는 그의 아내가 점점 더 자신을 통제하려 들자 황후를 경멸했다[•])이 이미 그를 제거할 음모를 꾸미고 있었다는 사실로도 뒷받침된다.[71]

• 두 사람을 모두 알았던 프셀로스는 이렇게 기록한다. "황후가 황제를 지배하려 애쓰고, 본디 주인인 그를 마치 우리 속의 사자처럼 대하려 할수록 그는 황후의 억제력에 대해 초조해하며 자신을 속박하는 손길을 노려보았다. 처음에는 속으로만 으르렁거렸지만, 시간이 지나면서 그의 혐오감은 누구나 알 수 있게 드러났다"(1966, 350).

게다가 바이욀 같은 이를 포함한 많은 용병들은 황제가 최근 수십 년간 쇠퇴하도록 버려두었던 아나톨리아 토착민 병력 재건을 선호하고, 이를 위해 노력하는 일 때문에 그를 싫어했다.

어쨌든 무함마드는 아흘라트를 점령한 뒤 로마노스의 위치를 정확히 파악하고 곧장 자신의 병력을 이끌고 동북쪽 만지케르트로 달려갔다. 한편 황제는 적이 지척에 있다는 사실을 전혀 알지 못한 채 바이욀이 오지 않은 이유를 확인하려고 아흘라트로 향했다. 로마군 선봉대는 갑작스레 튀르크의 화살 세례에 휩싸여 많은 이들이 전사했으며, 살아남은 이들은 황급히 본대에 합류해 소식을 전했다. 술탄이 이곳에 대군과 함께 있다는 것이었다.

양군이 진을 치자 무함마드는 평화를 구실로[*] 로마노스에게 협상을 위한 대표단을 보냈다. 그러나 실제로는 시간을 벌기 위한 것이었다고 미카엘 아탈레이아테스는 설명한다. 이는 황제가 전쟁에 나서도록 자극했을 뿐이었다. 로마노스는 사절들을 경멸하며 자신의 앞에 엎드리게 했고, 술탄에게 이렇게 전하라고 명령을 내렸다. "조약은 없을 것이다. 이슬람 땅에 내가 동로마 땅에서 당한 것과 똑같이 해주기 전에는 결코 귀환하지 않을 것이다."[72] 그것 외에도 로마노스로서는 이렇게 많은 병력을 모아놓고도 (그리고 으스대고도) 보여줄 것이 휴전밖에 없다면, 차마 콘스탄티노플로 돌아갈 수 없었기 때문이다. 지금 아니면 다시는 기회가 없었다.

● 한 이슬람 사료는 평화 사절은 그들의 군사 상황을 파악하기 위한 술책이었다고 확인한다 (Hillenbrand 2007, 75).

"사신을 극도의 경멸로 내쫓은 로마노스는 병사들을 향해 엄청나게 격렬한 언사로 전쟁을 선동했다"고 아탈레이아테스는 전한다.[73] 군대의 사제는 보다 온건하게 지금의 적은 그들이 싸웠던 보통의 적이 아님을 상기시켰다. 기독교 신앙을 파괴하는 것이 신의 뜻을 행하는 것이라고 진정으로 믿으며 확신에 찬 자들이었다. 그는 증거로 예수의 말을 인용했다. "너희를 죽이는 사람들이 그런 짓을 하고도 그것이 오히려 하느님을 섬기는 일이라고 생각할 때가 올 것이다"(〈요한복음〉 16:2). 여기서 하느님은 곧 알라였다.[74]

그러는 동안 튀르크 기병은 전통적인 치고 빠지기 전술로 로마군을 괴롭히며 언제나 난투를 조심스럽게 피했다. 훈족과 이후의 몽골인들 등 다른 아시아 스텝 유목민들의 전쟁 방식과 마찬가지로 튀르크인의 전쟁 방식은 거의 전적으로 매복 전술에 의존했다. 이는 빠른 말과 더 빠른 화살을 필요로 하는 전술이었다.● 동로마 군대가 마지막 준비를 하는 동안, 튀르크 기병들은 맹렬한 돌격으로 갑자기 나타나 화살 세례를 퍼붓고는 곧 물러났다가 다시 다른 곳에서 출현하기를 반복했다. 자신의 병사들이 화살에 하나둘 쓰러지는 것을 보면서 분노한 장군 아탈레이아테스는 이렇게 적었다. "튀르크인들은 일생을 속임수와 심원한 계략 속에서 살며, 모든 일을 책략과 거리낌 없는 날조로 성취한다."[75]

● 튀르키예 역사가 메흐메트 쿼이멘(Mehmet Köymen)은 이렇게 말한다. "기본적으로 튀르크인들의 성공은 인간, 말, 무기(활과 화살)의 일체성에 달려 있었다. 역사상 그 어떤 민족도 이들 세 요소를 튀르크인들만큼 조화롭게 활용하지 못했다"(Friendly 1981, 120).

만지케르트 전투, 혹은 참혹했던 그 날

전투가 임박한 것으로 보였던 날 아침, 미사가 열린 후 대형 십자고상이 무릎을 꿇고 기도하는 병사들 앞에서 행진했다. 이슬람교도 진영에서 바라본 묘사에 따르면 황제는 "황금 보좌에 앉아 있고, 그의 위에는 값비싼 보석으로 장식된 황금 십자가가 있었으며, 그의 앞에는 수도사와 사제들이 큰 무리를 이루어 복음을 낭독하며 손에 십자고상을 들고 있었다"고 한다.[76]

종교적 색채는 장대한 지하드를 준비하던 이슬람교도 진영에서도 두드러졌다.• 튀르크인들은 여기저기서 땅에 엎드려 지고하신 알라께서 자신의 종교를 승리케 하고, 그들의 심장을 인내로 굳세게 하며, 적을 약화시키고, 그들의 마음에 공포를 불어넣어 주시기를 기도했다. 술탄은 군사들에게 어느 경우든 이득이 된다는 논리를 상기시켰다. "우리가 그들을 무찌른다면 더할 나위 없이 좋을 것이고, 이기지 못한다 하더라도 순교자로서 천국에 갈 것이다." 이러한 약속으로도 충분한 자극을 얻지 못한 자들에게는 상기시키거나 위협할 것이 있었다. 누구든 이교도 앞에서 감히 후퇴하려 한다면, 불과 치욕의 모습을 한 알라의 진

• 이는 초기 이슬람 사료에서 충분히 입증된다. 지하드를 알라에 대한 최고의 봉사로 묘사하는 《코란》 구절(예를 들어 61:10~11)은 흔히 술탄의 언행과 함께 제시되며, 술탄은 최고의 성전 전사로 묘사된다. 일부 현대 학자들은 이 전투 및 다른 전투에도 스며든 지하드 전사 정서가 후대의 칭송 전기에서 부가된 것이라고 했는데, 한 만지케르트 전투 전문가는 이렇게 경고한다. "이슬람 기록이 전적으로 회고적인 것이고, 후대 이슬람 역사가들의 종교적 역사 개조를 반영한 것으로 생각하는 것은 현명치 않은 일일 것이다"(Hillenbrand 2007, 113). 게다가 이슬람교도들이 역사 속에서의 자신들의 위치를 어떻게 보는가를 규정하는 것은 '실제로' 일어난 일이 아니라 그들이 일어났다고 '믿는' 것이다.

노가 떨어지리라는 것이었다(《코란》8:15~16). 그의 훈시가 끝나자 병사들은 일제히 외쳤다. "폐하와 함께하겠습니다!"[77]

무함마드는 금요일, 즉 모든 곳의 이슬람교도들이 이슬람교당에 모여 알라에게 승리를 간구하는 날까지 기다렸다가 전투를 개시하기로 했다. 바그다드의 아바스 칼리파는 지하드 전사와 순교에 대한 이야기로 가득 찬 설교문을 작성해 온 나라의 이슬람교당에서 낭독하게 했다.• 마침내 금요일의 동이 트자, 술탄 무함마드는 순백의 외투를 입고 나타났다. 순교자로서 제물로 바쳐진 지위를 상징하는 것이었다. 그는 말에서 내려 먼저 얼굴을 땅에 대고 간구했다. "오, 알라시여! 제가 당신께 의탁했고, 이 지하드를 통해 당신께 더 가까이 다가섰습니다. 제가 적에 맞서 지하드를 수행할 수 있도록 도와주시고, 당신의 힘으로 저를 붙들어 주시고, 제가 어려운 일을 쉽게 할 수 있게 해주소서."•• 그가 일어나자 수많은 이들에게서 나오는 "알라후 아크바르"라는 외침이 물결치면서 산이 흔들렸다고 전한다.[78]

무함마드는 환관 장군 타랑게스Taranges에게 마지막 명령을 내렸다. "승리하라. 그러지 못하면 목이 잘릴 것이다."[79] 다른 동시대 역사가의

• 칼리파의 설교문 중 일부는 다음과 같다. "오, 알라시여! 이슬람교와 이를 돕는 자의 깃발을 드높이소서. 당신께 순종해 온 힘을 바친, 그리고 당신과의 언약을 이루기 위해 최선을 다한 당신의 길 위의 전사들을 도우소서. 그(무함마드)의 손을 강하게 하셔서 당신의 종교를 영화롭게 하소서. 그는 안락을 버리고 당신을 기쁘게 하려는 고귀한 길을 따랐으며, 그의 재산과 생명을 바쳐 당신께서 명령하신 길을 좇아 복종하고 이행했기 때문입니다. 당신께서는 다음과 같이 말씀하셨고, 당신의 말씀은 진리입니다. '오, 믿는 자들이여. 내가 너희를 고통스러운 운명에서 구원할 하나의 거래를 보여주리라. 너희는 알라와 그의 사도를 믿고, 너희의 재산과 생명을 바쳐 알라의 대의를 위해 분투하라'(《코란》61:10)"(Hillenbrand 2007, 53~54).

•• 《코란》48장 13~18절을 연상시키는 언급이다.

190

기록에 따르면 타랑게스는 "자신의 군대를 여러 부대로 나누고, 함정을 설치하고 매복을 배치했으며, 병사들에게 동로마군을 포위해 화살 세례를 퍼부으라고 명령했다."[80] 마침내 양측의 군악이 울려 퍼지고 전장의 먼지가 하늘의 구름처럼 치솟았다. 1071년 8월 26일 금요일, 양군은 격돌했다.[81]

전투는 통상적인 양상으로 진행됐다. 병력의 열세를 감추는 초승달 대형의 튀르크 기병대가 돌격해 화살 세례를 퍼부은 뒤, 재빨리 퇴각했다. 이에 수많은 로마 병사와 말들이 쓰러졌고, 일부는 대열을 이탈해 도주하기도 했다. 한편 "중요한 부대가 하나 있었는데 이들은 하느님을 경배하는 이들이 아니었으며(즉 이교도 튀르크인 용병), 황제를 배신하고 적에게 투항했다"고 한다.[82]

로마노스는 굴하지 않고 중앙 전면에서 지휘하며 전선을 유지하고 자신의 군대를 전진시켰다. 아나톨리아의 지형은 협곡, 고개, 산악 지대가 많았기 때문에 그의 병사들은 계속해서 이슬람교도들의 함정과 매복에 걸려 큰 손실을 입었다. 그러나 성급한 황제는 꺾이지 않고 모든 것을 걸고자 결심한 채, 튀르크 대군과 마주칠 것을 예상하며 부대를 서서히 전진시켜 근접전에서 그들과 맞붙었고, 이로써 중대한 국면에 이르렀다. 이는 유목민 기병을 물리치는 동로마의 전통적인 전략이었다.[83] 하지만 튀르크군은 퇴각할 공간이 무한했기 때문에 끝내 로마노스의 병사들은 그들을 몰아붙여 섬멸할 수 없었다. 전투는 장기전으로 이어졌다. 중무장 보병이 천천히 전진하는 동안 이슬람교도 기병들이 돌격해 그들에게 화살을 퍼붓고는 퇴각했다. 해가 기울 무렵, 로마노스는 병사들에게 뒤로 돌아 진영으로 돌아가도록 명령했다. 병사들을 먹이고 말에게 물을 마시게 할 수 있는 유일한 장소였기 때문이다. 그가 등을 돌리자, 튀르크군은 전면 공격을 감행해 무시무시한 함성을 지르며 동로마군에게 맹렬히 덤벼들었다.[84]

바로 그때 배신이 발생했다. 군대가 진영으로 되돌아가게 되자 이제는 선두가 돼 있었던 군대의 후위를 지휘하던 안드로니쿠스Andronicus 장군이 "황제의 깃발이 거꾸로 돼 있으니, 그가 죽었다는 의미다"라고 말하고는 계속 행군해 진영으로 돌아갔다. 그 병사들의 상당수는 콘스탄티노플의 음모자들에게 매수돼 그들에게 충성하고 있었다. 다른 부대들은 후퇴 명령이 실제로 내려졌다고 믿고, 전열을 무너뜨린 채 본대에서 도망쳤다. 또한 서기 451년에 처음 시작된 그리스도론 논쟁에 따른 오랜 분열 역시 여전히 제국을 괴롭히고 있었다. 시리아인 미카엘에 따르면 "동로마인들이 자신들의 이단 신앙을 강제로 받아들이게 하려 했던 아르메니아인의 대규모 부대가 전쟁터에서 제일 먼저 등을 돌리고 도망쳤다."[85]

혼란이 뒤따랐다. 아탈레이아테스는 훗날 이렇게 회상했다. "모두가 종잡을 수 없는 소리를 지르며 어지럽게 내달렸다. 아무도 무슨 일이 일어나고 있는지 알 수 없었다. 마치 지진 같았다. 울부짖음, 땀, 두려움의 급류, 흙먼지의 구름, 그리고 무엇보다 사방에서 달려드는 튀르크 기병들이 있었다."

그때부터 자신의 목숨을 구하기 위해 각자가 믿을 수 있는 것이라고는 최대한의 기동력, 신속성, 힘을 발휘해 도망치는 것뿐이었다. 적군이 추격해오면서 일부는 살해당하고 일부는 포로로 잡혔으며, 또다른 일부는 짓밟혀 죽었다. 그 참혹한 광경은 어떤 탄식이나 곡보다도 더 비통했다. 제국의 전군이 미개하고 무자비한 야만인들에게 패배해 도망치고, 고립무원의 황제가 야만인들의 무기에 둘러싸이는 것보다 더 비참한 일이 어디 있겠는가?[86]

이슬람 기병들은 숨어 있던 증원대까지 합세해 무너진 전열을 신속히 파고들었다. 특히 우측과 후방을 공격하고 중앙을 포위했는데, 그곳에는 로마노스 황제를 비롯해 황제를 호위하는 바이킹 전사들로 이루어진 제국의 정예 부대인 바랑고스 친위대가 있었다. 곧 광란의 전투가 벌어졌다. 한 이슬람 연대기는 시적으로 이렇게 기록했다. "마음껏 달리는 말들과 무장한 방어자들이 사력을 다해 싸우고, 복수를 위해 몰려들었다. 선봉과 선봉이 맞부딪치고 날카로운 칼날들이 서로 부딪쳤으며, 화살촉이 노래하고 창이 춤추었다. 창은 휘어지고 기병들이 선회했으며, 죽음의 잔이 돌듯 머리들이 날아갔다." 술탄 무함마드 역시 모습을 드러냈다. 그는 창으로 찌르고 주먹으로 내리치는 손맛을 '달콤하다'고 여겼고, 전장의 한가운데서 어떤 때는 칼로, 어떤 때는 화살과 투창으로 좌우로 격렬하게 적을 쓰러뜨렸다.[87]

로마노스 황제는 궁정 사람들 속에 있을 때보다 적들에 둘러싸여 있을 때 늘 더 편안했다. 궁정 인물들도 마찬가지로 그에게 적대적임이 드러났기 때문이다.

버려지고 완전히 도움을 받을 수 없는 상황에서 그는 칼을 뽑아 적을 향해 돌격해 많은 적을 죽이고, 일부를 달아나게 만들었다. 그러나 곧 적의 무리에게 포위됐고 손에 부상을 당했다. 그들은 황제를 알아보고 완전히 둘러쌌다. 이어 그의 말이 화살을 맞아 비틀거리며 쓰러졌고, 말에 타고 있던 그도 떨어졌다. 이렇게 로마인들의 황제는 포로가 됐고, 쇠사슬에 묶인 채 술탄에게 끌려갔다.[88]

더 비참한 것은 한때 오만하고 당당했던 로마노스가 1천여 년 만에 처음으로 전쟁터에서 사로잡힌 치욕을 당한 로마 황제가 됐다는 것이다. 그러나 그는 용맹하게 저항을 했다.* 아탈레이아테스에 따르면 그는 "저녁 무렵 지쳐서야 붙잡혔으며", 그 순간 제국군의 나머지는 흩어졌다. 일부는 도망쳤고 대부분은 죽었는데, 프셀로스는 "대부분은 포로로 잡히거나 학살당했다"고 기록한다.[89] 바랑고스 친위대는 전원 전사했다. 한 이슬람 연대기는 기독교도들의 시체가 "양측이 격돌한 곳의 한 골짜기를 가득 채울 정도로 많이 죽임을 당했다"라고 확인한다.[90]

술탄 무함마드는 승리를 선포했다. 피로 얼룩진 만지케르트의 전쟁터 위에서 별이 빛날 때 "알라후 아크바르"의 함성이 울려 퍼졌고, 승자들은 땅을 뒤지며 시체에서 약탈품을 찾아냈다.** 술탄은 서둘러 "십자

• 만지케르트 전투에서의 황제의 용맹은 여러 당대 사료가 증언한다. 한 아르메니아 기록에 따르면 로마노스는 "전투 한복판에 뛰어들어 매우 용맹한 여러 페르시아 전사를 쓰러뜨리고, 그들의 전열을 혼란에 빠뜨렸다." 또한 그는 포위되자 "오랫동안 완강하게 스스로를 방어"했다고 아탈레이아테스는 기록한다. "그는 전쟁 경험이 많고 수많은 위험에 익숙한 전사였기 때문에 공격자들을 막아내며 많은 적을 죽였다. 그러나 결국 손에 칼로 인한 상처를 입었고, 말이 화살에 맞아 쓰러졌기 때문에 그는 서서 싸웠다"(Hillenbrand 2007, 240, 234~235). 심지어 평소 비판적이던 프셀로스조차 "내 여러 정보원에 따르면 그는 실제로 많은 적을 죽이고 일부를 달아나게 했다"라고 마지못해 썼다(1966, 356).

•• 이후 "그들은 수많은 사악한 이교도 대부분을 파멸의 장소로 보냈다. 돈, 물품, 포로, 가축, 하인 등 값진 전리품이 이슬람교도의 손에 너무 많이 들어와 하늘의 서기조차 그것을 모두 기록하느라 혼란에 빠질 정도였다"라고 한 이슬람 연대기는 기록하고 있다(Hillenbrand 2007, 92).

194

가와 동로마인들에게서 빼앗은 것을 바그다드로 보냈고, 칼리파와 이슬람교도들은 환호했다. 바그다드는 전례 없는 방식으로 장식됐으며, 둥근 지붕의 건조물들이 세워졌다. 이는 이슬람교도들이 이전에 경험하지 못했던 방식의 큰 승리였다"라고 후대 다마스쿠스의 한 역사가는 기록한다. 이후 '용감한 사자'는 아부 알파트흐Abu al-Fath(시각에 따라 '정복의 아버지' 또는 '해방자'•)나 '샤리아의 수호자'로도 불리게 된다.[91]

불명예스러운 후일담

목에 밧줄이 걸린 채 자신 앞에 끌려온 난타당하고 쇠사슬에 묶인 남자가 사실은 로마 황제라는 것을 알게 되자, 이런 상황에서 서로를 만나리라고는 전혀 예상하지 못했기에 술탄은 미친 사람처럼 보좌에서 벌떡 일어나 로마노스에게 땅에 입을 맞추라 명하고는 그의 목을 발로 밟았다. 그는 황제를 거듭 꾸짖었는데, 그 가운데 하나가 사절과 평화 제안을 거부한 일이었다. 그러나 뉘우칠 뜻이 없었던 로마노스는 불같은 질책에 극도로 짤막한 대답만 내뱉었다. 그는 "사람으로서, 그리고 제왕으로서 해야 하는 일이었고, 나는 어떤 점에서도 부족함이 없었소. 다만 하느님께서 그분의 뜻을 이루셨을 뿐이오. 이제 당신이 원하는 대로 하고 비난은 그만두시오."[92]

• 알파트흐(여는 것)라는 단어가 왜 '정복자'로 번역되는지에 대해서는 130쪽 각주(3장 푸투흐 설명) 참조.

술탄은 간결하게 말하는 그를 시험하고자, 만일 위치가 바뀌었다면 어떻게 했겠느냐고 황제에게 물었다. 로마노스는 "극형을 내리겠소"라고 했고, 술탄은 솔직한 대답에 감명을 받았다. "아! 알라께 맹세하건대 그는 사실대로 말했다. 만약 그가 다르게 말했다면, 그것은 거짓말이었을 것이다. 이 사람은 지혜롭고 강인하다. 그를 죽일 수는 없다."[93] 결국 무함마드는 몇 가지 조건을 붙여 로마노스를 풀어주었다. 여기에는 막대한 동로마의 공물(이슬람 사료에는 지즈야로 표현됐으며, 처음에 금화 50만 개를 내고 이후 매년 36만 개를 바치는 형태[94])과 안타키아와 에데사 등 몇몇 도시의 반환이 포함됐다.[95] 그는 로마노스에게 이슬람교도 호위병을 딸려 콘스탄티노플로 돌려보냈다. 그들은 치욕을 당한 황제의 머리 위에 "알라 외에 다른 신은 없으며, 무함마드는 그분의 사도다"라는 글귀가 적힌 깃발을 달았다.[96]

서방 역사가들은 흔히 무함마드의 관대함이 분명하게 드러났다는 점을 이야기하지만, 이는 전적으로 샤리아에 부합하는 것이었다. 이슬람 지도자들이 포로를 처리하는 방식은 처형, 노예화, 주로 몸값을 받고 풀어주는 석방 등 세 가지인데, 샤리아는 이슬람의 이익에 가장 부합하는 것을 택하도록 권고한다. 파티마 왕조의 경쟁자들이 그의 영토에 대해 파괴적인 습격을 감행하고 있었고, 로마인의 황제를 처형하면 그들의 새로운 공격을 불러올 수 있는 반면, 로마노스를 관대하게 대하면 적대감을 누그러뜨릴 수도 있었으므로 무함마드는 몸값을 받고 풀어주는 현명한 결론을 내린 것이다. 심지어 로마노스 자신도 "나를 죽이는 것은 당신에게 아무 쓸모가 없을 것"이라며 영리하게 술탄에게 말했다.[97]

포로로 잡힌 로마노스에 관한 마지막이자 역설적인 측면도 전할 가치가 있다. 초기 기독교도 역사가들은 술탄 무함마드를 흔히 피에 굶주린 적그리스도와 같은 인물로 묘사하면서도, 그가 로마노스에게는 관대하게 대했음을 인정한다. 반면에 이슬람교도 역사가들은 무함마드를 찬양하면서도 그가 로마노스에게는 비열하고 쩨쩨하게 굴었다고 기록한다. 여기에는 승자가 패자를 어떻게 대해야 하는지에 관한 기독교도와 이슬람교도 작가들의 이상이 투영된 듯하다. 이슬람 사료에 따르면 술탄은 그에게 "너는 내가 죽이기엔 너무 하찮은 존재다"라고 튀르크인들 앞에서 말했다. 그리고 "그를 가장 비싸게 사는 자에게 보내라"라고 했다. 그러나 아무도 '로마인 개'를 사려 하지 않자, 무함마드는 그것은 "개가 그보다 낫기 때문이다!"라고 비웃었다. 그는 로마노스를 손으로 서너 차례 때렸고, 황제가 쓰러지자 발로 몇 차례 걸어챴다. 그리고 황제에게 쇠사슬을 채우고 그의 손을 목에 묶었다. 술탄은 그의 머리채를 잡아 땅에 얼굴을 처박으며 "네 군대는 이슬람교도들의 먹잇감이다"라고 말했다.[98] 이런 기록들은 많다. 실제로 천막 안에서 무슨 일이 있었는지는 알 수 없지만, 이슬람 연대기에 기록된 이 얕보는 듯한 우월감의 서술은 이슬람교도들이 인정하는 것이다.

어쨌든 콘스탄티노플의 로마노스 반대파는 살아 있는 황제를 다시 보게 되리라고 전혀 예상하지 못했다. 더구나 돌아와서 다시 제위를 요구할 줄은 몰랐다. 술탄이 최소한 로마노스를 제거해 줄 것이라 여겼던 것이다. 궁정은 혼란과 불안으로 뒤덮였고, "에우도키아는 곤란한 처지에 놓였다"고 프셀로스는 썼다. "황후는 다음에 어떻게 해야 할지 결정할 수 없었고, 머리에 면사포를 뒤집어쓴 채 지하의 비밀 토굴로 달아났다."[99] 로마노스의 적들은 수치를 당한 황제를 조롱하며 그가 단순히 패배했을 뿐만 아니라, 술탄의 꼭두각시가 됐다고 비난했다. 로마노스를 지지하는 자들과 반대자들 사이에는 일종의 내전까지 벌어졌다. 결국 로마노스는 탑 속에 고립된 채 지쳐 항복했다. 연대기 작가는 이렇게 묘사한다. "그는 모든 희망을 잃은 채, 기묘하고 슬픈 광경처럼 서 있었다." 그는 수도원으로 은퇴하는 데 동의했고, 곧바로 수도사의 검은 옷이 억지로 입혀졌으며 머리카락은 급히 잘려나갔다. 누가 머리를 자르든 상관하지 않는 상태였다.[100]

그러나 이것으로도 충분치 않았다. 그의 자리를 찬탈한 자들은 야심가인 그가 다시 권좌에 오를까 두려워, 잔혹하고 거친 자들을 보내 로마노스를 습격하게 했다고 요안니스 스킬리체스는 적었다. 그들은 "무자비하고 비인간적으로 그의 두 눈을 도려냈다. 썩어가는 시체처럼 짐 싣는 값싼 동물에 실려 끌려간 그는 눈이 도려진 채 얼굴과 머리는 부어올랐고, 구더기와 악취로 가득 차 있었다. 그렇게 고통과 지독한 냄새 속에서 며칠을 더 살다가 죽었다." 1072년 여름이었다.[101] 또다른 기록에 따르면 눈이 멀고 난 뒤 로마노스는 마지막 나날 동안 "계속 벽에 머리를 찧다가 죽었다"고 한다.[102]

이것이 부흥하는 지하드의 흐름을 되돌리려 했던 황제의 최후였다. 로마노스는 이슬람 세력을 상대로 여러 차례 승리를 거둔 니키포로스 포카스 같은 지휘 능력은 없었으나, 치욕스러운 최후를 맞았다는 점에서는 그와 마찬가지였다. 콘스탄티노플의 끊임없는 음모가들은 신과 제국을 위해 싸운 또 한 사람을 파멸시켰으며, 후대의 이슬람 기록은 두 경우 모두 가장 격렬히 알라에게 맞섰던 '로마의 개들'에게 내려진

신의 복수라고 이야기한다. 로마노스의 유해는 그가 얼마 전 세운 수도원으로 보내져 묻혔고, 그의 아내이자 그를 등극시키고 폐위시켰던 황후는 수녀원으로 추방됐다.

로마노스에 대한 대우에 충격을 받았으며, 약속된 막대한 조공과 양보도 거부당한 술탄 무함마드는 이렇게 맹세했다. "나는 십자가를 숭배하는 모든 자를 칼로 소멸시키고, 모든 기독교도의 땅을 예속시킬 것이다."[103] (이 맹세가 선지자 무함마드, 그의 조상들, 추종자들이 이미 기독교도의 땅에 대해 말과 행동으로 해오던 것과 다르거나, 새로운 무언가를 예고한 것인지에 대해선 의문을 품을 수밖에 없다.) 그러나 배신은 양날의 검이어서, 그는 약속을 실현하기도 전에 죽음을 맞았다.

영광스러운 승리를 거둔 직후 술탄은 반란을 진압하기 위해 동쪽으로 급히 달려갔다. 그는 같은 수니파 이슬람교도지만 말을 듣지 않는 유수프 알하라니Yusuf al-Harani가 지휘하는 요새에서 완강한 저항에 부닥쳤다. 술탄은 유수프의 안전과 영지 보존을 약속하는 기만책을 쓰고서야 그의 항복을 받아냈다.[104] 그런데 유수프가 이를 받아들인 것은 속았기 때문이 아니라, 오히려 자신 쪽에서 속임수를 준비하고 있었기 때문이었다. 그는 그날 밤 가족과 친구들을 불러 큰 잔치를 열었다. 그리고 밤에 아내와 세 자녀를 자신의 손으로 잔혹하게 죽였다. 그들이 술탄의 손에 넘어가 노예가 되는 것을 막기 위해서였다.[105] 다음날 그는 자식들을 죽이는 데 사용한 단검을 숨긴 채 술탄 앞에 나아가 예를 올리는 척했다. 유수프가 예상했던 대로 무함마드는 약속을 어기고 곧바로 유수프의 사지를 네 말뚝에 묶어 궁수 부대로 하여금 처형하라고 명령했다. 유수프는 곧바로 술탄에게 달려들어 두 자루의 칼을 그의 몸에 꽂았다.[106] 무함마드의 경호병들이 곧 유수프를 베어 쓰러뜨렸지만, 피해는 이미 돌이킬 수 없었다. '용감한 사자' 또는 '샤리아의 수호자'로도 불린 무함마드 빈 다우드 차그리는 그 상처로 인해 며칠 후 죽었다.

튀르크인의 야르무크

술탄 무함마드는 이후 이슬람교도 일반, 특히 튀르크인들에 의해 수백 년 동안 존경받았다. 만지케르트에서 셀주크 술탄이 거둔 승리는 동로마 황제에게 거둔 단순한 군사적 승리에 그치지 않았기 때문이다. 황제를 사로잡은 사건은 곧 기독교가 이슬람교에 굴복했음을 상징하는 것이었다. 만지케르트는 튀르크인 주도의 왕조들이 기독교도를 꺾고, 이슬람의 승리를 선포하는 장대한 서사의 첫걸음으로 인식됐다.[107] 이에 따라 1971년 8월 26일에는 만지케르트 전투 900주년 기념식이 열렸다. 튀르키예에서 광범위한 환호 속에 소개됐으며, 아나톨리아의 튀르크화와 이슬람화의 시작으로 정확하게 묘사됐다.[108] 레제프 타이이프 에르도안Recep Tayyip Erdogan 총리를 비롯한 튀르키예의 최고위 관리들은 계속해서 만지케르트 기념식에 참석하며, 전쟁터는 성지처럼 다뤄진다. 전투가 벌어졌다고 추정되는 지점 근처에는 술탄 무함마드가 앞발을 든 말을 타고 있는 조각상이 세워져 있으며, 비문에는 술탄의 병력이 1만 5천 명에 불과했고 적군은 21만 명이었다고 새겨져 있다.

요컨대 튀르크인에게 만지케르트 전투는 아라비아인의 야르무크 전투와 같은 것이었다. 이슬람교도들의 서술에 따르면 두 전투 모두 수적으로 열세인 이슬람교도들이 승리했다. 알라가 자신의 대의를 위해 순교를 각오한 그들의 태도를 보고, 승리를 거둘 수 있게 했기 때문이었다. 전투에 직접 참가한 미카엘 아탈레이아테스조차 "튀르크인들은 모든 것을 하느님께 돌렸으니, 그들 자신의 힘만으로 이룰 수 있는 것보다 더 기념비적인 승리를 거두었기 때문"[109]이라고 적었다. 또한 또다른 유사점도 있었다. 야르무크와 마찬가지로 만지케르트의 로마 군대도 여러 민족으로 이루어져 그들 사이에 긴장과 분열이 있었다. 그리고 야르무크 패배 후 로마가 시리아와 이집트를 잃었던 것처럼, 만지케르트 패배 후 로마는 이제까지 굳건했던 아나톨리아, 즉 소아시아를 잃었다.

암살당하기 전에 '용감한 사자'는 튀르크인들에게 이렇게 명령했다. "이제부터 너희 모두는 사자 새끼와 독수리 새끼처럼 날마다 밤낮으로 들판을 내달리며 기독교도들을 죽이고, 로마 민족에게는 어떤 자비도 베풀지 말라."[110] 실제로 그들은 그렇게 했고, 지휘관들은 메뚜기처럼 온 땅에 퍼져 나갔다.[111] 그들은 아나톨리아 구석구석을 침략했으며, 오랜 기독교의 주요 도시들을 유린했다. 사도 요한의 본거지였던 에페소스, 325년에 기독교 세계의 신앙고백이 정립된 니케아, 사도 베드로의 원래 교구였던 안타키아 같은 곳들이다. 남은 것이라고는 황폐해진 들판, 베어버린 나무들, 훼손된 시체들, 공포로 미쳐버리거나 불길에 싸인 도시들뿐이었다. 수십만의 아나톨리아 기독교도들은 학살되거나 노예로 끌려갔다고 한다.[112] 여전히 내분에 시달리며 급속하게 쪼그라들던 동로마 제국은 1076년 미리오케팔론에서 마지막 결전을 시도했지만 또다시 패했다. 1090년대 초에 튀르크인들은 마지막 기독교 요새인 니코메디아를 함락시켰다. 콘스탄티노플에서 이스탄불 해협의 가장 좁은 목 맞은편에서 불과 760미터 떨어진 곳이었다.

만지케르트 전투 이후 동로마 제국은 막대한 손실을 입었다. 제국에서 가장 비옥하고 부유한 지역을 잃었으며, 그곳은 역사적으로 가장 강인한 병사들과 여러 명의 전사 황제들(레온 3세와 니키포로스 2세 등)이 나온 곳이기도 했다. 그들은 또한 700년 동안 세계 최강국으로서 누려온 위신과 명성을 잃었다. 이는 10세기 제국의 반격에 따른 그늘 속에서 여전히 비틀거리고 있던 이슬람교도뿐 아니라, 서방 세계의 눈에도 마찬가지였다. 스티븐 런시먼Steven Runciman의 말처럼 "만지케르트 전투는 동로마 역사에서 가장 결정적인 재앙이었다. 동로마인들 스스로도 이에 대해 착각하지 않았다. 역사가들은 반복해서 그 '무시무시한 날'을 이야기했다."

실제로 이는 '역사상 가장 긴 죽음의 신음'[113]의 시작이었다. 그것은 이 책의 이후 세 장에서 절정을 맞는다.

5장

—

기독교 세계의 반격

하틴 전투(1187년)

그들은 사제를 도륙하고 성소(교회)들을 더럽힐 것이며, 신비롭고 피 없는 제사가 집전되는 존귀하고 성스러운 곳에서 그들의 아내들과 동침할 것이다. 거룩한 예복은 말에게 걸치게 할 것이며, 이를 자신의 침상 위에 펼쳐놓을 것이다. 성인들의 관에는 가축을 매어둘 것이며, 타락한 살인자가 되어 마치 불이 기독교인들의 혈통을 시험하듯이 그들을 시험하게 될 것이다.

—《묵시록》(오랫동안 예언서로 간주된 7세기 문서)[1]

이 모든 것을 누가 갚아주고, 이 피해를 누가 회복해 줄 것인가? 여러분이 아니라면 누가 하겠는가? 일어나서 조상들의 사내다운 행적을 기억하라. 이교도(이슬람교도) 왕국을 무너뜨리고 그들의 땅에 거룩한 교회를 세운 카롤루스 마그누스와 그의 아들 루이 1세, 그리고 다른 왕들의 용맹과 위업을 기억하라.

— 교황 우르바누스 2세[2]

큰 박해의 소식

만지케르트 전투 이후 동방의 기독교도들이 겪은 큰 환난에 대한 소문이 서방에 퍼져 나갔다. 그것은 많은 사람들이 전해온, 끔찍하고도 한결같은 이야기였다.[•] 한 프랑크인 목격자는 이렇게 썼다. "튀르크인 이슬람교도는 도시와 성채 및 그들의 정착지들을 광범위하게 파괴했다. 교회는 완전히 허물어졌다. 그들에게 붙잡힌 성직자와 수도사 중 일부는 도륙됐고, 다른 이들은 사제들까지 포함해 이루 말할 수 없이 고약한 상태로 저들의 가혹한 지배에 넘겨졌다. 수녀들은 (아, 슬픈 일이다!) 그들의 욕망에 유린당했다."[3] 동로마에서 수십 년 만에 처음 나온 유능한 황제 알렉시오스 1세(재위 1081~1118)는 플랑드르의 로베르 백작에게 보낸 편지에서 이를 자세히 말했다.

거룩한 장소들은 수없이 많은 방식으로 모욕당하고 파괴됐다. 귀부인들과 그 딸들이 모든 것을 빼앗긴 채 차례차례 짐승처럼 능욕당했다. 일부는 뻔뻔스럽게도 처녀들을 어머니 앞에 끌어다 놓고 불쾌하고 음탕한 노래를 강제로 부르게 한 뒤에 그들을 자기네 마음대로 하고는 끝냈다. 모든 연령대와 계층의 남자, 소년, 청년, 노인, 귀족, 농민, 더 심각하고 비통하게는 성직

[•] 동방 기독교도들이 겪은 참상을 기록한 당대의 저작은 부족하지 않다. 이름을 알 수 없는 조지아의 한 연대기 작가는 "거룩한 교회들이 마구간으로 사용됐고, 사제들은 성찬례 도중에 불태워졌다. 처녀들은 능욕당했고, 청년들은 할례를 강요당했으며, 영아들은 빼앗겼다"라고 말한다. 또 콘스탄티노플의 공주는 "도시들은 흔적이 사라지고, 땅은 약탈당했으며, 그리스인의 온 땅(아나톨리아)은 기독교도의 피로 물들었다"라고 기록했다. 그것은 똑같이 참담한 고난 이야기였다(Bostom 2005, 609).

자와 수도사들, 심지어 주교들이 남색의 죄로 더럽혀졌다. 심지어 한 주교가 이 끔찍한 죄에 굴복했다는 소문이 지금 널리 퍼지고 있다.[4]

잔학 행위는 소아시아나 그곳의 토착 기독교도들에게만 국한되지 않았다. "튀르크인들이 시리아와 팔레스타인 땅을 지배하면서 그들은 예루살렘에 기도하러 가는 기독교도들에게 상해를 입히고, 구타하고, 약탈하고, 인두세(지즈야)를 부과했다"라고 시리아인 미카엘은 전한다.[5] 또한 그들은 특히 로마와 이탈리아 여러 지역에서 온 기독교도 상인 행렬을 만날 때마다 온갖 방법으로 그들을 죽이려고 갖은 노력을 다 했다.[5] 1064년, 한 게르만인 순례단이 예루살렘으로 향하다가 그러한 운명을 맞았다. 그들 중 한 순례자는 이렇게 말한다.

순례에는 한 귀족 수녀원장이 동행했다. 우아한 외모와 독실한 견해를 지닌 사람이었다. 원장은 휘하 수녀들을 돌보는 일을 버려두고 현명한 자들의 조

• '은둔자' 피에르(1050~1115)조차도 제1차 십자군의 카리스마적인 설교자가 되기 이전인 예루살렘으로 가는 초기 순례 동안 고난을 겪었다. 마침내 성묘(聖墓)에 도착했을 때 그는 "금지된 사악한 일들이 그곳에서 많이 벌어지고 있는 것을 보았다. 그래서 그는 예루살렘의 거룩한 교회의 총대주교를 찾아가 어떻게 이방인들과 악인들이 거룩한 장소를 더럽히고 신자들이 바친 예물을 훔쳐 가며, 교회를 마치 마구간처럼 사용하고, 기독교도들을 구타하며 부당한 요금을 순례자들에게서 강탈하고, 그들에게 수많은 고통을 가할 수 있느냐고 따져 물었다." 불만을 품은 총대주교는 손을 내저으며 짜증을 냈다. "왜 신부로서 걱정에 싸여 있는 나를 비난하고 혼란스럽게 하시오? 저 오만한 자들과 비교하면 나는 개미 한 마리의 힘과 권세밖에 없소. 우리는 이곳에서 목숨을 부지하려면 정기적으로 세금(지즈야)을 바쳐야 하고, 그러지 않으면 죽음을 불러오는 형벌을 받을 수밖에 없소"(Rubenstein 2015, 69). 오늘날에도 서방 관찰자들이 서아시아의 기독교 소수 집단을 향해 왜 스스로 일어서지 않느냐고 나무랄 때, 이와 비슷한 대화가 되풀이된다.

언을 거스르며 대단하고 위험한 순례에 나섰다. 그러다 이교도들에게 붙잡혀 모든 이들이 보는 가운데 부끄러움을 모르는 자들에게 강간당하다 결국 숨을 거두었다. 이는 모든 기독교도에게 치욕이 됐다. 그리스도의 적들은 기독교도를 상대로 이런 짓이나 기타 비슷하게 잔혹한 짓을 저질렀다.[6]

이런 일들이 튀르크인들이 날뛰던 이 시기 동안에만 있었고, 성지 주변에 사는 기독교도들만 박해받았다는 것이 일반적인 주장이다. 그러나 이는 옳지 않다. 비슷한 박해 사건은 다른 이슬람교도 민족과 왕조에서도 자주 발생했다. 예컨대 8세기 초 우마이야 왕조 시절에 "야만스럽고 짐승 같으며, 생각이 비논리적이고 욕망에 탐닉하는"[7] 사람들로 묘사된 어떤 아라비아인들이 예루살렘에서 일흔 명의 기독교 순례자를 붙잡아 고문하고 살해했다. 이슬람교로 개종하기를 거부했다는 이유였다(고문 끝에 굴복한 일곱 명만이 예외가 됐다). 그 직후 또다른 예순 명의 순례자가 예루살렘에서 십자가 처형을 당했다. 8세기 말 아바스 왕조 시기에도 이슬람교도들은 베들레헴 인근의 교회 두 곳과 수도원 한 곳을 파괴하고 그곳의 수도사들을 도륙했다. 796년에는 이슬람교도들이 스무 명의 수도사를 불태워 죽였다. 809년과 813년에는 예루살렘 안팎의 여러 수도원·수녀원·교회들이 공격당했고, 남녀 기독교도들은 윤간과 학살을 당했다. 929년, 예수의 예루살렘 입성 기념일*에 또

한 차례의 잔학 행위가 벌어지며 교회들이 파괴되고, 기독교도들이 목숨을 잃었다. 936년에는 "예루살렘의 이슬람교도들이 봉기를 일으켜 부활 교회(성묘 교회)를 습격해 불태웠으며, 파괴할 수 있는 것은 모두 파괴했다"고 한 이슬람 연대기는 기록했다.[8] 로드니 스타크Rodney Stark는 이렇게 요약한다. "거의 모든 세대의 기독교도 저자들은 이슬람교도(아라비아인·페르시아인·튀르크인) 지배자들의 손에 겪은 학살과 파괴에까지 이르는 박해와 공격 행위를 기록했다."[9] 그러나 박해와 살육은 1090년대에 이르러 종말론적 수준에 도달했다.

글레르몽에서 나온 호소

1095년 11월 27일 교황 우르바누스 2세(재위 1088~1099)가 기독교 세계의 기사들에게 그의 유명한 호소를 한 것은 이러한 맥락에서였다. 프랑스 클레르몽 공의회 현장에 있었을지도 모르는 수도사 로베르의 기록에 따르면 우르바누스 2세는 전혀 숨김없이 이렇게 말했다.

이슬람교도 튀르크인들은 하느님의 교회 일부를 완전히 파괴했고, 어떤 것은 이슬람교당으로 바꾸어버렸다. 그들은 제단을 쓰레기와 오물로 더럽힌다. 또한 기독교도들을 할례 시키고, 그때 나온 피를 제단 위에 바르거나 세

___

냈다. 더 자세한 내용은 www.RaymondIbrahim.com에 올린 "Why Easter Brings Out the Worst in Islam"을 참고하라.

레반 안에 던져버린다. 그들은 다른 이의 배를 갈라 죽이는 것을 즐기는데, 창자 끝은 뽑아내 말뚝에 묶는다. 그런 뒤에 희생자에게 채찍질을 해서 창자가 다 쏟아져 나와 땅바닥에 쓰러져 죽을 때까지 말뚝 주위를 돌게 한다. 또 어떤 이들은 말뚝에 묶고 그들을 향해 화살을 쏘며, 어떤 이들은 잡아다가 목을 내밀게 한 뒤 칼을 뽑아 그 목을 한 번에 잘라낼 수 있는지 시험하기도 한다. 여인들에 대한 끔찍한 강간에 대해서는 내가 무어라 말할 수 있겠는가? 이 모든 것을 누가 갚아주고, 이 피해를 누가 회복해 줄 것인가? 여러분이 아니라면 누가 하겠는가? 일어나서 조상들의 사내다운 행적을 기억하라. 곧 카롤루스 마그누스와 그의 아들 루이 1세, 그리고 다른 왕들이 보여준 용맹과 위업을 기억하라. 그들은 이교도(이슬람교도) 왕국들을 무너뜨리고 그 땅에 거룩한 교회를 세웠다.[10]

우르바누스 2세가 서방의 기독교도들에게 같은 기독교도들을 돕고, 동시에 예수의 성묘를 해방시키기 위한 예루살렘으로 향하는 무장 순례에 나서라는 호소로 마무리하자, 모인 청중은 성직자와 평신도 가릴 것 없이 일제히 "하느님의 뜻"이라고 외쳤다.

이 일은 오랫동안 예고된 것이었다. 튀르크인들이 처음으로 기독교 세계를 공격한 이슬람교도가 아니었듯이, 우르바누스 2세 역시 처음으로 성전의 정신 아래 이슬람 세력에 맞서 기독교 세계를 결집하고자 노력한 기독교 지도자는 아니었다. 그보다 200여 년 앞서 로마를 비롯해 다른 지역의 교회들에 대한 이슬람교도의 끊임없는 습격 때문에 교황 레오 4세(재위 847~855), 니콜라오 1세(재위 858~867), 요한 8세(재위 872~882) 또한 이슬람교도와 싸우다 죽은 기독교도들에게 죄의 사면을 약속했다. 동로마 황제 레온 6세(재위 886~912)는 그의 《전술Taktika》에서 이슬람교 성전의 교리와 군사적 가치에 대해 약간의 존경심을 가지고 이야기했으며, 심지어 기독교도들도 그런 식의 것을 채택하면 좋을 것이라고 주장했다.[11] 수십 년 후 황제 니키포로스 2세 포카스는 동로마 교회에 이슬람교의 순교 교리와 유사한 교리를 받아들이도록 설득하려 했으나 실패했다.[12]

마찬가지로 이집트 파티마 왕조의 칼리파 알하킴 비아므르알라Al-Hakim bi-Amr Allah(재위 996~1021)가 이집트와 광역 시리아에 있는 교회 약 3만 곳을 파괴하라고 명령하면서,[13] 예루살렘의 성묘 교회 역시 1009년에 기초까지 허물어지고 예수의 무덤이 훼손됐다. 교황 세르지오 4세(재위 1009~1012)는 '파괴'를 애도하는 회칙回勅을 냈고, 이 사건이 온 교회와 로마 도시 전체를 깊은 슬픔과 고통에 빠뜨렸다고 밝혔다. 이에 따라 그는 "주님의 도우심으로 모든 원수를 죽이고 구세주의 성묘를 복구할 것"이라고 했다. 온 세계의 기독교도들에게는 아무것도 두려워하지 말고 와서 싸울 것이 요구됐다. "하느님께서는 그리스도를 위해 현세의 생명을 잃는 자는 결코 잃지 않을 또다른 생명을 얻을 것이라고 약속하셨으며, 이는 현세의 왕국을 위한 전쟁이 아니라 영원한 주님을 위한 전쟁이기 때문"이었다.[14]

우르바누스 2세의 전전 교황인 그레고리오 7세(재위 1073~1085) 역시 만지케르트 전투 3년 후 회칙을 내어 기독교 신앙을 지키려는 모든 이에게 호소했다. 여기서 그는 "한 이교도 종족(다른 곳에서는 그들을 '사라센'이라 불렀다)이 비열한 잔혹함으로 거의 콘스탄티노플 성벽까지 초토화시키고 무도한 폭력으로 모든 것을 탈취했으며, 수만 명의 기독교도들을 가축처럼 도살했다"라고 묘사했다.[15] 그러나 애통함만으로는 충분치 않았다. "우리 구세주의 모범과 형제적 사랑의 의무는 우리가 형제들을 구하는 데 신경을 쓰도록 요구한다. 그분이 우리를 위해 자신의 목숨을 내주셨듯이, 우리 또한 형제들을 위해 우리 목숨을 내주어야 한다."[16]

우르바누스 2세는 1095년 클레르몽에서 연설하면서 긴 유산을 이용했다. 1009년 시아파 파티마 왕조의 칼리파가 본래의 성묘 교회를 무너뜨린 뒤 1048년에 기독교 세계의 가장 거룩한 곳 부근에 작은 구조물이 재건됐는데, 이마저도 '악마의 노예가 된 자들'에 의해 공격받고 있다고 우르바누스 2세는 설명했다.[17] 기독교도들은 지금 행동하지 않으면 기회가 없다는 것이었다.

어떤 이유에서였는지는 알 수 없지만(연대기 작가들은 성령의 가호라고 이야기했다) 우르바누스 2세는 선대 교황들이 이루지 못한 것을 성취했다. 그의 사자들은 널리 파견됐고, 클레르몽에서 한 호소는 서방 기독교 세계 전역으로 눈덩이처럼 퍼져 나갔다. 사라센들은 다시금 신자들을 박해하고 있었고, 주님의 무덤을 더럽히고 있었다. 이에 기사들뿐 아니라 농민, 성직자, 부녀자, 아이들 등 10만 명이나 되는 사회 각계각층의 사람들이 서둘러 십자가를 졌고,• 예루살렘으로 가는 무장 순례를 준비했다.[18] 초기 십자군에 참여했던 성직자이자 연대기 작가인 샤르트르의 푸셰Fulcher of Chartres는 자신이 본 것에 놀랐다. "날마다, 그리고 조금씩 군대가 불어났다. 여러 곳 출신의 다양한 언어를 사용하는

수많은 사람이 있었다. 한 군대 안에 이토록 많은 언어가 섞여 있는 것을 본 사람이 있을까?" 중심을 이룬 프랑크인과 함께 잉글랜드인, 스코틀랜드인, 아일랜드인, 스페인인, 이탈리아인, 게르만인, 그리스인이 원정군에 합류했다. 다양한 민족들은 서로 낯설었으나, 한 당대인이 전한 다음 일화가 잘 보여주듯이 한 가지가 그들을 묶어주었다. "나는 내가 모르는 곳 출신의 야만 민족이 프랑스에 있는 우리 항구에 왔다는 말을 들었다. 그들의 언어는 전혀 알아들을 수 없었는데, 말이 통하지 않자 그들은 손가락으로 십자가 모양을 그렸다. 이 몸짓을 통해 말로 표현할 수 없는 많은 것을 알 수 있었다. 그들은 신앙 때문에 이 여정을 시작했다는 것을 말이다."[19]

무언가 새로운 일이 벌어지고 있었다. 이전 시기에 이슬람 세력에 맞서 싸우고 죽어간 사람들 덕분에 유럽 대륙은 힘과 자신감을 갖추는 데 필요한 시간을 벌었다. 1095년에는 유럽 해안이 노예사냥꾼들의 터전에서 벗어난 지 오래였다. 한때 찬가를 부를 만했던 이슬람교도의 침략을 물리치는 일은 이제 더이상 큰 공적이 아니었다. 곳곳의 기사와 전사들, 즉 프랑크인뿐 아니라 더욱 전투적인 노르만인(북쪽 사람들)까지 서로 무용을 겨루었다. 노르만인은 대륙에 정착해 기독교를 받아들인 바이킹의 후손으로, 1091년에 이미 시칠리아에서 이슬람교도를 패퇴시키고 몰아낸 바 있었다. 이는 당시 이슬람 세력에 대한 큰 승리였다. 다시 말해, 1095년 우르바누스 2세의 호소가 나왔을 때 기독교도들은 어디서나 오랜 적에게 전쟁을 걸 준비가 돼 있다고 생각했다. 언제나 상대방이 걸어온 전쟁에 말려드는 입장에서 벗어난 것이다.

앞서 서론에서 지하드 교리와 동기를 어느 정도 살펴보았으므로, 이제 십자군 운동의 배후에 있는 동기를 비교하고 대조해 볼 필요가 있다. 충격적으로 들릴지 모르지만, 십자군 운동 배후의 주요 추동력은 '사랑'이었다. 다만 현대적이고 감상적인 사랑이 아니라 중세적이고 강건한 사랑으로 기독교적 이타심, 즉 아가페agape가 특징이었다. 십자군 연구의 최고 권위자인 역사가 조너선 라일리스미스Jonathan Riley-Smith 가 말하듯이 "신과 자신의 이웃에 대한 사랑에 이끌려 아내와 자식, 세속의 재산을 버리고 현세의 가난과 정결을 받아들인 십자군 전사들은 자발적 유배의 길을 나선 것"으로 묘사됐다.[20]

십자군은 흔히 냉소적으로 신앙을 이용한 유럽 제국주의의 원형으로 묘사되지만, 최근의 연구는 정반대임을 입증했다.[21] 개개의 십자군은 십자가를 질 때 자기의 생명, 사회적 지위, 모든 소유물을 걸었다.[22] 또한 십자가를 진 것은 잃을 것이 적은 자들이 아니라, 오히려 잃을 것이 가장 많은 자들이었다.[23] 즉 한때 믿어졌던 것처럼 재산을 상속받지 못한 '장남 이외의 아들들'이 아니라 광대한 영지를 소유한 영주들이 자신의 재산과 영지를 버려두고 십자가를 졌다.•

한 당대인은 이렇게 기록했다. "기적 같은 광경이었다. 모두가 비싸

• 제1차 십자군의 주요 지도자 부용의 고드프루아(Godefroy de Bouillon)는 자신의 기사단을 꾸릴 자금을 마련하기 위해 재산 상당수를 팔고, 진행 중이던 몇몇 분쟁을 손해를 보면서 마무리했다. 웬만한 왕들보다 재산이 많았던 막강한 귀족인 툴루즈의 레몽 4세(Raymond IV de Toulouse)는 모든 재산을 버리고 성지로 떠났으며, 그곳에서 전투를 벌이다 죽었다(Stark 2009, 130; Rubenstein 2008, 93; Madden 2007, 23).

게 사고 싸게 팔았다. 여행에 필요한 물품은 급히 사야 했기에 비쌌고, 그들이 쌓아둔 값진 물건은 헐값에 팔았다. 얼마 전까지만 해도 감옥에 가두거나 고문을 해서도 빼앗지 못할 것을, 이제는 단돈 몇 푼에 팔아 버렸다."[24] 그러나 토머스 매든Thomas Madden의 말처럼 그 메시지는 분명했기 때문에, 이것은 충분히 가치 있는 일이었다.• "예수는 신도들의 박해와 성소에 대한 모독 속에서 다시금 십자가에 못 박히셨다"는 것이다.[25] 둘 다 구원이 필요했고, 모두 예수의 두 가지 계명 가운데 하나를 실천할 기회를 제공했다. 그것은 "네 마음을 다해 하느님을 사랑하라" 와 "네 이웃을 네 몸같이 사랑하라"(〈누가복음〉 10:27)였다.

나중에 발전한 기사 수도회의 전사 수도사들, 즉 성지를 순례하는 기독교도 보호를 위해 헌신한 사람들은 이 '강건한 사랑'의 개념을 특히 잘 따랐다. 1120년 성전기사단이 창설된 지 몇 년 뒤에 교황 인노첸시오 2세는 이렇게 그들을 칭송했다. "신실한 이스라엘 백성이자 성전에 능숙한 전사들처럼, 참된 사랑의 불꽃으로 타올라 너희는 복음의 말씀을 행동으로 실천한다. 말씀에 이르기를 '벗을 위하여 제 목숨을 바치는 것보다 더 큰 사랑은 없다'(〈요한복음〉 15:13)고 하셨다." 이와 비슷하게 본래 병자와 가난한 자들을 돌보는 데 헌신했던 구호기사단은 곧

• 독일의 수도원장 아우라의 에케하르트(Ekkehard von Aura, 1085~1126)는 '건방진 입술로 새로운 사업(십자군)을 비난'하는 그 시대의 냉소적인 유럽인들을 꾸짖으며 이렇게 설명했다. "그들은 쾌락주의자처럼 하느님을 섬기는 좁은 길보다 즐거움이라는 넓은 길을 선호한다. 그들에게 세상의 사랑은 지혜이고, 그것을 경멸하는 자들은 바보다. 그러나 나는 우리 시대의 영광스러운 이들을 찬양한다. 그들은 현세의 왕국들을 이겨냈으며, 100마리 양 중 잃어버린 한 마리를 찾으려 하신 복된 목자를 위해 아내와 자식, 영지와 부를 버리고 자기 목숨을 건 사람들이다"(J. Robinson 1904, 316~318).

'자신들의 전투와 가난한 병자를 돌보는 것이 상호 보완적인 관계'임을 발견했다.[26]

이 가운데 상당 부분은 현대 서방 사람들, 특히 기독교도들에게조차 거의 이해하기 어렵다. 십자군이 그렇게 많은 잔혹한 폭력과 유혈 사태를 일으켰는데, 어떻게 그들이 사랑과 신앙심에서 출발했다고 할 수 있을까? 그런 질문은 폭력은 중세 세계의 일상이었던 것에 비추어 볼 때 시대착오적일 뿐만 아니라, 이미 이슬람교가 출현하기 수백 년 전에 기독교 신학자들은 "보복이 아니라 수동적 태도와 용서를 설교하는 신약성서의 이른바 관용의 구절들은 개인의 믿음과 행동에 적용되는 것으로 확고하게 규정했으며, 국가에 적용되는 것이 아니라는 결론"을 내렸다고 역사가 크리스토퍼 타이어먼Christopher Tyerman은 설명한다. 예수 자신은 정치적 의무와 영적 의무를 구별했다(〈마태복음〉 22:21). 예수는 역사상 가장 잔혹한 군대에 속해 있던 로마 백호장百戶長에게 그 직에서 물러남으로써 '회개'하라고 요구하지 않은 채 그를 칭찬했다(〈마태복음〉 8:5~13). 또한 한 무리의 군인이 세례 요한에게 회개하는 방법을 묻자, 그는 언제나 그들이 받는 군대 봉급으로 만족하라고 조언했다(〈누가복음〉 3:14). 사도 바울은 기독교도들에게 왕들과 높은 지위에 있는 모든 사람들을 위해 기도하라고 촉구했다(〈디모데전서〉 2:2). 요컨대 사도 바울이 말한 기독교도가 조용하고 평화롭게 살면서 경건하고도 근엄한 신앙생활을 할 수 있는 안전을 보장하기 위해, 필요한 특정 형태의 공적 폭력을 용인하는 것은 개인적이고 개별적인 용서의 교리에서 본질적 모순은 없다.[27] '정당한 전쟁' 이론을 정립하는 데 크게 기여한 아우구스티누스는 이렇게 결론지었다. "현명한 사람에게 전쟁을 벌일 의무를 부과하는 것은 상대방의 불의다.”[28] 라일리스미스는 이렇게 상술한다.

전쟁 자체에서 악한 것은 무엇이냐고 아우구스티누스는 물었다. 참된 악은 어차피 죽을 수밖에 없는 자들의 죽음이 아니라 폭력·잔인·적의를 사랑하는 마음이다. 선한 사람들이 신 또는 어떤 합법적 권위에 복종해 전쟁을 수행하는 것은 대체로 이런 악을 징벌하기 위해서였다. 따라서 각각의 원정을 위한 주장은 반드시 정당한 것이어야 했으며, 교황의 일반 서신의 특징은 이를 가능한 한 설득력 있게 논증하는 데 주의를 기울였다는 점이다. 레반트, 북아프리카, 스페인에 대한 원정은 현존하는 이슬람교도의 공격에 대한 대응, 혹은 과거에 부당하게 빼앗긴 기독교도 영토를 회복하기 위한 시도로 정당화될 수 있었다.[29]

그러나 모두가 정의롭고 이타적인 것은 아니었다. 또다른 형태의 사랑, 곧 영원한 자기 보존에 대한 사랑이 십자가를 진 자들에게 동기를 부여했다.• 교황 우르바누스 2세는 클레르몽 공의회에서 이렇게 선언했다. “명예나 돈을 얻으려는 것이 아니라, 순전히 신앙심을 위해 예루살렘의 하느님의 교회를 해방하려 나서는 자는 그 여정으로 모든 참회를 대신할 수 있을 것이다.”[30] 현대 서방 사람들이 이 의미를 제대로 이해하기란 거의 불가능하다. 중세의 기독교도, 가톨릭 및 정교회 신자들은 죄를 진심으로 믿었다. 그들은 자기 행위의 문제점에 대해 늘 생각

• 십자군 원정은 개인에게 있어서 단순히 하느님을 위해 싸우거나 교회와 기독교를 위해 봉사하는 것만을 의미하지 않았다. 무엇보다 중요한 것은 자기 자신에게 이익이 되는 일이었는데, 이는 곧 자신을 성화(聖化)하는 행위에 참여하는 것이었기 때문이다(Riley-Smith 2008, 33).

했고, 자신의 영적 안녕이 긍정적인 행위에 달려 있다고 확신했다.[31]

현세에서 느낄 수 있는 어떤 감각보다 훨씬 큰 고통이 따르는 영원한 형벌에 대한 상상은 널리 퍼져 있었고, 강력했다. 지옥의 고통이 물리적으로 실재한다는 믿음은 순례나 십자군 원정과 같은 참회 행위 또한 마땅히 인내와 고난을 수반해야 한다는 생각을 강화시켰다. 인간의 현세의 행위가 그의 영원한 운명에 영향을 미친다는 생각은 십자군 이데올로기의 핵심적인 부분이었다.[32]

또 한 가지 관련된 혜택이 있었다. 서방 기사들은 동료 기독교도 기사를 상대로 폭력을 행사함으로써 끊임없이 죄를 짓고 있었다. 그들의 문화는 전투 중심이었고, 전쟁 속에서 태어나고 자랐으며, 그것이 그들이 잘하는 일이자 아마도 좋아하는 일이기도 했다. 그러나 일부는 예수의 사랑과 평화의 명령을 어긴다는 죄책감에 늘 시달리고 있었다. 자신의 짧은 생에 제1차 십자군에서 세운 공적이 이미 찬양받았던 젊은 노르만인 기사 탱크레아우스Tancred(1075~1112)의 경우가 이를 잘 보여준다. 그의 친구 캉의 라울Raoul de Caen은 그가 군인으로서의 기질을 예수에 대한 신앙과 조화시키려 애쓰면서 겪은 내적 혼란을 기록했다. 이 문제는 클레르몽에서 해결됐다.

성장기에 그는 무기 다루는 솜씨에서 청년들을 능가했고, 행실의 진지함에서는 노인들을 뛰어넘었다. 하느님의 계명을 꼼꼼하게 공부한 그는 자신이 들은 것을 실천하는 데 힘썼다. 그는 누구든 남을 비난하는 것은 잘못이라고 여겼다. 상대가 자신을 비난하는 경우라도 마찬가지였다. 그는 수면보다 철야를, 휴식보다 노동을, 포만보다 굶주림을, 쾌락보다 고난을, 사치보다 필수품을 택했다. 젊은 그의 마음을 움직이는 것은 명예와 영광뿐이었다. 그러나 그가 명예를 얻을 수 있게 한 행적은 동시에 그를 깊고도 파괴적인 분위기 속에 빠뜨렸다. 그는 자기 피도, 적의 피도 아끼지 않았기 때문이다. 그는 이런 점을 마음속으로 곰곰이 생각하면서 불안감이 타올랐다. 자신의 군사적 행위가 주님의 명령과 충돌함을 알았기 때문이다. 주님은 한쪽 뺨을 치면 다른 쪽도 돌려대라고 명령하셨지만, 군인의 삶은 친족의 피조차 용납하지 않았다. 주님은 겉옷을 달라는 자에게 속옷까지 주라 하셨지만, 군사적 필요는 그것들은 물론 그밖에 다른 모든 것들까지 약탈하도록 요구했다. 이 현명한 사람(탱크레아우스)이 잠시라도 쉴 수 있는 때가 되면, 그의 두 소명 사이의 대립이 용감성을 약화시켰다. 그러나 교황 우르바누스 2세가 선언을 통해 이슬람교도를 상대로 싸우는 모든 기독교도에게 죄의 사면을 약속한 후 그의 기운은 무기력에서 깨어난 듯 힘이 회복되고, 눈이 떠지고, 용기가 배가됐다. 이미 말했듯이 이전에는 그의 마음이 두 갈래여서 어느 쪽을 따를 것인지 불확실했다. 복음을 따를 것인가, 세상을 따를 것인가? 그러나 이제 그의 군인으로서의 능력이 주님을 섬기는 데로 향하면서, 싸움에 나서는 두 가지 이유가 그에게 놀랄 만큼 큰 열정을 불러일으켰다.[33]

우르바누스 2세는 서방 기사들의 타고난 전투적 기질을 잘 알고 있었기 때문에,● 그것을 발휘할 수 있는 적절한 방법을 그들에게 제시했

다. "같은 기독교 신자들과 낭비적인 사적 전쟁을 벌여온 자들은 이제 이교도들과 싸우라. 이교도들에게로 나아가 가치가 있는 싸움을 벌이고, 승리로 마무리를 지으라. 지금까지 약탈자 노릇을 하던 자들은 그리스도의 군사가 되어라. 형제 및 친족들과 다투던 자들은 야만인들과 정당하게 싸우라."[34] 요컨대 "지옥의 군사들이여, 살아 계신 하느님의 군사가 되라!"는 뜻이었다.[35]

십자군의 '고난의 길'

제1차 십자군은 기독교 세계 곳곳에서 모여든 대중 운동으로 발전했기 때문에, 서로 다른 집단이 서로 다른 시점에 출정했다. 오늘날의 기준으로는 광신이라 할 수 있는 '신앙'으로 무장한 남녀와 아이들을 포함한 많은 열광적인 농민들이 가장 먼저 떠났다. 이러한 민중 십자군(또는 인민 십자군)은 흔히 재앙적 결말을 맞이했다. 카리스마 있는 설교자인 '은둔자' 피에르와 약 2만 명의 행군 농민들은 1096년 말 콘스탄티노플에 도착했다. 이 초라한 무리를 불쌍히 여기고 또한 신앙만으로는 튀르크인들에 맞서기에 부족하다는 사실을 알았던 황제 알렉시오스 1세는 그들에게 십자군 기사들이 도착할 때까지 기다리라고 권했다. 그러나 민중은 이를 거부하고 콘스탄티노플과 이슬람 세력이 점령한 소아시

정착시키려 시도해 왔다. 많은 귀족들은 단지 이기기 위해, 심지어 친구들과도 전쟁을 하려 했다. 결국 전쟁은 그들이 어린 시절부터 매일같이 훈련해 온 것이었다(Stark 2009, 4).

아 사이의 마지막 수로 방벽인 다르다넬스 해협을 건넜다.

니케아 내륙에 상륙한 그들은 "튀르크인의 매복에 빠져 비참하게 살육되었다"라고 알렉시오스 1세의 딸 안나 콤니니Anna Komnene 공주는 회상한다. "수많은 켈트인과 노르만인이 이스마엘 자손의 칼에 쓰러졌고, 그들은 여기저기 널린 죽은 자들의 유해를 모아 쌓아 올렸다. 나는 그것을 높은 산등성이나 언덕, 봉우리라고 부르지는 않겠지만 상당한 높이와 깊이, 너비의 산과 같았다. 뼈의 무더기는 매우 거대했다."[36]

포로가 된 자들은 또다른 시련을 겪었다. "어떤 포로들은 신앙을 추궁당하며 그리스도를 버리라는 명령을 받았지만, 그들은 굳센 마음과 목소리로 그리스도를 고백하다가 목이 베였다"라고 노장의 기베르Guibert de Nogent(1054~1124)는 썼다. 그러나 살아남은 이들(대개 젊고 용모가 준수한 자들)의 운명은 더욱 비참했다.

> 튀르크인들은 포로 일부를 자기네끼리 나누어 가진 후 더 고통스러운 죽음을 위해 이들을 살려주었고, 포로들은 잔혹한 주인의 손에 맡겨져 비참한 노예 생활을 해야 했다. 공개 석상에서 표적처럼 세워져 화살받이가 되거나 선물로 다른 곳에 보내졌으며, 아예 노예로 팔려 … 호라산이나 안타키아로 끌려가 그곳에서 상상할 수 있는 가장 악랄한 주인 밑에서 비참한 노예 생활을 해야 했다. 이들은 칼날에 신속하게 목이 잘린 자들보다 훨씬 길고 고통스러운 고문을 겪어야 했다.[37]

소아시아의 이슬람 영주들은 크게 비웃었을 것이다. 만지케르트 전투 이후 아나톨리아의 토착 기독교도 주민이 몰살당했는데, 이제는 외지에서 온 기독교도들이 같은 일을 당하러 곧장 이슬람교도들에게로 행군해 온 것이었다.

1년 뒤인 1097년, 십자군 의용대가 콘스탄티노플에 도착하기 시작했다. 알렉시오스 1세는 그들을 비교적 잘 대접한 후, 바다 건너 '사자 굴'로 보냈다. 건너편에 도착한 십자군은 참혹한 광경을 목격했다. "아아! 니코메디아 너머 바다 부근에 수많은 죽은 자들의 잘린 머리와 뼈들이 널려 있음을 우리는 발견했다"라고 푸셰는 썼다. 그들은 민중 십자군의 유해를 발견하고 "이 광경에 우리는 불쌍한 마음이 들어 그곳에서 많은 눈물을 흘렸다"고 전한다.[38]

서방 기사들은 애도를 표한 후 이제 셀주크 왕조의 수도가 된 니케아 성벽을 매섭게 포위했다. 한 달 뒤인 1097년 6월 19일, 니케아는 항복했다. 중무장한 서방 기사들로 인한 것이 아닌 자신의 군대를 이끌고 그들을 뒤따라 온, 보다 외교적인 황제 알렉시오스 1세에게 항복한 것이었다. 이후 십자군은 아나톨리아를 통과해 남쪽으로 계속 행군했다. 전설적인 인물로 여겨질 만큼 거대한 존재감을 지닌 노르만인 보에몽 Bohemond[•]과 앞서 이야기한 그의 생질 탱크레아우스가 선봉을 이끌었다. 그리고 카롤루스 마그누스의 후손이자 부용의 영주인 고드프루아와, 툴루즈 백작으로 스페인에서 이슬람교도와의 오랜 전투 경험을 지닌 레몽 4세가 후방을 맡았다. 그런데 갑자기 매복했던 약 3만 명의 이

[•] 보에몽에 대한 동로마 공주 안나 콤니니의 생생한 묘사는 전할 만하다. "눈으로 보기에 경이로운 존재였으며, 그의 명성은 엄청났다. 그는 키가 가장 큰 자보다 거의 50센티미터 더 컸고, 허리와 엉덩이는 잘록했으며, 어깨는 넓고 가슴은 깊었으며, 팔은 힘찼다. 이 남자에게는 일정한 매력이 감돌았으나 전체적으로 무서운 인상이 그것을 다소 흐려놓았다"(Ross 1977, 325).

슬람교도 기병이 보에몽을 공격했다. 니케아의 복수를 위한 것이었다. 그곳 도릴라이움에서 서방 사람들은 처음으로 유목민과의 실전을 맛보았다. 푸셰는 이렇게 썼다. "튀르크인들은 무기를 부딪치고 괴성을 지르면서[●] 맹렬히 화살 비를 퍼부었다. 우리는 아찔해져서 거의 죽을 지경이 됐고, 많은 이들이 부상을 당하자 곧바로 등을 돌려 도망쳤다. 그런 전투 방식은 누구에게도 낯설었기에 달아난 것은 놀랄 일이 아니었다."[39]

보에몽은 후방의 고드프루아와 레몽 4세에게 전령을 보냈다. "튀르크인들과의 전투가 어떻게 시작되는지 보고 싶다면 빨리 오라고 하라. 그들이 원하는 것이 바로 지금 벌어지고 있다." 그들은 달려왔다. 그리고 "병사들이 적군을 마주한 후, 그들은 도대체 어디서 저토록 끝없는 수의 병력이 나타나는 건지 의문스러워했다. 그중에서 특히 튀르크인, 아라비아인, 사라센인이 눈에 띄었다"라고 기베르는 썼다. 이슬람교도들은 새로 온 오만한 무리를 몰살하려 했다. 십자군 지휘관들은 병사들을 독려했다. "너희 마음과 몸을 주님에 대한 믿음에 맡기고, 인간이라 할 수도 없는 이 하찮은 것들에 맞서 무기를 들어라!" 사기가 오른 십자군은 질서정연하게 전열을 가다듬고 전투를 개시했다. 이제 이슬람교도들이 서방식 전투에 익숙해질 차례였다. 중기병의 돌격에 충격을 받고 겁을 낸 그들은 압도적인 수에도 불구하고 달아났다. 이 전투로 양측 합쳐 수천 명이 전사했다.[40]

● 노장의 기베르는 "그들은 끔찍한 억양으로 호전적인 전쟁 구호를 외쳤다"라고 기록했다. 이는 분명히 옛 지하드 전투 구호 "알라후 아크바르"를 가리키는 것으로 보이는데, 이 구호는 당시 서방인의 귀에는 전혀 알아들을 수 없는 것이었다(2008, 58).

튀르크인들과 프랑크인들은 결국 서로의 무기와 전투 방식을 잘 알게 됐다. 튀르크인들은 여전히 활과 말이 핵심이었다. 다음 기록은 수십 년 뒤에 벌어진 교전을 묘사하고 있지만, 제1차 십자군이 경험했음 직한 것을 잘 반영하고 있다. "튀르크인들은 하늘이 어두워질 정도로 빠르게 우리 쪽을 향해 화살을 퍼부었는데, 그것은 비나 우박보다도 심했다. 그래서 우리 쪽에서는 많은 사상자가 났다. 첫 번째 무리가 화살을 다 쏘고 화살통을 비우자 두 번째 물결인 더 많은 기병이 몰려와 믿을 수 없을 만큼 빠른 속도로 활을 쏘기 시작했다."[41] 이슬람 사료들 또한 화살의 '구름' 또는 '소나기'에 의해 십자군 진영에서 일어난 파괴를 자랑한다.[42] 한 기록에는 "불에 탄 프랑크인의 시체 한 구에서만 40개가 넘는 화살이 발견됐다"고 했으며, 다른 기록은 "죽은 말들이 고슴도치처럼 화살로 뒤덮여 있었다"고 전한다.[43]

그럼에도 불구하고 기사 대 기사, 보병 대 보병으로 맞붙는 백병전에서는 유럽인과 동로마인들이 튀르크인들보다 우세했다.[44] 이슬람교도들도 이 점을 인정했다.• 그들에게 서방 기사들은 두려움 없는 강철의 산과도 같았고, '아드인(《코란》에 언급된 아라비아인으로, 키가 크고 억센 사람들)의 후예'이거나 인간이 아닌 존재로 여겨졌다. 그들은 단단하고 넓은

• 우사마 이븐 문키드(Usamah ibn Munqidh, 1095~1188)는 어느 날 아라비아 전사 여덟 명을 우연히 만난 한 십자군 기사 이야기를 전한다. 기사는 낙타를 내놓으라고 요구했고, 그들은 거절하며 조롱했다. 기사는 상대 네 명을 차례차례 죽이거나 무력화시켰다. 그러고 나서 다시 남은 네 명에게 낙타를 내놓으라고 했다. "그러지 않으면 너희를 몰살시키겠다!" 이슬람교도들은 그가 눈앞에서 낙타 네 마리를 잡아채어 끌고 가는데도 속수무책으로 서 있었다. "우리는 그를 어찌할 수 없었기 때문이다. 그렇게 그는 전리품을 가지고 돌아갔다. 우리는 여덟 명이고 그는 오로지 혼자였는데도 말이다."(Wheatcroft 2005, 168).

촉을 가진 창이나 단련된 강철로 만든 투창을 들고 있었다.[45]

도릴라이움 전투 이후 십자군은 거의 저항을 받지 않은 채 석 달 동안 행군해 안타키아에 도착했다. 그러나 튀르크인들이 실패한 곳에서 자연이 대신 그들을 압박했다. 굶주림, 갈증, 질병, 탈진, 정신착란이 행군하는 전사를 괴롭혔고, 많은 이들이 죽었다. 이에 "오솔길, 평원, 숲에서 우리 순례자들이 묻힌 많은 공동묘지를 볼 수 있다"고 기록은 전한다.[46] 일부는 여정을 포기했으나, 다른 이들은 끝까지 버텼다.

토착 동방 기독교도들은 십자가를 새긴 채 예수의 적과 싸우고, 그들을 죽이기 위해 온 외국 거인들을 보고 놀라워했다. "우리가 아르메니아인들의 마을을 지나갈 때, 그들이 십자가와 깃발을 들고 우리에게로 와서 하느님의 사랑을 위해 가장 겸손하게 우리의 발과 옷자락에 입을 맞추는 광경을 보는 것은 놀라운 일이었다. 그들은 튀르크인들의 오랜 억압으로부터 우리가 자신들을 지켜줄 것이라고 들었기 때문이다"라고 푸셰는 기록했다.[47] 이러한 환대는 여러 차례 반복됐다.*

'기독교도'라는 이름이 태어난 곳, 안타키아

1097년 10월, 십자군은 안타키아 성벽을 포위하고 있었다. 이전에 기독교 세계에서 가장 오래되고 큰 도시 가운데 하나였던 안타키아는 이

---

* 또한 "기독교도들(분명히 그리스인과 시리아인이다)이 프랑크인들이 도착한 것을 알았을 때, 그들은 특히 큰 기쁨으로 가득 찼다"(Peters 1971, 72; Stark 2009, 153; Rubenstein 2008, 117).

제 허울에 불과했다. 튀르크인 통치자 야기 시얀Yaghi Siyan은 오랫동안 기독교도 딤미들을 억압해 왔다. 지즈야 세금 증액을 요구하고 때때로 박해를 가했으며, 기독교도들을 죽이겠다고 위협하며 이슬람교로 개종하도록 강요하고, 안타키아의 중심 대성당을 마구간으로 바꾸어버렸다.[48] 십자군이 다가오고 있다는 것을 안 야기 시얀은 기독교도 남성들을 속여 내보내고 성문을 닫아걸었는데, 이는 그들이 포위전 중 배신할까 두려워서였다. 남자들이 성 안으로 들어가 아내와 자녀를 돌보게 해달라고 간청하자, 야기 시얀은 자기가 직접 돌보겠다고 약속했다.

이것이 이슬람교도 쪽 기록이다. 샤르트르의 푸세는 다른 이야기를 전한다. "아아! 성 안에 살던 그리스인, 시리아인, 아르메니아인 등 많은 기독교도들이 광분한 튀르크인들에게 살해됐다. 그들은 프랑크인들이 지켜보는 가운데, 살해당한 자들의 머리를 투석기와 무릿매로 성벽 밖으로 던졌다. 이는 특히 우리 민족을 슬프게 했다."[49]

유럽 전사 귀족들은 보복하는 것을 주저하지 않았기 때문에 이에 대한 대응으로 보에몽은 자신이 붙잡은 이슬람교도들을 도시 성문 앞으로 끌고 왔고, 지켜보는 시민들을 공포에 떨게 만들기 위해 그들의 목을 베라고 명령하고, 잘린 머리를 성벽 너머로 쏘아 보내게 했다. 유럽 연대기 작가들은 이러한 공포 전술에 누가 의존했고, 그것을 완벽히 다듬었는지를 정확히 알고 있었다. 이슬람교도 기병대가 돌격해 왔다가 전멸당한 뒤 "프랑크인들은 전사한 자들 가운데 100명의 머리를 베고 안타키아 성벽 앞에 걸어두어 포위된 튀르크인들이 보게 했다"라고 노장의 기베르는 말한 뒤 "이것은 물론 이슬람교도의 풍습으로, 참수한 머리를 간직하고 그것을 승리의 표시로 전시하는 것이었다"라고 덧붙였다.[50]

포위전이 시작된 지 여덟 달이 지나도록 안타키아는 여전히 십자군에 저항했다. 십자군은 오래전에 식량을 다 소진해 이제 굶주림에 시달리며 개, 쥐, 엉겅퀴까지 먹는 지경이었다. 또한 지중해 지역은 온화하다는 소문과 달리 혹독한 겨울이 닥쳐왔다. 결국 구원은 배신을 통해 찾아왔다. 분명히 야기 시얀의 박해 속에 이슬람교로 개종한 아르메니아 기독교도 출신이었을 것으로 보이는 한 이슬람교도 망루 조장이 보에몽과 거래를 한 것이다. 기독교로 다시 개종하는 것도 조건 가운데 하나였다.

6월 3일, 쇠약해진 유럽인들은 밤의 어둠 속에서 은밀히 성 안으로 들어가 안타키아 거리에서 미친 듯이 날뛰며 눈에 띄는 사람은 누구든 무차별 학살을 벌였다. 그들은 포위전 중 감내해야 했던 고생을 되새기며, 지금 자신들이 내리치는 칼날은 자기네가 겪었던 죽음보다 쓰라린 굶주림에는 비할 수 없다고 생각했기 때문이다.[51] 그 결과는 지난 수십 년 동안 튀르크인들이 아나톨리아와 아르메니아 전역의 기독교도 도시들에 가했던 것과 다르지 않은 피의 대학살이었다. 한 목격자는 이렇게 기록했다. "도시 각처의 모든 거리가 시체로 가득 차서 악취 때문에 아무도 그곳에 머물 수 없었으며, 죽은 자들의 시체를 밟지 않으면 누구도 도시의 좁은 길을 따라 걸어갈 수 없었다."[52] 야기 시얀을 포함한 일부 이슬람교도는 탈출에 성공했으나, 지역 기독교도들이 그를 추적해 죽이고 옛 박해자의 머리를 잘라 보에몽에게 가져왔다. 이 무렵 보에몽의 깃발은 이미 안타키아에 확고히 꽂혀 있었다.

바로 다음날, 모술의 아타베그atabeg, 즉 튀르크 군주인 카르부가Kerbogha가 약 3만 5천 명의 전투병과 수행원으로 이루어진 대규모 구원군을 이끌고 도착했다. 두려움에 빠진 유럽인들은 이를 '말 위에 올라 탄 화려한 도시'라고 묘사했다. 안타키아는 금세 봉쇄됐고, 어제까지 포위자였던 십자군은 이제 포위당하는 처지가 됐다. 설상가상으로 또다시 기근이 닥쳤고, 십자군이 안타키아를 점령했을 때는 비축물을 포위당한 이슬람교도들이 거의 소비해 버린 상태였다. 갇힌 십자군들은 다시 오물을 먹고 신발을 씹으며 말의 피를 마시는 처지가 됐다.

수천 킬로미터를 행군하며 수많은 고난을 겪은 뒤에도 그들은 안타키아의 해방을 기뻐하거나 그곳에서 기운을 회복할 단 하루조차 허락받지 못했다. 신은 그들 편이 아니었을까? 이는 인간의 영혼을 시험하는 시기였다. 사기는 바닥을 쳤고, 그것은 십자군과 함께 있지는 않았으나 그들의 곤경을 전해들은 보에몽의 동생 기Guy의 탄식 속에 잘 포착돼 있다.

전능하신 하느님. 판단이 결코 그르지 않으시며 불의한 자가 의로운 자에게 승리하는 것을 결코 허락지 않으시는 분이시여. 어찌하여 당신은 당신을 사랑해 날마다 스스로를 고통과 죽음에 내맡긴 이들을 버리셨습니까? 이들은 친척과 아내와 자식, 가장 큰 명예와 고향을 버렸거늘, 어찌하여 이들을 보호해주시는 도움 없이 가증스러운 자들의 칼날에 베이도록 내버려 두셨습니까? 그렇지만 그래도 좋습니다. 아마도 당신은 이들이 당신을 위해 죽기를 원하셨을 것이며, 그들에게 영광과 명예의 관을 씌우실 것입니다. 그러나 당신은 온 기독교 세계를 절망과 불신의 나락에 빠뜨리셨고, 당신의 백성에 대해 무자비한 공격을 퍼붓도록 가장 악한 자들을 자극하셨습니다. 이제부터는 그 누구도 당신에게서 대단한 것을 기대하지 않을 것이니, 다른 누구보다도 당신이 소중하다고 믿었던 이들이 이런 하찮은 운명에 내던져졌기 때문입니다. 그러니 오, 지극히 은혜로우신 분이여. 이제부터 그들이 무슨 이유로 당신을 부르겠나이까? 당신의 백성이 그러한 죽음을 예상할 터인데 말입니다.[53]

십자군은 굶주리고 절망에 빠지고 수적으로도 열세였으므로, 할 수 있는 일이라고는 성 밖으로 출격해 자신들을 포위한 대군과 맞서 싸우는 것뿐이었다. 그러나 그 전에 마지막 노력으로 당시 기독교도와 이슬람교도 사이를 생각할 때 별로 성과를 기대할 수는 없었지만, '대화'를 시도했다.

한때 민중 십자군의 지도자로 학살에서 살아남아 탈주했다가 나중에 본대에 합류한 '은둔자' 피에르는 소환돼 기독교도들이 안타키아를 점유하는 것은 정당하지만, 이슬람교도들이 점유하는 것은 왜 정당하지 않은지 '정당한 전쟁' 이론에 따라 비천한 튀르크인 무리에게 설명하라는 명을 받았다. 피에르는 대표단과 통역을 대동하고 출발했다. 카르부가 앞에 나간 '은둔자'는 이렇게 이야기를 시작했다.

우리 지도자들과 장로들은 너희가 대담하고도 오만하게 기독교도의 땅에 들어온 것에 크게 놀라워한다. 우리는 너희가 여기 온 이유가 아마도 기독교도가 되고 싶어서라고 생각하며, 그렇게 믿는다. 아니면 가능한 모든 방식으로 기독교도들에게 해를 끼치고 싶어서 왔을 수도 있다. 어쨌든 우리의 지도자들은 너희에게 당장 하느님의 땅이자 기독교도의 땅을 떠나라고 요구한다. 그렇게 한다면 그분들은 너희가 모든 소유물을 가져가는 것을 허락할 것이다.[54]

이슬람교도는 격분했다. "우리는 너희의 신도 원치 않고, 너희의 기독교도 바라지 않는다. 우리는 그것들과 너희 모두에게 침을 뱉노라!" 그리고 '알왈라 왈바라'(충성과 거부) 같은, 전쟁이 언제 정당화되고 정당화되지 않는지에 관한 이슬람교의 개념들을 잔뜩 담은 폭언과 함께 이렇게 이어갔다.

당장 돌아가서 네 장로들에게 전하라. 만약 그들이 모든 면에서 튀르크인(가톨릭교도 작가들에게는 '이슬람교도'와 동의어다)이 되기를 원하고, 너희가 복종해 섬기는 너희의 신을 버리고 율법을 폐기하기를 원한다면 우리는 그들에게 이 땅은 물론, 우리의 땅에서 도시와 성채까지 더해 넉넉히 줄 것이다. 너희 모두는 기사가 되어 우리처럼 될 것이고, 우리는 너희를 항상 가장 가까운 친구로 대할 것이다. 그러나 그렇지 않다면 모두 죽음의 형벌을 받게 될 것임을 알라. 혹은 호라산으로 끌려가 그곳에서 우리와 우리 자손들의 노예로 영원히 살아야 할 것이다.[55]

피에르는 안타키아로 돌아와 그 말을 전했다. 전쟁은 피할 수 없었다. 그러나 먼저 사흘 동안 단식하라는 명령이 내려졌다. 남아 있던 얼마 되지 않는 음식은 말들에게 주어졌다. 이어 귀족과 평민을 가리지 않고 모두가 "맨발로 울고 가슴을 치며 너무나 비통해 아비는 아들을 반기지 않고, 형은 아우를 바라보지 않으며 도시 광장을 행진하면서 교회마다 들러 하느님의 도움을 구했다"라고 훗날 군대와 함께 싸우게 되는 아길레르의 레몽Raymond d'Aguilers은 기록했다. 1098년 6월 28일 아침, 모두가 성찬을 받은 후 하느님께서 원하신다면 그분을 위해 죽겠다고 다짐하며 자신을 바쳤다.[56] 이윽고 안타키아를 지킬 200명을 제외한 십자군 전 병력인 약 2만 명의 기사가 성문 밖으로 쏟아져 나왔다.

지나치게 자신만만했던 카르부가는 자신의 천막에서 장기를 두며 시간을 때우고 있다가 불의의 습격을 당했다. 그는 "프랑크인의 수가 적고, 나를 상대로 싸우려 하지 않을 거라 하지 않았느냐?"라며 부하를 꾸짖었다. 곧 격렬한 전투가 벌어졌다. 이슬람군은 자신들이 가진 모든 것을 십자군에게 쏟아 부었고, 심지어 불까지 동원했다. 필사적인 기사들은 거센 분노를 품고 싸웠다. 기록에 따르면 기사들은 호저처럼 화살, 표창, 투창이 온몸에 박혔지만, 그래도 전진하며 맹렬히 싸웠다.[57] 그들의 규율과 질서정연함, 놀라울 만큼 단단한 대형은 결국 표창으로 적을 압도하는 데 익숙했던 이슬람 기병들을 공포에 몰아넣었고, 그들은 일제히 퇴각했다. 그뒤에 벌어진 광경은 366년 전 투르에서 이슬람 교도와 프랑크가 처음 격돌했을 때를 방불케 했다. 십자군은 그곳에서 밤을 보냈고, 계속 경계하며 잘 방비했다. 왜냐하면 다음날 사라센군이 다시 싸움을 걸어올 것이라 생각했기 때문이다. 그러나 사라센들은 극도의 두려움에 사로잡혀 그날 밤 달아나 버렸다. 이에 카를 마르텔의 후손들은 놀라움 속에 안도감을 느꼈다.[58]

모든 중세 연대기 작가들은 이 승리를 기적으로 묘사한다. 기독교 전사의 수호성인 게오르기우스가 이끄는 천사의 무리가 기사들과 함께 싸우는 모습이 많은 이에게 목격되었다는 것이다. 이러한 환상을 어떻게 해석하든 간에 변치 않는 사실이 있다. 현대의 군사사가들은 프랑크인들의 승리를 좀더 합리적으로 설명하려 애써 왔으나, 이 일은 쉽지 않다. 어떻게 그렇게 지치고 굶주린 십자군이 수적으로 우세하고 잘 먹

고 잘 쉰 적군을 물리칠 수 있었단 말인가?[59] 심지어 일부 이슬람교도
들도 좌절감에 이를 갈았다. 역사가 이븐 알아시르는 분개해서 이렇게
적었다. "이슬람군은 단 한 번의 공격도 못하고, 단 한 발의 화살도 쏘지
못한 채 완전히 무너졌다. 오직 성지에서 온 전사 부대만이 완강히 버
텼다. 그들은 알라의 눈앞에서 공을 세우고 순교하기 위해 싸웠다. 프
랑크인들은 그들 수천 명을 학살하고, 그들의 진영에서 먹을거리와 재
물, 장비, 말, 무기를 탈취해 그것으로 스스로 다시 무장했다."[60] 이에 따
라 안타키아는 십자군 전승에서 중요한 자리를 차지하게 됐다.

십자군은 그해 남은 기간 내내 이 옛 기독교도 도시에서 머물며 회복
했다. 그들은 교황 우르바누스 2세에게 편지를 보내 자신들의 고난과
승리를 이야기하고 그를 안타키아로 초청했으며, "기독교도라는 이름
이 처음으로 사용된 곳이 바로 여기"라고 강조했다.[61]

한편 기독교 이교도들을 늘 발아래에 두는 데 익숙했던 이슬람교도
상류층들은 화가 나서 씩씩댔다. 먼 페르시아 궁정의 세련된 시인이었
던 무잇지Mu'izzi조차도 이때는 위대한 술탄 무함마드(알프 아르슬란)의
손자에게 이 지역에서 기독교의 흔적을 하나도 남기지 말고 뿌리 뽑으
라고 선동하려 했다. "오, 가지ghazi 왕이시여(가지라는 말과 그 관련어에 대
한 논의는 320쪽 가즈와에 관한 각주 참조), 아라비아 종교(이슬람교)를 위해
시리아 땅에서 총대주교와 주교들을 몰아내고, 룸(아나톨리아) 땅에서
사제와 수도사들을 몰아내는 것은 의무입니다. 왕께서는 저 저주받은
개들과 한심한 존재들을 죽여야 하며, 프랑크족을 포로로 잡아 그들의
목을 베어야 합니다. 또한 왕께서는 사막에서 프랑크족의 머리로 폴로
공을 만들고, 그들의 손과 발로 폴로 채를 만들어야 합니다."[62]

임무 완수

십자군의 상당수는 이미 기아나 적의 손에 죽었고, 일부는 보에몽의 지배하에 안타키아에 남아 있었다. 나머지 사람들은 1099년 초 마침내 최종 목적지인 예루살렘을 향해 행군을 재개했다. 가는 도중에 그들은 시리아 북부의 바라라는 도시를 점령했는데, 주민을 학살해 도시를 완전히 비워버렸다. 이어 그들은 마라(혹은 마아라트안누만)에 도착해 포위했으나 성은 좀처럼 함락되지 않았다. 시간이 지나면서 굶주림, 탈수와 함께 시리아의 태양이 그들을 안타키아에서보다 더 심하게 괴롭혔다. 곧 잔혹한 절망감이 십자군을 덮쳤다. 샤르트르의 푸셰는 이렇게 고백했다. "말하기도 떨리지만, 우리 병사 가운데 많은 이들이 과도한 굶주림에 따른 광기에 시달려 그곳에서 이미 죽은 사라센인의 시신 엉덩이에서 살점을 잘라내 불에 다 익기도 전에 야만적인 입으로 그것을 먹었다. 이렇게 포위한 자들이 도리어 포위당한 자들보다 더 큰 고통을 겪었다."[63]

마침내 그들이 마라의 성벽을 기어올랐을 때 이미 미쳐버린 십자군은 사람이라기보다 짐승 같았다. 이븐 알아시르에 따르면 "그들이 도시에 모습을 드러내자 이슬람교도들은 공포에 질려 집 안에 틀어박혔다. 사흘 동안 학살은 멈추지 않았고, 프랑크인들은 10만 명이 넘는 사람을 죽이고 수많은 포로를 사로잡았다."[64] 십자군은 마라에서 한 달 동안 머물며 회복한 뒤 여정의 마지막 단계를 시작했다.

드디어 1099년 6월 7일, 원래의 수에 비하면 이제 극소수만 남은 십자군이 예루살렘 성벽 앞에 섰다. 그들은 기쁨의 눈물을 흘리며 지체

없이 성을 포위했다. 그러나 성은 굳게 버텼다. 이슬람교도들이 이미 지역의 우물에 독을 풀거나 막아버려 갈증이 심했고, 분노도 치솟았다. 결국 서방 사람들은 7월 14일 총공격을 감행하기로 합의했다. 그리고 그날이 오기 전에 어떤 성직자의 조언에 따라 십자군은 금식과 끊임없는 헌신의 기도라는 고통스러운 절차에 매달렸다.[65] 성벽 위 이슬람 수비대는 십자군을 보면서 놀라움을 금치 못했다. 자신들을 포위한 지 얼마 되지 않은 군대가 맨발의 대규모 비무장 행렬이 돼 있었다. 기사들은 십자가를 높이 들고 예루살렘 성 주위를 행진했다. 이는 고대 히브리인들이 여리고 성을 돈 뒤에 신이 이 성을 그들에게 내주었던 일을 의식적으로 모방한 것이었다. 이어 그들은 감람산에 모여 감동적인 설교를 들었다.

이슬람교도들은 안전한 성 안에서 그들을 조롱했다. 그리고 활을 쏘아 몇몇이 행진 중에 죽었다. 성벽 위 사라센인들은 기독교도들을 더욱 화나게 하려고 십자가를 조롱하고 모욕했다고 한 동시대인은 기록한다.● "그들은 십자가에 침을 뱉었고, 모두가 보는 앞에서 거기에 오줌을 갈기기까지 했다." 400여 년 전 시나이의 아나스타시우스 성인은 침략한 아라비아인들이 기독교의 상징과 성례를 모독해 그들을 '악마의 친구들'이라 불렀듯이, 이제 도시 안에서 그들을 조롱한 적들 역시 주인보다 열등하고 약한 악마들의 수족으로 간주됐다. 십자군은 그 모독

● 이슬람교도가 기독교의 상징, 특히 십자가를 끊임없이 경멸하는 태도는 사료 속에서 반복적으로 나타난다. 또다른 사례를 보면 "이슬람교도들은 이콘을 모욕적인 용도로 사용하고, 성화들을 여러 가지 방식으로 모욕했으며, 십자가를 당나귀 꼬리에 매달아 거리를 끌고 다녔다. 붙잡힌 기독교도 어린이들은 이슬람교로 개종하게 하고 십자가에 침을 뱉도록 가르쳤다"(Daniel 1962, 111).

을 무시하고 "오늘까지도 이 도시에서 추방되고 십자가에 못 박히신 그리스도를 생각하라"라는 권고를 받았다.[66]

7월 13~14일 밤, 성에 대한 마지막 공격이 시작됐다. "이쪽은 그들의 하느님에 대한 사랑을 위해 자발적으로 나서 도시를 빼앗으려 했고, 저쪽은 무함마드의 율법 때문에 강제적으로 저항에 나섰다"라고 아길레르의 레몽은 썼다.[67] 공성탑이 성벽의 여러 전략 지점에 배치됐다. 고드프루아는 탑 꼭대기에 올라 석궁을 쏘아 방어자들에게 큰 손실을 입혔으며, 그의 공성탑에 있던 병사들이 성벽 한쪽 부분을 점령하자 그곳에서 곧바로 공격용 사다리가 내려져 십자군이 줄줄이 성을 기어올랐다. 그중 일부는 성문까지 길을 뚫고 문을 열어 바깥의 주력군을 불러들였다. 그들은 격렬하게 도시를 덮쳐 눈에 띄는 모든 사람을 도륙했는데, 대다수는 이슬람교도와 유대인이었지만 일부 토착 기독교도도 있었다(토착 기독교도 대부분은 안타키아의 경우와 마찬가지로 포위 전에 도시에서 추방된 사람들이었다).[68]

가장 먼저 돌입한 사람들 가운데 하나였던 젊은 탱크레아우스는 길을 뚫고 나아가 '바위의 돔' 신전에 도달했다. 그곳은 예수의 무덤을 내려다보는 높은 위치에 지어진 것으로, 기독교의 진실을 공격하는 《코란》 구절로 장식된 이슬람교당이었다. 출입구는 철로 만들어져 견고하고 튼튼했지만, '철보다 더 굳센' 탱크레아우스는 그것을 두드리고 부수고 깎아낸 뒤 들어갔다. 그는 살육을 하며 건물 안으로 들어가다가 기묘한 우상을 발견했다. 아마도 프랑크인에게는 낯선 동방의 형상을 새겨 넣은 정교한 촛대였던 듯하다. 어리둥절한 그는 이것이 로마 신일까 하고 생각했다. 아니다. 그것은 한 가지의 가능성밖에 없었다. "사악한 무함마드! 흉악한 무함마드!" 그는 이렇게 외치며 그것을 내리쳤다. "지금 그의 동료, 곧 오게 될 그 자가 여기 있다면 얼마나 좋겠는가! 이 순간 내 발로 두 적그리스도를 모두 짓밟을 수 있을 텐데 말이야."[69]

이슬람 세계의 오랜 이웃인 동로마인과 달리 새로 온 서방인들은 무함마드에 대해 막연하지만 부정적인 생각을 갖고 있었다. 그럼에도 한 가지는 일관되게 나타났는데, 우르바누스 2세가 클레르몽에서 연설할 때 이미 중년이었던 노장의 기베르는 이를 "무함마드의 가르침을 요약"하는 것이라고 표현했다. 즉 "무함마드는 이슬람교도들에게 모든 수치스러운 행실을 마음껏 할 수 있게 했다"는 것이었다.[70] 이슬람에 대한 동방 기독교도의 생각이 변화했듯이, 서방 기독교도 역시 이후 수백 년 동안 이슬람 세계와 접촉하면서 점점 정밀하게, 그리고 보다 적대적으로 변해 갔다.•

예루살렘에서 연기가 걷히고 유혈 사태가 끝나자, 살아남은 십자군은 자신들의 모든 것을 버리고 몇 년 동안 궁핍과 역병을 견뎌온 목적을 이뤘다. 즉 현대인의 감각으로는 놀라울 수 있는 일을 했다. 그들은 몸을 씻고 흰옷으로 갈아입고 신발을 벗은 채 십자가를 들고 주님의

• 예루살렘에서 태어나고 자란 기욤 드 티레(Guillaume de Tyr, 1130~1186)에게 무함마드는 그의 치명적인 가르침으로 사람들을 유혹한 '악마의 맏아들'이었다(Daniel 1962, 185). 토마스 아퀴나스(1225~1274) 성인은 중세 지식인의 견해를 가장 잘 대표한다. "무함마드는 우리의 육체적 욕망이 부추기는 감각적 쾌락을 약속해 사람들을 현혹했으며, 육체적 쾌락을 마음껏 누리도록 허용했다. 당연히 예상할 수 있는 일이지만, 이 모든 일에서 육욕적인 사람들은 그에게 순종했다. 무함마드는 자신의 교리가 진실하다는 증거에 관해 자신이 무력의 힘으로부터 파견됐다고 말했는데, 이는 강도와 폭군에게도 흔히 나타나는 징표일 뿐이다(즉, 신이 그의 편이라는 '증거'는 그가 남을 정복하고 약탈할 수 있었다는 것이다). 무함마드는 무력을 통해 다른 이들을 강제로 자신의 추종자가 되게 했다"(《이교도 반박 대전(Summa Contra Gentiles)》 1권 6장 4절; Thomas Aquinas 1975, 73).

무덤과 그분의 영광스러운 성전에 나아갔다. 그리고 성직자와 평신도 모두가 커다란 환희의 목소리로 주님을 향해 새 노래를 부르며 예물을 드리고, 가장 겸손한 기도를 올리며 오랫동안 소망하던 성소를 방문했다.[71]

고드프루아는 영예 가운데서도 가장 가치가 있다고 여겨진 예루살렘 왕의 칭호를 거부했다. 그는 "예수께서 가시관을 쓰신 곳에서 내가 금관을 쓸 수는 없다"라고 말했다.[72] 대신에 그는 '성묘 수호자Advocatus Sancti Sepulchri'라는 칭호를 택했다. 또한 예루살렘 점령 이전에 추방된 시리아인 및 아르메니아인 기독교도들은 돌아와 도시에 다시 살게 됐다. 유대인과 이슬람교도들도 나중에 다시 초청됐다.

이슬람교도들의 대응

프랑크인들의 예루살렘 정복에 대해 현지 이슬람교도들은 대체로 미적지근한 반응을 보였다. 현존하는 모든 문헌들 가운데 지하드에 대한 요구가 있었음을 시사하는 것은 오직 하나뿐이다. 다마스쿠스의 성직자 알리 이븐 타히르Ali ibn Tahrir는 1105년에 《지하드의 책》이라는 원제 그대로의 내용을 담은 책을 저술했다. 그는 이슬람교도들이 신앙 없는 자들의 재물, 여자, 재산을 약탈하기 위해 자주 지하드에 나서야 하는 의무가 있는데, 이교도들이 이슬람교도를 공격할 때 이슬람교도가 이에 지하드로 대응하는 것은 당연하지 않겠느냐고 주장했다. 그러나 이슬람교도를 상대로 열정적으로 지하드를 실천한 것은 새로 들어온 십자군들이라고 이 학자는 불평했다. 반면에 이슬람교도들은 전쟁에 대해 오직 무관심과 불화만을 보여주었으며, 각자 이 의무를 다른 이에게 떠넘기려 애썼다고 적었다. 알리의 결론은 뻔했다. "지하드의 의무에 헌신하라!"[73] 하지만 초기의 이런 외침은 분명한 이유들로 대체로 무시됐다.

4장에서 보았듯이, 십자군이 오기 수백 년 전부터 이슬람 세계는 분열로 몸살을 앓고 있었다. 시아파 파티마 왕조와 수니파 아바스 왕조(후자는 사실상 반半야만적인 튀르크인들이 지배하고 있었다)는 끊임없이 전쟁을 벌였다. 충성심은커녕 신앙심도 별로 없는 소규모 족장인 아타베그, 아미르emir들이 제각기 독자적인 왕국을 세우려 한 것도 상황을 악화시켰다. 십자군이 등장했다고 해서 이슬람교도의 단합이 이루어진 것도 아니었다. 이븐 알아시르는 분개하며 이렇게 기록했다. "프랑크인들(알라께서 그들을 벌하시기를!)이 이슬람 영토의 일부를 정복해 정착하고 있을 때, 이슬람의 군주들과 군대는 자기네끼리 서로 싸우며 백성들 사이에 불화와 분열을 일으켜 적과 싸울 힘을 약화시켰다."[74] 이런 맥락에서 이교도인 '타자'를 상대로 싸운다는 지하드의 순수한 교리는 평균적인 이슬람교도들의 의식 속에서 사라져버렸고, 그들은 오직 이슬람 제국, 종파, 영주들끼리 부딪치는 모습을 보며 고통을 당할 뿐이었다.

게다가 새로운 정복자들이 특별히 낯설 것도 없었다. 이슬람교도들은 본래 프랑크인과 동로마인을 구분하지 않았는데, 둘 다 십자가를 지닌 이교도들이었기 때문이었다. 전승에 따르면 선지자 무함마드는 '신앙이 없는 자들은 하나의 민족이다'라고 말했다는데, 그렇다면 어떤 이교도를 다른 이교도와 구분하거나, 십자군 전쟁을 다른 형태의 기독교도 전쟁과 구분할 특별한 필요성이 없는 것이었다.[75] 1099년에 현지 이슬람교도에게는 누가 그들을 지배하느냐가 크게 중요하지 않았다. 최근 기억 속에도 수많은 서로 다른 왕조와 종파가 나타나 각기 더 혹독한 압제를 가하다가 사라졌기 때문이다. 지역 주민들에게는 시아파와 수니파의 내전을 통해 익숙한 일이기도 했던 예루살렘 등지에서의 초기 학살 이후 새 지배자들은 이슬람교도들의 귀환을 허락했고, 신앙의 자유를 보장했으며(기독교로 강제 개종하는 일은 명시적으로 금지됐다), 세금을 낮추었고, 법과 질서를 확립했다.

라일리스미스가 말했듯이 "대부분의 이슬람교도들에게 서방 사람들은 귀찮은 존재에 불과했던 듯하지만, 아라비아 작가들은 전통적인 고 징관념을 즐겨 이야기했다. 그들은 불결하고, 눈하고, 조잡하고, 성적으로 문란하고, 잘 속고, 위선적이라는 것이다."[76] 1180년대 초 메카 순례를 가는 길에 이 십자군 왕국을 지나간 알안달루스의 이슬람교도 이븐 주베이르Ibn Jubayr의 기록은 전형적이다. 그는 프랑크인들이 "천하고 하층 계급"이라는 이유로 무함마드를 모욕하는 경향과 "청결의 부재, 돼지와의 공존, 그 외에 너무 많아 이야기하거나 열거할 수 없는 다른 모든 금지된 일들"에 대해 비난했다.[77]

재미있는 것은 이븐 주베이르가 기독교 지배하의 삶에 대해 모호한 태도를 드러냈다는 점이다. 그는 이슬람교도들이 "프랑크인의 지배 아래서 상당히 안락하게 살고 있는데, 알라께서 우리를 이런 유혹으로부터 지켜주시기를 빈다"라고 말했다. 그러면서 이슬람교도들은 "자신들이 사는 곳의 주인이며, 스스로 원하는 대로 통치하고 있다. 이는 프랑크인들이 점령한 모든 지역이 그렇다"라고 했다.[78] 하지만 이븐 주베이르를 가장 괴롭힌 것은 샤리아의 엄격한 규율이 없는 생활의 유혹이었다. 이는 현대 서방 사회에 거주하는 독실한 이슬람교도들에게도 여전히 골칫거리인 문제다. 그는 어느 기독교도 혼인식을 매우 자세히 묘사했다. 화려한 행렬, 취주, 악기가 동반된 '매혹적인 세속적 광경'과, 비둘기처럼 혹은 한 조각의 구름처럼 걸어가는 '당당한' 신부가 있었다. 깜짝 놀란 그는 "이런 광경의 유혹으로부터 우리를 지켜달라"고 알라에게 간청했다. 그들의 땅에 들어가는 것은 경계하고 또 경계해야 했다.[79]

프랑크 여성에 관해 이야기하는 이슬람교도들은 한 가지 견해(처음에는 보다 가까운 동로마 여성들과 관련해 형성된 것이었다)가 고정관념으로 남았다. 페르시아 궁정의 저명한 학자 무함마드 이븐 하메드 알이스파하니 Muhammad ibn Hamed al-Isfahani(1125~1201)는 한 번은 "젊음과 미모를 한껏 뽐내는 300명의 사랑스러운 프랑크 여성들"을 실은 배 한 척이 바다를 건너오는 것을 보았다. 이슬람교도의 동유럽 여성에 대한 묘사에서와 마찬가지로 아첨은 거기까지였고, 이후 무함마드의 서술은 자신의 외설스러운 환상의 과열된 반영처럼 읽힌다.

그들은 육체적 교접을 위한 열망으로 달아올랐다. 모두 교만하고 경멸스러운 방탕한 창녀들이었다. 그들은 더러운 욕정과 죄악에 빠져 있었고, 돈을 위해 사랑을 하고 스스로를 판다. 코맹맹이 소리에 살집이 많은 허벅지, 푸른 눈과 잿빛 눈을 하고 있다. 그들은 허벅지 사이에 가지고 있는 것을 성스러운 공물로 바쳤다. 그리고 이 공물만으로도 하느님께 받아들여질 수 있다고 주장했다. 그렇게 스스로 남자들의 화살의 표적이 됐다.[80]

그는 주절주절 이어갔다. 특히 십자가를 가슴에 단 채 당당히 걸어간 한 젊은 여인에게 집착했는데, 이는 그 여성이 "자신의 옷과 명예를 잃고자 갈망한다"는 증거라고 여겼기 때문이다. 초기 아라비아인들이 기독교 신앙을 성적 문란과 연결시킨 것과 똑같이, 그는 이렇게 적었다. "지금 프랑크인들 사이에서 여자가 독신 남자 수도사에게 자신을 바치는 것은 죄가 아니며, 그 상대가 사제라면 정당성은 더욱 커진다. 고결한 남성이 긴박한 필요가 있을 때 여인을 통해 해소하는 것이기 때문이다."[81]

다시 환기된 지하드

십자군은 예루살렘을 점령한 이후 약 44년 동안 여전히 대체로 분열된 주변의 이슬람교도 통치자들로부터 큰 방해를 받지 않고 지배를 이어 갔다. 그러나 잔혹한 튀르크 군벌이자 모술과 알레포의 아타베그인 이마드 알딘 젱기Imad al-Din Zengi(재위 1127~1146)의 등장과 함께 마침내 옛 지하드의 의무가 다시 환기됐다.• 젱기는 십자군 왕국 에데사를 목표로 삼고 튀르크멘인들에게 그들의 지하드 의무를 이행해 도움을 제공하도록 소집했다.

• 다마스쿠스의 한 마드라사[이슬람권의 교육기관]에 있는 1138년의 비문에는 젱기를 "지하드의 전사, 리바트(변경 요새)의 수호자, 다신교도(기독교도)를 길들이는 자, 이단(시아파)의 파괴자"라고 불렀다(Lindsay and Mourad 2015, 54).

수많은 병력이 그의 호소에 응답했고, 그들은 도시를 완전히 포위하고 모든 보급과 증원군을 차단했다. 심지어 새조차 가까이 날아들 엄두를 내지 못했다고 할 정도로 포위군의 무기들이 만들어낸 극도의 적막감이 감돌았고, 경계가 철저했다. 성벽을 향해 배치된 쇠뇌들이 끊임없이 발사됐으며, 어떤 것도 이 무자비한 싸움을 방해할 수 없었다.[82]

그로부터 넉 달이 지난 1144년 성탄절 전날, 에데사는 다시 이슬람교도의 손에 넘어갔다. 기욤 드 티레는 "적들은 사방에서 몰려들어 성 안으로 돌입했고, 만나는 자마다 칼로 죽였다. 나이도, 신분도, 성별도 따지지 않았다"라고 기록했다.

3만 명이 학살됐으며 1만 6천 명이나 되는 여자, 청년, 아이들이 노예로 끌려갔다. 이들은 옷이 벗겨지고 맨발로 손이 묶인 채 말을 탄 포획자들 옆에서 달려야 했다. 버티지 못한 자는 창과 화살에 찔려 죽거나 버려져 야생동물과 새들의 먹이가 됐다. 사제들은 속수무책으로 살해되거나 사로잡혔고, 이를 모면한 사람은 거의 없었다. 아르메니아인들의 대주교는 알레포에서 노예로 팔렸다. … 도시 전체가 이렇게 꼬박 1년 동안 약탈에 내맡겨진 결과 완전한 폐허가 됐다. 에데사의 기독교 공동체는 이 재난에서 결코 회복하지 못했다.[83]

단순히 이교도에게 승리하는 것이 아니라 그들에게 굴욕을 안기는 지하드는 다시 한껏 그 위용을 드러냈다. 에데사는 네 개의 십자군 국가 중 처음으로 세워진 곳이자, 또한 처음으로 함락된 곳이었다. 함락은 기독교도와 이슬람교도 모두에게 엄청난 충격을 주었다. 이에 대한 복수를 위해 제2차 십자군이 소집됐지만, 두 세대에 걸쳐 무슬림들이 굳게 믿게 된 프랑크인의 불패 신화는 사실상 하룻밤 사이에 산산이 부서지고 말았다.

두 해 뒤 젱기는 오랫동안 고통받던 그의 프랑크인 노예 가운데 하나에게 살해당했고, 이로써 '신앙을 위한 순교자'로 변신했다. 한 성자는 꿈에서 죽은 젱기를 만나 그가 어떻게 지내는지 물었다. 젱기의 혼령은 이렇게 대답했다. "알라께서 나를 용서하셨으니, 이는 내가 에데사를 정복했기 때문이오."[84] 이는 곧 선지자가 말한 이교도를 죽이고 그들과 싸우면 모든 죄가 사라진다는 주장을 확인하는 것이었다. 또다른 동시대의 순교자도 꿈에 나타나 "알라께서 나를 용서하셨으며, 나는 지금 천국의 미녀들과 함께 침상에 누워 영원한 즐거움을 누리고 있다"고 전했다.[85] 실로 지하드 전사들이 '거래' 또는 '계약'(이를 통해 알라가 모든 죄를 용서하고 천상의 즐거움을 내린다. 서론 참조)의 일부로서 자신의 생명을 팔거나 빌려준다는 주제는 이 시대 이슬람교도 자료에 넘쳐난다. 예컨대 아주 늙은 이슬람교도가 십자군과 싸우겠다고 나서자, 지휘관은 그의 나이를 이유로 말리고자 했다. 그러나 그는 거부했다. "나는 나 자신을 팔겠다고 말씀드렸고, 그분께서 나를 사셨소. 알라를 두고 맹세하건대 나는 계약이 취소돼야 한다는 데 동의하지 않았고, 그렇게 요구하지도 않았소!"[86]

젱기의 아들이자 후계자인 누르 앗딘Nur al-Din(1118~1174)은 샤리아를 가장 깊이 존중하고 그 규범을 적용했으며,[87] 지하드와 순교의 미덕을 선전하는 데 바쳐진 수많은 교육기관, 이슬람교당, 수피(이슬람교의 신비주의자) 단체를 세웠다.[*] 그의 치세 동안 이슬람적 열정(혹은 급진화)은 절정에 달했으며, 그는 이를 십분 활용해 20년 동안 십자군과 엎치락뒤치락 싸우다가 1174년에 세상을 떠났다.

이때 티크리트 출신의 한 쿠르드인이 무대에 등장한다. '이슬람교[**]의 올바름'이라는 뜻의 이름을 가진 살라흐 앗딘Salah al-Din(1137~1193)은 십자군 역사의 흐름을 영원히 바꾸게 될 인물로 이전에 누르 앗딘의 와지르(대신) 가운데 하나였으며, 1171년 파티마 왕조의 이집트를 정복해 사실상 250년 이상 이어진 시아파 지배를 종식시키고 이집트의 첫 술탄이 됐다. 주군이 죽자 그는 신속히 움직여 더 많은 이슬람교도 영토를 자신의 커가는 제국에 편입했고, 이로써 십자군이 가장 두려워하던 일을 실현해 냈다. 바로 이슬람의 통일 전선이었다. 그는 이미 1177년에 예루살렘의 십자군 왕국을 공격하려 했으나 라말라 부근에서 참패를 당하고, 간신히 빠른 낙타를 타고 카이로로 도망쳐 때를 기다렸다. 살라흐 앗딘은 이후 10년 동안 다마스쿠스와 알레포를 포함한 이슬람

• 또한 당시 이름 높은 학자인 이븐 아사키르(Ibn Asakir, 1105~1176)에게 지하드에 관한 간결한 교본을 집필하도록 의뢰해 모든 이슬람 기관에 배포했는데, 그의 책《지하드를 고취하는 40가지 하디스(40 best sahih)》는 이미 압둘라 이븐 무바라크(726~797)의《지하드의 책》등 기존 저작에 담긴 '하디스' 40개를 뽑아 재출간한 것에 불과했다. 내용은 오래된 주제들을 보강한 것으로, 대략 이런 것들이다. 무함마드는 "알라의 길(지하드)에서 전투를 위해 나선 것은 60년 예배보다 더 가치 있다"라고 말했다. 또한 지하드 전사가 "죽거나 살해되면 모든 죄가 사면된다. 그는 천국의 처녀들과 결합하고, 위엄 있는 왕관이 머리에 씌워질 것이다. 당연히 그는 무덤의 고통으로부터 구원받고 심판의 날의 두려움에서도 구원받는다." 한편 지하드의 의무를 회피하는 자들은 "다른 어떤 죄인과도 비교할 수 없는 고통을 받을 것이다"(Lindsay and Mourad 2015, 151, 163, 161, 155 참조).

•• 앗딘(al-din)은 문자 그대로의 의미는 '종교'를 뜻하지만, 이슬람교의 용법상 특히 모든 고위 이슬람교도가 이름에 이를 포함시켰던 살라흐 앗딘 시대에 '종교'는 이슬람교와 동의어다.

교도 영토를 계속해서 병합하면서, 선대들이 시작한 십자군을 상대로 한 지하드를 후원했다. 당대 술탄의 여러 전기 작가이자 선전가 가운데 하나였던 바하알딘Baha' al-Din에 따르면 살라흐 앗딘은 독실한 이슬람교도였다. 그는 《코란》 낭송을 즐겨 듣고, 시간 맞춰 기도를 올렸으며, 철학자, 이단자, 유물론자와 모든 샤리아 반대자를 증오했다.[88] 다른 무엇보다도 그는 지하드에 헌신한 인물이었다.

경전(《코란》과 《하디스》 등)에는 지하드에 관한 구절이 가득하다. 살라흐 앗딘은 그 어떤 것보다 이 일에 더욱 정성을 기울였고 열정적이었다. 지하드와 그에 따르는 고난은 그의 마음과 온몸에 있는 모든 것을 무겁게 짓눌렀다. 그는 다른 어떤 것보다 이것만을 말하고 오직 전투 장비만 생각했으며, 무기를 든 자들에게만 관심이 있었다. 다른 이야기를 하거나 다른 활동을 권하는 이들에게는 거의 공감하지 않았다.[89]

1186년 봄, 살라흐 앗딘은 모술을 자신의 영토에 추가하면서 서아시아의 이슬람교도 최고 권력자가 됐다. 때는 무르익었다. "우리는 이슬람의 모든 군대를 동원해 적의 군대에 맞서야 한다"라고 그는 부하들에게 말했다.[90] 그러나 십자군 왕국들과 맺은 기존의 휴전이 만료되려면 아직 3년이나 남아 있었다. 이를 파기할 구실은 살라흐 앗딘이 모술을 얻은 지 한 달 뒤 생겼다. 카라크의 영주로서 살라흐 앗딘의 오랜 숙적*이자 당대 이슬람교도들에게는 '이슬람이 가장 증오하는 적'[91]으

---

* 두 사람은 오래전부터 앙숙이었다. 1181년 여름, 르노는 요르단 강 동쪽의 자신의 십자군

로 불린 샤티용의 르노Renaud de Châtillon(1125~1187)가 카이로에서 다마스쿠스로 향하는 이슬람교도 상인 행렬을 습격한 것이다. 그는 포로들이 휴전을 언급하자 "네놈들의 무함마드에게 구해 달라고 하라!"라고 고함을 질렀던 것에서 알 수 있듯이 십자군이 살라흐 앗딘과 맺은 휴전에 동의하지 않았고, 술탄은 약속 위반이라고 선언했다.[92] 예루살렘 왕이었던 뤼지냥의 기Guy de Lusignan(1150~1194)는 르노에게 약탈품을 돌려주라고 했으나 그는 자기 영토의 주인은 자신이며, 적과 조약을 맺은 당사자가 아니라고 쏘아붙였다. "그래서 살라흐 앗딘은 온 지역을 포위하고 약탈하며 불태우고 파괴하는 데 자유로워졌으며, 그렇게 했다"라고 이븐 알아시르는 썼다.[93]

십자군 왕국들은 모든 병력을 모아 길을 나서 1187년 여름, 나사렛 근처에서 그와 맞닥뜨렸다. 살라흐 앗딘의 병력은 약 3만 명으로 그중 절반은 기동력 높은 경기병이었고, 상당수는 노예 병사들이었다. 기독교도의 병력은 예루살렘 점령 이래 최대의 군세를 모은 것으로, 1200명의 중기병이 포함된 기사 2만 명이었다. 기 왕의 전략은 단순했다. 살라흐 앗딘의 경기병이 스스로 달려들기를 기다리면, 그들이 프랑크인의

왕국을 통과하던 무기를 소지한 상인 행렬을 습격해 휴전을 깼다. 살라흐 앗딘은 르노를 자극해 휴전을 깨도록 만들었지만(휴전 조건에 따르면 무기가 르노의 영토를 통과할 수 없었다), 술탄은 약속 위반이라고 선언하고 스스로 이슬람의 복수자 행세를 하며 1182년에 전투정찰 부대를 보냈다. 이에 맞서 살라흐 앗딘이 자신을 이슬람의 수호자로 과장해 묘사하는 것을 의식하고 이를 약화시키려 했던 르노는 그해 홍해에 함대를 띄웠다. 그의 부하들은 메디나를 약탈하며 메카를 침공하겠다고 위협했다. 이곳은 선지자의 두 성지였다. 모욕에 보복하지 않을 수 없었던 살라흐 앗딘은 1183년에 대군을 이끌고 예루살렘으로 향했다. 이에 십자군 군대가 출정하여 며칠 동안 이즈르엘 평야에서 대치했다. 그러나 상황이 아직 완벽히 유리하지 않다고 판단한 살라흐 앗딘은 결국 철수했다.

철벽에 부딪쳐 부서지리라는 것이었다. 수백 년 전 투르에서 일어났던 대로 말이다. 살라흐 앗딘 역시 자기 병력이 정면 공격으로는 승산이 없음을 알고, 갑자기 병력을 철수시켰다. 십자군은 그가 완전히 물러난 것으로 생각했다. 1183년 비슷한 상황에서 철수한 적이 있었기 때문이다. 그러나 그는 인근의 십자군 왕국 티베리아스로 가서 그곳을 포위하고 있었다.

기 왕은 전쟁 회의를 열었다. 모두가 티베리아스를 구하러 가자는 데 동의했으나, 티베리아스의 영주인 트리폴리 백작 레몽 3세Raymond III de Tripoli만은 의견이 달랐다. 그는 앉아서 기다리는 방법을 제시했다. 그러나 그가 한때 살라흐 앗딘과 비밀 휴전을 맺어 살라흐 앗딘이 기독교도 영토를 침공하면서 기사 수도회의 많은 기사들이 살해당했기 때문에 회의 성원들, 특히 성전기사단 총단장에게 받아들여지지 않았으며, 그들은 레몽 3세의 조언을 믿지 않았다. 르노는 비웃으며 이렇게 말했다. "당신은 우리가 이슬람교도를 두려워하도록 무진 애를 쓰는구려. 분명 당신은 그들과 한패이며, 그들에게 공감하고 있소. 그렇지 않다면 이런 말을 하지 않았을 것이오. 또한 그들의 병력이 많다는데, 땔감이 많으면 지옥 불은 더욱 잘 타오를 것이오!"[94]

하틴 전투

다음날인 7월 3일 아침, 십자군은 티베리아스를 향해 출발했다. 그들과 목적지 사이에는 30여 킬로미터에 달하는 돌투성이의 메마른 땅이 가로놓여 있었다. 천연 수원지나 우물도 없었다. 한 이슬람 연대기는 이들이 "행군하는 산처럼 보였다"고 말했으며, 강인한 전사들이 전투 장비를 짊어지고 있으면서도 마치 언제나 내리막길을 걷는 것처럼 빠르게 이동했다고 했다.[95] 살라흐 앗딘은 십자군이 티베리아스를 구원하려고 행군하고 있다는, 즉 그의 함정에 빠졌다는 사실을 알게 되자 쾌재를 부르며 손뼉을 쳤다. "바로 이것이야말로 우리가 가장 원하던 것이다!"[96] 그는 즉시 경기병대를 보내 십자군을 공격하게 했다. 기 왕은 행군을 서둘렀다. 진짜 전투, 그리고 물은 티베리아스에 있었기 때문이다. 그러나 이때 자기 군대의 후미가 수많은 궁수에게 포위당해 가던 길을 멈추고 전투를 벌여야만 한다는 사실을 알게 됐다. 왕은 이에 대응해 전군에게 멈추라고 명령하고, '하틴의 뿔'이라 불리는 메마르고 험악한 쌍봉 지형 근처에서 진을 치고 싸우게 했다. 이슬람 연대기는 이렇게 기록한다. "불에 타는 듯이 뜨거운 날이었고, 그들 자신은 분노로 불타고 있었다."[97] 현장에 있던 에르눌Ernoul이라는 종자는 이렇게 기록한다.

프랑크인들이 진을 치자마자 살라흐 앗딘은 자기 병사 모두에게 땔감, 마른 풀, 그루터기와 그밖에 불을 붙일 만한 것은 무엇이든 모아 기독교도들 주변에 장벽을 만들라고 명령했다. 병사들은 그렇게 했고, 불길이 맹렬히 타올라 거기서 피어오른 연기가 엄청났다. 그것이 내리쬐는 태양의 열기와 더해져 그들을 괴롭히고 큰 손실을 초래했다. 불길이 타오르고 연기가 자욱해지자 사라센인들은 대군을 포위하고 연기 사이로 화살을 쏘아 사람과 말들이 상하고 죽었다.[98]

이 상황은 밤까지 이어졌다. 아무도 잠들 수 없었다. 사방의 어둠 속에서 이제 적에 대한 처음의 공포를 떨치고 기세가 오른 이슬람교도들은 큰 함성을 질렀다. 그들은 승리의 기운을 느꼈고, 예상치 못한 프랑크인들의 사기 저하를 볼수록 더욱 대담하고 공격적으로 변했다.[99] 연기 자욱한 어둠 속에서 "알라후 아크바르"의 외침 및 의기양양한 샤하다의 반복과 함께 화살 세례가 계속해서 십자군 진영으로 쏟아졌다. 십자군들은 사방에서 피어오르는 불길로 인한 지옥 같은 암담함으로 숨이 막힐 듯 했으며, 갈증에 심하게 괴로워하며 자신들이 이미 죽어 지옥에 떨어진 것처럼 느꼈다.

상황은 7월 4일, 동이 트며 더욱 악화되었다. 밤 동안에 물과 화살을 실은 낙타 70마리가 이슬람교도 진영에 도착해 그들의 기운을 돋우고 보급을 했다. 살라흐 앗딘의 궁수들은 이제 눈으로 보고 쏠 수 있었기 때문에 더 정확하게 십자군 진영에 계속해서 화살을 쏟아 부었다. 잔혹한 술탄은 물항아리를 십자군 진영 근처에 두도록 명령하고, 그것을 기독교도들이 보는 앞에서 비워버려 갈증을 더 큰 고통으로 느끼게 했다. 그들의 말들 역시 마찬가지였다.[100] 미치기 직전의 십자군은 자신들을 괴롭히는 자들을 향해 돌격했다. 이븐 알아시르는 이렇게 썼다.

두 군대가 맞붙었다. 프랑크인들은 갈증으로 크게 고통 받았고, 자신감을 잃었다. 전투는 맹렬히 벌어졌으며 양쪽 모두 완강히 저항했다. 이슬람교도 궁수들은 빽빽한 메뚜기 떼처럼 화살을 쏘아 많은 프랑크 기병을 쓰러뜨렸다. 프랑크인들은 보병을 바깥쪽에 배치한 채 물을 얻겠다는 희망을 가지고 티베리아스로 가는 길을 뚫으려 했으나, 살라흐 앗딘은 그들의 목적을 간파하고 부하들과 함께 길목을 차지해 선수를 쳤다. 그는 직접 말을 타고 이슬람교도 대열 사이를 오가며 필요한 곳에서는 병사들을 격려하고 제어도 했다.[101]

살라흐 앗딘은 죽음을 두려워하지 않았다. 이전의 전투에서 한 참모가 그에게 직접 위험을 무릅쓰지 말라고 충고하자 술탄은 물었다. "어떤 것이 가장 고귀한 죽음인가?" 이에 참모는 "알라의 길에서 죽는 것입니다"라고 대답했다. 지하드 중의 순교를 이야기한 것이었다. 살라흐 앗딘은 어느 경우에도 이득이 되는 지하드의 논리를 인용하며 결론지었다. "그렇다면 나에게 닥칠 수 있는 최악의 것이 곧 가장 고귀한 죽음이다."[102]

전투가 치열해지면서 이슬람교도 증원군은 더 많은 불을 지폈고, 바람은 열기와 연기를 적진으로 몰아넣었다. 십자군은 갈증, 여름의 더위, 타오르는 불길과 연기, 격렬한 전투를 견뎌야 했다. 그러나 필사적인 십자군은 계속 싸웠다. "그날 벌어진 끔찍한 전투는 전 세대의 역사를 통틀어 그러한 유례가 없었다"라고 알이스파하니는 썼다.[103] 많은 십자군은 격렬한 흥분 속에서 불타올라 상기됐다. 그들은 자신들이 사는 유일한 길은 죽음을 무릅쓰는 것임을 알고 연속적인 돌격을 감행해 수적으로 우세한 이슬람교도들을 거의 무너뜨릴 뻔했다. 그러나 알라의 은총이 그들과 함께하고 있었다. 매번 돌격했다가 물러설 때마다 그들의 시체가 남겨졌고, 병력은 급속히 줄어들었다. 반면 이슬람교도들은 마치 원이 그 안의 것들을 감싸듯이 그들을 완전히 포위하고 있었다.[104]

마침내 피할 수 없는 일이 시작됐다. 프랑크 진영의 대열이 무너지고, 공포가 촉발돼 병사들이 산으로 달아났다. 기 왕과 근위병들은 성

십자가를 가져와 땅에 세우고 그 주위에서 마지막 항전을 준비했다. 이 광경은 병사들의 사기와 용기를 다시 북돋웠다. 방금 도망쳤던 이들까지 길을 뚫고 거룩한 상징 주위로 모여 그곳에서 이를 악물고 싸웠다. 그러나 살라흐 앗딘은 누그러지려 하지 않았다. 이슬람 기병의 연이은 돌격과 궁수의 화살 세례가 십자군을 덮쳤다. 그들은 이제 죽은 자의 시체 위에 넘어지는 절망적인 병사들의 혼란스러운 무리로 변해 있었다. 삐죽삐죽한 화살의 숲이 도처에 만들어졌다. 사람, 짐승, 땅을 가리지 않았다. 수천 명이 두 손을 높이 들고 눈에 눈물이 가득한 채 십자가를 향해 구원을 호소했다. 그러나 눈에 보이는 것은 이슬람교도들이 돌파해 들어와 기독교 세계의 가장 귀중한 유물을 빼앗는 모습뿐이었다. 이슬람교도 연대기 작가는 이렇게 기록했다. "십자가 탈취는 그들이 전투에서 입은 가장 중대한 타격이었다. 십자가를 빼앗겼다는 사실을 알게 되자, 이 불길한 날에 살아남을 자는 아무도 없을 것처럼 보였다."[105]

불길과 이슬람 기병의 포위망이 점점 좁혀지며, 화살과 갈증에 시달리던 예수의 전사들은 마침내 무너졌다. 기독교도의 패배는 철저했고, 이슬람교도의 환희는 컸다. "적의 패배와 우리의 승리는 토요일에 일어났는데, 토요일의 사람들(유대인)에게 합당한 치욕이 일요일의 사람들(기독교도)에게 가해졌다. 그들은 사자였으나 이제는 가련한 양으로 전락했다."[106] 결국에는 한 명의 이슬람교도 병사가 서른 명이나 되는 십자군을 밧줄 하나에 묶어 끌고 가는 모습도 목격됐다. 한때는 그들 하나하나가 공포의 대상이었을 것이지만, 유럽인들은 갈증에 미쳐 판단력을 잃을 정도로 쇠약해져 있었다. 살라흐 앗딘은 말에서 내려 알라께 감사를 드리기 위해 엎드려 기쁨의 눈물을 흘렸다.[107]

십자가를 이긴 지하드

'하틴의 뿔' 주변에서의 학살은 참혹했다. 알이스파하니는 이렇게 기록했다. "산과 계곡 곳곳에 시신이 흩어져 있었고, 옆으로 누운 채 꼼짝도 하지 않았다. 내가 그곳을 지나며 보니 쓰러진 자들의 사지가 벌거벗겨져 전쟁터 위에 널려 있었다. 찢기고 분리돼 격돌 장소에 조각조각 흩어져 있었는데 머리는 쪼개지고, 목은 잘리고, 척추는 부러지고, 목덜미는 산산조각 나고, 발은 잘려나가고, 코는 훼손되고, 사지는 뜯겨 나가고, 생식기는 잘리고, 기관들은 조각나고, 눈은 도려내지고, 배는 갈라져 있었다. 현자들에게는 교훈이 될 만한 광경이었다."[108]

포로가 된 기 왕과 다른 귀족들(그들 가운데는 가장 '강력하고 포악한 이교도' 르노도 있었다)은 살라흐 앗딘의 천막으로 끌려가 그들의 운명을 기다렸다.[109] 술탄은 기 왕에게는 관대하게 대하며 "왕은 왕을 죽이지 않는다"라고 말하고, 아라비아어를 구사하는 르노 백작에게만 독설을 퍼부었다. 언제나 기꺼이 복수보다 이익을 앞세우고자 했던, 그리고 이에 따라 관대하다는 명성을 더욱 얻었던 영리한 술탄은 르노에게 이슬람교로 개종해 보상을 얻으라고 권유했다.

살라흐 앗딘은 그날의 솔직한 '종교 간 대화'에서 이렇게 말했다. "너희 그리스도가 너를 속였다. 네가 그를 부정하지 않는다면, 그는 오늘 내 손에서 너를 구할 수 없을 것이다!" 르노는 대답했다. "그리스도께서는 누구도 속이시지 않는다. 오히려 그분을 믿지 않는 자야말로 속임을 당하는 것이다." 그런 뒤에 자신의 운명이 정해졌음을 안 르노는 공개적으로 고백했다. "나는 그분을 경모하고, 그분에게 고해하며, 그분의 이름을 선포한다! 네가 그분을 믿었다면 네게 준비된 영원한 지옥의 벌을 피할 수 있었을 것이다. 왜 자신이 행하고자 하는 일을 지체하는가? 나는 네가 갈망하는 것이 오직 기독교도의 피라는 것을 안다!"● 살라흐 앗딘은 즉시 자신의 곡도를 뽑아 반항적인 이교도를 내리쳤다. 이어 부하들이 달려들어 그의 목을 베었고, 르노의 머리는 이슬람교도 진영을 돌며 의기양양하게 전시됐다. 이로써 '이슬람의 가장 위험한 적'은 최후를 맞았다.●●

르노는 단지 첫 번째 희생자였을 뿐이었다. 다른 모든 결연한 이슬람의 적들도 협박에 굴하지 않고 도륙을 당했다. 술탄은 적어도 100명 이상의 붙잡힌 성전기사단과 구호기사단 전사들을 모두 자신의 앞으로 데려오라고 명령했다.●●● 죽는 순간까지 성묘를 지키겠다고 맹세한 전사 겸 수도사들이었다. 술탄은 "두 불결한 족속을 땅에서 제거해 정화하겠다"라고 말하고 "그들을 참수하라고 명령해, 감옥에 두기보다 죽이는 편을 택했다"라고 이슬람교도 연대기 작가는 설명했다. 그리고

● 블루아의 피에르(Pierre de Blois, 1135~1203)가 잘 알려지지 않은 이 대화의 출처다. 그는 대화를 소개하기에 앞서 "르노의 말을 나는 전혀 바꾸지 않았고, 뤼지냥의 애므리(Aimery II de Lusignan)를 포함한 당시 교황과 함께 있던 많은 이에게 전해지고 기록된 그대로 적는다"라고 말했다. 분명히 많은 오해가 있는 르노에 관한 전문가인 역사가 폴 F. 크로포드(Paul F. Crawford)에게 특별히 감사를 표한다(Peter of Blois, *Passio Raginaldi*, Paul F. Crawford와 Sarah J. Downey가 진행 중인 미출간 번역본, 명시적 허락하에 사용함).

●● 바하알딘 또한 유사한 이야기를 기록하지만, 기독교도의 목소리는 전하지 않는다. "살라흐 앗딘이 무함마드를 통해 승리를 간구했는데, 알라께서 그들을 이기게 해주셨다. 살라흐 앗딘은 르노에게 이슬람교를 받아들이도록 권했지만 거부당했다. 그러자 술탄은 자신의 곡도를 뽑아 그를 쳐서 어깨에서 팔을 잘라냈다. 곁에 있던 자들이 그를 죽였고, 알라께서는 신속히 그의 영혼을 지옥의 불로 보냈다"(2001, 75).

●●● 성전기사단 총단장 리드포르의 제라르(Gérard de Ridefort)만은 예외였는데, 그는 술탄이 얼마 동안 인질로 남겨 협상 수단으로 삼았다.

"그와 함께 한 무리의 학자와 수피, 상당수의 독실한 신자와 고행자들이 있었다. 각자는 그들 가운데 한 명을 죽이게 해달라고 간청하며 자신의 곡도를 뽑고 소매를 걷어 올렸다. 살라흐 앗딘은 기쁜 얼굴을 한 채 높은 자리에 앉아 있었다"라고 적었다.[110]

돈을 내고 자유를 살 수 없었던 나머지 십자군들(수천 명의 포로 거의 대부분이 이에 해당했다)은 노예로 팔렸다. 그날 밤, 이슬람 백성은 완전한 기쁨과 더할 나위 없는 즐거움 속에서 보냈다. "알라후 아크바르"와 "알라 외에는 신이 없다"라는 함성이 일요일 동틀 때까지 이어졌다.[111]

성십자가의 운명에 대해 알려진 것은 살라흐 앗딘이 그것을 다마스쿠스 거리에서 거꾸로 메고 행진하도록 명령했다는 사실뿐이다. 이 십자가는 콘스탄티누스 황제 때 발견되고, 페르시아인들에게 빼앗겼으나 이라클리오스 황제가 되찾았으며, 637년 이슬람군의 예루살렘 포위 당시 콘스탄티노플로 밀반입됐다가 '성지'가 기독교 세계의 손으로 돌아왔을 때 다시 그곳으로 되돌려진 이력이 있었다. 그러나 이제 역사의 무대에서 사라지고 전설 속으로 사라졌다.[*]

예루살렘 상실

하틴 전투에서 너무나 많은 전사들이 죽었기 때문에 십자군 왕국들은

---

[*] 이후 잉글랜드 왕 리처드 1세와 동로마 황제 이사키오스 2세를 비롯한 여러 유럽 지도자들이 돈을 주고 성십자가를 사들이려 했으나, 살라흐 앗딘은 결코 허락하지 않았다.

방비가 취약해졌다. 전투가 끝난 지 불과 엿새 뒤인 7월 10일, 지칠 줄 모르는 술탄은 야파, 카이사리아, 하이파, 사이다, 아크레를 차례로 돌파하며 점령했다. 9월이 되자 살라흐 앗딘은 강력한 예루살렘 성벽 앞에 섰다. 그곳은 이제 기독교도 난민들로 가득했는데, 이븐 알아시르의 기록에 따르면 "그들 한 사람 한 사람은 이슬람교도들이 자신들의 도시에서 권력을 잡는 것을 보기보다는 차라리 죽음을 택하려 했다"고 한다. 왜냐하면 목숨과 재산과 아들을 희생하는 일은 도시를 수호하기 위한 의무의 일부였기 때문이다. 이슬람교도들은 성벽을 향해 공성전을 개시했고, 성 안의 프랑크인들은 그곳에서 제작한 다른 기계들로 응수했다. 곧 상상할 수 있는 가장 치열한 전투가 시작됐으며, 양측 모두 이 싸움을 절대적인 종교적 의무로 여겼다.[112] 결국 현실을 직시한 도시는 항복 조건을 제시했으나, 살라흐 앗딘은 이를 거부했다. 그는 이렇게 답했다. "너희에게는 용서도 자비도 없다! 우리가 원하는 것은 너희에게 영원한 굴종을 강요하는 것이다. 내일이면 우리는 온 힘을 다해 너희의 주인이 될 것이다. 너희를 대대적으로 죽이고 사로잡으며, 남자들은 피를 흘리게 하고 가난한 자와 여자들은 노예로 만들 것이다."[113]

성에 틀어박힌 필사적인 십자군들은 더이상 잃을 것이 없었고, 어차피 죽을 운명이라면 먼저 보복을 하겠다고 선언했다. 그들은 '바위의 돔' 신전을 파괴하고, 도시에 갇힌 수천 명의 이슬람교도 포로를 학살하며, 자기 자식과 재산을 불태우고, 도시에 불을 지르겠다고 했다. 살라흐 앗딘은 아무것도 얻지 못할 터였다. 그들은 술탄에게 이렇게 물었다. "옹졸한 거부감으로 당신이 무슨 이득을 얻겠소? 그로 인해 결국 모든 것을 잃게 될 사람은 바로 당신이오."[114] 현실적인 술탄은 그 속에 지혜가 있음을 발견했다. 이교도들에 대한 또 한 번의 대학살보다 거액의 몸값을 받고 그들을 풀어주며, 재산을 온전하게 하고 이슬람교당들이 손상되지 않게 하는 것이 더 나았다. 몸값을 낼 수 있는 자들은 그렇게 하도록 허락됐고, 예루살렘의 성문은 정복자인 이슬람의 영웅 앞에 열렸다.

이븐 알아시르에 따르면 "도시에서, 그리고 성벽 밖에서 큰 외침이 터져 나왔다. 이슬람교도들은 기쁨에 넘쳐 '알라후 아크바르'를 외쳤고, 프랑크인들은 경악과 슬픔 속에서 신음했다. 그 외침이 너무나 크고 날 카로워 땅이 흔들렸다"고 한다.[115] 살라흐 앗딘은 샤리아를 다시 세웠다. 교회들은 약탈과 파괴를 당했으며, 종소리는 사라졌고 십자가는 부서졌다. 성묘 교회는 피해를 모면했으나 봉쇄됐다. 이전의 성십자가와 마찬가지로 '바위의 돔' 신전 위에 세워졌던 큰 황금 십자가는 끌어내려져 사람들이 침을 뱉고 하수도로 끌고 다녔다. 지금은 학살된 성전기사단이 수십 년 동안 본부로 삼았던 알악사Al Aqsa 이슬람교당은 정화됐고, 이슬람 기도 시간을 알리는 소리가 다시 울려 퍼졌다. 살라흐 앗딘이 예루살렘을 기독교 민족들의 불결함으로부터 정화하면서《코란》은 왕좌에 올려지고, '구약과 신약'은 내던져졌다.[116] 이슬람교도들은 연속성을 높이 평가했다. '고귀한 정복 행위'는 637년 예루살렘을 처음 기독교도로부터 정복했던 칼리파 우마르 이븐 알하타브 이후 오직 살라흐 앗딘에 의해 성취됐으며, 그것만으로도 충분한 영광과 명예의 칭호가 된다.[117]

많은 기독교도들이 돈을 내고 자유를 얻어 무사히 예루살렘을 떠날 수 있었지만, 그러지 못한 이들이 더 많았다. 살라흐 앗딘은 노약자에게는 자비롭게 자유를 주었지만, 나머지 약 1만 5천 명은 노예로 팔렸다. "여자와 아이들을 합쳐 모두 8천 명이 우리에게 분배됐는데, 그들의 비탄의 소리에 이슬람교도들의 얼굴에는 미소가 번졌다"라고 예루살렘 함락에 참전했던 무함마드 알이스파하니는 썼다. 이어 그는 이슬람교도 남성의 손에 유럽 여성들이 성적으로 타락하는 것을 즐거워하는 또 하나의 장광설을 늘어놓았다.

얼마나 많은 고이 지켜져 온 여인들이 더럽혀졌는가. 왕비들이 지배를 받고, 농익은 소녀들이 혼인을 하고, 고귀한 여인들이 주어지고, 인색한 여인들이 강제로 스스로를 내주고, 숨겨져 있던 여인들(수녀들)이 정절을 빼앗기고, 자유로운 여인들이 점령당하고, 귀한 이들이 거친 노동에 쓰이고, 아름다운 이들이 시험대에 오르고, 처녀들이 욕보임을 당하고, 자존심 있는 여인들이 짓밟히고, 행복한 자들이 울게 됐는가! 얼마나 많은 귀족들(이슬람 영주들)이 그들을 첩으로 삼았는가. 정열적인 남자들이 그들 가운데 하나로 인해 열정이 불타오르고, 금욕자들이 만족을 얻고, 목마른 자들이 해갈되고, 거친 남자들이 정욕을 풀 수 있었는가. 얼마나 많은 사랑스러운 여인들이 한 남자의 독점물이 됐는가. 많은 귀부인들이 헐값에 팔리고, 높은 자들이 굴욕을 당하고, 왕좌에 익숙했던 자들이 끌려내려 왔는가![118]

계속되는 승리에 도취해 의기양양했던 술탄은 이제 단순한 방어적 지하드에서 벗어나, 선지자와 그의 후계자들이 시작했던 더욱 영광스럽고 독창적인 공격적 지하드를 꿈꾸기 시작했다. 그는 한 측근에게 이렇게 고백했다. "알라께서 나에게 팔레스타인의 나머지 지역에 대한 승리를 허락하시면, 나는 내 영토를 나누고 내가 바라는 바를 유언으로 적은 뒤 지중해를 건너 저들의 먼 땅(서유럽)으로 가서 그곳에서 프랑크인들을 추격할 것이다. 그래서 땅 위에서 알라를 믿지 않는 자들을 몰아내거나, 아니면 그런 시도를 하다가 죽을 것이다."[119]

한편 칼리파 우마르 2세가 718년 콘스탄티노플 포위전 실패 후 자신의 치하에 있던 기독교 딤미들을 다시 박해했던 것과 마찬가지로, 살라흐 앗딘도 십자군에 대한 보복으로 이미 자기 통제 아래 있던 취약한 기독교도들을 집단적으로 처벌했다.• 그는 콥트 기독교도들을 고문하고 십자가에 처형했으며, 누구든 교회 외벽이 하얀 곳을 발견하면 검은 흙으로 덮도록 명령했고, 이집트 지방 교회의 둥근 지붕 위에 있던 모든 십자가를 제거하게 했다.[120] 그러나 알프 아르슬란이 기독교도들에겐 관대하게 묘사됐지만 이슬람교도들에겐 우월주의적으로 묘사된 것처럼, 살라흐 앗딘 역시 오랫동안 서양 역사가들에 의해 기사도 정신을 지닌 정중한 기사로 그려졌지만 이슬람교도 전기 작가들이 그린 그의 초상은 용맹한 기사라기보다는 독실한 이슬람 지도자의 모습일 뿐이다. 따라서 서양인들이 그에게 느낀 매혹과 실제 모습은 다르다.[121]

• 이슬람교의 연좌제가 이어지고 있음은 2011년 보고서에서 분명하게 드러난다. "파키스탄 기독교도들의 삶은 언제나 어렵다. 파키스탄의 기독교 공동체 사람들은 이제 아프가니스탄과의 국경 지대에 숨어 있는 이슬람 무장 세력에 대한 미국의 드론 공격 때문에 박해를 받고 있다고 말한다. 이 나라의 인구 1억 7천만 명(대부분이 이슬람교도다) 가운데 약 1퍼센트로 추산되는 소수 집단인 기독교도들은 그들의 신앙이 미국과 강하게 연관돼 있기 때문에 이슬람교도들에게 표적이 되고 있다고 말한다." 한 기독교도는 이렇게 말했다. "미국이 드론 공격을 하면 그들은 우리를 탓합니다. 그들은 우리가 미국에 속한다고 생각하죠. 그러나 그것은 너무나 단순한 생각입니다"(http://www.foxnews.com/world/2011/04/23/pakistani-deprived-christian-community-say-theyre-persecuted.html).

어쨌든 살라흐 앗딘은 프랑크인들을 개종시키거나 몰살하기 위해 추격하려던 자신의 꿈을 실현하지 못했다. 하틴 전투와 예루살렘 함락 소식은 서방 기독교 세계에 전해져 그곳을 뒤흔들었고, 교황은 소식을 듣고 비탄에 빠졌다. 이에 새로운 십자군의 물결이 술탄을 향해 몰려들었다.[122] 제3차 십자군은 잉글랜드 왕 리처드가 선봉에 섰다. 이는 십자군 전쟁의 절정으로 이어졌고, 이슬람교도와 기독교도 사이의 몇몇 가장 치열한 전투가 벌어져 기독교 측이 종종 승리했다. 이후 수천, 어쩌면 수만 명의 십자군이 이어졌다.[123] 적대감은 한 차원 높아졌다. 한때 '가경자' 피에르Pierre le Vénérable(1092~1156)가 "나는 무력이 아닌 말로, 힘이 아니라 이성에 의해, 증오가 아니라 사랑 속에서 이슬람교도에게 다가간다"라고 말했던 반면, 알리냥의 베네딕트Benedict of Alignan(?~1268)에게 이슬람교도는 함께 토론할 가치가 없고, 오히려 불과 칼로 뿌리 뽑아야 할 존재였다.[124]

그럼에도 불구하고 예루살렘은 기독교 세계에서 영원히 상실됐다. 1291년, 마지막 십자군 거점인 아크레가 함락됐는데 이는 거의 200년 전 십자군 전쟁이 시작된 이래 벌어진 아마도 가장 치열하고 필사적인 전투 끝에 이루어진 것으로, 서방 기사들은 결국 축출됐다. 아크레 함락 당시 현장에 있던 한 도미니코회 수도사는 "기독교 여성과 아이들이 거리에서 끌려다닌 뒤 노예로 팔리고 수녀들이 첩이 되는 것을 봐야 했고, 기독교도들이 그들의 예수가 무함마드에 맞서 그들을 도울 수 없다고 조롱당하는 것을 들어야 했다."[125] 당대의 한 아라비아 역사가는 이렇게 자랑했다. "이로 인해 팔레스타인 전역이 이슬람교도의 손에 들어왔다."[126] 성지를 되찾고자 하는 기독교 세계의 열망은 여전히 강했지만,[127] 이후 시기에 이슬람교는 되살아나고 기독교 세계는 갈수록 분열되는 바람에 십자군 운동의 동력은 방어적인 부분으로 몰릴 수밖에 없었다.

하틴 전투는 이슬람교도와 기독교도 사이의 가장 결정적인 전투 가운데 하나로, 특히 모든 십자군 운동의 초점인 예루살렘 상실로 이어졌다는 점에서 그러하다. 하지만 거시사적 관점에서 보자면 637년 아라비아인의 예루살렘 최초 정복보다는 훨씬 덜 중요하다. 637년의 정복은 영구적이고 결정적인 성격을 지녔던 반면 십자군은 예루살렘을 잠시 되찾았다가 100년도 되지 않아 다시 이슬람에 빼앗긴 것으로, 결국 7세기에 이슬람교도들이 달성했던 상태로 되돌아간 것으로 볼 수 있다.

그렇다 하더라도 십자군 전쟁은 이후의 사태 전개에 막대한, 그리고 도움이 되는 영향을 끼쳤다. 십자군 전쟁으로 촉발된 모험 정신을 통해 여행과 발견의 실마리를 찾아내기 시작했으며, 베네치아의 폴로Polo 일가와 같은 상인들이 동쪽으로 멀리 중국 만리장성까지 진출하게 했다. 이들이 아시아를 발견하면서 경제적 상상력에 불을 붙였고, 결국 아메리카 대륙 발견으로 이어졌다.[128] 심지어 크리스토퍼 콜럼버스의 세계를 바꾼 항해조차 예루살렘 회복에 의해 자극된 것이었다.

그러나 십자군 전쟁의 가장 예기치 못하고 역설적인 측면은 왜곡되고 악마화된 십자군의 이미지가 서방에 전파되고, 오늘날까지도 따라다니고 있다는 점이다. 반면에 이슬람교도의 지속적인 공격은 '보복'이라는 명목으로 정당화되기도 한다. 하지만 그것은 또다른 이야기다.

6장

십자군의 승리

라스 나바스 데 톨로사 전투(1212년)

나는 아라비아인들과 친하게 지내지 않을 것이며, 그들의 권위에 복종하지도 않을 것이오. 그리스도는 우리의 희망이니, 당신이 보는 이 작은 산을 통해 스페인의 안녕과 고트 민족의 군대가 회복될 것이오.

— 펠라요, 이슬람 세력이 스페인을 정복한 후
최초의 기독교도 왕(717년경)[1]

우리 주님은 기꺼이 그라나다의 왕과 무어인들, 곧 우리 거룩한 가톨릭 신앙의 적들에 대한 완전한 승리를 우리에게 주셨다. 오랜 노동, 희생, 죽음, 피 흘림 끝에 무려 780년 이상 이교도들에게 점거됐던 마지막 이슬람교도 왕국 그라나다가 정복됐다.

— 페르난도와 이사벨(1492년)[2]

교황 우르바누스 2세가 동방의 이슬람교도에 대해 십자군을 호소하기 300여 년 전부터, 그리고 하틴 전투로부터 300여 년 후까지 스페인은 800년 가까이 이슬람교와 기독교 사이의 영원한 전쟁의 축소판이었고, 그런 상태는 계속 이어졌다. 그곳에서는 앞서 언급된 기독교-이슬람교도 적대의 모든 양상이 분명한 모습을 보이며 응축돼 있었다.

712년, 무사 이븐 누사이르는 그의 장군 타리크를 따라 "오랫동안 약탈당하고 사악하게 침략당한 스페인에 들어가 이를 파괴했다"라고 《모사라베 연대기》는 말한다. 또한 그는 "아름다운 도시들을 파괴하고 불을 질렀으며, 귀족들과 권력자들을 십자가형에 처했고, 젊은이들과 어린아이들을 칼로 도륙했다. 그는 모든 이에게 공포를 안겼다"라고 덧붙였다. 스페인에 닥친 파괴의 전모를 차마 묘사할 수 없었던 연대기 작가는 절망적인 체념으로 결론짓는다(이집트와 아르메니아에 대한 이슬람교도의 침략을 기록한 니키우의 요한 및 에데사의 마테오와 비슷하다). "누가 이런 위험에 대해 말해줄 수 있겠는가? 누가 이토록 참혹한 재난을 열거할 수 있겠는가? 설령 모든 팔다리가 혀로 변한다 해도, 스페인의 파괴와 그 크고도 많은 악을 표현하는 것은 인간의 능력으로는 할 수 있는 일이 아닐 것이다."* 스페인 토착민들에게는 두 가지 선택지가 있었다. 아

---

* 다른 초기 사료들도 파괴를 확인해 준다. 가장 오래된 기록인 비시고트 왕국의 멸망 직후 지어진 라틴어 교회 찬가 〈전쟁 시기(Tempore belli)〉는 "전쟁 수행에 완전히 빠져든 완강한 적이 기독교도 병력을 공격해 공포에 휩싸여 달아나게 하고, 기독교 신전과 가옥을 약탈하고, 저항하는 자들의 도시들을 불태우며, 젊은 여인들을 성 노예로 삼는 등 모두가 형언할 수 없는 공포"를 일으켰음을 묘사했다. 알폰소 10세의 명령으로 편찬된 《에스파냐의 역사(Estoria de España)》는 "이슬람교도 정복자들이 남자들을 죽이고, 도시를 불태우며, 토지를 황폐화하고, 젊은 여인들을 성 노예로 데려갔다"라고 했고, 톨레도의 대주교 로드리고의 10세기 역사서는 "과일나무를 베어내고, 교회를 파괴하고, 성스러운 음악을 신성모독으로 여기고, 성배를 모독

라비아인의 지배를 받아들이거나, 아니면 산으로 달아나 굶주림과 갖가지 죽음의 위험을 감수하는 것이었다.[3]

겨자씨

이슬람교도 지배에 처음에는 굴복했으나 배신을 경험한 뒤 북부 아스투리아스 산악 지대로 달아난 인물 중 한 명은 훗날 이슬람 세력에 맞서 781년 동안 이어질 투쟁을 시작할 운명이었다. 그는 펠라요(라틴어로는 펠라기우스, 685~737)라는 비시고트 귀족으로, 3장에서 보았던 과달레테 전투에서 로데리크 왕의 검 시종이었다. 패배 후 펠라요와 다른 이들은 이슬람교도의 지배가 아직 약했던 북쪽으로 달아났다. 그곳에서 그는 결국 지역 이슬람교도 수장인 무누자Munuza의 신하가 되는 데 동의했다. 그러나《알폰소 3세 연대기Chronicle of Alfonso III》에 따르면 어떤 계략으로 무누자가 펠라요의 누이와 혼인했는데, 펠라요는 이에 결코 동의하지 않았다. 무누자는 이슬람교도들을 보내 펠라요를 속여 체포하고 쇠사슬에 묶어 데려오게 했다. 펠라요는 그들의 수가 너무 많았기 때문에 맞서 싸울 수 없어 산으로 올라가 서둘러 모여드는 많은 사람들과 합류했다. 모여든 탈주자들은 스페인에서 유일하게 남아 있던 자유로운 곳인 아스투리아스 산악의 가장 깊은 계곡에서 펠라요를 그

했다"라고 했다.《세계 연대기(Chronicon Mundi)》는 "옛 도시의 탑들을 이슬람교당으로 바꾸고, 성채와 수도원을 파괴했으며, 종교 책들을 불태우고 많은 악행을 저질렀다"라고 했다 (Fernandez-Morera 2016, 39~40).

들의 새로운 왕으로 추대했다.[4]

이 소식을 들은 왕, 즉 코르도바 총독은 미친 듯한 분노에 사로잡혀 스페인 전역에서 군대를 동원하라고 명령해 출발시켰고, 그들은 거만한 반역자들을 굴복시키고자 했다. 이들과 함께 귀족 출신의 주교인 오파스Oppas라는 사람도 갔는데, 그는 기꺼이 이슬람교도 지배에 순응한 듯 보였다. 침략자들이 펠라요의 산을 포위하자 오파스는 깊은 동굴 입구에서 그를 만나 설득하려 했다. "과달레테에서 고트족의 전 군대가 집결했을 때도 이스마엘인들의 공격을 견디지 못했는데, 당신이 이 산꼭대기에서 얼마나 더 잘 방어할 수 있겠소? 내가 보기에는 어렵소. 차라리 경고를 받아들여 이 결정을 거두시오. 그러면 많은 좋은 것들을 누리며 아라비아인과도 좋게 지낼 수 있을 것이오."[5]

"나는 아라비아인들과 친하게 지내지 않을 것이며, 그들의 권위에 복종하지도 않을 것이오"라고 펠라요는 단언했다.[6] 그리고 그는 거의 800년에 걸쳐 성취될 예언을 했다. "당신은 성서에서 하느님의 교회가 겨자씨에 비유되고 그것이 신의 자비로 다시 자라나리라는 것을 읽지 않았소?" 오파스가 그렇다고 인정하자, 펠라요는 이렇게 말을 이었다. "그리스도는 우리의 희망이니, 당신이 보는 이 작은 산을 통해 스페인의 안녕과 고트 민족의 군대가 회복될 것이오. 나는 예수 그리스도의 자비를 믿기에 대군을 두려워하지 않소. 당신은 그들과의 싸움을 놓고 위협하지만, 우리에게는 성부聖父께서 임재하시는 가운데 우리의 옹호자가 있소. 그분이 바로 주 예수 그리스도이시고, 소수를 가지고도 그분은 우리를 해방하실 수 있소."[7]

'성모의 동굴'이라는 뜻의 코바동가에서 722년(일부 사료에는 718년으로 돼 있다) 여름에 전투가 벌어졌다. 좁은 산길에서 바위들이 이슬람교도 위로 쏟아져 내렸다. 그들의 수적 우세는 아무 소용이 없었으며 오히려 혼란만 가중시켰다. 그때 펠라요와 그의 반란군 무리가 동굴과 은신처에서 뛰쳐나와 이슬람교도들을 대량 학살했다. 살육에서 도망친 자들은 이제 용기를 얻은 다른 산악 사람들에 의해 추적당하고 무참히 쓰러졌다. 이로써 모로(무어)인 세력에 결정적인 타격이 가해졌다.• 밀려오던 정복의 물결이 저지되면서 스페인인들은 가장 암울한 시기에 마음을 다잡고 희망을 얻었다. 그리고 무적이라는 이슬람교도의 환상이 깨졌다.[8] 이후 수백 년 동안 코바동가는 이슬람 세력에 대한 기독교도 저항의 상징이 됐고, 펠라요가 했다는 말은 '구원'을 이루려는 이들에게 자극을 주었다.[9] 초기 연대기 작가들은 이슬람교와의 실존적 투쟁을 자주 강조했다.••

이슬람교도들은 펠라요가 737년 사망할 때까지 통치한 산악 왕국 아스투리아스를 여러 차례 정복하려 했으나, '겨자씨'는 계속 자라났다. 이곳에는 모로의 지배에 불만을 품은 자, 기독교 부흥의 희망을 버리지 않은 자, 무함마드를 혐오한 자가 모여들었다.[10] 750년에 이르자 스페인 서북부 전체가 다시 기독교 세력의 손에 들어왔다.

• 스페인인들이 이슬람교도 침략자를 부르던 이름인 '모로'는 어원적으로 마우레타니아(Mauretania), 그리고 나중의 모로코(Morocco)와 관련이 있으며, 이곳에서 흑인, 베르베르인, 아라비아인이 건너왔다.

•• 9세기 《알벨다 연대기(Chronicon Albeldense)》는 이렇게 기록한다. "기독교도들은 이슬람교도와 밤낮으로 싸우며, 신의 뜻이 그들을 가혹하게 몰아낼 때까지 매일 전투를 벌였다. 아멘!" 또한 9세기 《선지자 연대기(Chronica Prophetica)》는 "신의 자비가 이슬람교도들을 우리 지역에서 몰아내 바다 건너로 쫓아내고, 그들의 왕국을 그리스도의 신자들이 영원히 소유하게 허락하는 날"을 기대했다(O'Callaghan 2004, 5~6).

그러한 자유의 부산물은 끊임없는 지하드의 포격이었다. 북부의 기독교도들은 휴식이나 안전, 혹은 삶의 안락함이 무엇인지조차 거의 알지 못했다.[11] 동방 칼리파가 동로마를 상대로 벌인 영원한 전쟁과 유사한 상황이 이어졌다. 대략 두에로 강을 따라 형성된 초토화된 무인지대가 이슬람교도들이 지배하는 스페인(알안달루스)과 북부 반란군 지역을 갈라놓았다.● 프랑스 역사학자 루이 베르트랑Louis Bertrand(1866~1941)은 이슬람교도들이 이 지역(그들은 후에 이곳을 '대사막'이라고 불렀다)을 의도적으로 황폐화시켰음을 설명한 뒤 이렇게 이야기한다.

기독교도들을 제자리에 묶어 두기 위해서는 그들을 기근과 파괴의 지대로 둘러싸는 것만으로는 충분하지 않았다. 그들 가운데로 직접 들어가 공포와 학살의 씨를 뿌리는 일도 필요했다. 이에 약탈이 거의 끊임없이 벌어졌고 파괴와 절멸의 광기가 독실한 행위, 즉 이교도에 대한 성전으로 여겨졌다는 점을 생각한다면 스페인의 전 지역이 돌이킬 수 없이 황폐해진 것은 놀라운 일이 아니다. 이것은 오늘날까지도 스페인에서 이어지는 삼림 파괴의 주요 원인 중 하나다. 아라비아 연대기들은 매년 2회 이상 벌어졌던 습격들을 매우 잔혹한 만족감과 경건한 어투로 전한다. 칼리파의 헌신을 찬양하기 위한 전형적인 문구는 이렇다. "그는 기독교도 영토 깊숙이 들어가 파괴를 저질

● 그라나다의 이븐 후데일(Ibn Hudayl)은 이렇게 설명했다. "만약 이슬람교도들이 적의 땅, 적의 저장된 곡물, 적의 가축을 차지할 수 없다면 그것들을 불태우는 것이 허용된다. 적의 나무를 베고 도시를 파괴하는 것도 가능하다. 요컨대 그러한 조치가 적의 이슬람화를 촉진하거나 적을 약화시키는 데 적합하다고 판단하는 경우에는 적을 파멸시키고 낙담시키는 모든 일을 행할 수 있다. 사실 이 모든 것은 적에 대해 군사적으로 승리하거나 적의 항복을 강요하는 데 기여한다"(Bostom 2005, 419).

렀고, 약탈에 몰두했으며, 포로들을 사로잡았다.” 이러한 파괴와 함께 지역 전체가 인구가 빠져나가며 텅 비어갔다. 따라서 이슬람교도들의 장기적인 존재는 불행한 스페인 땅에 재앙이었다. 그들은 끊임없는 습격을 통해 수백 년 동안 스페인을 약탈과 황폐의 상태 속에 가둬두었다.[12]

이슬람교도들에게 국경 지대는 신앙을 위해 싸우는 장소이자, 끊임없이 리바트(변경 요새)가 들어서는 공간이었다.[13] 아나톨리아의 리바트에서 처음 편찬된 군사 교본들은 스페인에서 재출판됐다. 그 가운데 가장 대표적인 것이 압둘라 이븐 무바라크의 《지하드의 책》이다. 교본은 이곳에서 본토보다도 더 꾸준히 인기를 누렸다. 무엇보다도 무함마드의 전기와 '지하드 원정기'라는 역사 이야기에 대한 관심은 알안달루스에서 꾸준히 높았다.[14] 왜냐하면 무함마드에 따르면 성전에 참여하는 것은 가장 공로가 큰 행위였기 때문이다. 스페인에서 성전에 참여해 종교적 공로를 쌓고 심지어 천국에 들어갈 수 있는 기회는 많은 지원자들을 스페인으로 끌어들였다. 실제로 10세기 아라비아 연대기에 '용감한 지하드의 투사, 국경의 전사, 두려움 없고 용맹하며 다신교도(삼위일체를 믿는 기독교도들)를 공격하려는 욕망에 불타는 자'[15]로 묘사된 우크바 이븐 알하자즈 총독(재임 734~740) 같은 인물은 흔했다.

십자가의 적들

서아시아에서와 마찬가지로 스페인에서 다신교도들을 공격하는 행위는 교회, 이콘, 십자가, 성물 등 기독교의 성스러운 것들을 빼앗아 모독하는 일, 이교도들의 성스러운 인물 혹은 시신을 모독하는 일 등 익숙한 방식으로 나타났다. 널리 퍼지고 뿌리 깊은 알안달루스의 이른바 '관용과 계몽'에 관한 신화 때문에, 여기서는 그 반대되는 사실을 정리해 앞으로 수백 년 동안 이어질 전쟁에 대한 맥락을 세울 필요가 있다.

우선 교회 파괴와 약탈은 정복 초기(711~715)에 국한된 일이 아니었다. 그것은 지속적이며 의도적인 일이었다. 압둘 라흐만 1세(재위 756~788)가 코르도바의 아미르가 되자, "아직 남아 있던 모든 교회가 곧바로 파괴됐다"라고 알마카리는 썼다.[16] 그는 또한 "기독교도들이 성인이라 부르며 존경하는 모든 시신을 꺼내 불태우고, 그곳의 아름다운 교회 역시 불태웠다. 스페인에는 크고 웅장한 교회들이 많았는데, 일부는 그리스인들이 세우고 일부는 로마인들이 세운 것이었다"라고 또다른 이슬람교도 작가 알라지al-Razi는 전한다. 이후에도 우마이야 왕조의 무함마드 1세(재위 852~886) 치하에서는 기독교도 박해의 일환으로 교회가 파괴됐다. 칼리파 히샴 2세의 재상으로 실권을 휘둘렀던 알만수르al-Mansur(938~1002) 또한 기독교 교회를 불태우는 것으로 악명 높았다.[17]

심지어 코르도바의 주요 대성당이던 옛 비시고트의 교회인 산비센테 성당은 침략자들이 항복 조건으로 기독교도들에게 유지하도록 허락해 준 것인데, 결국 강제로 '구매'해 완전히 허물고 그 귀중한 자재를 재활용해 메스키타(이슬람교당)를 세웠다. 그것도 북부 기독교 노예들의 강제 노동으로 지어졌다.* 이렇게 교회를 이슬람교당으로 변형시키는

---

* 믿음이 가장 절망적인 시기에도 남아 있었다는 증거는 "코르도바 모스크의 한 벽에서 불

행위는 중세 기독교도들에게 큰 비통함을 안겨 주었다. 톨레도의 마르코스Marcos de Toledo(1193~1226)는 이렇게 한탄했다. "예전에 여러 사제들이 하느님께 거룩한 예배를 드리던 곳에서 이제는 악한 자들이 가증스러운 무함마드에게 기도를 바치고 있다."[18]

동방에서와 마찬가지로 교회를 의도적으로 파괴하거나 훼손해 이슬람교당으로 바꾸는 것은 이슬람의 우월성을 드러내려는 행위였다.《안달루시아 낙원의 신화The Myth of the Andalusian Paradise》의 저자 다리오 페르난데스모레라Dario Fernandez-Morera는 이렇게 말했다. "이슬람교도 연대기 작가들이 스페인의 기독교 교회를 언급할 때는 이슬람교가 무슈리크mushrik('다신교도'라는 뜻으로, 기독교도를 이렇게 불렀다)를 지배한다는 상징으로 그것들을 이슬람교당으로 바꾸거나 완전히 파괴한 사실을 자랑하기 위한 것이었다. 이슬람교도 역사가들은 지즈야와 마찬가지로 교회, 성상, 성물의 파괴가 '성서의 백성들'에게 굴욕감을 주고 이슬람의 패권을 확립하기 위한 것이었음을 강조한다."[19]

자유로운 북서부 지역의 인구가 기독교 난민들로 계속 불어났던 것은 놀라운 일이 아니다. "교회 공격을 본 기독교도들은 기회가 있을 때마다 성스러운 물품들을 가지고 산으로 도망쳤다"라고 알라지는 썼다.[20] 그러나 모든 이슬람교도 통치자들이 교회를 파괴하고 기독교도를 비하하는 데 전념했다는 뜻은 아니다. 일부 총독, 특히 기독교도 국경과 가까운 곳의 총독들은 충성스러운 기독교도 신민들이 자신들의 성

행한 이들 가운데 누군가가 서투르게 새겨놓은 십자가 형상이 발견됐다"는 기록에서 드러난다 (Bertrand 1952, 70).

지를 보존하도록 허락했다. 그러나 이것이 시사하는 점은 다른 이슬람교도 점령지에서와 마찬가지로 다음 통치자가 '과격'할지 '온건'할지는 늘 동전 던지기와 다름없었다는 사실이다. 고고학적 사실이 이를 드러낸다. 711년에 이슬람교가 스페인에 들어왔을 당시에는 교회들이 스페인 곳곳에 퍼져 있었지만, 오늘날 작은 모사라베(딤미) 교회의 유적조차 오직 옛 알안달루스 바깥에서만 발견되며, 주요 도시 중심부에서는 전혀 남아 있지 않다.[21]

이와 마찬가지로 기독교의 성례聖禮와 상징물, 특히 십자가를 의도적으로 모독하는 행위로 인해 이슬람교도들은 반도 내 기독교도들 사이에서 '십자가의 적'이라는 별칭을 얻었다. 《알폰소 3세 연대기》는 이슬람교도 파괴자들이 "교회에서 십자가와 제대, 성유와 책 등 기독교 세계가 존중하던 것들을 내던져 모든 것이 흩어지고 버려졌다"라고 전한다.[22] 1147년 리스본 포위전 때 이슬람교도들은 십자가 상징을 상당히 조롱하는 모습을 보여주었는데, 십자가에 침을 뱉고 심지어는 변을 닦기도 했다.• 또한 경멸할 만한 것 위에 하듯이 그 위에 오줌을 누고, 십자가를 기독교도들에게 던졌다.[23] 기독교도들이 전투 전에 암송하던 표준 기도문 가운데 하나는 이런 장면이 흔했다는 것을 보여준다. "주님의 이름과 가장 당당한 십자가의 힘으로, 언제 어디서나 십자가를 모욕하는 무어인들이 확실히 정복당하게 하소서."[24]

이슬람 자료들도 이러한 적개심을 확인해 준다. 알안달루스에서 출

• 리스본에서 그들은 "계속해서 하느님의 어머니이신 성모 마리아를 모욕하고, 비열하고 불경한 말로 비난했다. 이것이 우리를 격분케 했다. 그들은 우리가 가난한 여인의 아들을 숭배한다고 말했다"고 전한다(Allen 2010, 306).

판된 한 유명한 반反기독교 논문은 〈십자가를 부수는 망치〉라는 제목이었다.[25] 우마이야 칼리파국이 8세기에 동로마 주화에서 십자가 형상을 지운 것처럼, 안달루시아의 저명한 법학자 이븐 루슈드 알자드Ibn Rushd al-Jadd(1058~1126)는 "황금 십자가는 전리품으로 분배하지 말고 부숴야 한다"라고 말했다. 그리고 "그들의 성서는 반드시 없애야 한다"라고 덧붙였다. 그는 모든 단어를 지워 빈 책으로 재판매할 수 없다면, 기독교 경전은 전부 불태워야 한다고 설명했다.[26] 스페인의 교회, 십자가, 심지어 복음서의 인쇄된 글자 자체마저 사라지게 만들려고 시도했던 기독교 유산에 대한 체계적인 말소는 1204년에 "악인을 벌하기 위해 물리적 칼을 받아들였다"는 아라곤 왕 페로 2세와 같은 이들로 하여금 이슬람교도들을 기독교도에 대한 기억마저 없애기를 원한 사람으로 묘사하게 만들었다.[27]

백인을 파는 시장

동방 칼리파국들의 동로마에 대한 지하드에 부채질을 했던 또다른 동기는 노예, 특히 여성과 아이들의 획득이었는데, 이는 스페인에서도 기독교도들을 상대로 한 지하드를 끊임없이 부채질했다. 앞서 보았듯이 이슬람교도들이 711년에 상륙했을 때부터 타리크는 유럽의 서쪽 끝 반도에서 기다리고 있는 여성들을 언급하며 휘하 병사들을 유혹하려 했다. 이후 다마스쿠스의 칼리파 알왈리드는 거둬들인 엄청난 전리품을 보면서 "스페인 민족의 자원, 부, 젊은 처녀들의 아름다움"에 크게 기뻐했다.[28] 우마이야 왕조는 특히 방어가 견고한 동로마에서는 구하기 어려웠던 금발이나 붉은 머리칼을 가진 프랑크 또는 갈리시아 여성들을 성적 노예로 높이 평가[29]했기 때문에, 알안달루스는 노예무역과 유통의 중심지가 됐다.[30] 평화의 대가로 북방 기독교도들은 때때로 연례 공물을 바쳐야 했는데 그것은 돈이나 말, 무기가 아니라 하렘을 장식하기 위한 미모가 뛰어난 100명의 처녀였다.[31]

코르도바의 노예 시장 명성을 유지하기 위해 상인들은 피부색이 어두운 노예 소녀들의 얼굴이 희게 보이도록 얼굴에 연고를 발랐으며, 흑발은 네 시간 동안 용액에 담가 금발로 만들었다. 또한 흑인 노예들의 얼굴과 몸에는 연고를 발라 더 아름다워 보이게 했다. 앞서 보았듯이 유럽 이교도들을 본성적으로 문란한 존재로 묘사하는 성적 대상화와 관련해서 상인들은 판매를 촉진하기 위해 이를 적극적으로 이용했다. 12세기의 한 문서는 이렇게 말한다. "상인은 노예 소녀들에게 잠재 구매자 가운데 나이 많은 남자나 소심한 남자에게 교태를 부리라고 시켜, 그들의 욕망을 끓어오르게 한다. 그리고 여자들에게 모두 속이 비치는 옷을 입힌다."[32]

강제로 혹은 세뇌를 통해 방탕하게 행동하도록 만들어진 불운한 여성들 가운데 일부는 제 역할을 잘 수행한 듯하다. 거의 모든 이슬람교도 아미르가 백인 첩에게서 태어났을 정도로 코르도바가 노예무역 중심지로 자리잡으면서, 많은 수의 성 노예와 강제 매춘 여성들이 공개적으로 전시돼 판매됐다. 이븐 하즘Ibn Hazm이 "여성은 사랑의 결합(성행위)과 그것을 불러오는 것, 연애 행각과 그것이 이루어지는 방식, 친교와 그것을 성취하는 방법 외에는 마음을 채울 다른 것이 없다. 이것이 여성들의 유일한 일이며, 그들이 창조된 것은 바로 이 때문이다"라고 썼을 때 그는 일반적인 이슬람교도 여성들을 염두에 둔 것이 아니라 이들을 염두에 두고 있었을 것이다.[33]

반라의 여성들이 칼리파 하렘에서 빈둥거리며 주인을 만나 그를 즐겁게 해줄 차례를 기다리는 환상은 결국 서방의 대중적 상상 속으로 흘러들어 갔다. 그러나 이는 현실이라기보다는《천일야화》와 같은 허구의 산물에 가까웠다. 알안달루스의 황금기와 가장 밀접히 연관된 칼리파 압둘 라흐만 3세(재위 929~961)의 삶과 시대를 보자. 이슬람 기록들에 따르면 그가 한번은 기독교도 첩 가운데 하나의 얼굴에 달려들어 입을 맞추고 깨물었는데, 여자가 이를 싫어해 얼굴을 돌렸다. 이것이 그의 화를 촉발해 환관들에게 여자를 붙잡아 얼굴에 촛불을 들이대 불태워 미모를 망가뜨리라고 명령했다.[34] 이와 비슷하게 사형집행인 아부 임란Abu Imran이 불려갔을 때 그의 주군이 영양처럼 아름다운 소녀와 함께 있었는데, 소녀는 방의 구석에서 환관들에게 붙들린 채 살려달라고 빌고 있었다. 칼리파는 자비를 베풀지 않았다. "저 창녀를 데려가 목을 쳐라, 아부 임란." 집행인은 어쩔 수 없이 따랐다. "나는 한 칼에 머리를 날렸다." 칼리파는 소녀의 보석 목걸이를 아부 임란에게 선물하며 덧붙였다. "알라께서 내리신 은총이다."[35] 또한 열세 살짜리 기독교도 노예 소년이 반복된 성적 접근을 거부하자 압둘 라흐만 3세는 그를 서서히 고문하고 목을 베었다.[36] •

• 압둘 라흐만이 3750명의 노예와 6300명의 첩을 거느렸다는 점을 고려하면, 특히 그의 관심을 끌어 불행해진 이들을 포함해 수천 명을 더 비인간적으로 대했을 가능성이 높다. 서방 학자들에 의해 800년 가까운 이슬람령 스페인 역사에서 가장 '관용적'이고 '계몽된' 통치자의 전형

마지막으로, 기독교 교회에 대한 경멸과 유럽 여성들에 대한 욕망이 합쳐져 익숙한 고정관념이 형성됐음을 언급할 가치가 있다. 서아시아의 이슬람교도들이 기독교 교회와 수도원을 본성적으로 문란한 여성들이 음행하는 장소로 묘사했듯이, 안달루시아의 판관 이븐 압둔Ibn 'Abdun(1050~1135)은 이렇게 선언했다.

이슬람교도 여성들은 기독교도들의 혐오스러운 교회에 들어가지 못하게 해야 한다. 사제들은 악행자, 음행자, 남색자들이기 때문이다. 프랑크인(스페인 기독교도에 대한 총칭) 여성들은 종교 예배일이나 축제일 외에는 교회 출입이 금지돼야 한다. 사제들과 함께 먹고 마시고 음행하는 것이 그들의 습관이기 때문이다. 사제들 중에는 잠자리를 함께하는 여자를 두 명 이상 거느리지 않은 자가 없다. 이것은 그들 사이에 관습이 됐는데, 그들은 금지된 것을 허용하고 허용된 것을 금지했기 때문이다.[37]

앞서 말한 적대와 경멸은 북쪽의 자유로운 이교도들 같은 명백한 적에게만 국한되지 않고, 딤미로서 이슬람교도 지배를 따르는 기독교도와 유대인들에게까지 확대됐다. 《코란》이 이교도에게 "패배감을 느끼게 하라"(9:29)라고 명령한 데 따라, 지즈야 징수원들은 징세할 때 이교도들의 목을 움켜쥐고 "딤미, 알라의 원수, 우리가 네게 제공하는 보호와 관용에 대한 대가로 내야 하는 지즈야를 내라!"라고 소리치도록 권

으로 찬양받는 이슬람 통치자가 이렇게 행동했다면, 다른 통치자들은 어땠을까? 이븐 하즘은 그를 "타락한 여러 칼리파들 가운데 하나"라며 답을 암시한다(Fernandez-Morera 2016, 130).

장됐다. 권선징악을 맡은 치안 담당자로, 사우디아라비아 같은 이슬람 국가에 지금도 존재하는 관직인 안달루시아의 무흐타시브muhtasib는 이렇게 말했다. "이슬람교도는 유대인이나 기독교도에게 안마를 해주어서는 안 되며, 그들의 쓰레기를 치우거나 변소를 청소해서도 안 된다. 유대인과 기독교도가 이런 일에 더 알맞은데, 그것들은 비천한 자들의 일이기 때문이다." 또한 유대인과 기독교도는 위엄 있는 복장이 허용되지 않았으며, 혐오하고 기피해야 할 대상으로서 '앗살라무 알라이쿰'(평화가 당신과 함께하기를)이라는 통상적인 인사로 맞이해서는 안 된다고 했다.[38]•

열등함을 느끼도록 강요받는 것은 문제였지만, 많은 딤미들은 그것을 받아들여야 했다. 그러나 샤리아의 두 가지 조항은 심각한 좌절을 불러왔고, 그것은 지금도 마찬가지다.•• 첫째는 지금까지도 일상 언어에서 이슬람교의 '신성모독' 법으로 알려진 것으로, 무함마드나 이슬람교를 모독하는 것으로 해석될 수 있는 모든 발언을 금지하고 위반자는 사형에 처하도록 한 것이다. 이는 예수의 복음을 전하는 것도 포함되는데, 무함마드를 부인하고 그를 거짓말쟁이로 만들기 때문이다. 둘째는 이슬람의 배교법으로, 이 또한 이슬람교도에게 이슬람교를 버리려는 어떤 시도도 금지하며 위반자는 사형에 처하게 했다. 이것은 그때나 지금이나 단순히 이슬람교에 무관심해지는 경우가 아니라 다른 종교

• 이는 무함마드의 명령과 일치한다. "유대인과 기독교도에게 먼저 살람(평화) 인사를 하지 말라. 길에서 그들을 만나면 가장 좁은 골목으로 몰아내라"(Ibrahim 2013, 152).

•• 이슬람의 배교, 신성모독, 개종 관련 법이 미치는 영향과 그것들이 기독교도에게 적용되는 경우에 대한 포괄적인 고찰과 많은 현대 사례들은 Ibrahim 2013, 95~145를 참조하라.

(보통은 기독교)로 개종해 적극적으로 신봉하는 경우에 해당한다. 두 법은 사상과 언론, 심지어 양심의 자유까지 질식시키는 효과를 가져왔으며, 기독교 딤미들과 최근의 명목상 개종자들의 잦은 반란을 불러왔다. 그리고 이슬람교도들의 잔혹한 진압과 대량 학살로 이어졌다.

불필요한 일일지도 모르지만, 기독교도와 이슬람교도 모두가 서로를 명확한 이념적 틀로 바라보면서 싫어했다는 점은 잠시 주목할 필요가 있다. 동방의 기독교도들과 마찬가지로 많은 스페인 기독교도들은 한 7세기 문서의 표현처럼 무함마드를 '악마의 자식'이라고 생각했다.[39] 또다른 이는 "그가 악령의 부추김을 받아 육욕적인 사람들의 즐거움에 맞는 가증스러운 종파를 만들어냈다"라고 썼다.[40] 이슬람교도들은 알라와 자기네 선지자의 적들을 약탈하고 사로잡고 죽이며, 온갖 방식으로 그들을 박해하고 파괴하라는 명령을 받았다. 기독교도들은 이슬람교도들의 성적 관심에 여전히 분개했으며 "그들의 천국이란 지칠 줄 모르는 탐식의 선술집이자 끝없는 타락의 사창가가 아니면 무엇이겠는가?"라는 의문을 품었다.[41]

이슬람교도들에게 기독교도는 여전히 사람(예수)을 알라와 결합시키고자 하는 경멸스러운 이교도들로 '알라의 원수'였으며, 죽거나 복종할 때까지 싸워야 할 존재였다. 기독교도 왕의 이름을 언급하면 매번 "알라께서 그를 저주하소서!"라는 말이 뒤따랐다.[42] 동방의 이슬람교도들이 동로마 황제를 '로마인의 개'라고 불렀다면, 스페인의 이슬람교도들은 이슬람의 또다른 불결한 동물인 '돼지'에 비유했다. 한 아미르는 카스티야-레온의 알폰소 6세 왕을 그렇게 불렀다.

'승리자' 지하드 전사

이제 이어질 이야기의 배경은 이러하다. 기독교 아스투리아스 왕국(720~924)이 세워진 뒤 중요성과 명칭은 시대의 변화에 따라 달라지고 바뀌었지만 갈리시아, 레온, 카스티야, 나바라, 아라곤, 카탈루냐 등 북부의 다른 여러 기독교 왕국들은 그 '겨자씨'에서 비롯되거나 함께 성장했다. 그들은 대체로 자유로웠으나 300년 넘게 방어적인 위치에 몰려 있었고, 때로는 거의 멸망 직전까지 갔다. 예를 들어 793년 코르도바의 아미르 히샴 1세(재위 788~796)가 북방에 대한 지하드를 선포했을 때에 그러했다. 멀리 아라비아에서 온 이들까지 포함해 10만 명의 지하드 전사들이 그의 부름에 응답했는데, 이븐 알아시르는 이렇게 적었다. "몇 달에 걸쳐 히샴의 장군 압둘 말리크는 땅을 이리저리 가로지르며 여자를 강간하고, 전사를 죽이고, 요새를 파괴하고, 모든 것을 불태우며 약탈하고, 무질서하게 도망치는 적들을 몰아냈다. 그는 무사히 귀환했는데, 알라만이 아실 정도로 많은 전리품을 끌고 왔다." 연대기는 이를 "이슬람교도 스페인에서 가장 유명한 원정 중 하나"라고 부르지만, 이것 역시 무수히 많았던 것들 가운데 하나였다.[43]

그러나 북부 왕국들을 마침내 완전히 분쇄한 이는 본래 코르도바에서 샤리아를 공부했던 무함마드 이븐 아비아미르Muhammad ibn Abi Amir(938~1002)였다. 그가 지하드를 선포하자 사람들은 무리를 지어 그의 깃발 아래로 몰려들었다. "모든 야망 있는 젊은 무어인, 현세나 내세에서 낙원을 얻고자 하는 자들이 모험심에 사로잡히거나, 지나친 신심에 불타거나, 토지에 대한 탐욕에 이끌리거나, 사회적 출세를 추구해 기독교 스페인에서 자신의 경력과 무대를 찾았다"고 한다.[44] 이들과 함께 무함마드는 "여름이든 겨울이든 끊임없이 기독교도들을 상대로 전쟁을 벌였다"고 한 이슬람 연대기는 자랑한다.[45] 그는 무려 57차례의 지하드를 시작하고 참여해 모두 승리했으며, 그 덕에 아라비아어 알만수르al-mansur(승리자)의 변형인 알만소르Almanzor라는 칭호를 얻었다. 그는 북방의 기독교도 지역을 약탈하고 불태우며 공포에 몰아넣었고, 그곳의 교회를 모조리 파괴해 흔적조차 남기지 않았다.[46] 여기에는 레온, 카스티야, 바르셀로나 같은 신흥 왕국들도 포함돼 있었다. 그는 수만 명을 의례를 위해 학살하거나 노예로 만들었다. 한편 다른 이들과 달리 그의 지하드는 단순히 전쟁·강탈·약탈을 위한 구실로서의 신앙심이 아니라 진정한 신앙심에서 비롯한 듯 보였다. 그는 늘《코란》을 지니고 다니며 끝없이 그것에 대해 묵상했다.[47] 그리고 "순교자는 그의 몸을 씻지 않고 피 묻은 옷 그대로 묻혀야 한다. 그의 고난과 죽음의 방식이 이미 그를 정화했기 때문이다"라는 규정 때문에[48] '승리자' 무함마드는 자신이 기독교도들에 맞서 원정을 다니며 옷과 신발에 묻은 먼지를 큰 궤짝에 모아두었다. 그는 자신이 죽으면 그것을 자신의 무덤 위에 뿌리라고 명령했는데, 심판의 날에 알라께서 자신에게 호의를 베푸시기를 바랐기 때문이다.[49]

997년, 알만소르는 당시 기독교도 영토의 깊숙한 영역인 스페인의 서북쪽 구석에 도달해 로마 다음으로 중요한 순례지였던 산티아고 데 콤포스텔라를 습격했다. 이곳에는 국가의 수호성인인 제베대오의 아들 사도 야고보의 유해가 모셔져 있었다. 야고보는 나중에 산티아고 마타모로스Santiago Matamoros(무어인 학살자 야고보 성인)라고 불렸는데, 이는 무

844년 클라비호 전투에서 순백의 말을 타고 나타나 기독교도들이 수천 명의 이슬람교도를 죽이는 것을 도왔다고 전해지기 때문이다. 알만소르는 이 성인에게 특별한 불만을 품고 있었기에, 그의 성소를 완전히 파괴했다. 이콘, 조각상, 십자가는 뒤엎어지고 훼손됐으며, 콤포스텔라의 교회 종들은 코르도바 모스크로 보내져 등잔을 만드는 데 사용됐다. 그리고 성소를 지키기 위해 무기를 든 수도사들은 도륙당했다. 다만 성인의 무덤만은 화를 면했다. "신의 광채가 뻔뻔스러운 침입자들의 눈을 부시게 해서"였다고 한다.[50] 이 공격은 도리어 역효과를 냈다. 성소 모독 소식은 두려움과 실망 혹은 불만을 일으키기는커녕, 오히려 엄청난 분노와 새로운 열정을 불러일으켰다. 사도 야고보의 대의는 온 기독교 세계의 대의가 됐다.[51]

알만소르 자신도 다가올 폭풍우를 감지했다. 1002년, 또다른 기독교 성지를 공격하다가 입은 치명적 상처로 죽어가던 이 이슬람 성직자 출신의 실권자는 북방의 이교도를 몰살하지 못한 것을 한탄했다. "내가 내 손으로 정복한 모든 영토를 황폐하게 만들었더라면, 파괴와 절멸로 우리 최전선과 기독교도들의 국경 사이에 열흘 길이라도 되는 황무지를 만들었더라면, 우리는 다가오는 폭풍우를 피할 수 있었을 것이다."[52]

이 말이 알만소르의 사후에 그가 했던 말로 둔갑한 것이든 아니든, 이는 사실로 드러나게 된다. 1031년이 되면 이슬람 세계의 내분으로 인해 코르도바 칼리파국은 30개 정도의 자잘한 이슬람교도 국가로 쪼개지게 된다. 이것이 제1차 타이파Taifa(아라비아어로 '분파')의 시작이었는데, 이는 제1차 피트나 등 다른 이슬람 내전을 떠올리게 한다. 이슬람교도 수장들이 서로 다투면서 이교도에 대한 지하드라는 원래의 개념은 무의미해졌고, 북방의 기독교도들에게 휴식을 주게 되면서 재정비하고 대응할 수 있게 됐다. 1050년대에 이르러 레온-카스티야의 페르난도 1세는 인접한 이슬람 왕국들로부터 조공을 뜯어내며 재정을 고갈시켜, 판을 뒤집고 그들을 약화시킬 수 있었다. 그의 아들 알폰소 6세도 같은 정책을 이어갔는데, 사절은 그 이유를 이렇게 설명했다. "알안달루스는 원래 기독교도들의 땅이었소. 그러다 아라비아인들에게 패배했을 뿐이오. 이제 기독교도들이 강하고 유능해졌으니 강제로 빼앗긴 땅을 되찾고자 하는 것이오. 이는 오직 적을 약하게 만들고 잠식하는 방식으로만 이룰 수 있소. 결국 알안달루스에 사람도 돈도 남지 않으면, 우리는 아무 어려움 없이 그것을 되찾을 수 있을 것이오."[53]

적을 재정적으로 고갈시킨 알폰소 6세는 1085년 이슬람교도들을 옛 비시고트 왕국의 수도 톨레도에서 몰아냈는데, 이는 레콩키스타 Reconquista (재정복)의 공식적인 시작점으로 간주된다. 매우 상징적이었던 이 승리는 "온 기독교 세계를 떠들썩하게 했으며, 이슬람교도들 사이에는 큰 통곡이 일어났다"[54]고 한다. 알폰소는 자신의 동기를 이렇게 설명했다.

이 도시는 하느님의 은밀한 심판으로 인해 376년 동안 무어인들의 손에 있었고, 그들은 흔히 그리스도의 이름을 모독했다. 우리의 거룩한 조상들이 신앙의 하느님께 경배하던 곳에서 저주받은 무함마드의 이름이 불려졌다. 나는 야만 민족을 상대로 무기를 들었고, 나의 군대를 이 도시로 향하게 했다. 황제인 나 알폰소가 그리스도의 인도 아래 자신들의 신앙에 열성적인 자들에게 이 도시를 되돌려줄 수 있다면, 주님 보시기에 기쁠 것이라고 생각했다. 이곳은 사악한 무리가 그들의 지도자 무함마드의 악한 인도를 통해 기독교도들로부터 빼앗은 곳이었다.[55]

재정복

여기서 잠시 멈춰 서서 이슬람교도 침략자들로부터 스페인을 재정복한다는 기독교도들의 주장이 대체로 단순한 영토 전쟁이던 것을 정당화하기 위한 구실 혹은 신화로써 십자군 시대에 만들어졌다는 견해에 비추어 '레콩키스타'라는 주제를 평가할 필요가 있다.[56] 이 견해를 지지하는 학자들은 기독교도와 이슬람교도가 때때로 같은 종교 집단을 배신하고 서로 동맹을 맺기도 했다는 것을 근거로, 종교는 언제나 구실이었을 뿐 스페인에서 벌어진 전쟁의 실제 이유는 아니었다고 주장한다.

현실은 훨씬 복잡하다. 코르도바의 권위와 광신적인 율법학자들의 요구에서 벗어난* 타이파 왕들은 곧 해마다 수행해야 하는 지하드의 의무를 부담스럽게 여기며 점차 이슬람교에 냉담해졌고, 결국 누구든 자신들의 이해관계에 가장 부합하는 쪽과 손을 잡았다. 기독교 세력과 인접한 이슬람교도 왕국들에게는 그것이 종종 기독교 세력이었다. 여기에 인종적 요인도 작용했다. 이미 보았듯이 이슬람교도 귀족 대부분은 유럽인 노예 어머니에게서 태어났으며, 많은 아미르들은 검지 않은

---

* 널리 퍼진 통념과는 달리 "이슬람 제국 전체에서 일상생활에 대한 이슬람 성직자들의 영향력이 알안달루스만큼 강했던 곳은 없었다"(Fernandez-Morera 2016, 91).

머리칼, 눈, 피부색을 지녔다. 그들은 남쪽의 아프리카적이고 아라비아
적인 주민보다는 오히려 기독교도 이웃들과 더 비슷하게 생겼기에 그
들에게 친밀감을 느꼈다.•

그럼에도 불구하고 이슬람교도-기독교도 협력이라는 편리한 외피
아래에는 오래된 실존적 증오가 잠재해 있었으며, 기회가 있을 때마다
불타올랐다. 예를 들어 코르도바의 아미르 압둘라 이븐 무함마드Abd
Allah ibn Muhammad(재위 888~912)가 이슬람교도와 기독교도 병력이 함
께 지키던 폴레이 성을 함락시켰을 때, 그는 이슬람교도들은 용서했지
만 개종을 거부한 기독교도 1천 명은 처형했다(동의한 단 한 명만이 예외였
다). 레콩키스타를 연구하는 한 역사가는 이렇게 썼다.

레콩키스타는 일종의 지속적 과정으로 이해할 수 있다. 휴전으로 자주 끊기
기는 했으나, 기독교도 군주들이 수백 년에 걸쳐 노력을 기울인 궁극적 목
표로 남아 있었다. 자신들을 비시고트족의 후손이라고 주장한 이들은 비시
고트 왕국의 땅을 회복할 권리와 의무가 있다고 주장했으며, 한때 기독교도
의 땅이었던 이곳은 지금 이슬람교도들에게 부당하게 점거돼 있는 것으로
생각됐다. 따라서 영토를 둘러싼 투쟁은 종교적 맥락 안에 자리잡게 됐고,
레콩키스타는 기독교도와 이슬람교도 사이의 종교 전쟁이 됐다.[57]

<hr>

• 압둘 라흐만 3세는 "피부가 희고, 얼굴은 분홍빛이었으며, 눈은 파란색이었다. 그는 자기 신
민들에게 더 아라비아인처럼 보이기 위해 금발 머리를 검게 염색했다." 역대 칼리파들은 거의
예외 없이 백인 기독교도 노예 여인들과만 결합했기 때문에 아라비아 혈통은 세대를 거듭하며
절반씩 줄어들었고, 결국 마지막 우마이야 칼리파인 히샴 2세(재위 976~1013)는 아라비아
혈통이 약 0.09퍼센트에 불과했다(Fernandez-Morera 2016, 162~163).

레콩키스타가 전쟁을 정당화하기 위한 이념적 구실에 불과했다는 주장은 스페인 서북부로 물러난 기독교도들이 늘 이야기했던 것을 무시하는 것으로, 역사의 1차 자료를 무시하는 것과 같다. 설령 펠라요의 "그대가 보는 이 작은 산을 통해 스페인과 고트족 군대의 안녕이 회복될 것"이라는 큰소리가 그의 사후에 덧붙여진 것이라고 하더라도, 이는 레콩키스타 개념이 적어도 아스투리아스 왕 알폰소 3세(재위 866~910) 시대에는 이미 존재했음을 의미한다(이 이야기는 그의 치세 동안에 기록된 것이다). 이는 12~13세기에 안달루시아 이슬람교도에 대한 십자군을 정당화하기 위한 '구실'이 필요해지기 수백 년 전의 일이다.

마찬가지로 펠라요 이래로 기독교도 군주들이 이슬람교도로부터 영토를 되찾을 때만큼 연대기 작가들에게 큰 찬사를 받은 일은 없었다. "왕국을 확장했다", "기독교도의 땅을 넓혔다", "무어인으로부터 해방시켰다", "아라비아인으로부터 해방시켰다" 등의 표현이 초기 전사戰士 왕들의 통치를 특징지었다. 아스투리아스의 알폰소 1세(재위 739~757)의 명성은 모든 아라비아인을 칼로 죽이고, 해방된 기독교도들을 다시 그의 나라로 데려왔다는 데 있었다.[58] 카스티야의 페르난도 1세(재위 1037~1065)는 무어인의 광기를 포르투갈에서 몰아낸[59] 공으로 칭송받았으며, 이슬람 사절단에게 이 문제를 간결하게 설명했다.

우리는 단지 우리의 땅을 되찾으려 하는 것이다. 너희 역사 초기에 우리로부터 빼앗아 간 바로 그 땅 말이다. 이제 너희가 그 땅에서 머물 수 있는 시간이 다 되었고, 너희 자신의 악행으로 인해 우리가 승리하게 됐다. 그러니 지브롤터 해협 건너편, 너희 본토인 아프리카로 돌아가고 땅을 우리에게 넘겨라. 오늘 이후로 우리와 함께 이 땅에 머무른다면 너희에게 어떤 좋은 일도 없을 것이기 때문이다. 우리는 하느님이 우리 사이의 일을 판가름하실 때까지 너희를 결코 가만히 두지 않을 것이다.[60]

아무도 이러한 '분리주의' 정서가 부당하다고 여기지 않았다. 이슬람 세력이 스페인을 침략하기 한 세기 전, 세비야의 이시도르Isidore(560~636) 성인은 이전의 아우구스티누스와 마찬가지로 "전쟁은 재산을 회복하거나 적을 물리치기 위해 선포된 뒤 벌여야만 정당하다"라고 설명했다.[61] 왕자 후안 마누일Juan Manuel(1282~1348)은 한때 "기독교도와 무어인 사이에는 전쟁이 있으며, 기독교도들이 무어인들에게 강제로 빼앗긴 땅을 되찾을 때까지 전쟁은 끝나지 않을 것이다"라고 말한 뒤 정당한 전쟁과 그저 오래된 지하드와의 차이를 강조했다. "그들 사이에 종교나 교파 때문에 전쟁이 벌어지지는 않을 것이다. 예수 그리스도께서는 누구를 죽이거나 그의 종교를 받아들이도록 강제하라고 명하신 적이 없기 때문이다."[62] 로마의 교황 역시 스페인 왕들에게 "이슬람교도들을 몰아내고, 이전에 오랫동안 기독교도들이 경작해 온 땅에서 멀리 추방하라"라고 수시로 촉구했다.[63]

레콩키스타라는 개념이 후대에 만들어졌다는 생각은 십자군 전쟁이 이슬람교도에 대한 명분 없는 정복 전쟁이었으며, 그렇기 때문에 구실이 필요했다는 명백히 거짓된 주장에 뿌리를 두고 있다. 하지만 유럽인들은 예루살렘과 스페인의 연관성을 발견했다. 두 지역 모두 이슬람 세력이 침략해 정복하기 수백 년 전에는 기독교도 지역이었고, 두 곳 모두 기독교도들이 계속 박해받았기에 해방될 필요가 있었다.

이슬람 세력의 제2차 스페인 침공

기독교 세력은 1085년 톨레도를 탈환하면서 반도 영토의 거의 절반을 장악했다. 이슬람교도들은 수백 년 동안 북방에 틀어박혀 있던 경멸스러운 '돼지들'을 이제는 실질적인 위협으로 인식하기 시작했다. 오늘날까지 반복해서 나타나는 주제지만, 그들은 패배의 원인을 온전한 샤리아를 집행하지 못한 타이파 통치자들의 방종하고 비이슬람적인 행태로 돌렸다. 한 연대기 작가는 대중의 정서를 이렇게 묘사한다. "이슬람교도들이 밀리고 있는 것은 왕들이 관심을 기울이지 않았기 때문이고, 이슬람 통치를 포기했기 때문이며, 전쟁(정기적 지하드)을 포기하고 나태하고 안락한 생활을 즐긴 탓이다. 그들 각자가 유일하게 몰두하는 것은 포도주를 마시고, 여자 가수들의 노래를 듣고, 오락을 즐기며 하루하루를 보내는 것뿐이었다."[64]

자신의 신민들로부터 압박을 받은 타이파 왕들은 아프리카에서 지하드 전사 정권을 불러들여 자신들을 돕게 하는 운명적인 결정을 내렸다. 국경 요새를 지키는 사람들인 무라비툰은 금욕적이고 독실한(오늘날 표현으로는 '급진적'인) 이슬람 열성분자들이었으며, 나이저 강과 세네갈 강 변경에서 지하드를 벌이는 데 삶을 바친 자들이었다. 안달루시아 이슬람교도들이 이교도인 기독교도들의 지배를 받고 있다는 소식을 듣고 격분한 그들은 기꺼이 초청에 응해 대거 남부 스페인으로 들어갔다. 알폰소가 톨레도를 탈환한 지 1년 뒤인 1086년, 이들은 사그라하스(혹은 잘라카) 전투에서 기병대가 후퇴하는 척하다가 측면을 공격하는 옛 유목민 전술을 써서 기독교 영웅을 궤멸시켰다. 이는 기독교도와 무어인 사이에서 벌어진 가장 유혈이 낭자한 전투 중 하나였으며,[65] 왕은 중상을 입은 채 간신히 전쟁터에서 빠져나왔다. 전투 후 외지에서 들어온 승리자들은 약 2400명의 기독교도의 머리로 산을 쌓았고, 그 위로 "알라후 아크바르"라는 승리의 함성이 울려 퍼졌다.[66] 인종적·종교적으로 희석된 알안달루스의 이슬람교도들과 달리 이들은 새로운(정확히 말하자면 오래된) 부류의 이슬람교도였다. 외모와 행태에서 그들은 8세기 타리크와 무사의 지휘 아래 처음 반도를 침공했던 아프리카인들을 연상케 했다. 그리고 어떤 면에서 이는 이슬람의 이름으로 단행된 두 번째 대규모 스페인 침공이었다.

한편 로마에서는 교황 우르바누스 2세가 이 새로운 지하드를 기독교령 스페인뿐 아니라 남프랑스에도 위협인 것으로 인식했다. 1089년에 그는 지역의 귀족과 주교들에게 피레네 국경 근처 타라고나의 성곽 보강과 무장을 촉구하며, "이곳이 기독교도를 위해 사라센인을 막는 요새이자 방벽으로 알려지게 하라"라고 권했다. 1095년 클레르몽에서의 호소보다 6년 앞서 우르바누스 2세는 이슬람교도와 싸우다 죽는 기독교도는 죄가 사면된다고 선포했다.[*] 한편 그는 열성적인 스페인 기사들이 동방 십자군에 합류하는 것을 금지했는데, "이곳의 기독교도를 사라센의 폭정과 억압에 내버려두면서 저곳에서 사라센으로부터 기독교도를 구해내는 것이 무슨 소용이 있겠는가"[67]라고 교황은 설명했다.[**]

• 그만 그런 것이 아니었다. 우르바누스 2세 이후 파스칼 2세, 젤라시오 2세, 갈리스토 2세, 에우제니오 3세, 아나스타시오 4세는 스페인에서 이슬람교도와 싸우는 이들은 모두 동방 십자군에 참여한 자들에게 주어지는 죄의 사면을 똑같이 받을 수 있다고 강조했다(O'Callaghan 2004, 48).

무라비툰의 수장 유시프 이븐 타슈핀Yusif ibn Tashufin(재위 1061~1106)은 북아프리카에서 반란이 일어나 사그라하스 전투의 승리를 이어가지 못하고 아프리카로 돌아가 반란을 진압했다. 그는 1089년에 다시 아프리카인 대군과 함께 돌아와 지하드, 즉 성전을 선포하고 안달루시아의 모든 이슬람 군주들이 자신의 깃발 아래 합류할 것을 촉구했다. 그러나 그들의 불화 때문이었든 충분한 근거가 있는 것으로 드러난 불안 때문이었든, 이때쯤에는 아프리카인들이 거친 야만인임을 알게 된(그들은 과도한 종교적 열정도 지니고 있었다) 타이파 왕들은 이 호소에 반응하면서도 열의는 그다지 없었다.[68] 이에 유시프는 그들 없이 톨레도를 공격했다. 그는 주변 시골 지역 상당 부분을 유린했지만, 도시를 점령하는 데는 실패했다. '온건한' 이슬람교도 귀족들은 다시 비난을 받았다. 그리고 이슬람 도시들의 일반 민중은 군사적 승리를 위한 열의에 의해 자극된 종교적 열정에 사로잡혀, 사납고 독실한 체하는 무라비툰의 권력을 지지했다. 알안달루스의 옛 아미르들은 타락한 향락주의자로 여겨져 추방됐다.[69]

새로운 지배자들은 기독교 세력이 남하하는 것을 저지했지만, 그들의 역량 대부분을 타이파 국가들을 재흡수하는 데 쏟았다. 1102년, 사라고사가 함락되자 무라비툰은 이슬람령 스페인의 잔여 지역을 자신들의 지배하에 편입하고 엄격한 샤리아를 시행했는데, 이는 기독교 딤

●● 마찬가지로 1101년 교황 파스칼 2세는 기독교도들에게 무라비툰의 맹렬한 공격이 끊임없이 덮쳐오는 스페인을 떠나 성지로 가는 십자군에 참여하는 것을 금지했다. "그대들이 떠나면 서부 지역에서의 이슬람교도들의 폭압이 자못 두렵기 때문이다. 우리는 그대들이 본국에 남아 모아브인들과 무어인들을 상대로 온 힘을 다해 싸울 것을 명령한다"(O'Callaghan 2004, 34).

미에 대한 새로운 박해와 교회에 대한 파괴로 이어졌다.

이후 이슬람교도와 기독교도 사이의 승부가 나지 않는 밀고 당기기가 이어졌다. 그러던 1118년, '엘 바탈라도르el Batallador'(전사)라는 별명으로 불린 또다른 알폰소(1074~1134)가 등장해 레콩키스타를 떠맡고 그 선봉에 섰다. 죽는 날까지 이슬람의 파괴에 헌신한 전형적인 십자군 전사로 묘사된 그는 새 왕국 아라곤을 창건했으며, 에브로 강 유역을 공격하고 제1차 십자군에 참전했던 프랑크인들의 도움으로 사라고사를 탈환했다.[70] 33년 전 톨레도 전투 이래 기독교도가 이슬람교도를 상대로 큰 승리를 거둔 것은 이번이 처음이었다. '전사' 알폰소는 이후 무라비툰 영토로 끊임없이 진격해 종종 수천 명의 기독교 딤미들을 구출해 돌아왔다. 죽음의 고비를 넘기면서 더욱 강해진 그들은 이슬람 땅이 된 피폐해진 변경 지대에 정착하고 주둔하는 데 이상적이었고, 또 이를 자원했다. 이슬람교도 지도자들은 늘 하던 대로 대응했다. 바로 집단 처형이었다. 베르트랑은 이 시기를 이렇게 요약한다.

무라비툰 침공 초기부터 기독교 교회 파괴가 시작됐다. 파키흐faqih(샤리아 전문가)들은 기독교 모사라베(딤미)들을 견디기 힘들 정도로 박해하기 시작해, 그들은 아라곤 왕인 '전사' 알폰소에게 가서 자신들을 구해 달라고 애원했다. 그러나 아라곤군은 그라나다를 점령하지 못했다. 그들이 퇴각하자 파키흐들은 모사라베들에게 가장 무자비한 방식으로 보복해 그들 가운데 1만 명이 적들의 박해를 피해 알폰소 영토로 이주하지 않을 수 없었다. 남은 자들은 재산을 빼앗기거나 투옥되거나 처형됐다. 많은 이들은 아프리카로 추방됐고, 그곳에서 온갖 종류의 억압 때문에 이슬람교로 개종할 수밖에 없었다. 10년 뒤 다시 추방이 있었다. 기독교도들은 또다시 모로코로 집단 이송됐다. 이에 따라 도시와 지역 전체가 학살과 박해로 주민이 사라졌다.[71]

1134년, 당대의 가장 위대한 전사 가운데 하나로 평가받으며 기독교 스페인의 국경 확장에 크게 기여한[72] '전사' 알폰소가 전사했다. 온 동네의 기독교도들은 미래를 두려워했다. 남자들은 머리를 밀고 옷을 찢었으며, 여자들은 얼굴을 긁어 피투성이로 만들며 애도했다. "오, 최고의 수호자여, 누가 당신을 대신해 우리를 지켜주겠습니까? 당신의 힘으로 사라센의 손에서 빼앗았던 왕국에 이제 무라비툰이 침입할 것이니, 우리는 수호자 없이 잡히고 말 것입니다."[73]

한편 유럽에서는 십자군의 열기가 극도의 흥분 상태에 이르렀다. 특히 수백 년 동안 전쟁의 축소판처럼 존재했던 스페인에서는 더욱 그러했다. 다른 투사와 전사들도 움직이고 있었다. 1138년, 레온의 알폰소 7세는 안달루시아 북부를 유린하면서 "그들의 이슬람교당을 파괴하고, 무함마드 율법서를 불태웠으며, 모든 샤리아 학자들을 발견되는 대로 칼로 베었다"라고 이븐 알하이얀Ibn al-Hayyan은 탄식했다.[74] 1139년, 아폰소 엔리케스Afonso Henriques는 오리케 전투에서 무라비툰을 격파했는데, 이는 무어인 지배에 가해진 가장 치명적인 일격 중 하나였으며[75] 그는 신생 국가 포르투갈의 초대 국왕이 됐다.

1146년까지 기독교 세력은 전례 없을 정도의 남하를 이루었고, 일시적으로 코르도바마저 점령했다. 1147년에는 그리스도의 십자가의 원수인 이교도들과 싸우기 위해 온[76] 잉글랜드인, 스코틀랜드인, 노르만계 잉글랜드인, 플랑드르인 등 제2차 십자군의 도움을 받아 리스본, 토르토사, 알메리아를 탈환했다. 이것이 동방에서의 실패로 인해 일반적으로 무능하다고 평가되는 제2차 십자군이 스페인에서 맺은 결실이다.

이슬람의 제3차 스페인 침공

이러한 기독교 세력의 계속된 승리에 대응해 역사는 반복됐다. 사막과 산지에서 온 무라비툰이 나약한 안달루시아인들을 압도했던 것처럼, 이슬람교의 또다른 광신적 전사 무리가 무라비툰을 대체하게 됐다.[77] 불만에 찬 이슬람교도 대중은 이제 무라비툰이 불경에 빠졌다고 비난하며, 한층 더 급진적인 북아프리카의 무와히둔muwahidun 정권의 원조를 요청했다. 무와히둔은 타우히드(알라의 절대적 유일성)를 신봉하고, 다신교적 기독교도들을 포함해 신에게 어떤 것이라도 결부시키는 자들에 대해 끝없는 지하드를 수행하는 자들이었다.

무와히둔의 기원은 이븐 투마르트Ibn Tumart(1082~1130)에게로 거슬러 올라간다. 아틀라스 산지 출신의 베르베르인인 그는 동방의 유명한 여러 이슬람 교육기관을 돌아다닌 뒤, 1118년 샤리아에 정통한 대가가 돼서 모로코로 돌아왔다. 이븐 투마르트는 학식과 신앙심 덕분에 사람들에게 인기가 있고 존경을 받았지만, 그의 과대망상적인 생각은 자신을 이슬람 종말론에서 잘못된 것을 바로잡는 불가사의한 혈통의 '인도된 자'인 마흐디Mahdi로 내세울 뿐만 아니라, 선지자 무함마드의 환생이라고 주장하기 시작하면서 분명해졌다. 무와히둔의 기원을 잘 알았던 이슬람 학자 알마라쿠시al-Marrakushi(1185~1262)는 이븐 투마르트가 유혹한 아프리카 부족민 무리에 대해 이렇게 기록했다.

부족들은 점점 더 그에게 매혹됐고 존경 역시 확고해졌기 때문에, 그들 중 누군가에게 자기 아버지, 형제, 아들을 죽이라고 명령하더라도 조금의 망설임도 없이 즉각 시행하게 되는 지경에 이르렀다. 이는 그 지역의 기후에 의해 강화되어 본성처럼 자리 잡은 특징인 선천적으로 피 흘리는 것을 가볍게 여기는 성향 때문일 것이다. 그들이 기꺼이 피를 흘리는 데 대해서는 내가 수스(모로코 남부)에 머물던 시절 놀라운 몇몇 사례들을 직접 보았다.[78]

1123년, 이븐 투마르트는 아프리카인들로 상당한 규모의 군대를 만들고 그들에게 이렇게 말했다. "자칭 무라비툰이라고 하는 이단자들과 배교자들을 향해 진군하라. 그들에게 악습을 버리고 도덕을 개혁하며, 이단을 버리고 죄 없으신 이맘(지도자) 마흐디를 인정하라고 요구하라." 여기서 마흐디는 곧 이븐 투마르트 자신이었다. 그는 자신이 환생한 무함마드임을 강조하기 위해 선지자가 사용한 것과 동일한 말과 어투를 써서 그들에게 명령했다. "무라비툰이 너희의 요구에 응한다면 그들은 너희의 형제다. 그들이 가진 것은 너희의 것이 되고, 너희가 빚진 것은 그들이 빚진 것이 된다. 만일 그들이 응하지 않는다면 싸워라. 이는 율법이 너희에게 합법적으로 허락한 것이다."* 그의 추종자들은 멀고 가

---

* 《하디스》에 나오는 다음의 선지자의 명령과 비교해 보라. "너희가 다신교도인 적을 만나면 세 가지 선택지 가운데 하나를 고르게 하라. 그 가운데 어느 하나라도 응하면 너희 또한 이를 받아들이고 그들에게 어떠한 해도 끼치지 말라. 먼저 이슬람교를 받아들이도록 권유하라. 그들이 응한다면 이를 받아들이고 그들을 상대로 싸우던 것을 중단하라. 그들이 거부했을 경우에는 지즈야를 요구하라. 그들이 내겠다고 동의하면 받아들이고 손을 떼라. 그들이 만약 거부하면

까운 곳을 가리지 않고 습격을 시작해 보급과 연락을 끊고, 남김없이 죽이고 약탈했다. 여기엔 같은 이슬람교도라도 신앙에 충실하지 않다고 여겨진 사람들까지 대상에 포함됐다. 그리고 400년 전 베르베르인들이 지하드에 대항할 수 없다면 차라리 귀순하는 편이 낫다고 결론 내렸던 것처럼, 많은 사람들이 그들의 권위를 인정하고 그들에게로 귀순했다.[79]

지금껏 이 땅을 침략한 모든 이슬람교도 무리 중 가장 사납고 광신적인 집단[80]이었던 무와히둔은 무라비툰의 북아프리카 근거지를 전복한 후, 1146년부터 스페인으로 밀려들기 시작했다. 그들의 배가 해안에 닿자 베일을 쓴 아미르들을 태운 낙타 행렬이 몰려 나왔는데, 기독교도들은 경악을 금치 못했다.[81] 그들에게는 사막의 기묘한 단봉낙타가 익숙지 않았기 때문이다.

이렇게 이슬람 세력의 제3차 스페인 침공이 시작됐다. 무와히둔은 초기 전투에서 기독교 왕국들을 상대로 여러 차례 승리를 거두며 국경의 남하를 저지했고, "아직 이슬람교도 지배 아래 남아 있던 기독교도들에 대한 극심한 박해를 개시"했다.[82] 1164년까지 그라나다에 남아 있던 기독교도 딤미 주민은 완전히 박멸됐다.

로마의 교황 하드리아노 4세는 기독교도들에게 야만 민족이자 미개한 족속, 곧 가장 파괴적인 역병인 사라센들의 광기를 제압하라고 촉구했다.[83] 새로운 지하드에 맞선 즉각적인 방어로서 기독교 왕국들은 기사 수도회의 역할을 확대했다. 요새를 지키고 국경을 수호할 토착 기사

알라의 도움을 구하고 그들과 싸워라"(*Sahih Muslim* 19:4294).

단을 새로 만든 것도 그중 하나였다. 기독교도-이슬람교도 국경의 성채에 거주한 이들 전사 수도사들은 최전방의 튼튼한 방어선 역할을 했다. 우트르메르Outremer('해외'를 뜻하는 프랑스어로, 레반트에 건설된 십자군 국가들)에서와 마찬가지로 이들은 이슬람의 리바트에 대한 스페인의 대응이었다. 여기에 더해 농부, 목동, 도망친 딤미 출신의 기독교도 자원자들도 합류했다. 이들은 거친 옷차림에 단검으로 무장하고 국경 일대의 숲에 거주하며 이슬람교도들을 습격하거나 격퇴하는 것을 업으로 삼았던 자들로, 레콩키스타의 '로빈 후드'였다.[84]

1184년, 기독교도들에 대한 지하드에서 성공을 거두어 명성을 얻었던 무와히둔 칼리파 아부 야쿠브Abu Yaqub가 그들과 싸우다 입은 상처로 죽었다. 1185년에는 '콩키스타도르Conquistador'(정복자)이자 '기독교도의 적들을 담대하게 뿌리 뽑은 자'[85]인 포르투갈의 아폰소 1세 역시 칼리파를 따라 무덤 속으로 들어갔다. 잠시 숨 고르는 시기가 찾아오자 몇몇 조약들이 체결되었고, 레콩키스타는 잠정 중단되었다. 곧 스페인 왕들은 서로 내분을 일으켰다. 심지어 이슬람교도들이 1190년 포르투갈에 중대한 승리를 거두는 등 다시 진격을 시작하는 와중에도 그랬다. 3년 뒤 기독교도 왕들이 서로 싸우느라 힘이 약해진 데다 무와히둔에게 유리한 조약까지 체결하고 있다는 사실에 분노한* 교황 첼레스티노 3세는 스페인 고위 성직자들에게 군주들 간의 화해를 주선하고, 무와히둔과의 모든 휴전을 종식시킬 것을 명령했다.

---

* 수많은 기독교도들이 치열했던 제3차 십자군(1189~1192)에서 이슬람교도들과 싸우다가 희생된 직후였기에 그는 기분이 상해 있었다.

기독교 세계 곳곳에서 온 지원자들로 증강된 기독교도 연합군이 결성되자 그들은 카스티야 왕 알폰소 8세(재위 1158~1214)의 지휘 아래 모이라는 명령을 받았다. 그는 공정하고 독실한 통치로 널리 인정받아 '고결한 자'라는 별명을 얻은 왕이었다.* 그러나 그는 증원군을 기다리지 않고 무모하게도 수적으로 우세한 이슬람교도 군대와 맞붙기로 결정했다. 톨레도 바로 남쪽 알라르코스에 주둔한 칼리파 아부 유수프Abu Yusuf(재위 1184~1199)가 이끄는 군대였다.

이교도들이 오고 있는 것이 보이자, 이슬람교도들에게는 지하드가 어느 경우에도 이득이 되는 이유가 설명됐다. "알라를 위해 싸워라. 그러면 영광된 순교와 낙원의 즐거움, 아니면 승리와 많은 전리품이 뒤따를 것이다."[86] 그리고 1195년 7월 18일, 충분히 휴식하고 부족 집단별로 깃발을 갖추어 조직화된 무와히둔군은 전투를 개시했다. 기독교도들은 당황해 무질서하게 돌격했고, 성전에 참여하기 위해 온 자원병 일부가 흩어졌다.[87] 그러다 어느 순간에 이슬람교도 전열이 퇴각하는 척했다. 알폰소가 추격하자 무와히둔군은 기독교군의 측면을 공격하고 포위했다. 끝장이었다. 알폰소는 스스로 무어인들 한가운데로 뛰어들어 목숨을 바쳐 싸워 잃어버린 명예를 되찾으려 했으나, 퇴각하는 자군 귀족들에게 억지로 저지당했다. 알라르코스 전투는 스페인 연감에 기독교군이 당한 가장 참혹한 패전 중 하나로 기록됐다. 이슬람교도들에

---

* 한 연대기는 알폰소 8세를 "기독교 세계 역사상 최고의 왕, 스페인의 빛, 기독교의 방패이자 생명줄, 가장 충실하고 진실하며, 모든 일에서 정직하고 경건한 모든 미덕을 완비한 왕"이라고 묘사했다. 회의적인 경우가 많은 19세기의 헨리 E. 와츠(Henry Edward Watts)는 과장된 표현으로 알폰소 8세를 언급한 이 연대기를 인용하며 "아마도 그의 전임자들보다는 이 알랑거리는 평판에 합당한 인물일 것"이라고 인정했다(1894, 112).

게는 알만소르의 시대가 다시 올 것처럼 보이는 완전한 대승이었다.[88]

이 모든 것은 알폰소의 잘못이었다. 원군을 기다리지 않고 무모하게 칼리파와 맞붙었기 때문이다. 굴욕은 쓰라렸으나, 마흔 살의 왕에게는 아직 시간이 있었다. 아부 유수프는 북아프리카에서 반란이 계속 일어나 거기에 신경을 써야 했기 때문에 승세를 이어갈 수 없었고, 결국 카스티야·레온·나바라 왕들과 휴전을 맺었다. 기독교 왕들은 무슨 이유에서인지 다시 서로 싸우기 시작했다.

1211년 5월, 기독교도들에게는 미라마몰린Miramamolin*으로 알려진 무와히둔의 새 칼리파 무함마드 알나시르Muhammad al-Nasir(재위 1199~1213)는 알폰소 8세를 꺾기 위해 아프리카에서 스페인으로 건너왔다. 알폰소는 여전히 이슬람교도들에게 가장 가깝고 강한 이교도로 생각되고 있었다. 7월, 칼리파는 알폰소 왕의 도성인 톨레도 남쪽 30킬로미터 지점에서 도시로 가는 길을 지키는 살바티에라 성을 포위했다. 그리고 51일간의 포위전 끝에 기사단은 항복했다. 기쁨에 넘친 칼리파는 "카스티야 왕의 오른손을 잘라냈다"라고 자랑하며 알폰소의 부재를 "그의 약함을 가장 분명하게 보여주는 증거"라고 말했다.

알라르코스에서의 불명예로 치욕을 당한 왕에게 상황은 점점 좋지 않은 쪽으로 흘렀다. 기독교의 이름을 모독하며 자신의 영지를 불경하게 점거한 적들을 몰아내, 기사로서 거두었던 첫 결실을 전능하신 하느님께 바쳤던 후계자 맏아들 페르난도 왕자가 스물두 살의 나이로 몇 주

---

* 칼리파의 별칭인 아라비아어 '아미르 알무미닌(emir al-mu'minin, 믿는 자들의 사령관)'의 와전된 형태다. 이 칭호는 역사상 두 번째 칼리파인 우마르 이븐 알하타브가 처음 사용했다.

뒤 세상을 떠난 것이다.[89] 지하드 전사들이 빠르게 몰려오자 알폰소는 사랑하는 아들의 죽음을 슬퍼하는 가운데서도 톨레도 포위전을 준비했다. 그의 말에 따르면 "순교자 중 하나로 기록되기 위한" 준비였다.[90]

알폰소가 기독교도들의 파멸을 목격하느니 차라리 죽겠다는 각오로 준비 중이라는 소식을 들은 교황 인노첸시오 3세는 십자군을 선포했다.《톨레도 연대기 1 Anales Toledanos I》에 따르면 그는 온 세상의 모든 사람들이 '자신의 죄를 사면 받을 수 있는 자유'를 부여했다. 이것은 모로코의 왕이 전 세계의 십자가를 숭배하는 자들과 싸우겠다고 말했기 때문에 주어진 것이었다. 인노첸시오 3세는 스페인 왕들에게 화평을 지키고 집중을 해서 서로 도울 것을 권했다. 이는 가능하다면 (하느님께서 막아주시길 바라지만) 스페인의 멸망을 원할 뿐만 아니라 다른 지역의 기독교도들에게도 분노를 퍼뜨리는 자들, 기독교도들을 억압하려는 주님의 십자가의 원수들에 맞서기 위함이었다.[91]

칼리파가 불과 칼로 기독교를 뿌리 뽑으려 했다는 사실은 다른 사료에도 기록돼 있다. 무함마드 알나시르가 썼다는 널리 유포된 한 서신에서 그는 이슬람교도들이 "예루살렘에서 기독교도들의 더러움을 깨끗이 씻어냈으며, 기독교도들은 우리 제국에 굴복하고 우리의 법(샤리아)을 받아들여야 한다"고 으스댔다. 그렇지 않으면 "십자가를 숭배하는 모든 자들은 우리의 곡도를 맛보게 될 것"이라고 경고했다.•

곳곳의 음유시인들은 기독교도들을 자극하려 들었다. 그들은 "살라

• 한 권위자는 편지의 표현이 진짜 무와히둔 서간과는 매우 다르다고 지적한 뒤, "그러나 만약 알나시르에게 물었다면, 그도 표현된 정서에 동의했을 것"이라고 결론짓는다(O'Callaghan 2004, 68).

흐 앗딘이 예루살렘을 빼앗았다"라고 노래했으며, "이제 모로코 왕은 배신적인 안달루시아인들과 아라비아인들을 거느리고 모든 기독교 왕들과 싸우겠다고 말한다"라고 했다. 이에 맞서 기독교도들은 "이슬람교도들은 오만하게도 세상이 자신들의 것이라 생각한다. 그러나 하느님과 함께라면 무함마드에게 속은 개들과 배신한 변절자들을 모두 이기게 될 것이다"라고 했다. 종교적 분열은 인종적 대립으로까지 격화됐다. "믿음 안에서 굳세게 서자. 우리의 유산을 바다 건너에서 온 검은 개들에게 내주지 말자."[92]

라스 나바스 데 톨로사 전투

마침내 5월 13일부터 20일 사이에 전 세계 각지의 기독교 신자들이 톨레도에 모였다. 스페인에서 기독교 세계를 지원해 싸우기 위해서였다. 5월 16일, 금식하는 남녀들이 맨발로 로마의 라테라노 대성당을 돌며 행진을 하고 전투에 나선 이들에게 하느님께서 자비를 베푸시기를 기도했다. 마찬가지로 프랑스에서도 스페인에서 싸움을 앞두고 있는 기독교도들을 위해 탄원과 기도가 올려졌다.[93]

알폰소 8세는 톨레도에서 인상적인 십자군 행렬을 맞이했다. 아라곤의 페로 2세와 거구로 알려진 나바라의 산초 7세*가 군대를 이끌고 함

━━━━━━━━━━

* 산초의 유해를 조사한 루이스 델캄포(Luis del Campo)가 1952년 발표한 연구에 따르면 그는 2미터가 넘는 장신이었다(https://dialnet.unirioja.es/servlet/articulo?codigo=2253697).

께 왔다. 레온의 왕은 오지 않았지만, 그의 신민 다수가 참여했다. 그밖에 수천의 프랑크 기사, 카탈루냐 전사, 자유 기독교도, 성직자 전사들이 사방에서 몰려들었다. 기사 수도회들도 집결해 전투를 고대했다. 기사 2천 명과 그들의 하인, 기병 1만 명, 보병 최대 5만 명이라는 방대한 병력을 지원하기 위해 알폰소는 자신이 가진 자원을 한계까지 쥐어짜며 물을 쓰듯이 금을 흩뿌렸고, 스페인 교회에 자원의 절반을 전쟁 비용으로 내도록 명령했다.[94]

6월 20일, "알폰소는 거대한 군대를 이끌고 톨레도를 떠나 칼라트라바로 가서 그곳을 포위했다"라고 동시대 이슬람교도 연대기 작가 알마라쿠시는 썼다.

이 성은 알라르코스의 대승리 후 알만수르 아부 유수프가 정복한 뒤 이슬람교도 수중에 있었다. 그러나 알폰소가 안전 보장을 약속하자 이슬람교도들은 성을 주며 그에게 항복했다. 그때 알폰소가 성 안의 이슬람교도들을 죽이지 못하게 하자 많은 기독교도들(프랑크인들)이 그의 곁을 떠났다. 그들은 "당신은 우리를 불러내 이 나라 정복을 돕게 하고서는, 이슬람교도들을 약탈하거나 죽이지 못하게 했다"라며 불평했다.[95]

대주교인 톨레도의 로드리고 역시 끝까지 십자군에 남은 것은 스페인인들과 소수의 북방인들뿐이었다고 확인한다.[96]

7월 6일까지 십자군 군대는 다른 몇몇 이슬람교 요새를 점령했고, 이제 적대적이고 낯선 지역 깊숙이 들어가 물 부족에 시달리고 있었다. 그때 신비한 양치기가 그들을 상대적으로 쉬운 길로 인도했고, 그들은 라스 나바스 데 톨로사*에 도달했다. 이곳은 톨레도에서 남쪽으로 160킬로미터 이상 떨어진 곳으로, 기독교도들이 톨레도를 떠난 지 이틀 후 그들에게 맞서기 위해 세비야를 출발한 칼리파 무함마드 알나시르가 바로 그곳에 있었다.[97]

알나시르가 이끈 군대는 매우 거대한 이질적 부대였다. 베르베르인들, 무와히둔 칼리파의 천막 주위에 쇠사슬로 서로 묶어 뚫을 수 없는 호위병으로 배치된 '이메세벨렌imesebelen'이라 부른 강인한 흑인 노예 전사들, 아라비아인들, 튀르크 기마 궁수들, 안달루시아 이슬람교도 징집병들, 이슬람 세계 각지에서 자발적으로 모여든 지하드 전사들, 심지어 기독교도 용병과 탈주자들까지 포함돼 있었다.[98]

기독교도 전사들이 접근하고 있다는 사실을 사라센 군대가 알게 되자, "그들은 진지를 구축하지 못하게 막기 위해 진격했다. 우리 병력은 적었지만 용감하게 방어했다"라고 알폰소는 자신의 일기에 적었다. 알라르코스 전투에서의 무모함을 되새긴 그와 그의 병사들은 7월 14일 토요일, 주님의 모든 군대가 안전하게 도착할 때까지 산꼭대기에서 완전무장한 채 기다렸다. 다음날인 일요일 아주 이른 아침에 사라센의 거대한 군대는 전열을 갖추고 다가왔다.[99] 양군은 너무도 다른 모습이었다. 약 1만 2천 명의 스페인인 대부분은 중무장이었고, 기사들은 석 자 길이의 양날 검을 들고 있었다. 이에 비해 대부분의 아프리카 이슬람교도들은 거의 벌거숭이에 가까웠으며, 하마 가죽 방패를 들고 있었다.

● 실제 전투는 명칭상 위치보다 북쪽으로 약 11킬로미터 떨어진 산타엘레나와 미란다델레이 사이의 산악 지대에서 벌어졌다고 생각할 근거가 있다.

하지만 3만 명에 달하는 수적 우세와 고삐 풀린 광포함으로 벌충했다.

　기독교도들은 일요일 나머지 시간을 회복과 준비, 그리고 영적 대비로 보냈다. 무릎을 꿇은 채 눈물을 흘리며 가슴을 치고 하느님의 힘을 간구하는 이들도 있었다. 이슬람교도들이 기독교도들을 해치며 차지한 땅을 그들의 손에서 빼앗기 위해 결연한 모습을 보인 성직자 전사들은 진지를 누비며 성체 성사를 베풀고, 고해를 듣고, 전력을 다해 싸우라고 격려했다. 그리고 자정 무렵 기독교도들의 천막에서 환호와 참회의 목소리가 울려 퍼졌고, 전령의 목소리가 주님의 전투를 앞두고 모두에게 무장하라고 명했다.[100] 한 동시대인은 이렇게 요약한다.

미사를 경건히 마치고 예수 그리스도의 성체와 성혈이라는 생명을 주는 성사로 새 힘을 얻은 뒤, 성호를 그으며 스스로를 굳건히 했다. 그들은 재빨리 전쟁 무기를 집어 들고 잔치에 초대라도 받은 듯 기쁜 마음으로 전투에 나아갔다. 무너지고 돌이 많은 곳도, 계곡의 푹 꺼진 곳이나 가파른 산도 그들을 막지 못했다. 오로지 정복하지 못하면 죽는다는 각오로 적을 향해 진격했다.[101]

이런 결의는 알폰소 왕에게서 특히 두드러졌다. 알라르코스의 참패가 20년 가까이 그를 괴롭혀온 것이다. 그때 그는 전장에서 죽기를 원했으나 그 명예조차 얻지 못했다. 이제 쉰일곱 살의 나이에 강력한 대군을 이끈 그는 설욕하거나 아니면 그 과정에서 죽겠다는 각오였다. 전투를 앞둔 밤, 모든 이들의 시선이 그에게 쏠렸다. 한 설교자는 알라르코스에서 치욕과 불명예를 당한 액운의 왕이 "전투의 날, 모로코 왕이 그 더러운 입으로 모독했던 우리 주 예수 그리스도와 영광스러운 십자

가의 권능에 의해 굴욕과 치욕이 씻길 것"이라고 예언했다.[102]

그럼에도 불구하고 예민해진 왕은 비관적인 듯했다. 그는 로드리고에게 "대주교, 그대와 나는 여기서 죽을 것이오"라고 말했다. 무거운 갑옷을 두른 성직자는 대답했다. "결코 아닙니다. 전하께서는 여기서 전하의 원수를 무찌를 것입니다." 잠시 군사 전략을 논한 뒤 알폰소는 적의 대병력을 바라보며 다시 침울해졌다. "대주교, 우리는 여기서 죽을 것이오." 그러나 이런 상황에서의 죽음은 무의미한 것은 아니었다.• 로드리고는 이렇게 결론지었다. "그것이 하느님을 기쁘게 한다면 죽음이 아닌 승리의 월계관을 쓰게 될 것이고, 하느님께서 다른 것을 원하시더라도 우리는 모두 전하와 함께 죽을 준비가 돼 있습니다."[103]

7월 16일 동이 트면서 전투가 시작됐다. 기독교도 좌익은 페로 2세가, 우익은 산초 7세가 지휘했다. 중앙에는 전투로 단련된 기사 수도회 전사들과 카스티야 병력이 섰고, 알폰소는 후위에서 전체를 지휘했다. 이슬람교도 전위는 늘 그렇듯이 경무장 기병이었고, 뒤로는 부족별로 정렬한 다양한 나머지 병력이 배치됐다. 맨 후방에는 칼리파 알나시르의 천막이 있었고, 그 주위는 쇠사슬로 함께 묶인 흑인 노예 전사들이 호위했다. 무와히둔군은 지형을 잘 활용한 듯했다. 알폰소는 이렇게 기록했다. "적들은 확실한 고지를 차지하고 있었다. 매우 가파른 곳으로 기어오르기 어려웠다. 그들과 우리 사이에 있는 숲 때문이기도 했고, 개울이 만들어낸 매우 깊은 협곡들 때문이기도 했다. 이 모든 것은 우

• 이런 표현은 12세기와 13세기의 여러 사료에 나타나며, 이슬람과의 투쟁이 생사를 건 것이었음을 기독교도들이 인식하고 있었음을 보여준다(O'Callaghan 2004, 202).

리에게 큰 장애물이었고, 적에게는 큰 도움이 됐다."104

　오랫동안 전투는 교착 상태였다. 한 동시대인은 이렇게 기록했다. "선두에 선 자들은 무어인들이 전투를 할 준비가 돼 있음을 발견했다. 그들이 공격하면서 창과 검과 전투도끼로 서로 맞붙어 싸웠으며, 궁수들이 끼어들 여지는 없었다. 기독교도들은 밀어붙였고, 무어인들은 밀어냈다. 무기가 부딪쳐 시끄러운 소리들이 들렸다. 그렇게 전투는 이어졌으나 어느 쪽도 승리하지 못했다. 때로는 기독교도들이 적을 밀어냈고, 때로는 적에게 밀려났다."105

　결연하게 이슬람 대군의 진영을 돌파하려 한 "전위와 중위 일부는 낮은 언덕에 배치된 많은 적의 대열을 베어 넘어뜨렸다"고 알폰소는 썼다. 그리고 "우리 병사들이 대병력과 함께 카르타고 왕(알나시르)이 있던 적의 마지막 진을 뚫었을 때 기병과 보병, 궁수들 사이에 처절한 전투가 시작됐다. 우리 병사들은 심각한 위험에 빠져 더이상 버틸 수 없었다"라고 덧붙였다.106

　기독교도들이 이슬람교도의 진을 하나 뚫으면 곧바로 다른 진이 형성됐다. 이슬람교도의 병력이 워낙 많았기 때문이다. 그러던 중 퇴각해 달아나던 어떤 기독교도가 자신들이 패했다고 외쳤다. 다시 패배하느니 차라리 죽겠다고 다짐했던 알폰소 왕은 이 절망의 외침을 듣고 기사들과 함께 급히 서둘러 전투 병력이 있던 산을 올라갔다.107 알폰소는 이렇게 기록했다. "이때 우리는 퇴각하는 스페인인들이 싸울 수 없는 상태가 됐음을 깨닫고 기병 돌격을 시작했다. 주님의 십자가를 앞세우고 성모와 아기 예수의 형상이 새겨진 깃발을 든 채였다." 그들은 용감하게 싸웠으나 아프리카 병사들은 계속해서 그들에게 밀려왔다.108

그러자 기적 같은 일이 일어났다. 그리스도에 대한 믿음을 위해 죽기로 결심했던 십자군들은 사라센인들이 돌과 화살로 십자가와 이콘을 공격하는 것을 보자마자 격분해, 이슬람교도들이 싸움에서 용감하게 저항하고 군주 곁을 굳게 지켰음에도 불구하고 많은 병력의 대열을 무너뜨렸다.[109] 후방의 기독교도들은 십자가가 마치 기적처럼 나타나 적의 대열 뒤에서 계속 높이 떠 있는 것을 목격했다. 바랐던 것 이상의 자극을 얻은 이들은 이슬람 진영 중앙을 돌파해 십자가의 검으로 무수히 많은 적들을 도륙했다. 나바라의 거인 왕 산초 7세가 그의 군사들을 거느리고 제일 먼저 밀어붙여, 쇠사슬에 묶인 채 칼리파의 천막을 둘러싸고 있던 흑인 노예 전사들을 패주시켰다.

칼리파 알나시르는 곧바로 말을 타고 등을 돌려 달아났다. 그의 병사들은 떼죽음을 당했고, 무어인의 진영과 천막은 죽은 자들의 무덤이 됐다. 전쟁터에서 달아난 자들은 목자 없는 양처럼 산 속으로 흩어져 떠돌았다. 그러나 오래가지는 못했다.[110] 기독교도들은 해질녘까지 추격했고, 이때 전투에서 죽인 것보다 더 많은 패잔병들을 도륙했다.

한때 불운했으나 이제 명예를 회복한 왕은 이렇게 결론지었다. "주님의 전투는 오직 하느님으로 인해, 그리고 오직 하느님을 통해 승리로 마무리됐다."[111]

이슬람 통치 종말의 시작

전투 결과는 모두에게 충격이었다. 이슬람 연대기 작가들은 패배에 대해 온갖 변명을 늘어놓았다. 알폰소가 이슬람교도들이 전투 준비가 돼 있지 않았을 때 기습 공격을 했다는 주장부터, 급료가 밀린 지하드 전사들의 무관심과 불만 때문이라는 설명까지 다양했다.[112] 분명히 대규모 기병 작전이나 궁술을 활용할 수 없는 바위투성이의 폐쇄적 지형 또한 이슬람군의 전투 방식에 불리하게 작용했다. 그럼에도 불구하고 1098년 기독교도들이 이길 가능성이 없었던 안타키아 전투에서 십자군이 승리를 거둔 것처럼, 라스 나바스 데 톨로사의 승리는 교황부터 농민에 이르기까지 모두에게 기적처럼 여겨졌다. 지금까지 무적이라 여겨진[*] 칼리파의 전체 전력이 무너졌을 뿐 아니라, 수만 명의 이슬람교도가 죽은 반면[**] 기독교도 사망자는 2천 명 정도에 불과했다. 그들 대부분은 언제나 전투가 가장 치열한 곳에 있던 기사 수도회의 전사 수도사들이었다.[***]

알폰소는 전사자들을 기리기 위해 전투가 벌어졌던 곳에 교회 건립을 명령했고, 그곳에는 승리를 가져온 기적의 십자가가 전시되었다. 칼리파 천막 입구를 덮고 있던 태피스트리는 전리품으로 라스 우엘가스

---

[*] 알폰소의 딸 베렌게라는 여동생에게 "왕이자 주인이신 우리 아버지께서 정정당당한 전투에서 미라마몰린을 무찔렀다. 지금까지 모로코의 왕이 전투에서 패배했다는 얘기는 들어본 적 없기에, 이는 대단한 영광이라고 생각된다"라고 썼다(O'Callaghan 2004, 72).

[**] 알폰소는 이렇게 썼다. "사라센 기병은 18만 5천 명이었는데, 이는 우리가 사로잡은 술탄의 몇몇 하인에게서 들은 보고로 나중에 알게 됐다. 보병은 헤아릴 수조차 없었다. 그들 가운데 전투에서 죽은 무장 병사는 우리가 나중에 사로잡은 사라센인들의 추정에 따르면 10만 명, 혹은 더 많았을 것이다"(Allen 2010, 312~313). 이슬람교도 자료들은 심지어 더 과장해 "무와히둔 군사 60만 명 가운데 단 600명만 전투에서 살아남았다"라고 주장하기도 하는데, 이는 이슬람교도들이 본 전사자의 수가 매우 많았음을 반영한다(O'Callaghan 2004, 144).

[***] 산티아고 기사단과 성전기사단의 총단장이 모두 전사했으며, 칼라트라바 기사단의 총단장은 나을 수 없는 부상으로 쇠약해져 결국 직책을 사임해야 했다.

Las Huelgas 수도원에 보내졌는데, 기독교도 왕들이 이슬람 연합군을 만나 격파한 기념물로서 오늘날까지도 그곳에 걸려 있다. 또한 칼리파의 창, 비단 천막, 금실로 장식된 군기는 성 베드로 대성당에 보내져 걸렸는데, 칼리파는 불과 얼마 전 "성 베드로 대성당 문 앞에 자신의 말을 묶고, 그 위에 '알라 외에 다른 신은 없으며 무함마드는 그분의 사도다' 라는 문구를 담은 깃발을 꽂겠다"라고 맹세했었다.[113]

세비야에서는 굴욕을 당한 칼리파가 참사를 과소평가하고자 했다. 그는 기독교도들에게 결과가 좋지 않았으며, 이슬람교도들은 여전히 신의 보호 아래 있어 거의 해를 입지 않았고 병력도 줄어들지 않았다고 주장했다. 그리고 자신이 슬퍼하지 않으니 다른 사람들도 슬퍼할 필요가 없다고 타이르면서, 알라는 결코 그들을 버리지 않을 것이며 이교도들에게 길을 열어주지도 않을 것이라고 장담했다. 요컨대 칼리파는 큰 참사가 일어나지 않았던 것처럼 가장하려 했다.[114]

그러나 무함마드 알나시르는 이듬해 성탄절에 쓸쓸히 세상을 떠났다. 그리고 그는 틀렸다. 한 레콩키스타 권위자는 이렇게 설명한다. "라스 나바스 전투에서 기독교도가 승리한 것은 이슬람 세력의 스페인 지배에 종말을 고하게 했고, 무와히둔 제국을 약화시키는 역할을 하면서 그들은 급격한 쇠퇴기로 접어들었다. 이제 힘의 균형은 결정적으로 기독교도 쪽으로 기울었으며, 40년에 걸쳐 알안달루스의 대부분이 정복되었다."[115]

이후 이슬람교도 도시들은 하나하나 기독교도의 손에 넘어갔다. 이슬람 지도자들이 서로 다투고 있던 것도 악재였다. 카스티야의 페르난도 3세(재위 1217~1252)는 "불신자이자 저주받은 배교자 무함마드에 의해 인도된 무어인들이 불화, 치명적인 증오, 분열, 다툼에 빠져 있으니 문이 활짝 열려 있고 길이 뚫려 있다"라고 주장하며 활발하게 레콩키스타를 재개했고, 1236년에 오랜 세월 이슬람령 스페인의 수도였던 코르도바를 함락시켰다.[116]

당대의 한 스페인 연대기 작가는 도시가 "무함마드의 온갖 더러움에서 정화됐다"고 기록했다.[117] 수백 년 전 기독교 포로들이 교회를 허물어 머리에 이고 코르도바로 옮겨온 자재로 지어져, 참된 종교를 높이고 다신교를 짓밟았다며 한 이슬람교도 역사가가 언젠가 자랑했던[118] 모스크가 교회로 다시 봉헌된 것이다.*

스페인 연대기 작가는 페르난도 3세가 "늘 거짓된 무함마드의 이름이 불리고 찬양되던 중심 탑에 십자가를 세우라고 명령했다"라고 이어갔다. 기독교당-이슬람교당-기독교당으로 거듭 변신한 건물 꼭대기에 십자가가 세워진 광경은 사라센인에게는 혼란과 형언할 수 없는 비탄을, 기독교도에게는 이루 다 말할 수 없는 기쁨을 안겨주었다.[119] 이슬람교도들에게 폭군, 저주받은 자로 알려진 페르난도는 또한 250년 전 알만소르가 산티아고 대성당에서 빼앗아 코르도바 이슬람교당에 전리품으로 가져다 놓았던 사도 야고보의 종들을 되찾아 돌려주었다.[120]

이후 발렌시아(1238년), 세비야(1248년) 등 알안달루스의 대도시들이 잇달아 기독교도의 손에 들어오면서 비슷한 장면들이 펼쳐졌다. 승리

자들은 관례적으로 피정복민의 종교 자유를 보장했지만, 그들은 주요 이슬람교당을 넘겨받아 교회로 개조 또는 재개조했다. 이슬람교도들이 기독교도가 수백 년 동안 점령했던 도시와 교회를 우상숭배의 더러움과 불신앙과 다신교의 얼룩으로부터 정화한 것과 마찬가지로, 이제 보복이라도 하듯 기독교 정복자들과 성직자들은 이슬람교당과 도시를 무함마드의 더러움에서 정화(이슬람 도시들이 정복된 뒤 무슨 일이 일어났는지에 관한 연대기에 늘 등장하는 구절)하는 정교한 의식을 치렀다.[121] 이슬람교도들은 이슬람교도가 사라진 주거지와, 이제는 종과 십자가만 보이는 이슬람교당을 두고 슬퍼했다.[122]

라스 나바스 데 톨로사의 승리 덕분에 13세기 스페인의 왕들은 펠라요와 아스투리아스의 겨자씨 왕국이 8세기에 시작한 일을 거의 끝마쳤다. 기독교도들은 사건의 연속성을 주목하고 인정했다. 712년 과달레테 패배 이후 스페인이 비참하게도 거의 완전히 파괴됐는데, 500년 후인 1212년 7월 16일 스페인인들이 의기양양하게 이스마엘 자손들에게 승리했을 뿐 아니라 그들을 힘껏 깨부순 것이다.[123] 그리고 고트족 왕 로드리고 시대부터 매우 오랫동안 빼앗겼던 유명한 도시 코르도바가 이제 기독교도들에게 돌아왔다.[124] 라스 나바스 데 톨로사 전투는 하틴 전투에 대한 기독교 세계의 응답이었고, 이후 수백 년 동안 7월 16일은 스페인에서 '성 십자가의 승리' 축일로 기념됐다. 그러다 1960년대의 제2차 바티칸 공의회에서 폐지됐다.[125]

카스티야의 페르난도 3세는 1252년 죽음을 맞이할 때 아들 알폰소 10세에게 무엇이 가장 중요한지에 관해 이렇게 설명했다.

나는 무어인들이 500년 전 스페인 왕 로드리고로부터 빼앗았던 바다부터 여기까지의 모든 영토를 네게 남긴다. 이 모든 땅은 이미 너의 지배하에 있다. 일부는 정복됐고, 다른 일부는 조공을 바치고 있다. 내가 물려주는 나라를 어떻게 보존해야 할지를 안다면 너는 나만큼 훌륭한 왕이 될 것이다. 그리고 스스로 영토를 더 많이 얻는다면 나보다 더 훌륭한 왕이 될 테지만, 만약 영토를 잃는다면 나만큼 훌륭한 왕으로 인정받지 못할 것이다.[126]

멀리 반도 최남단에 있는 이슬람 왕국 그라나다는 '더 얻을 수' 있게 남아 있는 유일한 지역이었다. 이곳을 속국으로 만드는 것은 금세 이루어졌지만, 최후의 이슬람 거점을 정복하는 일은 200여 년이나 지연됐다. 산악 지형에 둘러싸이고 바다를 등진 그라나다는 요새화되고 접근하기 쉽지 않았으며, 스페인의 다른 지역들로부터 고립돼 있었다. 게다가 카스티야·아라곤·포르투갈이 권력을 잡기 위해 갈수록 책략을 늘리면서 기독교 세력의 내분도 자주 격화됐다. 그러다 1469년 아라곤왕 페르난도와 카스티야 여왕 이사벨이 혼인하면서 스페인의 통일이 시작됐다. 오래지 않아 두 군주, 특히 독실한 가톨릭 신자였던 여왕은 정복되지 않은 이곳을 주시하기 시작했다.

1481년 성탄절에 그라나다 이슬람교도들이 인근 사아라의 기독교 요새를 급습해 전원을 학살하자, 페르난도와 이사벨은 전쟁을 선포했다. 그들이 교황에게 보낸 편지에서 언급했듯이 "기독교 세계를 계속되는 위협에서 해방시키고, 그라나다 왕국의 이교도들을 영원히 스페인에서 추방"하기 위해서였다.[127] 10년에 걸친 군사 작전과 포위전 끝에 1492년 1월 2일, 그라나다는 마침내 항복했다. 그리고 두 군주는 "그토록 많은 노력, 비용, 죽음, 유혈 끝에 780년 넘게 이교도에게 점거 당했던 그라나다 왕국이 해방됐다"고 선언했다.[128] 그라나다가 함락되자 유럽 전역에서 이를 축하하는 교회 종소리가 울려 퍼졌다. 이슬람 세력이 서쪽을 통해 유럽으로 들어오던 문이 700여 년의 시간이 흐른 뒤에 마침내 닫힌 것이다.[129]

그후 수백 년 동안 스페인의 해방은 '마오마Mahoma'라 불린 이슬람 선지자 무함마드의 허수아비를 들고 행진한 뒤 폭죽 속에서 폭발시키는 의식으로 기념했다. 이 의식은 제2차 바티칸 공의회가 공식적으로 금지했지만, 오늘날에도 작은 마을에서는 여전히 이어지고 있다.

지하로 숨은 지하드, 타키야

그라나다가 함락된 뒤 이슬람 세력은 스페인에서 정치 권력을 상실했지만, 많은 이슬람교도들은 여전히 그곳에 남아 있었다. 이는 곧 또다른 형태의 전쟁이 전개되었음을 의미했다. 처음부터 기독교 군주들은 새로 정복한 이슬람교도 주민들에게 일반적으로 두 가지 선택지를 주었다. 방해받지 않고 떠나거나, 왕의 보호 아래 남는 것이었다. 보호는 종종 엄격하게 집행되기도 했다.[•] 일부 이슬람교도들은 남아 기독교로 개종했다. '길들여진'을 뜻하는 아라비아어 무다잔mudajjan에서 유래한

• 아라곤의 차이메 1세는 발렌시아의 항복 조건을 위반한 자기 부하들을 처형했다(Constable 1997, 211).

표현인 무데하르mudejar로 알려진 이들은 이슬람교도로 남아 있으면서 이슬람 치하의 기독교도들에게 행해졌던 딤미 규정을 적용받았다. 한편 이슬람교도 순정파는 이교도들에게 지배받는 것을 감내하지 않고 이슬람교도 지배하의 영토로 이주했는데, 1252년 이후로 이는 언제나 그라나다를 의미했다.

1492년에 그라나다가 항복했을 때 50만 명 가까이 되는 이슬람교도 주민은 아프리카 사막 외에는 갈 곳이 없어 결국 머물기로 선택했다. 초기에는 해외여행의 자유와 이슬람교를 신봉할 수 있는 권리를 포함한 관대한 조건이 주어졌으나, 무데하르들은 전혀 '길들여진' 존재가 아님이 드러났다. 그들은 여러 차례 진압하기 힘든 봉기를 일으켰는데 그중 기독교도들을 돌로 쳐 죽이고, 사지를 절단하고, 참수하고, 말뚝에 꿰고, 산 채로 불태워 죽이는 일도 있었다.[130] 또한 이들은 스페인을 이슬람교 지역으로 되돌리려는 노력에서 외세, 특히 이슬람 세력(처음에는 북아프리카, 나중에는 오스만 제국)과 자주 공모했다.•

1499년의 마지막 이슬람교도 봉기와 1501년의 반란 진압은 이슬람교도가 기독교로 개종하거나 반도를 떠나야 한다는 칙령으로 이어졌다.[131] 흔히 알려진 것과 달리 동기는 종교적이라기보다 정치적이었다. 즉 이슬람교도를 '좋은 기독교도'로 만들려는 것이 아니라 '좋은 시민'

• 이름을 알 수 없는 한 그라나다인이 오스만 술탄 바예지드 2세에게 보낸 편지는 스페인 이슬람교도들이 외국의 이슬람 세력을 졸라 자신들을 돕게 하려 했다는 대표적인 사례다. "무함마드의 종교를 최악의 피조물인 기독교도 개들의 종교와 바꾼 것이 한탄스럽습니다. 뾰족탑에서 이슬람교도의 샤하다(신앙 고백)가 선포되는 대신에 기독교도의 종이 걸려 있으니 개탄할 노릇입니다. 도시는 십자가 숭배자들의 요새가 됐고, 기독교도들은 지하드로부터 안전합니다. 정말 너무도 끔찍합니다"(Allen 2010, 367).

으로 만들려는 것이었다. 그들이 이슬람교도로 남아 있는 한 스페인에 적대적이고 불충한 존재로 남을 수밖에 없었다. 당시에는 세속주의, 무신론, 다문화주의는 선택지가 아니었기에, 이슬람교도가 부족 중심적 사고를 벗어던질 수 있는 유일한 현실적 방법은 기독교를 받아들이는 것이었다.

이런 상황에 대해 샤리아는 분명하다. 이슬람교도는 이주를 시도해야 한다. 그러나 언제나 중요한 단서가 있었다. 이슬람교도가 이교도의 정권 아래에 놓일 경우, 마음속으로 이슬람교를 진심으로 믿는다면 무함마드를 비난하고, 세례와 성찬을 받고, 십자가를 숭배하는 등 이슬람교에서 혐오하는 거의 모든 것을 해도 된다. 속으로 이슬람교를 진심으로 믿는다면 말이다. 이것이 바로 타키야taqiyya* 교리이며, 전통적으로 이슬람교도가 비이슬람교도 권력 아래 있을 때 취하는 행동 방식을 규정한다. 심지어 동로마 제국을 상대로 지하드에 일생을 바친 광적이고

---

* 《코란》 3장 28절은 타키야를 정당화하는 주요 구절 중 하나다. "믿는 자들(이슬람교도)은 이교도(비이슬람교도)를 친구나 동맹으로 삼지 말라. 누구든 그렇게 한다면 그는 더이상 알라와 관계가 없다. 다만 이교도를 조심해야 할 위험이 있을 때는 예외로 하되, 신중하게 처신하라." 주류 《코란》 주석가인 알타바리(839~923)는 3장 28절을 이렇게 설명한다. "만약 이슬람교도가 이교도의 권위 아래 놓여 자신이 위험에 처했다고 느낀다면, 말로는 충성을 가장하되 마음속으로는 그들에 대한 적개심을 품어라. 알라께서는 신자들이 이교도와 우호적이거나 친밀해지는 것을 금지하셨다. 다만 이교도가 권세를 가졌을 경우는 예외다. 그럴 때는 그들에게 친근하게 굴되, 종교는 지켜야 한다." 《코란》에 대한 또다른 주류 권위자인 이븐 카티르(1300~1373)는 3장 28절에 대해 "누구든 언제 어디서라도 비이슬람교도로부터의 해악이 두려울 때는 겉으로 드러나는 태도를 통해 자신을 보호할 수 있다"라고 설명한다. 그는 그 증거로 무함마드의 사하비(동반자) 아부 알다르다의 말을 인용한다. "우리는 어떤 사람들에게는 얼굴에 미소를 띠되, 마음속으로는 그들을 저주해야 한다." 또다른 사하비는 "타키야는 심판의 날까지(곧 영원히) 허용된다"라고 말했다(Ibrahim 2010, 3~13). 더 자세한 것은 Raymond Ibrahim, "How Taqiyya Alters Islam's Rules of War," *Middle East Quarterly* 17:1(2010): 3~13을 보라.

강경한 리바트 전사인 무라비트조차 이런 치욕스러운 전술을 피하지 않았다. 바그다드 출신 법학자 압둘 자바르Abd al-Jabbar는 이렇게 전했다. "변경 전사들과 콘스탄티노플에 포로로 혹은 자유인으로 오랫동안 거주한 자들은 타키야에 따라 기독교로 개종한 척하며 기독교도 속으로 들어가 그들과 뒤섞였다."[132]

더 나아가 수니파 이슬람교도들은 다른 시기와 지역에서도 기독교도 지배 아래에서의 위장을 정당화하기 위해 타키야를 활용했는데, 여기에는 1061~1091년 노르만인 정복 이후의 시칠리아와 동로마의 변경 지역들이 포함된다. 특히 많은 이슬람교도 주민이 기독교도의 통치 아래에 놓였던 니키포로스 2세 포카스와 요안니스 치미스키스 시대에 그랬다.[133]

당연한 일이지만 타키야는 레콩키스타 이후 스페인 이슬람교도의 행동을 규정했다.● 개종과 이주 가운데 하나를 선택하라는 명령이 내려지자 수십만 명에 이르는 이슬람교도, 즉 거의 모든 그라나다 주민이 겉으로는 기독교를 받아들였지만 몰래 이슬람교를 지켰다. 그들은 공개적으로는 교회에 다니고 아이들에게 세례를 받게 했지만, 집에서는 《코란》을 암송하고 이교도에 대한 영원한 증오와 알안달루스를 해방시켜야 할 그들의 의무를 설파했다.●● 이슬람교에서 기독교로 개종했다

● 한 권위자는 1504년에 스페인 통치하의 이슬람교도들에게 타키야를 장려한 파트와(교령)를 스페인 이슬람 연구의 핵심 신학 문서라고 부른다(Harvey 2005, 60). 그러나 알안달루스의 법학자들은 초기부터 타키야에 대해 글을 쓰고 이를 장려했다. 변경 사회였던 만큼 전쟁의 부침 속에서 이슬람교도들이 종종 기독교 지배 아래 들어갔기 때문이다.

●● 샤리아에 따르면 일단 어떤 지역이 이슬람에 정복되면(혹은 문자 그대로 이슬람의 빛에 의해 '열리게' 되면) 그곳은 영원히 이슬람 영토의 일부로 남는다. 만약 이교도가 이를 다시 정복

고 밝혔으나 여전히 무어인, 곧 이슬람교도였던 '모리스코Morisco'가 위장을 들키지 않으려고 온갖 노력을 기울였을 것임은 분명하다. 모리스코가 좋은 기독교도 행세를 하려면 단순히 그런 취지의 말을 하는 것만으로는 충분하지 않았다. 수백 가지에 이르는 서로 다른 유형의 개별적 언행과 행동을 지속적으로 실천해야 했고, 그 가운데 많은 것은 신앙 고백이나 의식 자체와 직접적 관련이 없었을 수도 있다. 타키야는 모리스코 공동체에서 제도화된 관행이었으며, 세대를 거듭하며 계승되는 일상적 행동 양식과 관련된 것이었다.[134]

이렇게 정교한 위장에도 불구하고 기독교도들은 점점 알아차리기 시작했다. 불만에 찬 한 스페인인은 이렇게 말했다. "저주받은 그들의 종파가 허락하고 인정한 바에 따르면, 그들은 마음속으로 그들의 거짓 선지자를 향한 신앙을 유지하는 한 겉으로는 어떤 종교든 가장해도 죄가 되지 않았다. 우리는 십자가를 숭배하고 가톨릭 신앙을 찬미하면서 죽은 자들이 속으로는 충실한 이슬람교도였던 일들을 너무도 많이 겪었다."[135]

기독교도들은 처음에는 모리스코들을 설득하려 노력했다. 그들은 모리스코들이 애초에 어떻게 해서 이슬람교도가 됐는지를 상기시키며 "네 조상은 기독교도였으나 박해를 피하거나 사회적 지위를 높이기 위해 스스로 이슬람교도가 된 것이니, 이제 너도 기독교도가 돼야 한다"라고 했다.[136] 그것이 실패하자 《코란》을 압수해 불태웠다. 다음에는 이슬람교의 언어인 아라비아어가 금지됐다. 그것마저 실패하자 더 극단

한다면 이슬람교도는 반드시 이를 재정복해야 한다.

적인 조치가 취해졌다. 심지어 모리스코는 끝이 둥그렇지 않은 작은 식사용 칼조차 소지할 수 없었다. 그것으로 기독교도에게 잔혹한 짓을 하지 못하도록 하기 위해서였다.[137]

한 이슬람 연대기는 그 시절을 이렇게 요약한다. "여전히 알안달루스에 남은 이슬람교도들은 겉으로는 기독교도처럼 보였지만, 마음은 그렇지 않았다. 그들은 비밀리에 알라를 숭배했기 때문이다. 기독교도들은 그들을 극도로 경계하며 감시했고, 많은 이들이 발각돼 화형에 처해졌다."[138] 이것이 바로 스페인 종교재판의 기원이다.• 베르트랑은 "모리스코들이 아무리 평화로운 복종의 모습을 보였다 하더라도 그들은 근본적으로 이슬람교도로 남아 있었으며, 유리한 기회를 노리고 그들의 예언에 약속된 복수의 날을 참을성 있게 기다렸다"라고 썼다.[139] 따라서 1568년 오스만 제국이 마침내 자신들을 해방시키러 왔다는 소문이 돌자 이전까지 '길들여진' 사람들로 보였던 그라나다 부근의 이슬람교도들은 기독교 지배하의 시절이 끝났다고 믿고 광란에 빠졌다. 시골 곳곳의 사제들이 습격당해 절단되거나 살해됐으며, 일부는 산 채로 불태워졌다. 어떤 이는 돼지가죽 속에 꿰매 넣은 뒤 구워졌다. 또한 예쁜 기독교도 여성들은 강간당했고, 일부는 모로코와 알제리 권력자에게 보내

• 통념과 달리 종교재판에서 재판을 받고 처형된 사람은 유대인인 마라노(Marrano)보다 모리스코들이 훨씬 많았다(Stark 2012, 347). 한편 기독교도들의 유대인에 대한 적의는 기독교도들이 주적이었던 이슬람교도와 유대인을 뭉뚱그려 보면서 악화됐다. 대니얼 파이프스(Daniel Pipes)는 *The Jew as Ally of the Muslim: Medieval Roots of Anti-Semitism*(1986)을 논평하며 다음과 같이 정리한다. "① 중세 기독교도들은 이슬람교도를 두려워하고 증오했다. ② 중세 기독교도들은 유대인을 이슬람교도의 동맹으로 보았다. ③ 따라서 중세 기독교도들은 유대인을 두려워하고 증오했다. 이는 급진적인 새 접근법이며, 매우 설득력이 있다. 실제로 이는 기독교-유대인 관계가 전개된 방식을 이해하는 데 완전히 새로운 차원을 더한다".

져 하렘으로 들어갔다.[140]

이슬람교도가 외부 이슬람교도 등과 끊임없이 공모해 뒤엎으려 하는 등 이교도 권력에 충성할 수 없고, 타키야로 인해 기독교로 개종하는 것 역시 방법이 될 수 없었던 이상 해결책은 단 하나 뿐이었다. 결국 1609년에서 1614년 사이 모든 모리스코들이 반도에서 쫓겨나 아프리카로 갔고, 이로써 거의 1천 년에 걸친 스페인에서의 전쟁은 정말로 끝을 맺었다.•

• 흔히 이 조치는 비난받지만, 실제로는 그저 이슬람교도들이 먼저 행한 방식을 따른 것이었다. 무라비툰과 무와히둔 왕조 모두 수만 명의 기독교 딤미들을 아프리카로 추방한 바 있는데, 그들이 북쪽의 기독교도들을 도울 수 있는 잠재적 가능성이 있다는 주장에 따른 것이었다. 이슬람교도들은 또한 스페인에서 처음으로 종교재판을 도입해 새로 개종한 사람들을 심문하고 고문했다.

7장

메흐메트의 꿈

콘스탄티노플 포위전(1453년)

정녕 당신은 내가 두려워하는 일이 일어날 것이라고 생각하지 않는 것입니까? 곧 하느님의 공정한 심판으로 인해 이 불길(튀르크인의 발칸 정복)이 멀리 번져 서방 기독교도의 땅을 차지할 수 있다는 것 말입니다. 지금 가련한 기독교도들은 무엇을 하고 있습니까? 그들의 군주들은 무엇을 하고 있습니까? 교회의 목자들은 어떻습니까? 깨어 있는 것입니까, 아니면 무기력증에 빠져 그저 기독교 세계가 조금씩 삼켜지기를 기다리고 있는 것입니까? 그들은 창과 춤으로 장난치며 자멸하고 있습니다! 그 사이 튀르크인은 그리스도의 이름을 말살하고, 그의 귀에 무함마드에 대한 찬양이 들리지 않는 한 어떤 협정 아래서도 평화를 유지하지 않겠다고 이미 자기 신에게 서약했습니다. 오, 예수 그리스도의 무덤을 이교도들의 손에서 해방시킨 고드프루아, 보에몽, 보두앵과 다른 군주들은 지금 어디에 있습니까? 프랑크인의 왕, 고귀한 카를(마르텔)은 어디 있습니까?

—바르톨로메오 데 지아노(1438년경)[1]

몽골 폭풍

십자군이 서아시아에 있던 막바지에 전례 없는 폭력의 폭풍이 이 지역을 휩쓸었다. 서양에서는 '타타르인'이라 불린 몽골인이 먼 동방에서 정복을 위해 쳐들어온 것이다. 친족인 튀르크인들과 마찬가지로 말과 활 위에서 태어나고 자란 이 유목민들은 서쪽으로 맹렬히 달려가며 지나가는 곳마다 연기와 폐허, 수백만의 시신을 남겼다.

기독교 세계의 가장 동쪽 변방에서는 러시아가 1237년에서 1241년 사이에 당시의 수도 모스크바와 옛 수도 키이우가 모두 잿더미로 변하면서 사실상 전멸했다.[2] 러시아 주민의 3분의 2가 죽었고, "기독교도의 피가 큰 강처럼 흘렀다"며 몽골의 맹습을 목격한 블라디미르의 세라피온Serapion 주교는 기록했다.* 그리고 "무자비한 자들이 들이닥쳐 우리 땅을 유린하고, 온 도시 사람들을 포로로 끌고 가며, 성스러운 교회를 파괴하고, 우리의 아버지와 형제를 죽이고 어머니와 자매를 더럽혔다"고 덧붙였다.[3]

몽골의 계절풍은 계속 서쪽으로 나아가 남부 폴란드, 헝가리, 심지어 오스트리아에까지 들이닥쳤다. 그들은 승리에 승리를 더했고, 그 누

---

* 몇몇 당대의 기록은 러시아가 입은 참화를 포착하고 있다. 1246년 키이우를 여행한 한 이탈리아인에 따르면 몽골인들은 "러시아를 습격해 큰 혼란을 일으켰으며, 도시와 요새를 파괴하고 사람들을 학살했다. 그들은 러시아의 수도 키이우를 포위했는데, 오랫동안 포위한 끝에 도시를 함락하고 주민들을 죽였다. 우리가 그곳을 여행할 때 죽은 자의 해골과 뼈가 수없이 땅 위에 널려 있는 것을 보았다. 키이우는 매우 크고 인구가 밀집한 도시였으나 이제 거의 아무것도 남지 않았다. 현재 겨우 200채의 집만 남았고, 주민들은 완전히 노예 상태에 있다. 타타르인들은 그곳에서 계속 나아가면서 싸움을 벌였고, 러시아 전역을 파괴했다"(Dawson 2005, 29~30).

구도 진군을 멈추게 할 수 없었다. 에드워드 기번은 이렇게 썼다. "가톨릭 세계는 야만적인 전쟁의 구름에 의해 어두워졌다. 한 러시아 탈주자는 스웨덴까지 경보를 전했으며, 발트해와 대양의 먼 민족들마저 타타르인의 접근에 떨었다. 그들의 두려움과 무지로 인해 타타르인은 인류와는 다른 존재로 여겨졌다. 8세기 아라비아인의 침략 이래 유럽은 결코 이와 같은 재앙에 직면한 적이 없었다."[4] 그리고 유럽이 두려워한 것은 옳았다. 유명한 칭기즈(1162~1227) 칸의 아들이자 후계자인 오고타이 칸은 그의 병사들에게 '큰 바다', 즉 대서양까지의 모든 땅을 정복하라는 명령을 내렸기 때문이다. 하지만 운명의 우연이 유럽을 구했다. 1241년, 서쪽으로 향하던 오고타이의 대군이 빈 공격을 준비하고 있을 때 칸이 사망한 것이다. 그 소식에 족장들은 서쪽을 향한 진군을 포기하고 서둘러 몽골로 돌아갔다.

러시아와 마찬가지로 이슬람 세계의 동쪽 지역(특히 페르시아와 메소포타미아)도 몽골에게 유린당했다. 1258년에는 500년 동안 아바스 칼리파국의 풍요로운 수도였던 바그다드가 불태워지고 주민이 몰살당했으며, 마지막 칼리파는 양탄자에 말린 채 몽골 기병들에게 밟혀 죽었다.[•]

이슬람 세계의 구원은 노예들의 손으로 이루어졌다. 살라흐 앗딘과 직후 후계자들의 아이유브 왕조는 이전 왕조들이 그랬듯이 노예 병사들에게 크게 의존했는데, 주로 흑해 주변 출신의 튀르크인들이었다. 그리고 역사는 반복되어 노예들이 결국 주인을 무너뜨렸고, 몽골의 침공

• 이븐 카티르는 아바스의 마지막 칼리파 무스타심(Musta'sim)을 그저 그런 호색가로 묘사한다. "타타르인들은 사방에서 궁궐로 화살을 퍼부었고, 결국 칼리파 앞에서 놀이를 하며 그를 즐겁게 하던 한 노예 소녀에게 맞았다"(Lewis 1987, 82).

이 한창이던 1250년 무렵 맘루크 술탄국이 이집트에서 탄생했다. 맘루크는 아라비아어로 '소유된 자'를 뜻하는데, 그들의 뿌리가 노예였음을 드러낸다. 1260년, 맘루크 군대는 갈릴리 부근의 아인잘루트에서 침략자들과 맞붙어 승리했다. 이는 지금까지 막을 수 없었던 전쟁 기계와 같던 몽골에 대한 놀라운 승리였지만, 이미 이슬람의 동방 영토는 피해를 당한 뒤였다. 페르시아 역사가 함달라 무스타우피Hamdallah Mustawfi(1281~1349)는 이렇게 썼다. "몽골 국가가 출현할 때 일어난 파괴와 그때 발생한 대학살은 다른 재앙이 일어나지 않는다고 해도 1천 년 안에 회복되지 않을 것이며, 세상은 그 사건 이전의 상태로 돌아가지 못할 것이라는 데 전혀 의문이 없다."[5] 그의 700년 된 예언은 아직도 논박되기 어려워 보인다.

기독교 세계에 대한 지하드 재개

세계사 무대에 폭발적으로 등장한 몽골은 이슬람교도와 기독교도 간의 영원한 전쟁에 예상치 못한 파급 효과를 가져왔다. 몽골의 동부 아나톨리아 침공은 상당수가 셀주크 술탄국이 사들였거나 데려온 노예 또는 용병들이었던 튀르크인들이 반도 서부, 즉 동로마 제국과의 국경 부근으로 대량 이주하게 만들었다. 이는 십자군 전쟁 동안 동로마가 아나톨리아 서부의 주요 도시들을 재탈환한 직후의 일이었다. 한편 이곳은 수백 년 동안 리바트(국경 요새)로 이름난 곳이어서 새로 온 수많은 사람들은 지하드 정신에 동화됐는데, 그들의 부족적 생활양식과도 잘 맞아떨어졌기 때문이다. 역사가인 킨로스의 남작 패트릭 밸푸어Patrick Balfour는 이렇게 설명한다.

> 이들은 본래 유목민으로서 새로운 목초지를 찾아 서쪽으로 이동하려는 본능적이고 유전된 충동에 의해 움직이는 사람들이었다. 그들이 이슬람교로 개종한 후 이러한 이동은 성스러운 것으로 여겨졌고 종교적 의무, 즉 샤리아에 따른 전사로서의 임무에 의해 더욱 고취되었다. 그 임무란 다르 알 하르브Dar al-Harb(전쟁의 세계)에 사는 이교도들을 찾아내 그들과 싸우고, 땅을 습격해 점령하며, 재산을 빼앗고, 백성들을 죽이거나 포로로 잡아가고, 공동체를 이슬람 통치 아래 두는 것이었다.[6]

이들은 투르키스탄과 페르시아에서 소아시아로 도피해 온 '성자'들, 즉 이슬람 지도자와 데르비시(극도의 금욕 생활을 하는 이슬람교 집단의 일원)*에 의해 이러한 삶의 방식이 더욱 확고히 자리 잡게 되었는데, 이들은 튀르크인들에게 이교도에 대한 전쟁 열정을 다시 불러일으켰다.[7]

1243년에 아나톨리아 중부 코니아를 기반으로 한 셀주크 술탄국이 몽골에 복속되고 약 20년 후, 서부 지역에는 10여 개의 튀르크계 독립 왕국이 생겨났다. 각 왕국은 베이bey로 불린 군장의 통치를 받았으며, 모두 가즈와ghazwa(또는 가자ghaza)에 헌신했다. 가즈와는 '습격'이라는

---

* 초세속적이고 온건하게 그려진 오늘날의 묘사와 달리 이슬람교 신비주의자인 수피들은 지하드 설교에서 핵심적인 역할을 했다. 한 데르비시 교단의 지도자는 튀르크인 군장에게 전투용 철퇴를 선물했는데, 그는 철퇴를 엄숙하게 머리에 얹고 큰 지하드와 작은 지하드를 모두 수행하겠다고 맹세했다. "이 철퇴로 먼저 나의 정욕을 제압하고, 이어 모든 신앙의 적들(즉 이슬람을 부인하는 자들)을 죽일 것이다"(Riley-Smith 1995, 250).

의미의 아라비아어로, 지하드와 같은 의미를 함축하고 있어 사실상 동의어다.● 그들은 모두 자신들을 가지ghazi, 즉 이슬람의 전사라고 여겼기 때문에 1260년대부터는 자주 동로마 영토 습격에 나섰다.[8]

서쪽 변경 지역의 군장사회 가운데 하나로, 오스만 가지Osman Ghazi(1258~1324)가 세우고 그의 이름을 따서 오스만이라 부르던 곳에 대해한 서방 권위자는 "오스만인들은 약탈, 영토 확장, 영광, 종교를 동시에 추구하는, 여기서는 '가자'로 알려진 변경 전쟁에 철저히 헌신했다"라고 썼다.[9] 한편 오스만의 국경 요새가 동로마 영토와 접하고 있었기 때문에 지하드에 참여해 전리품이나 순교를 얻고자 하는 이들은 모두 그의 깃발 아래로 모여들었다. 특히 그의 효율적인 지도력 덕분에 전리품이 풍성했기 때문이었다.[10]

전쟁 이데올로기와 특히 기독교도를 상대로 한 성전이 오스만 국가의 시초부터 존재 이유를 제공했으며, 정체성과 결속의 기반을 형성[11]했음은 과거와 현재의 이슬람교도 및 비이슬람교도 역사가들 모두가반복적으로 강조해 왔다.●● 그들은 단순한 지하드 전사가 아니었다. 이

● 무함마드가 수행한 대부분의 원정은 마가지(maghazi)라 불리는 아라비아어로 된 가장 오래된 선지자 전기 문헌에서 '가즈와', 복수형으로는 '가자와트(ghazawat)'라 기록되어 있다. 1400년 무렵의 한 이슬람 연대기 작가는 "가지는 알라의 검이며, 신자들의 수호자이자 피난처다. 만약 그가 알라의 길에서 순교자가 된다면 그가 죽었다고 생각하지 말라. 그는 알라와 함께 지극한 행복 속에 살아 있으며, 영원한 생명을 누린다"라고 기록했다(Crowley 2014, 31).

●● 14세기의 한 이슬람교도 도덕가는 "오스만 술탄들의 주요한 자질은 그들의 성전 수행"이라고 말했고, 15세기 한 작가는 오스만 술탄들을 "알라의 사도와 정통 칼리파들 이후 가장 탁월한 가지이자 무자히드들"이라고 말했다(Hillenbrand 2007, 167~168). 튀르키예의 할릴 이날즉(Halil İnalcık) 교수는 "가자, 즉 성전의 이상은 오스만 국가의 창건과 발전에 중요한 요소였다. 가자는 종교적 의무로서 모든 종류의 사업과 희생을 고무했다"라고 적었다(Fregosi 1998, 211). 버나드 루이스는 "기독교 세계를 상대로 한 고전적 지하드는 오스만에 의해 재개됐으며,

슬람교의 철천지원수인 동로마 제국을 상대로 국경 요새에서 싸우는, 모든 지하드 전사 가운데 최고인 무라비툰*이었다.

보다 큰 선전 효과를 거두기 위해 오스만은 자신들을 동로마에게 처음으로 굴욕을 안긴 이슬람교도 튀르크인으로서 한때 강성했던 셀주크의 후계자로 묘사했을 뿐 아니라, 아나톨리아의 리바트에 살면서 지하드를 완성시켰던 7~8세기 아라비아 영웅들의 '영적 후손'으로 내세웠다. 이를 통해 같은 지리적 영역에 있었던 과거 아라비아 이슬람교도와의 연속성을 확립했다.[12] 지하드 전사의 진정성만큼 이슬람 정통성을 부여하는 것은 없었기에,** 오스만의 주요 경쟁자였던 이집트의 맘루크 또한 대대적인 지하드 선전과 실천을 벌였다. 1317년 무렵 기욤 아담Guillaume Adam은 "그 지역 전체가 이집트의 사라센이나 소아시아의 튀르크 중 한쪽의 적대적 칼날에 점령돼 있다"라고 탄식했다.[13]

모든 주요 이슬람교도 왕조 중에서 이슬람 신앙과 신의 법 유지 및 집행에 가장 열정적이고 일관되게 헌신했던 왕조가 바로 오스만이었다. 오스만 역사 초기에 지하드는 그들의 정치, 군사, 지적 생활 모두에서 핵심 주제를 형성했다"라고 말했다(2003, 237).

• 14세기로 접어들 무렵 아나톨리아에서 튀르크인의 가자는 200년쯤 전 북아프리카 무라비툰의 리바트와 일정 부분 공통점이 있었다(Bonner 2006, 153). 스페인에서 이 왕조를 일컫던 '알모라비드(Almoravid)'라는 말은 '알무라비툰(al-murabitun, 리바트에서 싸우는 자들)'의 음역이다.

•• 오스만은 셀주크를 모방해 수니파 율법학자와 긴밀히 협력했는데, 이들은 지배 왕조를 지지하는 글을 대량으로 저술했다(Hillenbrand 2007, 167). 맘루크 역시 마찬가지였다. 그 시대를 대표하는 위대한 이슬람 이론가 가운데 한 사람인 이븐 타이미야(Ibn Taymiyya, 1263~1328)는 노예 출신 술탄들을 위해 활동했는데, 그의 저작은 계속해서 급진적 이슬람교도들에게 지식을 제공하고 자극을 주었다. 그는 기독교도나 공개적 이단자들(예컨대 시아파)만이 지하드의 대상이 아니며, 경건한 이슬람교도는 자신을 이슬람교도라 자처하면서도 샤리아를 철저히 적용하지 않는 통치자들에게도 저항할 의무가 있다고 가르쳤다. 지배자든 병사든 지하드를 포기하는 것은 이슬람교도가 저지를 수 있는 가장 큰 죄였다(Riley-Smith 1995, 247).

오스만 전쟁 기계

1323년에 오스만 1세가 평화롭게 죽음을 맞으며 그의 아들이자 후계자인 오르한에게 "네 힘으로 이슬람교를 전파하라"라고 당부했다.[14] 몇 년에 걸친 포위 끝에 1326년, 오르한은 동로마의 가장 강력한 요새 중 하나인 부르사를 함락시켰고, 이를 최초의 오스만 수도로 변모시켰다. 교회는 정화돼 이슬람교당과 교육기관으로 개조됐고,[15] 지하드의 주입과 전문 지식이 확산됐다.* 오르한은 끊임없이 지하드를 실천하며 살았다. 여행가 이븐 바투타Ibn Batutua는 부르사에서 오르한을 만난 적이 있는데, 100개에 달하는 요새를 함락시켰음에도 불구하고 "한 도시에서 한 달을 온전히 머문 적이 없었다"라고 기록했다. 그는 지속적으로 이교도들과 싸우며 그들을 포위해야 했기 때문이다.[16] 기독교도 도시들은 도미노처럼 무너졌다. 1329년 스미르나(이즈미르), 1331년 니케아, 1337년 니코메디아(이즈미트)가 함락됐다. 오스만 덕분에 1340년까지 소아시아 서북부 전체가 다시 이슬람교도 통제 아래에 놓였다. 그 결과 십자가의 적들, 그리고 기독교도들을 죽이는 자들인 튀르크인들은 콘스탄티노플과 불과 5~6킬로미터의 해협으로만 분리돼 있었다.[17]** 해

• 족장들은 오르한에게 "만약 어떤 도시나 지역이 저항하다가 무력으로 점령되면 기독교도들에게는 아무 권리도 없습니다. 주민의 5분의 1은 노예화할 수 있으며, 남자들은 정복자의 토지에서 노동을 하게 되고 소년들은 병사로 훈련시킬 것입니다"라고 했다(Runciman 2004, 34~35).

•• 1341년, '알라의 사자'라 불린 아이딘의 튀르크인 베이(군장) 오마르(Omar)는 점령한 스미르나 항구를 근거지로 350척의 함선과 1만 5천 명의 병력을 동원해 에게해 일대의 기독교도들을 공포에 떨게 했다(Madden 2004, 180).

상 진입로 두 곳은 견고히 방어되고 있었다. 보스포루스 해협은 콘스탄티노플 자체가, 다르다넬스 해협은 요새화된 갈리폴리(겔리볼루)가 막고 있었다. 그러나 1354년 3월 2일 거대한 지진이 갈리폴리를 무너뜨렸고, 생존자들은 철수했다. 이를 알라의 작품이라 여긴 오르한의 아들 쉴레이만은 즉시 군대를 이끌고 다르다넬스 해협을 건너가 폐허가 된 갈리폴리를 점령했다. 이로써 오스만은 최초로 유럽에 발판을 두게 됐다.[18] 기운 넘쳤던 쉴레이만은 행동에 나설 준비를 했지만, 우선 해야 할 일이 있었다. 한 오스만 연대기에 따르면 "그곳에 교회가 있으면 그것을 파괴하거나 이슬람교당으로 바꾸었다. 종이 있으면 쉴레이만은 그것을 부수어 불 속에 던졌다. 그래서 종 대신 이제는 기도 시간을 알리는 이의 복소리가 울려 퍼졌다."[19]

모든 기독교의 '더러움'이 제거된 갈리폴리는 훗날 한 오스만 베이가 자랑했듯이 "모든 기독교도 민족을 삼켜버리고, 기독교도를 질식시키며 파괴하는 이슬람의 목구멍"이 됐다.[20] 쇠락했으나 전략적인 위치였던 요새 도시에서 오스만은 시골 곳곳으로 공포의 원정을 시작했고, 언제나 자신들이 신의 일을 하고 있다고 확신했다.[21] 갈리폴리에서 포로가 된 정교회 대주교 그레고리 팔라마스Gregory Palamas는 이렇게 설명했다. "그들은 활과 칼, 유흥으로 살아가며 노예를 취하는 데서 쾌락을 찾고, 살인과 약탈 및 전리품에 몰두한다. 그들은 이렇게 범죄를 저지를 뿐만 아니라 심지어 황당하게도 그것을 하느님께서 인정하신다고 믿는다."[22]

1362년 오르한이 죽은 뒤, 그의 아들이자 가문에서 최초로 '술탄'이라는 칭호를 사용한 인물인 무라드 1세 치세에 서방을 향한 지하드가 본격적으로 시작됐다. 술탄은 현명하게 콘스탄티노플 정복의 어려움을 생각해 당분간 건드리지 않기로 하고, 먼저 주변 트라키아 시골 지역 이교도들의 마음에 공포를 불러일으키는(《코란》8:12) 일에 나섰다. 이에 따라 초를루에서는 수비대가 학살되고 지휘관이 참수됐는데, 이는 발칸 반도 전역에 튀르크 침략자들에 대한 공포를 퍼뜨리려는 계산된 행위였다.[23] 이것은 효과가 있었다. 동로마 제국에서 콘스탄티노플에 이어 두 번째로 중요한 도시 하드리아노폴리스(나중의 에디르네)는 1369년에 초를루의 운명을 감수하는 대신 항복했다.[24] 도시는 부르사를 대신해 오스만 수도가 됐고, 그곳에서 지하드가 재개됐다.

오스만의 성공은 그들의 전쟁 수행 방식의 발전에서 비롯되었다. 처음부터 튀르크 전사들은 강력한 약탈자들이었으며, 친족인 몽골이나 아나톨리아의 선배인 셀주크를 포함한 다른 유목 민족들과 동일한 방식으로 싸웠다. 말과 활, 기동력과 계략이 그들의 주무기였으며, 이를 대단히 효과적으로 사용했다.* 오르한 시대 이후, 특히 무라드 시대에 이르러 오스만은 고도로 훈련된 효율적인 전쟁 기계로 변모했다. 15세기에 한 부르고뉴인 여행자는 이렇게 기록했다. "그들은 갑자기 출정할 수 있으며, 기독교 군사 100명이 내는 소리보다 오스만 군사 1만 명이 내는 소리가 더 작다. 북이 울리면 즉시 행군을 시작해 발을 맞추는 것이 흐트러지지 않고, 멈추라는 명령이 떨어질 때까지 행군한다. 그리고 가볍게 무장했기에 하룻밤 사이에 기독교도 적들이 사흘을 걸려 이동

---

* 본래 몽골 스텝 거주자의 혈통이었던 튀르크인들은 알라와 그의 선지자가 인간에게 주신 신성한 선물인 화살 사용을 고수했다(Atiya 1978, 80).

하는 만큼 간다.”[25]

전형적인 오스만 군대의 최전선에는 무급 비정규군인 바시바주크 bashi bazouk(직역하면 '미친 머리')가 있었다. 그들은 떠돌이로서 오직 약탈과 전리품에 의존해 살았으며, 얻을 수 있는 것이면 무엇이든 상관없었다. 이름에서 드러나듯이 그들은 무절제하고 무모했기에, 흔히 주력 부대 앞에 내세워 적을 괴롭히고 그들 사이에서 혼란을 일으키는 역할을 했다. 대부분은 보병이었으나 아킨지 같은 경기병도 있었다. 그뒤에는 직업 군인이 뒤따랐는데, 기병인 시파히와 보병으로서 공포의 대상인 예니체리가 있었다.

뛰어난 지하드 전사로 변신한 기독교도 소년 노예들

초기의 예니체리('새로운 병사'라는 뜻)들은 포로로 잡은 인간 전리품 가운데 술탄의 몫이 된 기독교도 노예들이었다. 이들은 이슬람교로 개종을 강요당하고 지하드 이념에 세뇌된 뒤, 기독교도인 동족에게로 보내졌다. 이로써 정복-노예화-개종의 순환이 지속되었고, 기독교 세계의 인구 감소와 이슬람 세계의 인구 증가로 이어졌다.

이미 존재하는 기독교도 노예들만으로는 술탄의 전쟁 수행 수요를 충족시킬 수 없게 되자, 그는 데브쉬르메devshirme(소년 징발) 제도를 도입했다. 14세기 말 이후 발칸 반도의 모든 피지배 기독교 가정(그리스인, 세르비아인, 불가리아인, 알바니아인, 마케도니아인 등)은 해마다 '생명 공물'을 바쳐야 했으며, 어기면 사형에 처해졌다. 이는 곧 자기 아들들을 내

놓는 것이었으며, 어떤 경우에는 겨우 여덟 살짜리도 데려갔다.* 징발
방식은 다양했다. 때로는 오스만 관리들이 집집마다 돌아다녔고, 아버
지에게 아들을 공공 광장으로 데려오도록 명령하기도 했다. 그후 아이
들을 검사해 가장 잘생기고 건강한 아이들을 끌고 갔으며, 이 과정에서
종종 아이들은 신경이 곤두선 어머니의 팔에서 억지로 떼어 내졌다.**
어떤 아버지라도 저항하려고 하면 그 자리에서 처형됐고, 징발관에 맞
서 무장 봉기를 일으킨 경우도 없지 않았다(1565년 에페이로스와 알바니아
에서 일어났다).

많은 부모들은 자기 아들이 튀르크식 소년애少年愛[26]의 희생자로 전락
하거나 더 심하면 '튀르크병'에 걸리는 등 육신과 영혼이 빼앗기는 것
을 막기 위해 할 수 있는 일을 다 했다.*** 어떤 부모들은 자식이 새 주인

● 이는 이슬람교도들에게 새로운 것이 아니었다. 7세기 최초의 정복 시기에도 아라비아인들
은 피정복 이교도 주민의 아들을 조공 대신 데려갔다(예컨대 1장의 73번 각주 관련 내용을 보
라). 계속 팽창하던 오스만 전쟁 국가에서는 생명 세금이 선호됐다.

●● 16세기의 한 유럽 필사본은 한창 나이의 자식과 생이별하는 그리스인 부모들이 겪는 슬픔
을 이렇게 전한다. "가슴 찢어지는 슬픔이 어떻겠는가? 수많은 어머니들이 자신의 뺨을 할퀴고,
아버지들은 돌로 자신의 가슴을 친다. 살아서 자신들과 떨어지는 아이들로 인해 기독교도들이
겪는 슬픔이 어떻겠는가? 많은 어머니들은 이렇게 말한다. '아이들이 살아서 끌려가 우리 신앙
을 버리고 튀르크인이 되느니, 차라리 죽어 우리 교회에 묻히는 것을 보는 편이 낫다. 차라리 죽
는 게 낫다!'"(Bostom 2005, 558).

●●● 서유럽인들에게 '정욕에 찬 튀르크인'은 호색의 화신이었다. 그들은 특히 공공연한 동성
애에 경악했으며, 하렘에 관한 이야기에는 어쩌면 질투심마저 느꼈다. 베네치아는 소년들이
'튀르크병'에 감염될까 두려워 열네 살 미만 소년들의 이스탄불 방문을 금지했다(Akbar 2003,
90). 노먼 대니얼은 기독교도의 이슬람관에 대한 자신의 포괄적인 연구에서 이렇게 썼다. "이
슬람교는 동성 혹은 이성 간의 부자연스러운 성관계를 허용하거나 혹은 장려한다는 비난이 아
주 혼하게 제기됐고, 그것은 지금도 마찬가지다. 사실상 그 자체를 위한 어떤 성행위든 장려한
다는 것이다." 이러한 주장의 이유는 이슬람교가 보편적인 인간의 약점을 적극적으로 이용했
다는 믿음이었다(1962, 141, 147).

에게 쓸모없게 만들기 위해 자식의 신체를 훼손하기도 했다. 때로는 아이들이 스스로 달아나기도 했지만, 당국이 부모를 체포해 죽도록 고문하고 있다는 소식을 들으면 다시 돌아와 자수했다. 한 사례에서는 숨었다가 아버지의 생명을 구하기 위해 돌아온 한 아테네 청년이 자신의 신앙을 버리느니 스스로 죽는 길을 택하기도 했다.[27]

그러나 대체로 튀르크인들은 누구든 자신이 점찍은 기독교도 소년을 데려갈 수 있었다. 16세기 이탈리아 외교관 잔프란체스코 모로시니Gianfrancesco Morosini는 튀르크인들이 아이들을 끌고 가는 모습을 "마치 많은 양 떼 몰듯 한다"고 했다. 아이들은 오스만 영토 내 그들의 새 거처에 도착하는 즉시 강제로 또는 설득 과정을 거쳐 할례를 받고 이슬람교도가 됐다. 그리고 이는 단순히 상징적이거나 피상적인 행동만은 아니었다. "아이들이 가장 먼저 배우게 되는 것은 튀르크인의 거짓 종교였고, 이를 너무나 잘 익혀서 우리를 부끄럽게 할 정도였다"는 기록이 있다.[28]

복종(이슬람)을 배운 후에 그들은 고대 스파르타의 아고게agoge와 유사한 혹독한 훈련 과정에 들어갔다. 이탈리아인 관찰자는 이렇게 적었다. "밤낮으로 고된 노동을 시키며, 잠잘 침대도 주지 않고 음식도 아주 적게 준다. 그들이 서로 대화하는 것은 꼭 필요할 때만 허용되며, 하루 네 번 정해진 기도 시간을 빠짐없이 모여 함께 기도를 올려야 한다. 작은 잘못에도 몽둥이로 잔인하게 매질을 당하는데, 100대 이상은 기본이고 때로는 1천 대까지도 맞는다. 매질 후에는 아이들이 스승에게 가서 그들의 옷에 입을 맞추며 매질해 준 것에 대해 감사해야 한다." 그리고 이렇게 결론지었다. "따라서 도덕적 타락과 굴욕이 훈련 체계의 일부라는 것을 알 수 있다."[29]

그러나 역설적이게도 미화된 역사 속 다른 이슬람 제도의 경우와 마찬가지로[•] 기독교도 아이들에 대한 유괴, 강제 개종, 지하드 세뇌 제도는 일부 주요 학자들에 의해 아이를 좋은 교육 기관에 보내 성공적인 경력을 위한 훈련을 받게 하는 것에 해당하는 듯이 묘사된다.[30] 실제로는 세뇌와 비인간화라는 가혹한 시련을 견뎌낸 자들만이 이교도와의 전쟁에 대한 광적인 욕구를 가진 사람으로 변신해, 오스만 군대에서 가장 두려운 존재가 됐다. 바로 '새로운 병사' 예니체리다. 그들은 자신들의 가족과 본래의 신앙으로부터 납치한 책임이 있는 술탄에게 '개처럼 충성'했고, 그들의 옛 가족과 신앙을 상대로 광란의 행동을 보였다.[31] 이는 이들이 기록에 남아 있는 스톡홀름 증후군[••]의 역사상 가장 이른 사례 가운데 하나라는 또다른 증거다.

[•] 존 에스포지토와 같은 많은 서아시아 연구자들은 "지즈야가 딤미에게 외부의 공격으로부터 이슬람교도들의 보호를 받을 권리를 주었고, 군 복무에서 면제되게 했다"라고 주장한다. 그러나 이들은 기독교도와 유대인들이 돈을 내고 산 '보호'가 사실은 이슬람교도로부터의 보호였으며, 딤미는 이교도로서 적으로 간주되고 별도로 구분되고 복속된 상태이기 때문에 군 복무를 면제받았다는 점은 지적하지 않는다(http://raymondibrahim.com/2015/05/28/islamic-jizya-fact-and-fiction/).

[••] 《메리엄-웹스터(Merriam-Webster) 사전》에 따르면 "인질이 자신의 납치범과 유대감을 형성하거나, 동일시하거나, 동정하게 되는 심리적 경향"으로 정의된다. 자신의 영혼을 지켜낸 경우에도 어린 시절의 충격에 의한 상처는 영원히 남는 듯하다. 16세기 유럽의 한 관찰자는 이렇게 기록했다. "그들은 함께 모여 서로의 고향 이야기를 나누고, 그곳 교회에서 들었던 설교나 학교에서 배운 것을 회상하면서 무함마드는 선지자가 아니며 튀르크인의 종교(이슬람교)는 거짓이라는 데 의견을 같이 한다"(Bostom 2005, 558).

검은 새들의 들판

데브쉬르메 제도를 완성한 무라드 1세 치하에서 오스만의 발칸 진출은 본격적으로 시작되어 멈출 수 없을 정도로 가속화되었다. 1371년까지 그는 불가리아와 마케도니아의 일부를 자신의 술탄국에 병합했고, 그 결과 콘스탄티노플은 사실상 오스만 영토에 포위되다시피 해 시민이 그저 도시의 성문을 나서기만 해도 제국의 경계를 벗어날 수 있을 정도였다.[32] 이러한 상황에서 세르비아 왕자 라자르Lazar(1330~1389)가 1387년 무라드의 침공군을 격파하자 발칸 반도의 슬라브인들 사이에서 큰 환호가 터져 나왔다. 세르비아인, 보스니아인, 알바니아인, 불가리아인, 왈라키아인과 변경 지대의 헝가리인들까지 모두가 어느 때보다도 강하게 라자르의 주위에 결집해 튀르크인을 유럽에서 몰아내려는 결의를 다졌다.[33]

무라드는 이러한 모욕에 대해 1389년 6월 15일 코소보에서 응수했다. 세르비아인이 주축이 된 연합군에 헝가리, 폴란드, 루마니아 부대가 합류한 총 1만 2천 명 규모의 군대가 라자르의 지휘 아래 모였고, 이에 맞서 술탄이 직접 이끄는 3만 명의 오스만군이 배치되었다. 처음에는 오스만군의 화살 비가 쏟아졌으나, 세르비아 중기병은 오스만 전열을 돌파해 좌익을 무너뜨렸다. 그러나 무라드의 맏아들 바예지드가 지휘하는 오스만 우익이 반격하면서 기독교군을 포위했다. 혼돈의 충돌은 몇 시간 동안 이어졌다.

전투 전날 밤, 무라드는 알라에게 참된 신앙을 위해 죽는 순교자의 죽음을 허락해 달라고 간구했다.[34] 그러다 전투 막바지의 어느 순간, 그의 기도가 응답을 얻었다. 전승에 따르면 세르비아 기사 밀로시 오빌리치Miloš Obilić가 자신의 높은 신분을 고려해 술탄 앞에서 직접 항복을 허락받는다는 조건으로 오스만군에 투항하겠다고 제안했다. 오스만군은 그를 무라드 앞에 데려왔고, 밀로시는 무릎을 꿇고 거짓 항복을 한 뒤 갑자기 달려들어 단검을 술탄의 배 깊숙이 찔러 넣었다. 평소 굼떴던 무라드의 호위병들은 이때는 제대로 대응해 밀로시를 산산조각 냈다. 피를 뒤집어쓴 채 숨을 헐떡이던 무라드는 생명이 다해 가는 동안 숙적 라자르가 포로로 잡혀 끌려오는 것을 보고, 고문당한 뒤 참수되는 장면까지 확인할 수 있었다. 이는 작은 위안이 되어 죽어가는 순교자의 얼굴에 미소를 남겼을 것이다.

무라드의 아들 바예지드(1360~1403, 재위 1389~1402)는 즉각 권력을 장악했다. 술탄이 된 그가 아버지의 시신 앞에서 내린 첫 번째 조치는 활시위로 동생 야쿠브Yaqub를 교살하도록 명령한 것이었다. 그는 전투에서 자신과 함께 지휘하고, 전쟁터에서 공훈을 세워 병사들의 사랑을 받던 동생이었다.[35] 이어 바예지드는 전투를 결정적으로 마무리 지었다. 그는 가진 모든 것을 적에게 쏟아 기독교도들을 하나도 남김없이 몰살시켰지만, 그 과정에서 더 많은 자기 병사들이 죽어나갔다. 들판 가득한 시체 위로 수많은 새들이 몰려와 잔치를 벌였기에 후세 사람들은 코소보를 '검은 새들의 들판'으로 기억했다. 사실상 무승부, 혹은 기껏해야 오스만 쪽의 막대한 손실을 동반한 승리였지만, 뻗어가는 이슬람 제국 오스만에 비해 병력과 자원이 부족했던 세르비아는 그 고통을 더 크게 체감했다.

독수리에게 내리친 벼락

하드리아노폴리스로 돌아온 후 족장들은 한 사람의 죽음이 사회적 분열인 '피트나'보다 낫다는 이슬람식 논리와 《코란》(예컨대 9장 47절)을 인용해 바예지드가 자기 동생을 살해한 일을 면책했다. 이로써 오스만 왕조 역사에 너무나 영구히 뿌리내리게 되는 황실 형제 살해의 관행이 확립됐다.[36] 이렇게 새로운 술탄의 삶의 방식이 마련되었는데, 이는 이전과 이후의 많은 무슬림 지도자들과 마찬가지로 경건함과 타락함이 동시에 존재하면서도 둘 사이에 어떠한 갈등도 느끼지 않는 삶이었다. 바예지드는 지하드 동안 나태하고 방탕하게 살면서 외설적인 성적 행동을 멈추지 않았고, 소년과 소녀 모두와 문란한 행위를 일삼았다. 하지만 그는 이에 상반되는 종교적 성향 또한 지니고 있어 부르사에 있는 자신의 이슬람교당 꼭대기에 작은 방을 만들고, 그곳에서 이슬람 고위 신학자들과 대화를 나누곤 했다.[37]

그의 생활 방식에서 모순처럼 보이는 이러한 모습은 이슬람 국가의 군주에게 경건함 혹은 그것의 부재가 오직 지하드의 고수 여부로 가늠된다는 사실을 인식하면 해결된다. 이런 의미에서 영혼의 불같은 기운과 파괴적 진군의 신속성[38]으로 인해 '벼락'이라는 별명을 얻은 바예지드는 확실히 경건했다. 동시대 그리스 역사가 두카스Doukas는 이렇게 말한다.

바예지드는 전투에서 성격이 급해 두려움을 주는 자였으며, 주위의 누구보다도 더 기독교도들을 박해하는 자였다. 아라비아인의 종교에서는 무함마드의 불법적인 계명을 지극히 철저히 따르는 열렬한 제자였고, 밤낮을 가리지 않고 깨어 있으면서 합리적인 기독교도를 상대로 음모와 책략을 꾸몄다. 그의 목적은 선지자를 따르는 민족을 늘리고 로마인들의 수를 줄이는 것이었다. 그는 이슬람교도들의 영토에 많은 도시와 속주를 더했다.[39]

새 로마(콘스탄티노플)뿐 아니라 옛 로마(로마 교황청)까지 정복하는 데 몰두한 바예지드는 결코 '잘못'이란 있을 수 없는 존재였다. 무함마드는 새 로마를 정복하면 모든 죄가 사해진다고 약속했고, 옛 로마에 대해서는 바예지드 자신이 "성 베드로 대성당 제단 위에서 자기 말에게 귀리를 먹이겠다"라고 맹세한 바 있었다.[40]

바예지드는 이교도들을 상대로 그의 경건한 의도를 실행하기 전에, 즉위 후 첫 몇 년간 아나톨리아에서 튀르크 세력에 대한 권력과 권위를 공고히 하는 데 집중했다. 이를 틈타 동로마 황제 요안니스 5세는 바예지드에게 굴복해 신하가 되기로 했다.● 1390년, 그는 마흔 살의 아들 마누일 2세 팔레올로고스Manuel II Palaiologos를 당시 서른 살이던 술탄에게 인질로 보냈다. 팔레올로고스 가문의 문장에는 기억하기 쉬운 쌍두독수리가 새겨져 있었다.

술탄의 궁정에서는 이슬람 성직자들이 종종 마누일에게 그의 기독

교 신앙을 두고 시비를 걸었다. 그는 담대한 태도로 한결같이 응했는데, 어느 땐가 이렇게 논박하기도 했다. "무함마드가 새로운 것이라고 가져온 것이 무엇인지 나에게 보여주시오. 그 안에서는 악하고 비인간적인 것들만 발견하게 될 것이오. 그가 설파한 신앙을 칼로 퍼뜨리라고 명령한 것과 같은 것 말이오."• (2006년 교황 베네딕토 16세가 "불합리한 행동은 하느님과는 무관하다"라는 마누일의 요점을 더 큰 맥락에서 설명하는 과정에서 이 발언을 인용하자 이슬람 세계에서 반기독교 폭동이 일어나 교회가 불타고, 소말리아에서 병자와 빈자를 돌보는 일에 일생 헌신하던 한 이탈리아 수녀가 그곳에서 살해당했다.[41])

한편 전사 국가의 지하드 지도자는 기독교 세계의 옛 수도의 황태자를 모욕할 기회를 놓치지 않았다. 바예지드는 심지어 잔혹하게도 마누일을 튀르크인들과 동행시켜 이제까지 튀르크인들에게 지즈야를 바치며 생존해 왔던 소아시아 기독교도의 마지막 거점인 빌라델비아(현재 알라셰히르)가 최종 파괴되는 것을 보게 만들었다.•• 마누일은 나중에 파괴된 기독교 도시를 보며 겪은 극심한 고통을 기록했다. 무엇보다도 그

• 마누일 2세는 평생 동안 말과 무력으로 튀르크인들과 맞섰던 사람으로서, 이슬람에 대해 잘 알고 있었다(그는 튀르크인들이 유혈과 학살을 즐기기 때문에 야만적이고 무지하다고 묘사했다). 그는 비이슬람교도에게 주어진 세 가지 선택지를 알고 있었다. ① 샤리아 아래에서 살거나(이슬람교도가 된다는 얘기다), ② 조공을 바치며 노예 신분으로 전락하거나(지즈야와 딤미 신분에 대한 정확한 묘사다), ③ 망설임 없이 내리치는 칼에 맞아 죽는 것이다. 신은 불합리한 것을 가르치지 않는다는 것을 논증하는 과정에서 그는 이 세 가지 선택지를 터무니없이 불합리하다고 주장하며 이렇게 말했다. "비이슬람교도로 사는 것이 그렇게 나쁘다면, 왜 돈(지즈야)을 바치면 불경한 삶을 살 수 있는 기회를 구입할 수 있다는 것인가?(Demetracopoulos n.d., 270; Manuel 2009에서 인용).

•• 빌라델비아가 '요한계시록'에 언급된 바로 그 도시였다는 점에서, 이 사건은 묵시록적 외피를 지녔다.

에게 고통을 안겨준 것은 그들이 실제로 자신들의 숙적을 돕고 있다는 점이었다. 그는 한 편지에서 씁쓸하게 이야기한다. "우리에게 견딜 수 없는 한 가지가 있습니다. 우리가 이슬람교도와 함께, 그리고 그들을 위해 싸우고 있다는 사실입니다. 이것은 우리가 그들의 힘을 강화시키고 우리의 힘을 약화시킨다는 애기입니다."[42]

황제 요안니스 5세는 상대적으로 평화로운 이 시기를 활용해 도시 성벽 바깥에 있는 허물어진 많은 교회의 대리석을 가져다가 콘스탄티노플의 성벽을 보수하려 했다. 그렇게 고생 끝에 공사가 마무리되었는데, 바예지드는 성벽을 허물라고 명령했다. 그렇지 않으면 인질로 잡고 있는 황태자의 눈을 멀게 하겠다고 했다. 낙담한 황제가 이에 따르면서 이 끔찍한 굴욕은 요안니스를 완전히 무너뜨리는 최후의 일격이 되었다. 오랜 고난으로 늙고 상심한 나이 든 황제는 궁궐의 암울함 속으로 물러나 예순 살 생일을 맞기도 전에 죽었다.[43]

1391년 초, 마누일은 아버지가 죽었다는 소식을 전해 들었다. 그는 술탄의 궁정에서 도망치는 데 성공해 콘스탄티노플에 도착했고, 그곳에서 황제로 즉위했다. 마누일의 인기를 두려워한 바예지드는 그가 자신의 궁정에 머무르는 동안 죽이지 않은 것을 후회했지만, 이제는 성벽 안에 안전하게 있는 이전 '피보호자'에게 절제된 메시지를 보냈다. "내 명령을 따르고자 한다면 성문을 닫고 그 안에서만 다스려라. 그러나 그 바깥에 있는 모든 것은 내 것이다."[44]

마누일이 바예지드를 달래려 하면 할수록 술탄은 더욱 노골적으로 무력을 과시했다. 1390년대 초에 그는 발칸 반도 지하드를 재개할 만큼 세력을 공고히 했고, 1393년에는 불가리아 전역과 수도 타르노보를 정복했다. 이 승리들에 고무된 술탄은 점점 가난해지고 있는 콘스탄티노플에 성벽 밖의 포도밭과 채소밭까지 세금을 매기며 더 많은 지즈야를 요구했을 뿐만 아니라, 콘스탄티노플 내 이슬람교도 주민을 위해 재판관을 임명하라고 요구했다. 바예지드의 설명에 따르면 "이슬람교도 아이들이 이교도들에 의해 양육되고 교육받는 것은 좋지도 않고 선지자의 계율에 합당하지 않기 때문"이었다.[45]

이런 요구가 있은 뒤 곧 오스만 군대가 성벽 앞에 나타났다. 그들은 도중에 아직 기독교도이던 남부 트라키아의 그리스인들을 도륙하거나 노예로 삼았다. 콘스탄티노플에 대한 오스만의 첫 포위전은 이렇게 시작됐다. 도시는 일곱 달 동안 철저히 봉쇄됐다. 결국 바예지드는 처음 합의했던 것보다 더 가혹한 조건으로 포위를 풀었다. 황제 마누일은 성 안에 이슬람 법정을 세우고, 도시에 이슬람교도 정착민들을 위한 구역을 내주는 데 동의하도록 강요당했다. 이후 두 개의 이슬람교당의 뾰족탑에서 이슬람 기도 알림이 도시에 울려 퍼졌으며, 오스만인들은 이제 이 도시를 '이스탄불'이라 불렀다. 이는 그리스어 이스틴폴린Is Tin Polin(도시로)이 변형된 말이다.[46]

바예지드는 자신을 막을 자가 없다고 느꼈다. 오스만은 왈라키아, 불가리아, 마케도니아, 테살리아를 제압하고 왈라키아인들을 도나우 강 북쪽으로 밀어냈으며, 1394년에는 테살로니키까지 정복했다. 이에 새로운 공포의 물결이 뒤따랐다.[47]

바예지드는 책략을 써서 그 정점에 마누일이 있는 팔레올로고스 가문의 대표들과 슬라브 군주들을 한곳에 모았다. 그는 그들 모두를 없애버릴 계획이었다. 마누일이 나중에 그의 말을 인용했듯이 "땅에서 가시 같은 우리 기독교도를 치운 후 그의 아들들, 즉 이슬람교도들이 기독교도의 땅에서 발을 긁힐 염려 없이 춤출 수 있도록" 하기 위해서였다. 그러나 그는 이들을 제거하지 않고 기독교도 부하들에게 잔혹 행위를 가하는 방식으로 자신의 분노를 토해 냈다. 제독들의 눈을 뽑고 손을 잘라내며 몇몇 권력자들을 크게 모욕한 뒤, 아무렇게나 내뱉는 위협과 함께 그의 기독교도 부하들을 치욕스럽게 내쫓았다.[48]

황제가 집으로 돌아오자마자 바예지드의 또다른 소환이 있었다. 이제 더이상 참을 수 없었다. 마누일은 피할 수 없는 결론에 도달했다. 더이상 튀르크인의 신하 노릇은 할 수 없었다. 요안니스 5세가 시작했고 마누일 2세가 마지못해 받아들여 온 정책은 마침내 통하지 않게 됐다. 회유 정책은 실패했다.[49] 황제는 곧 성문을 닫고 콘스탄티노플을 전쟁에 대비시키는 방식으로 대응했다. 전쟁은 몇 달 뒤 찾아왔고, 오스만 대군이 도착해 도시를 포위했다. 1394년이었다.

니코폴리스에서의 재난

같은 해 오스만은 헝가리에 큰 타격을 가했고, 이에 헝가리의 젊은 국왕 지기스문트Sigismund(재위 1387~1437)는 기독교 세계에 지원을 요청했다.[50] 서방의 원조는 단순한 이타심만이 아니라 스스로의 이익을 위한 것이기도 했다. 왜냐하면 바예지드가 옛 이슬람교도들의 허세를 되풀이하며 로마의 성 베드로 대성당 제단 위에서 그의 말에게 먹이를 먹이겠다고 공언했을 뿐만 아니라, 프랑스 국왕 샤를 6세 또한 야심만만한 술탄이 오스트리아를 끝장내면 프랑스로 갈 생각이라는 소식을 접했기 때문이다.[51] '벼락' 바예지드가 기동력 있고 쉬지 않기로 유명하다는 것을 감안하면, 이러한 위협은 결코 가볍게 무시할 수 있는 것이 아니었다.

지기스문트의 호소는 또한 시의적절했다. 그동안 서로 다투어 오던 잉글랜드와 프랑스가 1389년에 화해했으며, 튀르크인에 맞선 십자군은 서방 기사들의 고귀한 본능을 발산할 바람직한 출구를 제공했다. 성지와 이집트에서 돌아오는 순례자, 평신도, 성직자 등 여러 부류의 사람들이 동방의 기독교도들이 신앙 없는 사라센인에게 겪는 고통과 박해를 이야기하며 그리스도의 본향을 되찾기 위한 십자군을 신앙의 열정으로 간절하게 촉구한 점도 문제 해결에 도움이 됐다.[52]

서방의 기사들은 곳곳에서 결집했는데, 대부분은 프랑스인이었지만 잉글랜드, 스코틀랜드, 독일, 스페인, 이탈리아, 폴란드의 기사도 참여하여 이슬람에 맞선 역사상 가장 큰 규모의 다민족 십자군이 형성되었다. 한 당대인에 따르면 그들의 궁극적 목표는 오스만 전체를 정복하고 페르시아 제국으로 진군한 뒤, 시리아와 여러 성지에 이르는 것이었다.[53] 약 10만 명에 달했다고 전해지는 이교도와 맞선 사상 최대 규모의 기독교도 군대[54]는 1396년 7월 부다에 도착했다.

그러나 규모가 아무리 컸다 해도 처음부터 드러난 불화, 상호 불신, 내부 반목을 감출 수는 없었다. 프랑스인들은 공격을 자제하고 방어적 태세를 취해야 한다는 지기스문트의 제안을 거부했다. 헝가리인들이 튀르크와의 싸움 경험이 많으므로 공격을 이끌어야 한다는 헝가리 왕의 제안에도 프랑스인들은 그가 자신들의 영광을 가로채려 한다고 비난하며 그보다 먼저 출진했다. 그들은 두 개의 요새를 손쉽게 함락한 뒤 도나우 강변의 오스만 요충지인 니코폴리스에 도착해 그곳을 포위했다. 그러나 승리를 거둔 데다 그때까지 바예지드가 아무런 대응을 보이지 않자 오만과 방심이 싹텄다. 결국 파멸이 시작됐고, 일부 기록에는 진영이 거의 사창가로 전락했다고 한다.

그러던 중 1396년 9월 25일, 서방 지휘관들이 천막 안에서 잔치를 벌이고 있을 때 전령이 불쑥 들어와 '벼락' 바예지드가 도착했다는 소식을 전했다. 그는 불과 3주 전만 해도 멀리서 콘스탄티노플을 포위하고 있었다. 이에 서방 기사들은 아직 뒤따라오는 중이던 지기스문트의 헝가리군을 기다리지 않고 즉시 전열을 갖추어 오스만의 선봉인 비정규 경기병대 아킨지와 맞섰다. 기사들은 이들을 빠르게 격파했으나, 이슬람교도 기병들은 적의 눈에 띄지 않게 기독교도 쪽을 향해 기울어져 있는, 말 가슴 높이에 이르는 뾰족한 말뚝을 잔뜩 심어 두고 있었다. 결국 돌진하던 많은 말들이 여기에 관통당해 쓰러졌고, 병사와 말 위로 화살 세례가 쏟아져 많은 수가 죽었다.[55]

기독교도들에게 가해진 피해는 막대했다. 한 젊은 프랑스 기사가 사람들에게 "겁쟁이처럼 화살에 맞아 죽지 말고 적진으로 쳐들어가자"고 외쳤고, 기독교도들은 선동자의 외침에 호응했다. 그들을 공격하는 이슬람교도 궁수들은 경사진 산을 따라 흩어져 있었지만, 말에서 떨어지고 무거운 갑옷을 입은 십자군은 걸어서 그곳으로 갔다. 산을 오르며 기독교도들은 도끼와 검을 맹렬히 내리쳤고, 오스만군은 기병도와 곡도, 철퇴로 용감하게 응수했다. 그들의 대형이 매우 밀집돼 있어 초반에는 승부가 갈리지 않았다. 그러나 기독교도들은 갑옷을 입었고 오스만군은 갑옷 없이 싸웠기에 십자군이 보병 1만 명을 학살하자 오스만군이 흔들리기 시작했고, 결국 도주했다.[56]

그들이 달아나자 더 큰 기병 부대가 모습을 드러냈다. 물러서지 않는 십자군은 튀르크 기병들에게 돌진해 그들의 전열에 틈을 냈고, 좌우로 맹렬히 공격하며 마침내 후미에 도달했다. 그곳에서 후미를 상대로 사용해 큰 효과를 봤던 단검을 가지고 바예지드를 찾아 죽이려 했다. 이와 같은 특이한 전투 방식에 놀란 오스만군은 안전을 위해 도망쳐 산꼭대기 너머에 있는 바예지드에게로 돌아갔다. 이 전투에서 약 5천 명의 이슬람교도가 더 학살됐다고 한다.[57]

이 시점에서 서방의 지휘관들은 기사들에게 싸움을 멈추고 회복하며 재정비할 것을 명령했다. 그러나 지치고 무거운 갑옷에 동방의 여름날이 지나치게 더웠음에도 불구하고, 용맹한 전사들은 승리를 완수하기 위해 산꼭대기로 달아나는 적을 쫓았다. 그곳에서 비로소 이슬람 군대의 전 병력이 모습을 드러냈다. 4만 명의 직업 기병인 시파히들의 한가운데서 바예지드가 미소 짓고 있었다.

북과 나팔 소리, "알라후 아크바르!"라는 광란의 함성과 함께 순식간에 그들은 수적으로 열세에다 이제 지쳐 있는 기독교군을 향해 돌격했다. 기독교도들은 용감하게 싸웠는데, 한 동시대인은 "거품을 문 멧돼지나 성난 늑대보다도 맹렬하게 싸웠다"라고 기록했다.[58] 노련한 기사 장 드 비엔Jean de Vienne은 성모 마리아의 깃발을 흔들림 없는 용기로 수호했다. 깃발이 여섯 번 쓰러지면, 여섯 번 다시 세웠다. 깃발은 튀르크인들의 매서운 공격으로 위대한 기사가 쓰러지고 나서야 영원히 쓰러졌다. 그의 시신은 이날 늦게 성스러운 깃발을 여전히 손에 움켜쥔 모습으로 발견됐다.[59] 그러나 아무리 의분과 전투의 광기가 있었다 하더라도 거센 돌격을 막아낼 수는 없었다. 일부 십자군은 대열을 무너뜨리고 달아났고, 수백 명은 가파른 산에서 굴러 떨어져 죽었으며, 또다른 이들은 강물에 몸을 던져 익사하고 소수만이 숲속으로 도망쳐 들어갔다. 그중 일부는 여러 해를 떠돌다가 누더기를 걸치고 알아볼 수 없을 만큼 변해 집으로 돌아왔다.[60]

헝가리군이 도착했을 때 그들이 목격한 것은 이슬람교도의 대군이 서방의 기독교도들을 포위해 학살하는 끔찍한 광경이었다. 지기스문트 왕은 도나우 강에서 배를 타고 도망쳤다. "그들이 내 말을 믿어주었다면 좋았을 것"이라고 37년 후 신성로마제국 황제가 되는 젊은 왕은 회상했다. "우리는 적과 싸우기에 충분한 병력을 가지고 있었다." 그러나 서방 기사들의 조급함을 비난한 것은 그만이 아니었다. 동시대 프랑스인 장 프루아사르Jean Froissart 역시 "만일 그들이 헝가리 왕을 기다리기만 했더라면 큰 위업을 이룰 수 있었을 것이다. 그러나 교만으로 인해 몰락했다."[61]

십자군 원정은 실패했지만, 바예지드의 군대에 상당한 손해를 입혔다. 한 구의 기독교도 시신이 있다면 이슬람교도의 시신은 서른 구 이상 있었기 때문이다.[62] 이슬람 전쟁 군주는 복수를 하려 했다.

전투 다음날 아침, 술탄은 살아남은 십자군들이 벌거숭이로 자기 앞에 끌려오는 것을 앉아서 바라보았다. 그들의 손은 뒤로 묶인 채였다. 그는 이들에게 이슬람교로 개종하거나, 거부하고 참수되거나 둘 중 하나를 선택하라고 했다. 그러나 대부분 신앙을 버리지 않았다. 술탄 앞에 던져진 머리들이 수북이 쌓여 커다란 무덤이 됐고, 시신들은 끌려 나갔다. 긴 하루가 끝날 무렵 3천 명 이상의 십자군이 살해됐는데, 기록에 따라서는 1만 명이나 된다는 이야기도 있다.[63]

몇 시간 동안 진행된 학살로 잘린 머리와 흘러넘친 피로 흥건한 이 끔찍한 광경이 바예지드조차 경악하게 만들었기 때문인지, 혹은 그의 참모들이 불필요하게 서방을 자극하고 있다고 설득했기 때문인지 그는 처형을 멈추라는 명령을 내렸다.[64]

이 참사에 대한 소식이 유럽 전역에 퍼지자 "격렬한 절망감과 고통이 모든 이들의 가슴에 가득했다"라고 한 연대기 작가는 썼다. 이후 서방은 다시는 연합해서 동방 십자군 원정에 나서지 않았으며, 국경이 직접 위협받는 자들만이 이슬람의 팽창에 맞서 기독교 세계를 방어할 뿐이었다.[65] 이 모든 것은 시대의 징표였다. 종교보다 민족을 우선시하는 서방의 세속화가 시작된 것이다. 역사가 아지즈 아티야Aziz Atiya는 이 전투에 대한 그의 중요한 연구에서 이렇게 말했다.

기독교 군대는 이질적 군중이었고, 그들은 자국의 다양하고 서로 충돌하는 열망과 막 태동하던 민족 정신을 반영하고 있었다. 중세 초기의 제국과 교황청의 기반이었던 일체감과 보편성은 사라지고, 독립 왕국들의 분열주의가 그 자리를 대신하기 시작했다. 이러한 새로운 분열주의적 경향은 니코폴리스의 연합 십자군에서 여실히 드러났다. 기독교도 진영은 목적의 일치, 무기와 병력의 일치, 공통의 전술이 없었다. 반면에 튀르크 군대는 엄중한 규율과 심지어 광신적으로 통일된 목적, 술탄 한 사람에게로 향한 전술적 최고 권력 집중의 완벽한 사례였다.[66]

점점 고립돼 가는 동로마에게는 이러한 전개가 불길한 징조였다.

새 '알라의 검'의 개입

니코폴리스 전투 이후 '벼락' 바예지드는 곧장 콘스탄티노플 포위전으로 되돌아갔고, 그 과정에서 아테네와 그리스 중부를 장악했다. 바예지드는 무적처럼 보였다. 일반적으로 이교도, 특히 기독교도를 상대로 벌이는 지하드에서 전사로서의 술탄의 역할[67]이 이슬람 세계에서 정통성을 얻는 주된 방식이었기 때문에, 그의 명성은 동방에서 빠르게 퍼져 나갔다. 이슬람교의 유력자들과 심지어 이집트(맘루크)의 강력한 술탄마저도 오스만 군주의 끝없이 커지는 권력에 대해 모호한 의심과 두려움을 품기 시작했다.[68]

황제 마누일은 이제 서방으로 갔다. 이탈리아, 프랑스, 잉글랜드 등지를 순회하며 포위된 자신의 제국에 대한 지원을 호소하고 병력을 모집하려는 노력이었다. 그를 맞은 이들은 그의 박식함과 기품 있는 태도에 감명을 받았으나, 동시에 연민의 눈으로 바라보았다. 그는 제국을 에워싼 이교도에 맞서 도움을 구하기 위해 사실상 구걸하듯 절망적인 상태로 찾아온 처지였기 때문이다. 그는 잉글랜드 왕 헨리 4세와 함께한 연회에서 특히 비극적인 모습으로 비쳤는데, 어스크의 애덤Adam of Usk에 따르면 이러했다. "위대한 기독교도 군주가 사라센인들에게 쫓겨 동쪽 끝에서 서쪽 끝의 섬까지 와서 그들에 맞설 원조를 구하다니, 이 얼마나 비통한 일인가. 오, 하느님. 로마의 옛 영광이여. 지금 무엇을 하고 있단 말인가."[69]

1402년에 이르기까지 포위전은 거의 10년에 걸쳐 중단과 재개를 반복하며 계속되었다. 그 과정에서 식량 비축은 바닥나 많은 이들이 기아와 전염병으로 죽었으며, 어떤 이들은 광기에 가까운 절망 속에서 성벽을 넘어가 튀르크군에 항복했다. 그러나 끝까지 버티는 이들도 있었다. 바예지드가 오만한 어조로 항복을 요구하는 전갈을 보내자 마누일 황제의 조카이자 섭정이었던 요안니스 7세는 사신들에게 이렇게 대답했다. "너희 주군에게 이렇게 말하라. 우리는 약하지만 하느님을 믿는다. 그분은 우리를 강하게 만드실 수 있고, 가장 강한 자도 자리에서 끌어내리실 수 있다. 너희 주인이 하고 싶은 대로 하라고 하라."[70]

신은 동로마의 기도에 예상치 못한 형태로 응답했다. 바로 새로운 '알라의 검'을 자처한 티무르Timur(재위 1370~1405)의 등장이었다. 그는 자신에게 저항하는 이들의 잘린 머리로 거대한 피라미드를 세우는 것으로 악명이 높았다. 서방에서는 타메를란Tamerlane으로 알려진 이 몽골-튀르크계 군주는 광대한 중앙아시아 제국을 다스렸으며, 국경은 오스만의 동쪽 영토와 맞닿아 있었다. 티무르는 자신과 대등한 존재를 참지 못했고 바예지드는 자신보다 우월한 존재를 알지 못했기 때문에, 영토 문제와 기타 분쟁을 가장한 자존심의 충돌은 필연적으로 말싸움에서부터 시작되었다. 술탄을 꾸짖는 편지에서 티무르는 경멸적인 어조로 이렇게 물었다.

네 오만함과 어리석음의 근거가 무엇이냐? 너는 아나톨리아 숲에서 몇 차례 전투를 치렀을 뿐이다. 참으로 하찮은 전리품일 따름이다. 너는 유럽의 기독교도들에게 몇 번의 승리를 거두었고, 네 칼은 알라의 사도로부터 축복을 받았다. 이교도를 상대로 지하드를 수행하라는 《코란》의 가르침에 복종한다는 점만이 우리가 이슬람 세계의 변경이자 보루인 네 나라를 멸망시키지 않는 유일한 이유다. 때를 놓치지 말고 지혜롭게 생각하라. 반성하고 회개하라. 아직 네 머리 위에 드리워져 있는 우리의 복수의 천둥을 피하라.[71]

이 서한은 자만심으로 가득한 튀르크인에게 달가울 리 없었다. 바예지드는 같은 방식으로 응수했다. "네 군대의 수가 많다고? 그렇다 해도 상관없다. 굳건하고 무적인 예니체리의 곡도와 전투도끼 앞에서 타타르인의 화살이 상대나 되겠느냐?" 바예지드는 여기서 한 걸음 더 나아가 예순여섯 살의 몽골 군주를 아내와 첩을 들먹이며 조롱했다. 동방에서 허용되는 허세의 선을 넘은 것이었다.[72]

전쟁은 불가피해졌다. 바예지드는 유럽 전역의 가용 병력을 모두 소환했고, 마침내 콘스탄티노플 포위를 해제했다. 1402년 7월 20일, 그는 앙카라에서 티무르와 맞붙었다. 여기서 역사상 가장 격렬한 전투 가운데 하나가 벌어졌다. 튀르크 역사가들은 그가 매우 용맹했다고 기록했다. "벼락(바예지드)은 계속해서 무거운 전투도끼를 휘둘렀다. 그는 굶주린 늑대가 양 떼를 흩트리듯 적을 흩어 놓았다." 그럼에도 불구하고 그는 제압되어 사로잡혔고, 결박된 채 티무르의 발 앞에 끌려왔다.[73]

한때 오만한 정복자이자 이교도의 채찍이었던 그는 야수처럼 우리에 갇혀 아시아의 조롱거리가 됐으며, 그가 학대당했다는 이야기도 무성하다. 밤에는 쇠사슬에 묶였다고도 하고, 티무르의 발판 노릇을 해야 했다고도 하며, 바예지드의 하렘을 빼앗은 티무르가 그의 세르비아인 아내 올리베라*에게 전 남편과 정복자 앞에서 벌거벗은 채 식탁 시중을 들게 해서 굴욕을 주었다고도 한다. 바예지드가 겪은 고통은 그의 정신과 의지를 무너뜨렸다. 그는 8개월 만에 뇌졸중으로 죽었는데, 어쩌면 자살이었는지도 모른다.[74]

수백 년 전 만지케르트에서 로마노스 디오예니스 황제가 포로로 잡혔을 때 동로마 제국이 경험했던 것처럼, 이번에는 그동안 한 번도 술탄이 포로로 잡힌 적 없었던 오스만 제국이 위신에 큰 타격을 입었다. 아나톨리아 전역에서 군장들이 오스만으로부터의 독립을 선언했고, 내전이 발발했다. 그에게는 견딜 수 없을 만큼 성가신 일이었겠지만** 티무르는 본의 아니게 '알라의 검'에서 콘스탄티노플을 구한 '하느님의 검'이 되고 말았다.

마누일은 휴지기를 틈타 성벽을 다시 보강하고, 혼란에 빠진 오스만으로부터 테살로니케와 기타 그리스 지역을 해방시켰다. 평생을 튀르크인들과 싸우고 신학 논쟁을 하며 보낸 지친 황제는 이제 일흔두 살이

---

* 코소보 전투 이후 참수된 세르비아 군주 라자르의 딸이 바예지드의 하렘으로 보내졌다. 바예지드는 나중에 세르비아의 종속을 굳히기 위해 올리베라를 자신의 네 명의 아내 가운데 하나로 삼았다.

** 한 전승에 따르면 티무르는 사로잡힌 술탄에게 이렇게 말했다고 한다. "네 군대가 항상 이교도들과 전쟁을 치른다는 것을 알고 있다. 만약 네가 내 충고에 귀 기울여 평화에 동의했다면, 나는 네가 종교를 위한 전쟁을 더욱 힘차게 수행해 무함마드의 적들을 멸절할 수 있도록 돈과 병력을 아낌없이 지원했을 것이다"(Marozzi 2004, 336). 티무르는 독실한 이슬람교도였고(또는 그렇게 주장했고), 엄청난 파괴를 저질렀음에도 불구하고 이슬람 성지와 성직자들에게는 공손한 태도를 보이고자 노력했다(Lewis 2003, 103).

되어 수도원으로 은퇴했고, 1425년에 그곳에서 죽었다.●

같은 해, 바예지드의 손자인 술탄 무라드 2세(재위 1421~1244, 1246~1451)가 갑자기 나타나 콘스탄티노플 성벽을 철저히 포위했다. 성벽은 여자와 아이들까지 포함한 모든 시민이 필사적으로 지켰다. 결국 포위전은 실패했으나, 튀르크인들이 다시 전쟁의 길에 들어섰음은 모두의 눈에도 분명했다.

사악하고 불길한 첫 수확

1430년, 무라드가 테살로니케를 재침공했다. 도시 점령을 확실히 하기 위해 그는 병사들에게 약탈할 수 있는 것은 무엇이든 소유하도록 보장함으로써 그들을 선동했는데, 일종의 면세 지하드였다.●● 도시는 곧바로 함락되어 남자들은 학살되고 여자와 아이들은 강간당했다. 피바람이 잦아들자 가능한 한 많은 전리품을 차지하려는 광적인 약탈 경쟁이 뒤따랐다. 침략자들은 기독교도들을 의식을 잃은 짐승처럼 쇠사슬에 묶어 천막에 대기하던 동료들에게 끌고 간 후, 다시 생물이든 무생물이든 더 많은 전리품을 찾으러 돌아갔다. 결국 7천 명의 여자와 아이들이

● 마누일의 삶에 안식이 없었다는 것은 나중에 그가 쓴 글 가운데 하나에서 드러난다. "내가 어린 시절을 지나 아직 성년의 나이에 이르지 못했을 때부터 내 삶은 시련과 고난으로 가득 차 있었다. 그러나 여러 징후에 비추어 보건대, 앞으로 닥칠 일들은 과거를 분명 평온한 시절로 여기게 만들 것임을 미리 예고하고 있었던 듯하다"(Vasiliev 1952, 629).

●● 전리품은 일반적으로 수집된 후 나중에 분배됐는데, 흔히 가장 좋은 것들을 포함해서 최소한 5분의 1은 지도자에게 돌아갔다(《코란》 8:41에 근거해서다).

346

끌려갔다. 약탈자들은 마지막으로 교회와 건물의 대리석까지 벗겨냈다. "이것은 장차 제국의 도시에 닥치게 될 재앙의 사악하고 불길한 첫 수확이었다"라고 당대 콘스탄티노플 궁정 역사가 두카스(1400~?)는 기록했다.[75]

1438년에 콘스탄티노플에서 이탈리아 프란체스코회 수도사 바르톨로메오 데 지아노Bartolomeo de Giano 또한 요즘 목도하는 참혹하고 애통한 살육을 기록했다. "발칸 반도의 구석구석을 습격한 전사들은 기독교도들의 머리로 거대한 산을 쌓아 올렸고, 매우 많은 수의 시체들이 반쯤 썩거나 개들에게 반쯤 뜯겨 먹힌 채 널려 있어 자신의 눈으로 보지 않은 자라면 누구도 믿기 어려울 지경"이었다고 한다.[76] 살아남은 자들은 주인들의 사악하고 추잡한 쾌락을 위해 노예가 되거나 아니면 훗날 기독교도의 적이 될 사라센인, 즉 이슬람교도로 강제로 개종당했다. 헝가리에서는 무려 30만 명이 단 며칠 만에 노예로 잡혀 끌려갔으며, 세르비아와 트란실바니아에서는 10만 명이 끌려갔다.* 이 시기 슬라브 주민의 대규모 노예화는 오늘날 노예를 뜻하는 영어 단어인 슬레이브 slave의 기원이 됐다. 바르톨로메오의 시대에는 노예란 곧 슬라브인이었다.[77] 더욱 인상적인 것은 튀르크어로 소녀, 노예 소녀, 성 노예 소녀(혹은 첩)를 의미하는 '크즈kız'라는 말이 이슬람교에서 '기독교도 여성'도 뜻하게 됐다는 점이다.[78]

노소를 가릴 것 없이 말의 등에 묶인 쇠사슬에 매여 끌려가는 모습

---

* 이러한 수치가 불가능해 보이지만, 습격을 기록한 오스만 연대기 작가들은 흔히 이를 보충하는 진술을 하고 있다. 예를 들어 "포로의 수가 전투원의 수를 능가했다"라는 기록 같은 것이다(Bostom 2005, 91).

이 곳곳에서 목격됐다고 바르톨로메오는 이어간다. "여자와 아이들은 일말의 자비나 동정심 없이 개들에게 몰리면서 끌려갔다. 만약 그들 중 누군가가 갈증이나 고통으로 인해 더이상 걸을 수 없어 뒤처지면, 곧바로 몸이 동강나 그곳에서 고통 속에 생을 마감했다."[79] 하드리아노폴리스의 노예 시장은 인간들로 넘쳐나 아이들은 푼돈에 팔렸으며, 매우 아름다운 여자 노예 한 명은 한 켤레의 장화와 교환됐고, 세르비아 노예 네 명은 말 한 필과 바뀌었다.[80]

이렇게 승리로 기세가 오른 데다 거대한 이익에 대한 욕망으로 불타오른 튀르크인들은 그들이 틀림없이 단기간에 기독교 세계 전체를 파괴할 것이라고 믿었다. 오스만 지배하의 기독교도 지역에서는 매일같이 "거룩한 그리스도의 이름이 부정되고, 악마의 아들 무함마드가 찬양된다"라고 한 수도사는 격분하여 토로했다. 또한 곳곳에서 교회, 십자가, 성배들이 "내던져지고 발로 짓밟히고 있다"고 했다.[81]

그러나 소용없었다. 한때 존재했던 기독교 세계의 단일성은 사라졌다. 바르톨로메오는 이렇게 이어갔다.

오, 언제쯤 비참한 서방 기독교도들이 행동하기 위해 일어나겠는가? 한때 사라센을 스페인에서 몰아낸 영광스러운 프랑크인들의 왕국은 지금 어디에 있는가? 잉글랜드인들의 강대한 힘은 어디 있는가? 둘은 서로 싸우느라 소모되어 버렸다. 이교도들에게 공포의 대상이었던 아라곤의 왕은 어디에 있는가? 다른 세력들과 기독교 군주들은 어디에 있는가? 게르만인은 헝가리인과 보헤미아인에게 미움을 사고, 헝가리인은 폴란드인과 싸운다. 교회의 목자들은 목자들과, 귀족들은 귀족들과, 도시들은 다른 도시들을 상대로 소모적인 싸움을 벌이고 있으니, 외부로부터 박해가 더해지지 않더라도 그들은 이미 스스로 몰락을 자초하기에 충분하다.[82]

마누일의 맏아들이자 동로마 황제인 요안니스 8세는 서방의 원조를 얻는 대가로 정교회 신민들의 거센 비난을 무릅쓰고 가톨릭으로 개종하며 교황 수위권에까지 복종했다. 이는 주로 헝가리인, 폴란드인, 왈라키아인들로 구성된 십자군 연합의 결성으로 이어졌다. 1444년, 이들은 바르나 전투에서 무라드 2세와 만나 싸웠으나 처참한 패배를 당했다. 이후 오스만의 권력은 더이상 도전받지 않았다. 다만 저항의 불씨는 계속 남아 있어 헝가리의 후녀디 야노시Hunyadi János, 알바니아의 스칸데르베그Skanderberg, 왈라키아의 가시 공작 블라드Vlad the Impaler(별칭 '드라큘라')와 같은 민족 영웅들이 숨이 끊어지는 순간까지 용감하게 튀르크인들과 싸웠으나, 결과는 이미 예정되어 있었다.

예언된 자: 동명이인 무함마드

1451년에 무라드 2세가 죽자, 그의 열아홉 살짜리 아들이 계승했다. 출신이 확실치 않으나 아마도 기독교도일 가능성이 높은 한 노예 여인에게서 난 아들이었다. 그는 메호메트* 2세(재위 1451~1481)가 되었고, 당대의 한 고위 성직자의 말을 빌리면 '기독교도의 철천지원수'였다.[83] 그

---

* '무함마드'의 튀르크식 발음으로, 위 소제목의 '동명이인'은 같은 뿌리의 이름임을 뜻한다.

의 증조부 바예지드 1세와 마찬가지로 젊은 메흐메트 2세의 삶에는 경건함과 타락이라는 상충하는 성향이 동시에 드러났다. "그의 열정은 격렬하면서 동시에 가차 없었다. 궁궐에서든 전장에서든 사소한 자극만으로도 피의 격류가 쏟아졌으며, 사로잡힌 청년 가운데 고귀한 자들조차 종종 그의 비정상적인 욕정에 의해 능욕을 당했다"고 한다.[84]

그러나 메흐메트 2세는 이슬람교에 대한 지식도 습득하고 있었다. 무라드는 어린 메흐메트가《코란》과 샤리아를 충분히 교육받도록 하기 위해 불과 두 살 때 그를 아마시아로 보냈는데, 이곳은 이슬람 고위층을 위한 종교적 중심지로 명성이 높은 곳이었다. 그런데 어린 메흐메트가 그를 가르치도록 고용된 대단한 성직자 아흐메드Ahmed를 비웃자 스승은 그에게 매질 세례를 퍼부었고, 그때부터 메흐메트는 스승을 상당한 존경심으로 대하며 곧《코란》전체를 그에게 배웠다.[85]

메흐메트 2세는 술탄이 되자 콘스탄티노플을 정복하는 자가 가장 위대한 이슬람교도가 될 것이라는 선지자 무함마드의 말을 거론하며, 자신이 바로 그 군주가 돼서 이슬람의 이름으로 이교도에게 승리를 거둘 것이라고 선언했다.[86] 처음에는 기독교도 가운데 그 말을 믿는 자가 거의 없었다. 그들은 그가 나이 어리고 경험이 부족해 전쟁이 중단되리라고 예상했다. 더구나 동로마가 오스만 술탄 자리에 오른 그를 축하하기 위해 외교 사절단을 보냈을 때, 그는 그들의 신 및 자신과 같은 뿌리의 이름을 가진 선지자에게 맹세하며 훗날 두카스가 씁쓸하게 회고하듯 "우리는 친구이며, 평생토록 콘스탄티노플과 그 통치자 콘스탄티노스 11세의 친구이자 동맹으로 남을 것"이라고 했다.[87] 기독교도들은 이 말을 믿었으나, 메흐메트 2세는 이슬람교가 허용하는 '비열한 위선과 속

임수의 기술'을 활용하고 있었다.* 즉 입술에는 평화가 있었지만, 마음에는 전쟁이 있었다.[88]

그의 속마음은 이듬해에 드러났다. 1452년 초, 술탄 메흐메트 2세는 숙련된 석공과 노동자 1천 명을 데리고 보스포루스 해협의 유럽 쪽으로 건너가 콘스탄티노플을 봉쇄했다. 그의 일꾼들은 인근의 교회와 수도원을 철거하기 시작했고, 그곳에서 다시 사용할 수 있는 석재들을 모아 요새를 건설했다.[89] 이는 콘스탄티노플 주민의 종교적 열정을 자극해 튀르크인들을 저지하기 위한 원정대가 출동했다. 그러나 그들은 붙잡혀 곡도의 칼날에 쓰러졌다.[90] 이에 황제가 메흐메트 2세에게 사신을 보내 그들이 최근 체결한 평화 조약을 상기시키자, 그는 사신들을 참수했다. 이윽고 아마도 콘스탄티노플이 '알라의 목에 걸린 가시'[91]라는 오래된 부담에 대한 해법으로 붙인 이름일 듯한 '목 베는 성'이라 불린 성채가 완공되자 도시와 흑해 사이의 모든 교통을 통제하는 역할을 했고, 흑해 건너에서 들어오던 곡물 공급로 역시 끊어버렸다. 이때 한 베네치아 선박이 정지 명령을 거부했다가 격침됐는데, 반쯤 익사한 선원들은

• 샤리아에 따르면 언제 이교도와 평화 조약을 맺을지를 결정하는 요인은 상황이다. 이슬람교도가 강할 때는 공격을 지속해야 하고, 약할 때는 평화를 청해야 한다. 6장에서 보았듯이 개종을 가장하는 타키야가 그런 경우다. 일반적으로 이교도에게 우위를 점하기 위해 속임수를 사용하는 것은 선지자의 유명한 격언 "전쟁은 속임수다"(*Sahih Bukhari* 52:269)에 근거한다. 그는 신참 개종자에게 이슬람의 이익을 위해 자기 부족에게 거짓말을 하도록 권유하면서 이 말을 했다. 또한 그는 한 젊은 개종자에게 선지자를 조롱했었던 나이 든 유대인 시인을 속여 이슬람교도가 그의 친구라고 생각하게 하는 것을 허락했다. 유대인이 경계를 풀고 이슬람교도 청년을 신뢰하게 되자, 청년은 노인을 암살했다(Ibn Ishaq 1997, 367~368). 요컨대 네 개의 법학파가 정의한 지하드를 다룬 한 아랍 법률서가 결론지었듯이, 율법학자들은 전쟁 중 기만이 정당하다는 데 동의한다. 기만은 전쟁에서 기술의 한 형태다(Karima 2003, 304; '전쟁은 속임수'에 관해 더 자세한 것은 Ibrahim 2007, 142~143 참조).

참수된 후 시신이 아무렇게나 내던져졌으며 선장은 천천히 말뚝에 꿰뚫려 처형되었다.• 그의 시신은 길가에 방치되어 메흐메트 2세가 결코 허언을 하는 인물이 아님을 보여주는 증거로 남겨졌다.[92]

그후 술탄은 5만 명의 병력을 거느리고 나타나 조용히 콘스탄티노플 성벽을 정찰한 뒤, 1452년 9월 말에 하드리아노폴리스로 철수했다. 그곳에서 그를 본 자는 드물었고, 그의 속셈을 아는 자는 더더욱 없었다. 사료들은 그를 집착에 사로잡힌 술탄으로 묘사한다. 그는 잠 못 이루는 밤에 변장하고 도시를 배회하다가, 감히 그를 알아보고 인사하는 자는 누구든 칼로 찔러 죽였다고 한다.

메흐메트 2세가 또다른 사절단들을 거부하거나 처형하자, 마누일의 아들인 황제 콘스탄티노스 11세(재위 1449~1453)는 마지막 전갈을 보냈다. "당신이 평화보다 전쟁을 더 원한다는 것이 명백하니 당신이 원하는 대로 하시오. 이제 나는 돌이켜 하느님만을 보겠소. 나는 당신을 나와의 모든 맹세와 조약에서 풀어주며, 수도의 문을 닫고 목숨이 붙어 있는 한 내 백성을 지키겠소."[93] 곧 도시는 방어 체제에 들어갔다. 다리들이 파괴됐으며, 할리치(골든혼) 만에 적의 배가 들어오지 못하도록 차단 쇠사슬이 팽팽히 걸렸다. 이어 콘스탄티노스 11세는 로마에 원조를 청했다. 교황은 황제의 형인 고故 요안니스 8세가 피렌체 공의회에

• 제노바 상인이자 오스만 제국의 관습에 정통했던 야코포 데 캄피(Jacopo de Campi)는 그 절차를 이렇게 묘사했다. "튀르크 황제는 벌하고자 하는 사람을 땅에 눕힌다. 팔로(palo)라 불리는 날카롭고 긴 장대를 항문에 꽂고, 집행인은 두 손으로 큰 망치를 잡아 있는 힘껏 내려친다. 그러면 장대가 인체 안으로 들어가게 되며, 그것이 지나가는 경로에 따라 불행한 자는 오래 고통을 겪다 죽기도 하고 즉시 숨지기도 한다. 그후 장대를 들어 올려 땅에 꽂아 세운다. 그렇게 불행한 자는 최후의 순간을 맞게 되며, 오래 살아남지 못한다."(Crowley 2014, 153).

서 서명한 교회 통합 칙령을 콘스탄티노플에서 선포해야 한다고 말했다. 황제는 이를 따랐지만, 각지의 기독교도 왕들과 제후들은 저마다의 문제를 이유로 들며 아무도 구원하러 오지 않았다. 그렇게 모욕이 상처 위에 더해졌다. 성 아래 가득한 적의 대군을 비통하게 내려다보며, 가톨릭 미사가 자신들이 사랑하던 정교회 교회에서 거행되고 있음을 알고 있던 동로마인들은 보상은 거두지 못한 채 통합이라는 대가만 치렀음을 쓸쓸하게 되새길 수밖에 없었다.[94]

그러나 왕들은 오지 않았지만, 개별 영웅들이 자발적으로 찾아왔다. 그 가운데 한 명이 제노바의 귀족이자 포위전 전문가인 조반니 주스티니아니Giovanni Giustiniani(1418~1453)였다. 그는 자기 돈을 들여 완전 무장을 한 400명을 포함해 고도로 훈련된 병사 700명을 이끌고 콘스탄티노플로 향했다. 그 시대 가장 주목받은 군인 가운데 한 명이었던 조반니는 능숙한 지휘관이자 탁월한 활력, 대담함, 용기를 가진 사람이었다. 1453년 초, 그가 황제에게 자신의 칼을 바치자 콘스탄티노스 11세는 그를 도시 방위군의 총사령관으로 임명하고 거의 독재적인 권한을 부여했다. 그가 도착하자 희망의 기운이 콘스탄티노플을 휩쓸었다.[95]

그러나 조반니가 도착하자마자 또다른 700명의 병사가 임박한 포위전을 두려워하며 이탈리아 선박을 타고 콘스탄티노플을 빠져나갔다.[96] 이미 그곳에 있었던 베네치아 거류민들은 도망치는 것을 부끄럽게 여겨 하느님의 명예와 모든 기독교 세계의 명예를 위해[97] 싸우기로 동의했다. 궁정 사관이자 콘스탄티노스 11세의 측근이었던 게오르기오 스프란체스Georgio Sphrantzes(1401~1478)는 이렇게 썼다. "도시에는 하잘 것없고 비겁한 귀족들과 시민들이 있었는데, 그들은 전쟁과 적들을 두려워해 가솔들을 데리고 도망쳤다. 이것이 황제에게 보고되자 그는 그들에 대해 아무런 조치도 취하지 않고 깊은 한숨을 내쉴 뿐이었다."[98] 이러한 시대는 개인 한 사람 한 사람이 어떤 인간인지를 여실히 드러내 보이는 때였다.

결국 2천 명의 외국인을 포함해 총 7천 명도 되지 않는 전사들만이 25킬로미터에 달하는 성벽을 방어할 준비를 했고, 26척의 기독교도 선박들이 항구를 순찰했다. 콘스탄티노플의 여성과 아이들, 노인과 병자, 수도사와 수녀들은 성벽을 수리하고, 해자를 청소하고, 수비병들에게 음식과 물을 나르고, 용병을 고용하기 위해 교회에서 나온 금과 은 제품을 모아 녹여내는 등 최선을 다해 도왔다.

소수지만 결연한 방어선을 상대로 오스만 제국은 곧 가용한 모든 힘을 쏟아 부을 참이었다. 1453년 봄 내내, 그리고 '적그리스도의 도래'를 예고하는 듯한 지진과 폭우 속에서 도시는 속수무책으로 수많은 병력이 육지와 바다를 통해 속속 다가와 콘스탄티노플을 포위하는 광경을 지켜보았다. 한 동시대인은 "메흐메트의 군대는 모래알처럼 셀 수 없이 많았고, 해안에서 해안까지 육지 전체에 펼쳐져 있었다"라고 말했다.[99] 결국 약 10만 명의 전사와 100척의 전함이 왔다.

그러나 절망감이 짙게 드리운 가운데서도 용기가 결여되지는 않았다.[100] 사실 콘스탄티노플은 병력 때문이 아니라 전략적 위치와 기반 덕분에 1천 년에 걸친 포위를 견뎌온 것이었다. 육지 쪽에서는 여러 겹의 성벽과 해자가 도시를 둘러싸고 있었고, 바다 쪽에서는 할리치 만 항구가 길이 270미터에 달하는 쇠사슬 장벽으로 봉쇄돼 있었다. 이 무거운 방어용 쇠사슬의 각 고리는 길이가 약 50센티미터에 달했다.

오스만 진영에서는 지하드 열기가 치솟았다. 스티븐 런시먼은 이렇게 기록한다. "규율은 엄격했고, 병사들의 사기는 매우 높았다. 모든 이슬람교도는 오래된 기독교도의 수도에 처음으로 진입하는 병사에게 선지자가 직접 낙원의 특별한 자리를 보장할 것이라고 믿었다. 술탄의 열정에 대해서도 의심의 여지가 없었다. 그는 이슬람교의 최고의 승리를 성취하는 군주가 되겠다는 결심을 여러 차례 이야기했다."[101]

그는 날마다 병사들 앞에 나아가 메카를 향해 깔린 양탄자 위에서 기도했다. 떠돌이 금욕주의자들은 온갖 적절한 《하디스》와 예언들을 읊었다. "콘스탄티노플을 상대로 한 지하드에서 이슬람교도의 3분의 1은 패배를 자초할 것이나 이는 알라께서 용서하지 않으실 것이며, 또다른 3분의 1은 전투에서 죽어 경이로운 순교자가 될 것이다. 그리고 나머지 3분의 1은 승리를 거두어 그 결실을 누릴 것"이라는 얘기 등이었다.[102] 지하드는 본질적으로 이기든 지든 이득이 되는 것이어서 모든 이에게 무언가를 약속했다. 에드워드 기번은 이렇게 썼다. "카이사르의 도시를 굴복시키는 종교적 공로는 순교의 면류관을 열망하는 아시아의 많은 자원자들을 끌어들였다. 그들의 군사적 열정은 풍성한 전리품과 아름다운 여인들에 대한 약속으로 불타올랐다."[103]

모든 것에서 새로운 것은 아무것도 없었다. 800년 넘게 이슬람교도들은 그들의 선지자를 필두로 오랜 기독교도의 수도를 정복해야 한다는 필요성과 그것이 정복자에게 안겨줄 보상에 대해 떠들어왔다. 처음에는 아라비아인, 그다음에는 튀르크인 이슬람교도들이 수많은 병력으로 그곳을 포위했으나, 콘스탄티노플의 강력한 성벽은 언제나 그들을 격퇴했다. 그러나 술탄 메흐메트 2세가 1453년에 그의 무리와 함께 왔을 때 그는 새로운 것을 가지고 왔는데, 바로 대포였다. 이는 여러 유럽인 변절자* 가운데 하나였던 오르반Orbán이라는 이름의 헝가리인(혹은 게르만인) 대포 전문가가 막대한 보수를 받고 만든 것이었다. 그중 가장 괴물 같은 대포는 길이가 8.2미터에 달했고 600킬로그램의 포탄을 1.6킬로미터 거리까지 발사할 수 있었으며, 하드리아노폴리스의 주조소에서 그것을 운반해 오기 위해서는 황소 60마리가 필요했다.

콘스탄티노플의 마지막 포위전

메흐메트 2세는 4월 6일에 포격을 개시했다. 이로 인해 성벽에 일찍 구멍이 뚫렸지만, 조반니와 그의 부하들은 그 위에서 권총, 화승총, 활, 쇠뇌, 투석기로 맹렬한 화력을 퍼부어 공격대의 선두를 다시 해자로 몰아넣었다. 틈새는 저녁 무렵에 복구됐다. 같은 시각, 콘스탄티노플의 메가스둑스megas doux(대도독) 루카스 노타라스Loukas Notaras가 항만의 쇠사슬에 대한 해상 공격을 격퇴했다. 술탄에게는 상서로운 시작이 아니었다. 실패에 크게 분노한 메흐메트 2세는 자기편 시체들을 투석기에 실어 성 안으로 쏘아 보내라고 명령했으나, 장군들이 간신히 뜯어말렸다.[104] 그는 분을 풀기 위해 인근 트라키아의 성채 두 곳을 포격하고 함락시킨 뒤, 살아 있던 76명을 모두 말뚝에 꿰어 죽였다. 항복한 자들을

포함해서였다.[105]

　이후 몇 주 동안 대포는 성벽을 향해 계속 불을 뿜었으나 재장전에 몇 시간이 걸려 하루에 겨우 몇 발만 쏠 수 있었고, 명중률도 낮았다. 또한 반동으로 스스로 부서지거나 며칠 또는 몇 주씩 고장 나는 경우가 많았다. 최선의 경우 저녁 무렵 성벽에 구멍을 낸다 해도, 그때마다 방어자들이 어둠의 엄호 속에서 나와 열심히 구멍을 다시 보강했다. 종종 무너진 돌무더기로 다시 쌓아 올린 임시 성벽이 원래의 수직 구조물보다 대포알을 더 잘 막아내기도 했다.

　4월 18일, 술탄은 성벽에서 충분히 약화됐다고 여겨지는 구역에 대한 전면 공격을 명했다. 북과 자바라 소리, 이슬람교도의 전투 구호와 함께 오스만 대군이 사다리, 갈고리, 불, 칼을 들고 성벽을 향해 몰려들었다. 한 목격자는 이렇게 기억한다. "총성, 종소리, 무기 부딪치는 소리, 전사들의 외침, 여인들의 비명, 아이들의 울음이 합쳐져 엄청난 소음을 내 마치 땅이 흔들리는 듯했다. 자욱한 연기가 진영 위로 덮여 전투원들은 결국 서로를 볼 수조차 없었다."[106] 네 시간 동안의 치열한 전투 끝에 약 200명의 이슬람 병사가 죽었으나, 기독교도 사망자는 없었다.

　메흐메트 2세의 인내심은 다시금 바닥나기 시작했다. 이틀 뒤인 4월 20일, 그의 해군 사령관 발토울루Baltoghlu가 항만 쇠사슬을 돌파하는 데 실패했을 뿐만 아니라 설상가상으로 제노바 선박 세 척이 봉쇄를 뚫고 할리치 만으로 진입하는 것을 막지 못하자, 격노한 술탄은 그를 말뚝형에 처하라고 명했다. 그러나 대신들은 자비를 간청했고, 그는 이를 받아들였다. 메흐메트 2세는 고통스러운 죽음 대신 네 명의 노예에게 이 불운한 사령관을 붙잡으라고 명령하고는 직접 그에게 채찍질을 했다. 그뒤 발토울루는 자신의 재산, 작위, 영지를 모두 빼앗기고 사람들에게서 잊혔다.[107] 스프란체스는 "술탄은 다시 절망에 빠져 필사적으로 땅을 발로 차고 개처럼 자기 손을 물어뜯었다"라고 썼다.[108]

이 해전에서 이슬람교도의 사망자 수가 기독교도의 네 배나 된 것은 기독교도 항해술의 우월성을 입증하는 것이었고, 이는 콘스탄티노플 수비군의 사기를 높여주었다.[109] 또다른 목격자 니콜로 바르바로Nicolo Barbaro(1420~1494)는 "그들이 선지자 무함마드에게 드린 기도는 헛된 것이었고, 우리의 영원하신 하느님은 기독교도의 기도를 들어주셨기 때문에 우리는 전투에서 승리했다"라고 썼다.[110]

메흐메트 2세는 더욱 극단적인 조치를 취했다. 한 기독교 배신자가 제안한 혹독한 계획에 따라 기술자 집단, 수백 명의 병사, 수천 마리의 황소를 동원해 오스만 군함을 해협에서 육지로 끌어올린 뒤, 언덕을 넘어 반대쪽 사면으로 내려가 할리치 만으로 다시 넣은 것이다. 이로써 쇠사슬 방어망을 우회하는 데 성공했다.[111]

4월 말 어느 날, 기독교도 선원들은 "알라후 아크바르"의 함성과 함께 쏟아져 내려오는 70척의 오스만 군함을 목격했다.[112] 곧 격렬한 전투가 뒤따랐고, 배들은 침몰했다. 익사할 뻔했던 기독교도 선원 40명이 간신히 헤엄쳐 육지에 닿았으나 "술탄의 명령에 따라 그들의 항문에 날카로운 말뚝을 꿰어 머리끝까지 관통시켰고, 말뚝은 세워져 그들은 성벽 위의 수비병들이 모두 보는 앞에서 천천히 죽어갔다"라고 한 목격자는 썼다.[113] 이에 대응해 동로마는 포로로 잡아둔 오스만 병사 260명 모두를 성벽 앞으로 끌고 가 술탄 앞에서 처형했다. 그러나 술탄은 개의치 않았다. 그의 시도는 성공했기 때문이다. 오스만은 마침내 항구에 발판을 마련했고, 이를 통해 도시의 식량과 보급품 유입을 더욱 차단할 수 있게 됐다.

성 안의 수비군에게 상황은 암울해 보였다. 사기도 떨어지기 시작했다. 오스만뿐만이 아니라 이제 자신과 가족들이 먹을 양식을 찾는 일까지 걱정해야 했던 것이다. 울화가 치밀어 오르면서 제노바인과 베네치아인은 서로에게 배신 혐의를 씌우며 다투었다. 이에 황제 콘스탄티노스 11세가 개입해 말했다. "형제들, 제발 화목하시오. 우리는 이미 외적의 침입만으로도 싸울 일이 많소. 제발 서로 다투지 마시오."[114] 일부는 황제에게 도시를 떠나라고 간청했다. 성벽 안에 있는 것보다 밖에서 오스만과 싸우는 편이 더 효과적일 것이며, 아마 원군도 구할 수 있으리라는 주장이었다. 황제는 차분히 경청한 뒤 이렇게 답했다. "여러분이 주신 충고에 감사하오. 그러나 내가 어찌 우리 주님의 교회와 그분의 종인 성직자들, 왕좌와 백성을 이런 곤경에 남겨둔 채 떠날 수 있겠소? 세상이 나를 두고 뭐라고 하겠소? 여러분, 부탁하건대 앞으로는 나에게 '폐하, 부디 떠나지 마소서'라는 말 외에는 하지 말아주시오. 나는 결코 여러분을 떠나지 않겠소. 나는 여기서 여러분과 함께 죽기로 결심했소." 연대기 작가는 이렇게 덧붙였다. "황제는 이렇게 말하면서 고개를 옆으로 돌렸다. 눈물이 눈에 가득했기 때문이다. 그와 함께 총대주교와 그 자리에 있던 모든 이들이 울었다."[115]

한편 성벽에 대한 공격은 계속됐다. 대포는 날마다 불을 뿜었다. 그러나 포위전이 시작된 지 7주가 지나도록 단 한 명의 이슬람교도도 성 안에 발을 들여놓지 못했다. 그러자 술탄은 다른 술책을 쓰기로 했다.[116] 뚫을 수 없는 항구의 쇠사슬을 우회했듯이, 이제 그는 완강한 성벽을 넘어가려 했다. 5월 19일 무렵, 거대한 목제 탑인 '도시 파괴자' 헬레폴리스helepolis가 해자 쪽으로 굴러갔다. 그것은 성벽보다 높아 수비자들에게 치명적인 화염을 퍼부었고, 오스만 공병들의 해자 메우기 작업을 엄호했다. 그러나 조반니는 화약통을 해자에 굴려 그것을 폭파시켰다. 이러한 성공은 수비군의 사기를 살려 주었다. 메흐메트 2세는 "저 사람을 내 편으로 만들 수 있다면 무엇이든 주겠다!"라고 외쳤다. 그는 그를 매수하려 시도했으나 소용없었다.[117]

성벽을 뚫지도, 넘지도 못한다면 그 아래로 파고들어야 한다고 결연한 술탄은 결론지었다. 5월 중순에서 25일 사이, 오스만군은 성벽의 서로 다른 열네 군데에서 땅굴을 파려 시도했으나, 게르만인 대항 갱도 전문가 요하네스 그란트Johannes Grant에 의해 모두 좌절됐다. 그는 튀르크인 공병들을 폭발로 날려버리거나 연기로 질식시켰으며, 악취탄으로 숨 막히게 하거나 물을 들이부어 익사시켰다. 때로는 직접 지하에서 만나 칼, 도끼, 창으로 싸웠다.[118]

메흐메트 2세는 꾀가 바닥이 나자 고위 장교들을 소집해 회의를 열었다. 철수에 대한 논의도 약간 오갔으나, 결국 그는 자신이 가진 병력을 모두 성벽에 쏟아 부어 마지막 결전을 벌이기로 했다. 그러나 먼저 병사들의 전의를 불태워야 했다. 5월 28일 저녁, 그는 군대를 집결시켜 익숙한 방식으로 그들을 타일렀다. "모든 전투가 그렇듯이 너희 중 일부는 죽을 것이다. 이는 각자의 운명으로 정해진 것이다.《코란》에서 죽은 전사들에 대해 우리 선지자가 약속한 것을 기억하라. 전투에서 죽은 자의 육신은 천국으로 옮겨져 무함마드와 함께 여인, 미소년, 처녀들이 있는 곳에서 잔치하게 될 것이다."[119]

그러나 그와 같은 뿌리의 이름을 가진 이슬람 선지자와 마찬가지로, 술탄 메흐메트는 내세의 약속보다 현세의 보상이 언제나 더 매혹적이라는 것을 알고 있었다. 앞서 율법학자 악셈세틴Akshemsettin은 그에게 이렇게 말한 적이 있었다. "폐하께서도 잘 아시다시피 대부분의 병사들은 강제로 이슬람교로 개종한 자들입니다. 알라를 위해 목숨을 바칠 태세가 된 자들은 극히 적습니다. 반면에 전리품을 얻을 희망이 보이면 그들은 죽을 가능성이 높아도 달려들 것입니다."[120] 또한 술탄은 그의 아버지 무라드 2세가 테살로니케가 함락되면 병사들에게 사흘 동안의 무제한 약탈을 허락하겠다고 약속하자 도시가 단 세 시간 만에 점령됐던 일도 잊지 않았다. 그래서 술탄은 "그들의 불멸의 신(알라), 4천 명의 선지자, 무함마드, 아버지의 영혼, 자신이 허리에 찬 칼을 걸고 맹세하며 그의 전사들은 도시 안의 모든 것을 약탈하고, 남자와 여자를 잡아가고, 재물과 보물을 가져갈 권리를 부여받을 것이라고 했다. 그리고 어떤 경우에도 이 맹세를 깨지 않을 것이라고 말했다"라고 현장에 있던 가톨릭 고위 성직자 키오스의 레오나르도는 썼다. 동시대의 다른 동로마 기록도 이 점을 확인한다. "술탄은 자신을 위해서는 도시의 건물과 성벽 외에는 아무것도 요구하지 않았다. 나머지 모든 전리품과 포로는 병사들의 것이 될 터였다." 현세 또는 내세의 이익에도 마음이 움직이지 않는 이슬람교도에게는 마지막 고려 사항이 주어졌다. 술탄은 이렇게 경고했다. "누구든 천막에 숨어 성벽에 나가 싸우지 않는 자가 내 눈에 띈다면, 그는 오래 고통을 받는 죽음을 면치 못할 것이다." 즉 말뚝에 꿰어 죽이겠다는 얘기였다.[121]

메흐메트 2세의 발표는 큰 환호로 받아들여졌고, 수천의 목소리를 통해 "알라후 아크바르"와 "알라 외에 신은 없으며, 무함마드는 그분의 사도다"라는 천둥 같은 외침이 물결쳤다.[122] 성 안에 있던 레오나르도는 이렇게 놀라워했다.● "누구든 그들의 목소리가 하늘로 치솟는 것을 들었다면 놀라서 말문이 막혔을 것이다. 우리는 그들의 종교적 열광에 놀라 하염없이 눈물을 흘리며 하느님께 자비를 베풀어달라고 기도했다."[123] 니콜로 바르바로도 확인했다. "끔찍한 함성은 20킬로미터 떨어진 소아시아 해안까지 들렸고, 우리 기독교도들은 엄청난 두려움에 휩싸였다."[124]

총공격은 5월 29일로 정해졌다. 5월 28일에는 속죄, 세정, 기도, 금식 명령이 내려졌고, 어기면 처형한다는 조건이 붙었다.[125] 온갖 광신자들은 진영 안에 흩어져 지하드가 어느 경우에도 이익이라는 이야기를 병사들에게 퍼부어댔다. 떠돌이 금욕주의자들은 천막을 찾아다니며 병사들에게 순교의 소망을 불어넣었고, 낙원의 강과 정원 사이에서 검은 눈의 천국 미녀들을 껴안고 불멸의 젊음을 누릴 것이라는 확신을 심어주었다.[126] 또한 《코란》과 《하디스》의 관련 구절들을 인용하며 674년부터 678년까지 있었던 아라비아인의 첫 콘스탄티노플 포위전에서 전사한 선지자 사하비(동반자)들의 발자취를 그들이 따르고 있다는 점을 병사들에게 상기시켰다. 이윽고 전령들이 진영을 돌며 경적을 울렸다. "메흐메트의 아들들아, 기운을 내라. 내일 우리는 매우 많은 기독교도를 사로잡아 그들을 팔면 노예 두 명에 1두카트를 받을 것이고, 엄청난

● 다른 이들도 듣긴 했으나 이해하진 못했다. "적들의 함성은 폭풍우 치는 바다의 굉음과 같아 우리 도시 안에서 들을 수 있었으나, 그들의 진영에서 무슨 일이 일어나는지 알 수 없었다"(Sphrantzes 1980, 120).

부를 얻어 모두 금으로 치장을 하고 그리스인들의 수염으로 개의 목줄을 만들 것이며, 그들의 가족들은 우리의 노예가 될 것이다. 그러니 기운을 내고 우리 술탄과 선지자에 대한 사랑을 위해 즐거운 마음으로 죽을 준비를 하라."[127]

이슬람교도 진영에서 광신이 자극되는 동안 포위된 도시는 체념에 사로잡혀 있었으며, 불길한 징조들이 잇따르고 있었다.• 콘스탄티노스 11세의 대신들은 지쳐버린 황제에게 성을 떠나라고 애원했으나, 그는 설득을 듣다가 쓰러졌다. 정신이 돌아오자 황제는 이렇게 외쳤다. "내가 전에 했던 말을 기억하시오. 나를 보호하려 애쓰지 마시오. 나는 그대들과 함께 죽고 싶소." 그러자 대신들은 이렇게 대답했다. "우리 모두는 하느님의 교회를 위해, 그리고 폐하를 위해 죽을 것입니다."

5월 27일, 콘스탄티노플이 도시 위를 떠도는 거대한 어둠에 뒤덮이고 백성들이 충격과 공포에 빠졌을 때[128] 콘스탄티노스 11세는 희망적 소문과 달리 원군이 오지 않는다는 소식을 들었다. 그는 전령에게서 돌아서 벽에 기댄 채 슬픔에 겨워 처절하게 울기 시작했다.[129] 도시는 정말로 고립무원이었다.

5월 28일, 오스만 진영이 지하드 열광으로 휩싸여 있던 바로 그때 대규모 종교 행진을 하라는 명령이 떨어졌다. 모든 교회는 청원자들로 가득 찼다. 맨발로 울며 십자가와 이콘을 들고 "주여, 자비를 베푸소서"라

• 5월 24일에 보름달이 세 시간 동안의 월식으로 가려졌다. 이어 5월 27일에는 도시가 기묘한 안개에 덮였고, 그것이 걷히자 이상한 빛이 나타나(오스만 진영에서도 보였다) 하기아소피아 성당 부근에서 깜박이다가 사라졌다. 이는 신의 임재가 사라졌음을 알리는 것으로 해석됐다. 이콘과 십자가들이 이유 없이 쓰러지기도 했다.

고 외치는 성직자들이 부녀자와 아이들을 이끌고 성벽을 따라 행진하며 가장 사악한 원수에게 자신들을 넘기지 않으시기를 하느님에게 간구했다.[130] 이렇게 기독교도와 이슬람교도들은 마지막 밤을 각자의 신에게 호소하며 보냈다. 포위된 자들은 사랑의 신에게 안전을 빌었고, 포위한 자들은 전쟁의 신에게 승리를 빌었다.

기진맥진한 황제는 민간 및 종교 관리들을 모두 모아놓고 결연한 연설을 했다. "그대들도 잘 알다시피 이제 때가 됐소. 우리 신앙의 적은 마치 독을 토하려는 뱀처럼 그의 모든 포위군의 힘을 모아 우리를 압도하려 하고 있소. 나는 그대들에게 간청하오. 여러분이 처음부터 지금 이 순간까지 그래왔듯이, 우리 적들에 맞서 용감한 영혼을 지닌 사내답게 싸워주시오." 콘스탄티노스 11세는 이어 "저주받은 술탄은 교회를 불경한 사원으로, 미친 거짓 선지자 무함마드의 사원으로, 나아가 그의 말과 낙타의 우리로 바꾸려 한다"고 말했다.[131] 그후 황제는 하기아소피아 성당으로 들어가 눈물과 기도로 경건히 성찬식의 성체를 받아 모셨다.[132] 이어 과거에 혹시 누군가에게 잘못한 일이 있다면 용서를 구했고, 궁궐로 가서는 아내에게 작별을 고한 뒤 다시 성벽으로 돌아갔다.

마침내 5월 29일 새벽 2시 무렵, 메흐메트 2세는 밤의 정적을 산산이 깨뜨리며 콘스탄티노플을 향한 총공세를 개시했다. 나팔, 자바라, 이슬람 전쟁 구호가 울려 퍼졌고, 포탄은 연이어 성벽에 부딪혀 지평선을 밝혔다. 이 아수라장에 더해 교회 종과 경보가 요란히 울렸다.• 그 소음

은 미칠 듯했다. 첫 포격의 파도가 지나자 술탄은 그의 전략을 실행했다. "나는 새로운 부대를 잇달아, 그리고 끊임없이 투입해 적이 괴롭고 지친 나머지 더이상 저항할 수 없게 만들기로 결심했다"라고 그는 장수들에게 말했다.[133] 전리품 또는 천국을 원하거나, 말뚝에 찔려 죽는 것을 피하기 위해 몰려든 무리가 파도처럼 계속해서 밀려왔다.

먼저 수천 명의 비정규군인 바시바주크가 달려들었다. 이들이 주춤거리면 뒤를 따르던 술탄의 군사경찰과 궁정 관리들이 쇠몽둥이와 채찍으로 그들을 몰아붙였다. 사다리와 갈고리를 든 그들은 싸우고 움켜잡으며 성벽을 기어올랐다. 스프란체스는 이렇게 회고했다. "양쪽에서 터져 나온 외침, 부상자들의 비명, 통곡을 누가 다 말할 수 있을까? 그 함성과 소음은 하늘 끝까지 닿을 정도였다."[134]

두 시간이 지나자 수천의 습격자들이 죽어 성벽 아래에 쓰러졌다. 그러나 그들은 수비대를 지치게 하는 목적을 달성했다. 이제 성벽 근처 높은 곳에 올라 손에 철퇴를 들고 부대 이동을 지휘하던 메흐메트 2세는 새로운 아나톨리아 튀르크인들을 투입하라고 명령해 성벽을 넘게 했다. 지하드 전사들은 쓰러진 아군의 사상자로 인간 피라미드를 쌓고, 그 위로 기어올랐다. 그러는 사이에도 포탄은 계속 날아가 부딪혔으나 성과는 없었다. 높은 곳을 차지한 기독교도들은 수없이 많은 적을 쓰러뜨렸다. 키오스의 레오나르도는 이렇게 인정했다. "짐승 같은 자들을 보며 놀라지 않을 수 없었다. 그들의 군대는 몰살당하고 있었으나, 그들은 끊임없이 해자를 향해 나아갔다."[135]

새벽 4시, 포격으로 성벽 몇 곳에 틈이 생기자 그곳으로 예니체리들이 돌격했다. 그렇지만 그들의 과거 친족이자 같은 기독교도였던 이들은 굳세게 맞섰다. 미하일 크리토불로스Michael Kritoboulos(1410~1470)는 이렇게 묘사한다.

> 조반니 주스티니아니와 그의 병사들, 그리고 로마인들은 창, 도끼, 장창, 투창과 여러 공격 무기로 용감히 싸웠다. 실로 난투극이었으며, 그들은 공격자를 막아 울타리 안으로 들어오지 못하게 했다. 양쪽에서는 신성모독, 욕설, 위협 등 온갖 외침이 터져 나왔다. 공격자와 방어자, 쏘는 자와 맞는 자, 죽이는 자와 죽어가는 자들의 소리가 뒤섞였다. 분노와 격정에 휩싸인 자들은 갖가지 참혹한 일들을 벌였다. 거기서 볼 수 있는 광경은 엄청난 결의를 가지고 최고의 보상을 위해 백병전으로 진행되는 힘든 싸움이었다. 영웅들은 용감히 싸웠다. 오스만은 온 힘을 다해 수비대를 밀어내고 성벽을 점령하며 도시에 진입해 아이들과 여성들, 보물들을 차지하려 애썼다. 다른 한쪽은 그들을 격퇴해 자신들의 소유물을 지키고자 용감하게 고투하고 있었다. 끝내 이길 수 없었고 지켜내지 못했지만 말이다.[136]

그러나 곧 두 가지 사건이 연이어 일어났다. 황제를 포함한 모든 사람이 자극의 원천으로 의지했던 지칠 줄 모르는 영웅 주스티니아니가 흉갑에 화살을 맞아 중상을 입은 것이다. 그는 전투에서 빠지기를 원했으나, 콘스탄티노스 11세는 간청했다. "이 위험한 순간에 나를 버리지 마시오. 도시의 구원은 그대에게 달려 있소."[137] 극심한 고통에 시달린 그는 끝내 버티지 못하고 시내를 거쳐 기다리고 있던 제노바 선박으로 후송됐고, 이를 본 이들은 모두 크게 낙담했다.*

이 일이 벌어지고 있는 동안 소수의 튀르크 병력이 혼전 중에 방어

자들이 열어놓았던 작은 문을 통해 성 안으로 들어왔다. 그들은 재빨리 이슬람 깃발을 꽂았고, 이는 수비대에 큰 혼란과 동요를 불러일으켰다. 술탄은 그들이 최악의 공포에 휩싸인 것을 이용해 "이 도시는 우리 것이다!"라고 외치며 최정예 예니체리 부대에게 돌격을 명령했다. 짐승처럼 거대한 하산Hasan이라는 자는 앞을 막는 자들을 베어 쓰러뜨리며 다른 튀르크인 병사들이 그뒤를 따라 들어가도록 고무했다. 그러나 잘 조준된 돌이 그를 쓰러뜨렸다. 그는 한쪽 무릎으로 서서 계속해서 곡도를 휘두르다 결국 화살 세례를 맞고 고슴도치가 돼서 천국 미녀의 환영을 받으며 천국으로 들어갔다. 하지만 이미 튀르크 병력 전체가 성벽 위로 올라와 기독교도군은 패주하게 되었다. 수천의 침입자들이 밀려들어 수적으로 열세인 수비병을 살육했고, 다른 이들은 몰려오는 적병들의 발에 짓밟혀 눌려 죽었다.[138]

"도시는 잃었으나 내가 살아 있다!"라고 울부짖은 황제 콘스탄티노스 11세는 이상한 광기에 사로잡혀 황제의 상징물을 던져버리고 말을 몰아 튀르크인들이 대거 몰려드는 곳에 도달했다. 그는 성벽에서 불경한 자들을 쳤고, 다리와 팔에 피를 흘리면서도 오른손에 든 검으로 수많은 적을 베었다.** 주군에 의해 고무된 병사들이 "차라리 죽겠다"라고 외치며 몰려들었으나, 몰려오는 적의 대군에 의해 스러져갔다.[139] 황

• 조반니는 키오스 섬으로 물러나 거기서 죽었다고 한 동시대 연대기 작가는 적고 있다. 전투에서 그렇게 좋지 않은 순간에 떠난 것에 대한 수치심 때문이었는지, 아니면 그의 부상이 치명적이었기 때문이었는지는 알 수 없다(Melville-Jones 1973, 123).

•• 일부 오스만 연대기는 "이스탄불(콘스탄티노플)의 지배자는 용감했고, 자비를 구하지 않았다"라고 간결하게 확인했다(Crowley 2014, 231).

제는 이들 틈에 휩쓸려 쓰러졌다가 다시 일어났고, 다시 한번 쓰러졌다.[140] 이렇게 그는 많은 부하 병사와 함께 성문 근처에서 보통 사람처럼 죽었으며, 그의 치세는 3년 3개월이었다.[141]

그리고 1453년 5월 29일, 그의 죽음과 함께 2206년의 역사를 지닌 로마 국가는 종말을 맞았다.[*] 또다른 동시대인은 이렇게 말했다. "격언은 실현됐다. 제국은 콘스탄티누스(대제)로 시작됐고, 콘스탄티노스(11세)로 끝났다."[142]

지하드의 대단원

얼마 지나지 않아 7만 명에 달하는 이슬람교도들이 성 안으로 쏟아져 들어왔다. 그들은 "야수처럼 날뛰며 서로를 밀쳐댔고, 기세가 맹렬해 마치 지옥 그 자체 같았다. 또한 도시 안을 이리저리 뛰어다니며 눈에 보이는 자에게 곡도를 휘둘렀는데, 남녀노소나 상황을 가리지 않았다. 이 학살은 튀르크인들이 성 안으로 들어온 해 뜰 무렵부터 한낮까지 이어졌다"라고 니콜로 바르바로는 기록했다.[143] 크리토불로스도 이렇게 덧붙인다. "그들은 도시 전체를 공포로 몰아넣기 위해 사람들을 죽였으며, 학살을 통해 모두를 두렵게 하고 노예로 만들고자 했다."[144] 스프란체스는 "많은 곳에서 땅이 보이지 않을 정도로 시체가 수북이 쌓였다"

---

* 동로마는 비록 서기 325년에 창건됐으나, 당시 그곳에 살던 자들이나 그들을 공격한 자들 모두에게는 서기전 753년에 세워진 로마 왕국의 연속체였다. 이 사실은 '비잔틴'이라는 단어가 자주(어쩌면 독점적으로) 쓰이는 까닭에 흔히 잊히곤 한다.

라고 결론짓는다.[145]

늘 그렇듯이 첫 돌격 동안에 무자비하게 살해된 노인들과 거리에 내던져진 갓난아기들[146]은 운이 좋은 편이었다. 피의 광란이 진정되자 "개처럼 사납게 날뛰었다"거나 "야수와 같다"는 등 다양하게 묘사된 침략자들은 떼를 지어 돌아다니며 본래의 잔혹성과 비인간성을 갖가지 잔인하고 음탕한 행위로 마음껏 표출했기 때문이다.[147] 도처에서 여인들이 강간당하고 처녀들이 유린당했으며, 청년들은 수치스러운 음행에 강제로 끌려갔다.[148] 성인 남성까지 포함한 희생자들은 단순히 윤간을 당한 것이 아니라 추잡하고 굴욕적인 행위까지 강요받았다. 여성은 자기 몸으로 몸값을 치러야 했고, 남성은 손이나 다른 수단으로 음행을 하도록 강요받았다.* 정해진 몸값을 낼 수 있는 자는 자기 신앙을 유지할 수 있었지만, 거부하는 자는 죽임을 당했다.[149] 또다른 기록은 피해자들이 괴이하고 끔찍한 성관계를 강요당했다고 전한다.

기독교도들이 신앙심과 성적 문란을 함께 가지고 있다는 이슬람교도들의 오랜 시각은 특히 수녀들을 상대로 표출됐다. 그들은 두 배로 치욕의 대상이 됐다. "튀르크인들은 수도원을 수색해 모든 수녀들을 함대에 끌고 가 능욕한 뒤, 아나톨리아 전역에서 경매를 통해 노예로 팔아넘겼다"라고 니콜로 바르바로는 썼다.[150] 레오나르도 역시 "수녀들은 더러운 음행으로 수치를 당했다"라고 확인한다.[151]

수천 명의 시민이 하기아소피아 성당으로 피신해 숨어 있었는데, 문이 도끼로 부서지자 그곳은 거대한 '노예 수확장'이 됐다. "한 튀르크인

● 정복자들에게 수음(手淫), 또는 다른 지저분한 행위를 하도록 강요당하지 않았을까?

은 가장 부유해 보이는 포로를 찾았고, 다른 자는 수녀 중에서 얼굴 고운 사람을 찾았다. 게걸스러운 튀르크인들은 포로를 안전한 곳으로 끌고 간 뒤 다시 돌아와 두 번째, 세 번째 전리품을 챙기는 데 골몰했다. 곧 성소를 떠나는 길게 이어진 포로 행렬이 나타났고, 그들은 마치 소나 양 떼처럼 끌려갔다"고 한다. 노예 상인들은 때로 아리따운 소녀 하나를 두고 서로 죽기 살기로 싸우기도 했으며,[152] 많은 소녀들은 튀르크인의 손에 떨어지느니 차라리 우물에 몸을 던져 익사하기를 택했다.[153]

함락 당시 1천 년 가까운 역사를 지니고 있던, 기독교 세계에서 가장 크고 오래된 대성당 가운데 하나를 차지한 침략자들은 그 안에서 온갖 추악한 행위를 벌이며 공공 매음굴로 만들었다.[154] 기독교도의 기록에 따르면 "거룩한 제단 위에서 그들은 여인, 처녀, 아이들과 음행을 저질렀으며,[155] 그 가운데는 매우 아름다웠던 대도독의 딸도 있었다. 대도독의 딸은 하기아소피아의 대제단 위에 누워 십자가상을 머리 밑에 둔 채 강간당했다."[156] 오스만 연대기들 역시 간략하지만 기독교도들의 기록을 확인한다. "그들은 도시의 백성을 노예로 삼고 그 황제를 죽였으며, 전사들은 아름다운 소녀들을 차지했다."[157]

마침내 이슬람교도들이 끊임없이 되풀이해 온 위협이자 오래된 자랑대로, 그들은 하기아소피아와 다른 많은 교회를 자신들의 말을 위한 마구간으로 사용했다. 그들은 제단을 뒤집어 만든 여물통으로 말을 먹였다. 실제로 이번 약탈이 지하드의 계보에 속한다는 점을 놓치지 않으려는 듯 침략자들은 곳곳에서 기독교의 모든 흔적은 모독하고 조롱했다. 일종의 '킬로이 다녀감Kilroy was here'[2차 세계대전 때 특히 미군들 사이에서 유행한 낙서 방식]의 이슬람판이라 할 만하다. 그들은 하기아소피아의 대표 십자가상을 진영 안에서 끌고 다니며 북을 치고 침을 뱉고, 모독과 저주를 퍼부으며 예수를 다시 십자가에 못 박았다. 그리고 튀르크 모자를 예수의 머리에 씌우고 조롱하며 "보라, 이것이 기독교도들의 신이다!"라고 했다. 또한 방부 처리된 성인들의 유해에서 눈을 뽑고 그 시신을 거리에 던져 돼지와 개가 짓밟게 했으며, 예수 그리스도와 사도들의 성화상들은 불태워지고 토막 났다.[158]

도시의 다른 많은 교회도 같은 운명을 맞았다.* 교회 지붕이나 벽에 세워진 십자가는 부서지고 짓밟혔으며, 성체는 땅에 던져지고 성화는 금박을 뜯어낸 뒤 땅바닥에 내던지고 발로 찼다. 기독교 성서는 금이나 은이 들어간 장식을 벗기고 불에 던졌다. 이콘은 예외 없이 불길에 휩싸였다.[159] 또한 총대주교의 예복은 개의 등에 걸쳐졌고, 사제의 옷은 말의 등에 올려졌다. 이로써 762년 전 기록된 《묵시록》의 예언은 성취되거나, 적어도 수없이 반복되어 온 방식으로 다시 재현되었다.**

---

* 이러한 콘스탄티노플의 '정화' 이후 많은 자화자찬이 뒤따랐다. 한 16세기 오스만 역사가는 이렇게 기록했다. "부끄러움을 모르는 이교도들이 종을 쳐서 나오는 나쁜 소리 대신 이슬람의 기도 알림 소리가 울려 퍼졌고, 지하드 전사들의 귀는 그 선율로 가득 찼다. 교회에서는 그들의 더러운 우상이 치워졌고, 불결하고 우상숭배적인 오염으로부터 정화됐다"(Hillenbrand 2007, 175).

** 아마도 691년 무렵 한 이름을 알 수 없는 저자가 시리아에서 쓴 것으로 추정되는 예언은 이렇다. "그리스는 파멸할 것이며, 그 안에 사는 자들은 포로로 끌려가거나 칼에 쓰러질 것이다. 로마니아(아나톨리아)는 멸망과 학살에 빠질 것이다. 그들은 성소 안에서 사제들을 더럽힌 뒤 죽일 것이며, 존귀하고 거룩한 장소에서 여자들과 동침할 것이다. 그리고 성스러운 옷을 말에게 입히고, 그들의 침상 위에 펼칠 것이며, 성인들의 무덤 안에 가축들을 들여놓을 것이다. 시련의 불길이 기독교도 민족에게 닥쳐온다"(Pseudo-Methodius 2012, 43~49; 다른 번역은 5장 시작 부분에 실려 있다). 덧붙이자면 이슬람 세력의 콘스탄티노플 약탈 동안 저질러진 잔혹 행위가 반드시 이전의 이슬람 정복에서 저질러진 것보다 훨씬 더 심각했다고 생각할 필요는 없다. 그저 전자의 기록이 훨씬 더 상세하며, 15세기에 쓰였기 때문에 이전 시기의 것보다 더 잘 보존됐을 뿐이다.

마침내 술탄 메흐메트 2세가 성대히 도시로 입성했을 때 도처에는 불행이 가득했고, 누구 하나 고통에서 벗어난 이가 없었다. 모든 집에서 통곡과 울음소리가 들렸고, 거리에는 비명이 들렸으며, 교회에는 슬픔이 가득했다. 성인 남성의 신음과 여성들의 비명이 약탈, 노예화, 이별, 강간과 함께 뒤섞였다.[160] 술탄은 하기아소피아로 말을 달려가 내려선 뒤 안으로 들어가 그 거대한 대성당을 바라보며 경탄했다. 그는 한 튀르크인이 대리석 바닥을 망치로 마구 치고 있는 것을 보고 그 이유를 물었다. 그는 "믿음을 위한 것입니다!"라고 대답했다. 메흐메트 2세는 자신의 곡도로 그의 목을 내리쳤다. "전리품과 포로만으로 만족하라. 이 도시의 건물들은 내 것이다."[161]

이슬람교도 지배하에 들어간 다른 큰 교회들, 예컨대 현재 우마이야 이슬람교당이 된 다마스쿠스의 세례자 요한의 대성당과 마찬가지로 하기아소피아의 운명은 '파괴'가 아니라 이슬람교당으로의 전환이었다. 십자가, 조각상, 이콘들이 제거되었고, 이 과정에서 술탄이 직접 제단을 차고 짓밟기도 했다.[162] 기독교도의 기록에 따르면 메흐메트 2세는 "기도 시간을 알리는 이에게 설교단에 올라가 그들의 가증스러운 기도를 외치도록 명했다. 이어 죄악의 아들(술탄), 적그리스도의 선구자는 성찬대에 올라가 자기 기도를 읊조렸고, 장엄한 교회를 그의 신과 무함마드를 위한 이교도의 교당으로 바꾸어버렸다"고 한다.[163]

메흐메트 2세는 이전과 이후의 많은 이들과 마찬가지로 경건에서 타락으로 옮겨가는 데 아무런 갈등도 느끼지 않았다. 그날 밤 승리의 연회에서 술에 취한 그는 앞서 언급했듯이 딸이 하기아소피아의 제단 위에서 윤간당했던 대도독 루카스 노타라스에게 사자를 보내 술탄의 성적 욕망을 위해 막내아들을 바치라고 명했다. 그는 이 말을 듣자 마치 죽은 사람처럼 순식간에 얼굴이 창백해졌다. 대도독은 "내 아이를 내주어 그에게 더럽혀지게 하기보다는 죽는 것이 훨씬 나을 것"이라고 답했다. 이 말을 들은 메흐메트 2세는 격노해서 루카스를 처형하라고 명령했다. 죽기 전에 대도독은 우리를 위해 십자가에 못 박히고 죽었다가 부활하신 분을 이야기하며, 두려움에 떠는 아들들에게 술탄의 요구를 거부하고 결과를 두려워하지 말라고 권했다. 이에 용기를 얻은 아들들 또한 죽음을 각오했고, 처형됐다.[164] 술탄은 또다른 열네 살짜리 기독교도 소년이 불명예보다 죽음을 선택했다는 이유로 그를 직접 칼로 찔러 죽였다.[165]

같은 연회 자리에서 메흐메트 2세는 그가 휘하 와지르(대신)들과 관리들에게 약속했던 대로 콘스탄티노플 시민들을 끌고 오게 해서 많은 이들을 오락 삼아 토막 내라고 명령했다.[166] 그리고 4만 5천 명에 달하는 도시의 나머지 주민들은 쇠사슬에 묶여 동방에 노예로 팔려갔다.

술탄의 승리를 완전하게 하는 데 필요한 것은 단 하나였다. 바로 그의 숙적 콘스탄티노스 11세의 머리였다. 그리하여 죽은 황제의 머리라고 주장되는 것이 급히 그에게 보내졌고, 기둥에 못 박혀 걸렸다. 술탄은 그 앞에 서서 환호했다. "전우들이여, 이 위대한 승리의 영광을 완성하기 위해 부족했던 단 한 가지가 이것이었다. 이제 우리는 그리스인의 재산을 차지했고, 그들의 제국을 정복했으며, 그들의 종교를 완전히 소멸시켰다. 우리의 선조들*은 이를 오래전부터 간절히 이루고자 하셨다.

---

* 오스만의 튀르크인들에게 '선조'란 단지 이전에 이 지역을 지배했고 자신들과 혈연관계가

지금 너희의 용맹으로 이 왕국이 우리에게 넘어왔으니, 이제 기뻐하라." 메흐메트 2세는 잘린 머리의 가죽을 벗기고 겨를 채워 넣은 뒤 "승리의 상징으로 페르시아와 아라비아의 통치자들에게 보내라"라고 명령했다. 이는 두 오랜 이슬람교도 민족들에게 수백 년 동안 그들이 할 수 없었던 일을 이룩한 것은 튀르크인임을 상기시키는 것이었다.[167]

이 소식은 이슬람 세계 전역에 들불처럼 번져갔다. 만지케르트 전투는 튀르크인의 승리라고 볼 수 있던 것과 달리, 콘스탄티노플 정복은 이슬람교도 전체에게 큰 의미를 지녔다. 오스만의 가장 큰 경쟁자인 맘루크 왕조가 다스리던 이집트에서조차 이러한 기쁜 소식이 선포됐고, 가장 위대한 정복을 축하하기 위해 카이로가 장식됐다. 메카의 샤리프는 메흐메트 2세에게 편지를 보내 그를 "이슬람교와 이슬람교도를 도운 분, 모든 왕들과 술탄들의 술탄"이라고 불렀으며, 이교도를 정복하는 일이 이슬람 신앙심의 경건의 정수임을 강조해 "선지자의 샤리아를 소생시킨 분"이라고 칭했다. 그러나 무엇보다 이슬람 공동체를 충격적 환희로 몰아넣은 것은 메카 샤리프가 말했듯이 오랫동안 모든 이들의 눈에 난공불락으로 유명했던 도시인 콘스탄티노플이 무너졌다는 사실, 곧 선지자가 수백 년 전에 전한 예언이 이루어졌다는 사실이었다.[168]

이러한 반응은 콘스탄티노플이 존재하던 시절에 차지하던 위상을 잘 보여준다. 이슬람교가 등장한 첫 세기 동안 기독교 세계의 큰 도시

있는 셀주크 튀르크만이 아니라 수백 년 전에 콘스탄티노플을 상대로 지하드를 벌이는 데 일생을 바친 아라비아 무라비툰까지도 포함했다.

들과 지역들을 휩쓸고 정복해 나갔을 때도 '새 로마' 콘스탄티노플은 곡도에 굴하지 않고 끝까지 저항했다. 칼리파국이 가진 모든 역량을 성벽에 쏟아 부은, 그것도 한 차례가 아니라 두 차례의 전면적 포위 공격에도 콘스탄티노플은 끝내 버텨냈다. 만일 유럽이 '암흑시대'에 접어들어 남쪽에서는 무어인 이슬람교도, 북쪽에서는 노예무역을 하던 바이킹, 동쪽에서는 훈족 계통의 마자르인들 등 사방에서 칼리파의 동맹 혹은 잠재적 동맹들에게 시달리던 시기에 콘스탄티노플이 무너졌다면 서유럽은 암울한 운명과 직면했을 것이다. 즉 아무런 제약도 받지 않는 칼리파국의 막강한 힘과 맞닥뜨려야 했을 것이다. 칼리파국은 지중해 건너나 피레네 산맥 같은 넘을 수 없는 산맥 너머가 아니라 바로 대륙의 동쪽 뒷문에서 나머지 기독교 세계를 휩쓸고 격파할 준비가 돼 있었고, 그럴 의지가 있었다.

그러나 실제로는 콘스탄티노플이 이슬람 세력에 맞서 버텨냈다. 몰락 직전의 수십 년 동안 도시가 과거의 영광에서 크게 쇠락한 그림자에 불과했을 때조차 오스만에게는 가시 같은 존재였다. 발칸 반도 깊숙이까지 진군하더라도 콘스탄티노플이 건재하는 한 이슬람 세력의 후방은 늘 취약한 상태로 남아 있기 때문이다. 동로마를 연구하는 역사가 존 줄리어스 노리치John Julius Norwich의 말처럼 만약 사라센들이 15세기가 아니라 7세기에 콘스탄티노플을 함락했다면, 오늘날 유럽 전체와 아메리카는 이슬람 세계가 됐을지도 모른다.[169]

1453년에 마침내 도시가 함락되자 시급한 질문이 남았다. 서유럽은 여전히 약하고 분열된 상태일까? 선지자 무함마드의 이름을 이어받은 술탄 메흐메트 2세는 다음으로 로마를 점령할까? 아니면 이제는 죽어

버린 동방의 대응 세력이 유럽의 나머지 지역이 다가올 지하드에 맞서
힘을 키우는 데 필요한 시간을 벌어줄까?•

• 콘스탄티노플 탈환을 단호히 주장했던 교황 비오 2세(재위 1458~1464)처럼 이슬람과 기독교 세계의 관계사를 잘 알고 있던 인물들은 이러한 문제의식을 분명히 인식하고 있었다. "과거 우리는 아시아와 아프리카, 곧 외국 땅에서 상처를 입었다. 그러나 이번에는 유럽, 즉 우리의 땅, 우리의 집에서 공격을 받고 있다. 누군가는 튀르크인들이 오래전에 아시아에서 그리스로 옮겨갔고, 몽골인들이 유럽에 정착했으며, 아라비아인들이 지브롤터 해협을 건너가 스페인의 일부를 점령했다고 말할 것이다. 그러나 우리는 결코 콘스탄티노플에 비견될 만한 도시나 장소를 잃어본 적은 없다"(Cardini 2001, 128).

8장

이슬람의 성쇠

빈 포위전(1683년)

메흐메트 2세는 전적으로 승리하거나 완전히 패배하기 전까지는 결코 무기를 내려놓지 않을 것이다.

— 교황 비오 2세(1459년)[1]

깨어나라, 살라흐 앗딘. 우리가 돌아왔다. 이곳에 내가 있다는 자체가 초승달에 대한 십자가의 승리를 선언하는 것이다.

— 프랑스 장군 앙리 구로, 다마스쿠스(1920년)[2]

변경에서의 승리

15세기는 이슬람 세력이 마침내 800년 된 목표인 콘스탄티노플 정복을 달성한 시대였지만, 유럽 서쪽 끝에서 이슬람 세계와 맞닿아 있었던 가톨릭과 동쪽 끝에서 이슬람 세계와 맞닿아 있었던 정교회라는 서로 다른 두 기독교 문명이 수백 년에 걸친 이슬람교도의 지배로부터 해방 전쟁을 완수한 시대이기도 했다.

스페인에서는 1492년의 그라나다 함락이 기독교 세계 전체에 엄청난 반향을 일으켰고, 39년 전 콘스탄티노플 함락에 대한 적절한 복수로 여겨졌다.[3] 콘스탄티노플이 오스만 술탄에게 지녔던 의미는 그라나다가 페르난도와 이사벨에게 지녔던 의미와 마찬가지[4]였는데, 이들의 입장에서 이슬람과의 전쟁은 결코 끝나지 않은 것이었다. 그라나다가 정복되자마자 두 군주는 크리스토퍼 콜럼버스의 야심찬 항해에 자금을 댔다. 이는 인도를 거쳐 이슬람 세계에 대한 최종적이고 결정적인 십자군[5]을 개시하려는 시도였고, 그 과정에서 '신세계' 발견이라는 부수적 결과가 나타났다.

많은 유럽인들은 이슬람 동쪽의 민족들에게 도달할 수만 있다면 그들과 힘을 합쳐 이슬람 세계를 양쪽에서 협공할 수 있으리라 확신했다. 교황 니콜라오 5세의 표현을 빌리자면 적어도 '아직 이슬람교의 역병에 감염되지 않은'[6] 이들이었다.* 이 생각은 콜럼버스 자신의 편지에서도 분명히 드러난다. 그는 한 편지에서 페르난도와 이사벨을 "가증스런 무함마드 종파의 적"이라고 부르며, 두 군주가 나를 인도 지역으로 보내 그곳의 민족이 어떻게 전쟁에 도움이 될 수 있는지를 알아보려 했다고 기록했다.[7] '신세계'에 도달한 뒤 군주들에게 보낸 또다른 편지에서

---

* 이 계획은 수백 년 전부터 존재해 왔으며, 전설 속의 사제왕 요한과 연결돼 있다. 그는 언젠가 서쪽으로 진군해 이슬람 세력을 멸망시킴으로써 기독교 세계의 복수를 해줄 것이라고 생각됐던 동방의 위대한 기독교도 군주였다.

그는 예루살렘 정복과 전쟁을 위해 군대를 모집하자고 제안했다.[8]

스페인과 콜럼버스가 처음 이 전략을 실행한 것도 아니었다. 포르투갈이 1249년에 이슬람 세력으로부터 해방되자마자 기사 수도회들은 곧장 이슬람교도들이 있는 아프리카로 진출했다. '항해사 헨리 왕자'(1394~1460)의 폭발적인 에너지와 폭넓은 지적 역량을 이끈 크고도 지배적인 동기는 십자가를 진다는 단순한 욕망이었다. 즉 십자군의 검을 아프리카로 옮겨 이슬람을 상대로 한 기독교 세계 성전의 새 장을 여는 것이었다.[9] 그가 수많은 발견 항해에 나선 것은 그 지역에 신앙의 적들에 맞서 자신을 도와줄 수 있는 기독교 군주들이 있는지 알고자 했기 때문이었다.[10]

한편 15세기는 기독교 세계의 동쪽 끝, 정교회 국가인 러시아가 이슬람교도 지배에서 벗어난 시기이기도 했다. 하지만 지리적 요인부터 지리정치학적 요인 등 여러 이유로 인해 그 역사는 여전히 서방에서 덜 알려져 있다.•

• 러시아정교회는 언제나 이질적이고 동방에 더 가까운 것으로 여겨져 서방과 동일한 유산에 속하지 않는 존재처럼 여겨져 왔다. 이런 정서는 냉전 이후 더욱 심화돼 지금까지도 이어지고 있다. 게다가 몽골인들이 러시아를 정복한 지 수십 년 뒤에 이들이 이슬람교로 개종한 것은 학계에서는 흔히 피상적인 것에 불과한 것으로 치부된다. 몽골 지배자와 러시아 피지배자의 일상에 큰 영향을 끼치지 않은 표면적인 형식이었다는 것이다. 버나드 루이스는 이렇게 설명한다. "무어인과 튀르크인 외에 이슬람교도의 세 번째 유럽 진출(몽골)이 있었는데, 이는 서방 역사학자들에게는 종종 간과됐지만 동방의 의식에는 깊이 각인돼 있었다"(1994, 12). 루이스는 다른 곳에서 이렇게 썼다. "유럽을 정복하려는 이슬람교도의 시도는 크게 세 단계로 나눌 수 있다. 각기 아라비아인, 타타르인, 튀르크인의 시도다"(2004, 124).

몽골인들의 이슬람 개종

1240년 무렵에 러시아를 정복했을 당시 몽골인들은 이교도였으나, 1300년 무렵에는 이슬람교를 완전히 받아들여 아라비아어가 채택됐다. 그리고 카디(샤리아의 재판관), 무프티(법학자) 등 이슬람 종교 제도가 볼가 강 하류의 킵차크 칸국의 수도 사라이에 생겨났으며, 이슬람 종교법인 샤리아가 최고 권위를 지니게 됐다. 이로써 러시아-타타르 정복 사회는 중세 기독교-이슬람 국경 지대의 주류에 편입됐는데, 이는 그들이 하나의 전형적 질서 속으로 들어섰다는 이야기다. 교회 건축은 100년 동안 사실상 중단됐고, 온갖 몸값과 본질적으로 갈취인 비정규 세금(지즈야)이 강제로 징수되면서 러시아에서 초원지대로 끊임없는 부의 유입이 이루어졌다.[11]

몽골인들이 이슬람교로 개종하면서 그들의 종교적 관용 혹은 무관심은 사라졌다. 시리아 정교회 주교 바르 헤브라에우스(1226~1286)에 따르면 "많은 몽골 지도자들이 처음에는 그들의 겸손함과 다른 여러 습관 때문에 기독교도 신민을 우대했으나, 이제 이슬람교도가 됐기 때문에 그들의 사랑은 극심한 증오로 바뀌었다"고 한다.[12] 특히 전환점은 1295년 마흐무드 가잔Mahmud Ghazan 칸이 이슬람교로 개종하면서 찾아왔다. 그는 기독교도를 박해하라고 강요하는 대중의 압력에 굴복했고, 마침내 이런 명령을 공포했다. "교회는 뽑혀나가고 제단은 무너져야 하며, 성체 성사와 찬송, 기도 알림 소리는 폐지돼야 한다. 그리고 기독교도의 우두머리, 유대인 회중의 우두머리, 중요 인사들은 모두 죽임을 당해야 한다."[13]

이 명령에 힘입어, 기독교를 버리고 자신의 신앙을 부정하지 않는 자는 모두 죽어야 한다는 믿음에 사로잡혀 이슬람교도 폭도들이 날뛰며 기독교도 주민을 학살하고 피해를 주었다. 몽골이 지배하는 아르메니아에서는 교회 예배가 금지됐고, 지방 당국은 모든 성인 기독교도 남성의 수염을 뽑고 그들에게 각종 수모를 가하도록 명령했다. 이러한 조치에도 불구하고 기독교도들이 좀처럼 이슬람교로 개종하지 않자, 칸은 모든 기독교도 남성을 거세하고 한쪽 눈을 뽑으라는 명령을 내렸다. 이는 항생제가 없던 시대에 많은 죽음을 초래했지만, 동시에 다수의 개종으로 이어졌다.[14]

몽골-러시아 관계 역시 유사한 적개심에 의해 움직였다. 킵차크 칸국의 권력이 절정에 달했던 1327년, 우즈베크Uzbek 칸의 사촌이자 러시아 연대기에서는 '기독교의 파괴자'라 불린 셰브칼Shevkal이 칸에게 "제가 러시아에 가서 그들의 기독교 신앙을 파괴하고, 그들의 군주를 죽이며, 그들의 아내와 자식을 전하게 바치게 해 달라"고 요청했다. 우즈베크는 이를 허락했다. 셰브칼은 대군을 이끌고 매우 오만하고 폭력적으로 러시아를 침략했다. 그는 무력, 약탈, 고문, 모욕을 사용하며 기독교도들을 심하게 박해하기 시작했다.[15] 러시아인들도 자신들이 다시금 고통을 겪는 이유를 모르는 것은 아니었다. 그들의 연대기 곳곳에서 자신들이 종교적 적개심에 이끌린 이교도 약탈자들에게 맞서 싸우는 신앙의 수호자로 묘사됐으며, 몽골의 만행은 언제나 지속적인 종교 전쟁 속의 사건들로 기록됐다.[16]

몽골인들이 이슬람교로 개종하리라는 것은 처음부터 자명한 사실은 아니었다. 칭기즈 칸의 손자이자 아바스 칼리파국을 멸망시키기 전 자

신을 '알라의 채찍'이라 묘사해 이슬람교도들을 조롱했던 훌라구Hülegü
는 무함마드의 신앙에 대단히 적대적이었고, 기독교 및 유대인 딤미들
에게는 관대했다.[*] 훌라구의 형제인 쿠빌라이 칸은 아마도 아흐마드
Ahmad인 듯한 아크마트Achmath라는 이슬람교도 재상이 고위직을 이용
해 대다수가 비이슬람교도인 제국의 신민들을 착취하고 있다는 사실
을 알게 됐다. 마르코 폴로[**]에 따르면 쿠빌라이는 사라센들의 종교 교
리에 관심을 갖게 됐는데, 그 교리란 모든 범죄, 심지어 살인조차도 자
신들의 종교를 가지지 않은 사람에 대해 저질러진 것은 용서하는 것이
었다. 칸은 가증스러운 아크마트와 그의 아들들이 이 교리 때문에 죄책
감 없이 행동할 수 있었다는 것을 알고 극도의 혐오감과 증오를 품게
됐다. 그래서 그는 사라센들을 불러 그들의 종교가 명령하는 많은 행위

---

[*] 훌라구는 "모든 기독교도는 이슬람교도 땅에서 노역과 세금(지즈야)으로부터 해방돼야 한
다. 그들의 재산은 누구도 침해하지 말 것이며, 파괴된 교회의 재산은 복구돼야 한다"라고 공표
한 적도 있었다. 이와 비슷하게 1259년 훌라구는 "모든 종교 집단은 자기 신앙을 공개적으로
선포할 수 있어야 하며, 어떤 이슬람교도도 이에 대해 반대해서는 안 된다"라고 명령했다. 당시
를 회상하며 한 실망한 이슬람교도는 "그날 가장 좋은 옷을 입지 않은 기독교인이 단 한 명도
없었다"라고 기록했다(Lamb 1927, 223). 사실 몽골인들은 시리아를 점령하고 있을 때 기독교
도들에게 특별한 호의를 베푼 것은 아니었다. 그들은 그저 전통적으로 모든 종교와 신자들에게
동일한 태도를 취했을 뿐이었다. 하지만 딤미 기독교도들이 평소 겪어 오던 처지를 고려하면,
그것은 호의처럼 보였을 것이다(Morgan 1988, 155).

[**] 이 베네치아인 여행자는 이슬람교에 관해 많은 말을 했는데, 대부분은 다른 유럽인들이 기
록한 것과 일치했다. "그들의 교리에 따르면 다른 신앙을 가진 자들에게서 훔치거나 약탈한 것
은 정당한 것으로, 이때의 절도는 범죄가 아니다. 기독교도에게 살해당하거나 상해를 입은 자
는 순교자로 여겨진다." 또한 암살자를 뜻하는 영어 단어 '어쌔신(assassin)'의 어원이 된 "하샤
신(hashashin)은 시아파의 분파인 니자리 이스마일파인데, 이들은 필사적인 암살 시도 속에
목숨을 바쳐 아름다운 요정들(천국 미녀)과 함께 온갖 감각적 쾌락을 누릴 수 있는 천국에 들
어가고자 했다. 바그다드의 이슬람교도 군주는 매일 자신의 영토에 사는 사람들을 자기 종교로
개종시킬 수단을 강구하거나, 거부할 경우 죽일 구실을 찾는 데 몰두했으며, 이슬람교도들은
기독교도를 철저히 혐오했다"(Marco Polo 2001, 32, 47, 28~29, 264).

들을 금지시켰다.[17]

그럼에도 불구하고 유목민이었던 몽골인들은 그들 이전의 다른 부족민들인 아라비아인, 베르베르인, 튀르크인과 공통점이 많았으며, 이슬람교를 받아들이면서 그것이 자신들의 삶의 방식과 양립 가능함을 발견했다. 그들의 적은 언제나 '타자'로서 부족 외부의 모든 이들이었고, 이슬람교의 맥락에서는 움마(공동체) 밖의 이교도들이었다.• 또한 기독교의 '정당한 전쟁' 이론은 그들에게 전혀 이해할 수 없는 것이었다. 한 민족이 몽골 지배에 복종하지 않는다는 사실만으로 학살이나 노예화의 충분한 이유가 됐다.•• 일단 복속되면 오직 공물(이슬람교의 맥락에서는 지즈야)만이 피지배자의 생명을 보장할 수 있었다.•••

위대한 칭기즈 칸의 이력조차 무함마드의 그것과 유사하다. 두 사람모두 그전까지 분열돼 싸우던 몽골과 아라비아 부족들을 통합했고, 후

• 이교도 정복자들이 기독교도 민족들을 학살하는 것을 멈추라고 권하기 위해 서방에서 파견된 여행자인 수도사 조반니(Giovanni da Pian del Carpine)는 "그들은 다른 사람들에게 성마르고 경멸적이며, 믿을 수 없을 정도로 기만적이다. 그들이 꾸미는 악행은 아무도 대비하지 못하도록 철저히 숨긴다. 그리고 다른 민족들을 도살하는 것을 아무 일도 아닌 것처럼 여긴다"라고 했다. 또 "타타르인들은 순수한 힘보다는 계략으로 싸운다"라고 덧붙였다(Lamb 1927, 73~74, 219).

•• 1246년 교황 인노첸시오 4세는 귀위크 칸에게 기독교도들에 대한 박해를 그만두라고 호소하는 편지를 보내며 "나는 당신이 마자르인과 기독교도들의 땅을 전부 빼앗은 것이 놀랍소. 그들의 잘못이 무엇인지 말해 주시오"라고 했다. 사람들은 공격당하기 전에 반드시 어떤 '잘못'을 저질러야 한다는 점에 대해, 칸은 혼란스러워하며 이렇게 답했다. "그대의 말을 나 역시 이해하지 못했다. 영원한 하늘 신께서 이 땅과 그 백성을 죽이고 멸절시키신 이유는 그들이 칭기즈 칸과 대칸(현재의 최고 지배자)에게 복속하지 않았기 때문이다"(Allen 2010, 391~392).

••• 정복당한 주민들에게 부과된 세금의 목적은 아주 단순히 말해 '상상할 수 있는 최대한도의 착취'였다. 몽골인이 보기에 피지배민이 존재할 이유는 세수를 만들어내는 것 말고는 전혀 없었다(Morgan 1988, 102). 이는 이집트와 그밖의 지역에서 초기 칼리파국이 딤미 주민을 '젖을 짜내는 낙타'로 묘사했던 점을 떠올리게 한다.

계자들은 그들 민족의 결집된 힘을 '타자', 즉 이교도의 땅으로 돌렸다. 최고 수장이었던 칭기즈 칸은 무함마드와 마찬가지로 법령 체계인 야사Yassa를 제정했는데, 이는 이후 그의 백성들에 의해 신의 명령에 버금가는 것으로 떠받들어졌다.[18] 야사는《코란》과 마찬가지로 유목 세계에서 만들어졌기 때문에 이슬람교의 '충성과 거부'의 교리를 반영하고 있다. 그것은 몽골인에게 "서로 돕고, 다른 민족을 파괴하라"라고 권했으며, 모든 복속하지 않은 민족과 평화를 맺는 것이 금지됐다. 또한 몽골인이 아닌 피지배민들은 딤미들처럼 명예로운 작위를 갖는 것이 금지됐으며, 몽골인을 하인이나 노예로 부리는 것도 금지됐다.[19]

요컨대 당대 유럽인 관찰자들이 오랫동안 튀르크인들에 대해 이야기한 것과 마찬가지로 도미니코회 수도사 리콜도Riccoldo da Monte di Croce(1243~1320)의 말을 빌리자면 "타타르인들이 이슬람교를 채택한 것은 그것이 쉬운 종교였기 때문이며, 반면에 기독교는 어려운 종교였다."[20] 이슬람교는 그들의 기존 생활 방식과 보완적 관계였던 반면, 기독교는 그것에 어긋나는 것이었다.

타타르의 멍에를 벗어던지다

1359년, 킵차크 칸국은 내부 분열로 인해 기반이 흔들리기 시작했다. 이를 기회로 모스크바 대공국은 지배자들에게 반기를 들기 시작했다. 이에 군사령관 마마이Mamai는 1380년 반란군을 진압하고 러시아아인들에게 이슬람교를 강요하기 위해 약 10만 명의 튀르크-타타르군을 이끌고 모스크바를 향해 진격했다.[21] 러시아인들은 '이슬람교도들의 갑옷'을 상대로 러시아 땅과 기독교 신앙을 위해 자신들의 칼을 시험하겠다고 호언하며 도전에 응했다.[22] 모스크바 대공 드미트리 돈스코이Dmitry Donskoy의 총괄 지휘 아래 약 5만 명의 러시아군이 집결해 돈 강과 그 지류들 인근의 쿨리코보 평원에서 칸의 군대와 맞섰다. 맞선 두 군대는 워낙 대규모여서 전선이 13킬로미터에 걸쳐 펼쳐졌다. 기독교군은 강과 울창한 숲 사이에 전략적으로 자리를 잡아 타타르 기병의 기동과 측면 공격을 제한했다.

드미트리는 안전한 곳에 머물라는 장수들의 간청에 이렇게 답했다. "나는 얼굴을 가리거나 후방에 숨지 않을 것이다. 형제들이여, 함께 싸우자. 나는 말뿐만 아니라 행동을 통해 누구보다도 먼저 기독교를 위해 죽고자 한다. 그래야 다른 모든 이들도 이를 보고 용기를 얻을 것이다."[23] 보다 현실적인 이유를 덧붙이며 대공은 이렇게 설명했다. "이교도들의 노예가 되느니 전투에서 쓰러지는 편이 낫다."[24]

1380년 9월 8일 전투가 시작되자 "러시아 공국들에서 일찍이 없었던 대량 살육과 격렬한 전쟁, 엄청난 소음이 있었다. 피는 폭우처럼 흘렀고, 양측 모두에서 많은 사망자가 나왔다"라고 연대기 작가는 기록했다.[25] 수적으로 절반에 불과한 열세였음에도 불구하고 러시아인들은 타타르의 모욕에 대한 복수를 추구하며 맹렬한 분노를 품고 싸웠다.[26] 드미트리는 약속대로 최전선에서 좌우를 가리지 않고 공격해 많은 적을 죽였다. 그는 수많은 타타르인에게 포위돼 머리와 몸에 여러 차례 가격을 당했다.[27] 몇 시간에 걸친 치열한 전투 끝에 러시아군은 막대한 희생을 치렀지만 무성한 숲속에 매복했다가 돌격한 기병대에 힘입어 이슬람군을 무찔렀다. 드미트리 대공은 몽골군이 도망쳤다는 소식을 듣고 곧바로 과다출혈로 쓰러지긴 했지만, 150년 동안 압제자였던 타타르인을 상대로 러시아가 거둔 첫 번째 대승을 이끌었다.

쿨리코보 전투는 몽골의 무적 신화를 깨뜨리고 러시아에 큰 명예를 안겨주었지만, 해방은 아직 100년을 더 기다려야 했다. 1382년에 재정비하고 회복한 타타르군이 모스크바를 침공해 도시 대부분을 완전히 불태우고 약 2만 4천 구의 시신을 남겼기 때문이다. 그러나 회복력 있는 러시아는 여전히 킵차크 칸국의 눈엣가시로 남았다.[28] 1409년, 통치자 에디구Edigu는 드미트리의 뒤를 이은 대공 바실리 1세에게 지즈야를 완납하라고 경고했다. "그렇지 않다면 네 영토에 재앙이 닥치고, 기독교도들은 최후를 맞이하며, 우리의 분노와 전쟁이 너희에게 떨어질 것이다."[29] 이 경고가 무시되자 에디구는 모스크바 등지에서 학살, 약탈, 방화를 일삼았으나 모스크바는 끝내 함락되지 않았다. 쿨리코보 평원에서의 승리는 이미 권력의 균형을 서서히 바꾸어 놓았고, 과거와 같은 지배 질서로 되돌아가는 것은 더이상 불가능해졌다. 이후 수십 년에 걸쳐 러시아는 계속해서 힘과 명성을 쌓아간 반면, 킵차크 칸국은 두 측면 모두에서 점점 쇠퇴해 갔기 때문이다.

1478년, '러시아 영토의 수집가'라 불린 모스크바 대공 이반 3세는 아흐메드Ahmed 칸에게 도전해 지즈야 납부를 거부했다. 아흐메드가 '야만적인 알라의 전사'[30]로 악명 높았던 탓에 격분하며 고함을 질렀음에도 불구하고, 모스크바의 대주교와 모든 귀족들은 정교회 기독교를 위해 이슬람교에 맞서 굳건히 버텨 달라고 대공에게 간청했다. 2년 뒤 아흐메드는 대군을 이끌고 모스크바로 향했다. 모든 러시아 남성들은 불가리아, 세르비아, 그리스 등 다른 큰 나라들이 튀르크인에게 당하고 있던 지속적인 해악인 "집이 불타고 약탈당하며, 자식들이 학살되고 아내와 딸들이 능욕당하는 것을 끝장내기 위해 필요한 모든 희생을 치르라"는 격문을 받았다.[31]

이반 3세가 이끈 러시아군이 출정해 아흐메드의 대군과 맞섰다. 쿨리코보 전투로부터 정확히 100년 뒤인 1480년 10월 초, 양군은 우그라강 양쪽 기슭에서 마주했다. 화살과 욕설이 강 너머로 오갔으나, 강이 얼어 건널 수 있게 되자 기독교도와 이슬람교도 양군이 모두 철수했다. "이렇게 타타르의 차르들이 종말을 맞이했다"라고 연대기는 감사해하며 결론지었다. 그라나다의 함락의 경우와 마찬가지로 이 해방이 콘스탄티노플 함락으로부터 단 27년 뒤에 일어난 것은 그 의미를 더욱 높였다. 또다른 연대기 작가는 이렇게 노래했다. "그때 우리 러시아 땅은 이슬람교도에 복속되어 있던 멍에에서 벗어나 회복을 시작했으니, 마치 겨울에서 맑은 봄으로 옮겨가는 것과 같았다."[32]

그러나 뒤에 보겠지만 이 찬가는 너무 문자 그대로 받아들여서는 안 된다. 칸국에 공식적으로 복속돼 조공을 바치던 것에서는 해방됐지만, 러시아에 대한 파괴적인 노예사냥 습격은 이후로도 수백 년 동안 계속됐기 때문이다. 우그라 강변의 대치 후 약 70년 뒤의 연대기는 타타르 습격자들이 여전히 "기독교도의 피를 흘리고, 교회를 모독하고 파괴했다"[33]고 기록했다. 또다른 기록은 그들이 "젊은 수녀들을 강간하고, 포로로 끌고 가지 않은 이들은 코, 귀, 손, 발을 잘라냈다"라고 전한다.[34]

메흐메트의 계속적인 지하드

기독교 세계가 이슬람 세력에 대해 서쪽과 동쪽 변경에서 결정적인 승리를 거두었음에도 불구하고, 유럽 심장부를 향한 오스만의 진격은 멈추지 않고 계속됐다. 1453년 콘스탄티노플을 함락시켰을 때 아직 스물한 살에 불과했던 메흐메트 2세는 앞으로도 수십 년간 지하드를 이어갈 수 있었다. 그는 1459년에 세르비아를 최종적으로 제압하고 그리스 대부분을 점령했다. 같은 해 교황 비오 2세는 만토바 공의회를 소집했다. 그러나 초청한 서방의 군주들이 한 명도 오지 않자 실망한 그는 튀르크인의 곡도가 누구에게도 닿을 수 있음을 경고했다.

우리의 피를 갈망하는 민족에게 평화를 기대할 수 있겠습니까? 그들은 이미 그리스를 굴복시킨 뒤 헝가리 남부에 발을 들여놓았습니다. 터무니없는 희망을 버려야 합니다. 메흐메트 2세는 완전히 승리하거나 철저히 패배하기 전에는 결코 무기를 내려놓지 않을 것입니다. 그의 모든 성공은 다음 정복을 위한 디딤돌일 뿐이며, 마침내 서방의 모든 군주를 굴복시키고 기독교 신앙을 무너뜨리며, 그의 거짓 선지자의 율법을 온 세상에 강요할 것입니다. 아, 고드프루아, 보두앵Baudouin, 유스타슈Eustache III de Boulogne, 위그 Hugues le Grand, 보에몽, 탱크레아우스와 예루살렘을 탈환했던 다른 용맹한 이들이 지금 여기에 있었다면! 정말로 그들은 이렇게 많은 말로 설득할 필요조차 없었을 것입니다.[35]

그러나 그의 호소는 거의 성과를 거두지 못했다. 한편 메흐메트 2세는 예언처럼 '콘스탄티노플을 정복한 뒤 로마를 정복'해 성 베드로 대성당 제단에서 자신의 말에게 풀을 먹이기 위해 1480년 이탈리아를 침공하고, 오트란토를 점령했다.[36] 이때 주민 2만 2천 명 중 절반 이상이 학살당했고, 5천 명은 사슬에 묶여 끌려갔다. 훗날 '순교자의 언덕'으로 불리는 언덕 위에서는 800명의 기독교도가 이슬람 개종을 거부한 죄로 의식에 따라 참수됐으며, 대주교는 톱에 의해 두 동강 났다.

이제 교황 식스투스 4세가 무관심한 서방을 꾸짖을 차례였다. "전쟁터에서 멀리 떨어져 있다고 자신들이 침략으로부터 보호받고 있다고 생각하지 마십시오. 당신들 또한 나서서 침략자를 맞아 싸우지 않는다면, 멍에 아래 굴복하고 칼날에 베일 것입니다. 튀르크인들은 기독교의 절멸을 맹세했습니다. 궤변은 이제 그만 두십시오. 지금은 말할 때가 아니라 행동하고 싸울 때입니다."[37]

그로부터 1년도 채 되지 않아 술탄 메흐메트 2세는 마흔아홉 살의 나이로 죽었는데, 그의 아들이자 후계자인 바예지드 2세가 독살했을 가능성이 크다. 바예지드 2세는 비록 아버지만큼 많은 승리를 거두지는 못했지만, 질적으로는 아버지만큼 잔혹했다. 그의 그리스 메토니 정복에 대한 현존하는 기록은 이를 잘 보여준다.

술탄 바예지드 2세는 성 안으로 들어갔다. 그는 프랑크인의 교회에 들어가 기도했는데, 그는 그 교회를 이슬람교당으로 바꾸었으며 지금까지도 그렇게 남아 있다. 다른 교회들은 불태워졌다. 그들은 불쌍한 기독교도들을 도살했다. 살육은 너무나 심해 피가 바다로 흘러들어 붉게 물들었다고 한다. 그곳에서 바예지드 2세는 기도 후에 메토니의 모든 주민을 노소를 가리지 않고 붙잡아 자신 앞으로 끌고 오라고 명령했다. 그는 열 살 이상 되는 모든 이들의 처형을 명령했고, 그대로 실행됐다. 그들의 머리와 몸을 한데 모아 성 바깥에 큰 탑을 쌓았는데, 지금까지도 그것을 볼 수 있다. 이는 1499년에 일어난 일이다.[38]

이 시기에 독일 풍자 시인 세바스티안 브란트Sebastian Brant는 이슬람 세력의 점진적인 확장과 '잠자는 기독교 세계'를 대조한 시를 발표해 널리 퍼졌다.

우리의 신앙은 동방에서 강했다네

아시아 전역을 지배했고

무어인의 땅과 아프리카에서도 그랬지

그러나 이제(7세기 이래) 우리는 이 땅들을 잃었네

…

우리는 모두 잠든 사이에 멸망하지

목자가 자고 있는 동안에

늑대가 우리에 들어와

거룩한 교회의 양을 훔쳐가네

우리 교회에는 네 자매가 있었네

모두 총대주교좌가 있던 곳

콘스탄티노플, 알렉산드리아, 예루살렘, 안타키아

그러나 이들은 빼앗기고 약탈당했네

그리고 곧 머리(로마)가 공격당하겠네[39]

이 시의 흐름이 시사하듯이 유럽 지식인들은 오스만이라는 채찍을 계속 이어졌던 이슬람 공포의 최신판으로 보았다. 당대의 한 잉글랜드 성직자가 썼듯이 아라비아인들은 630년 무렵에 나타난 첫 메뚜기 떼였던 반면, 튀르크인들은 독사의 새끼로서 그들의 부모인 사라센인보다 더 사악한 존재였다.[40]

당당한 지하드 전사와 기독교 세계의 분열

모든 경고와 탄식에는 여전히 아무도 귀를 기울이지 않았다. 이때 다음 술탄 셀림 1세(재위 1512~1520)는 유럽에 등을 돌리고 오스만의 오랜 경쟁자인 맘루크 술탄국을 상대로 정력을 쏟아 성공을 거두고 있었다. 그 결과 1517년에 오스만 제국 영토에는 아나톨리아, 발칸, 레반트, 이슬람교의 세 거룩한 도시(메카·메디나·예루살렘), 이집트를 비롯해 사실상 북아프리카 전역이 들어와 있었다. 교황 레오 10세는 이렇게 탄식했다. "끔찍한 튀르크인이 이집트와 알렉산드리아, 동로마 제국 전체를 장악했으니, 이제 시칠리아와 이탈리아뿐만 아니라 온 세상을 삼켜버릴 것이다."[41]

3년 후, 오스만의 제10대이자 재위 기간이 가장 길었던 술탄인 스물여섯 살의 쉴레이만 1세가 권좌에 올랐다. 그는 유럽인들에게는 '위대한 쉴레이만the Magnificent'으로 알려져 있지만, 튀르크인들에게는 '가지'(지하드 전사)로 더 잘 알려졌다. 그는 유럽을 상대로 150만 제곱킬로미터에 달하는 제국의 모든 자원을 동원할 준비를 했다.[42] 쉴레이만은

신속히 움직여 1521년에 베오그라드, 1522년에 로도스 섬을 차례로
함락시켰다. 두 곳 모두 그의 증조부인 '정복자' 메흐메트 2세조차 정복
할 수 없었던 곳이었다.

4년 뒤 쉴레이만은 '기독교의 방패'로 불리며 그때까지 강대한 왕국
이었던 헝가리 왕국을 모하치 전투에서 격파했다. 그는 천국 미녀들과
의 영원히 행복한 삶을 갈망하는, 지하드와 순교에 헌신하는 자칭 열성
신자들이었던[43] 7만 명의 이슬람 군대를 이끌고 헝가리군을 전멸시켰
다. 그는 참수된 머리로 거대한 피라미드를 쌓았으며, 10만 명의 노예
를 이끌고 콘스탄티노플로 개선했다.

1529년에 술탄은 오늘날 오스트리아의 빈 성문 앞으로 가서 그곳을
포위했다. 그러나 이는 원정 말미에 다소 즉흥적으로 한 침공이었고,
악천후로 인해 공성 무기가 수렁에 빠지거나 방치되고 병영 내 전염병
까지 퍼지자 쉴레이만은 3주도 채 되지 않아 포위를 풀었다.

쉴레이만의 전례 없는 유럽 진출은 시기적으로도 최악의 순간에 이
루어졌다. 왜냐하면 오스만이 맘루크 술탄국의 광대한 영토를 흡수한
해인 1517년에 기독교 세계의 마지막이자 가장 혹독한 최악의 분열이
시작됐기 때문이다. 그리고 그 궁극적 결과는 이슬람교도들에게 이익
이 됐다.[44] 가톨릭 성직자였던 마르틴 루터Martin Luther(1483~1546)는 이
때 역사적인 종교개혁을 일으켰다. 루터의 행위는 의도치 않게 이슬람
세력의 침입에 맞선 유럽의 단합을 약화시키는 데 상당한 역할을 했다.
루터는 이슬람교에 대한 기독교의 전통적인 입장을 고수해《코란》을
"끔찍하고 혐오스러운 내용으로 가득 찬 저주스럽고 수치스럽고 절망
적인 책"이라고 규탄했다. 그러나 그는 십자군 개념을 거부하고, 처음

에는 이슬람교도 침입자들에 대해 수동적 태도로 설교했다.[45]* 즉 비록 술탄이 "기독교도들의 육신을 살해해 극심하게 날뛴다 하더라도, 그는 이를 통해 결국 하늘을 성자로 가득 채우는 것에 불과"하다고 말했다.[46]

아마도 가장 심각한 점은 루터와 다른 종교개혁 지도자들**이 가톨릭 교황을 수십만의 기독교도를 학살하고 노예화한 책임이 있는 오스만 술탄보다 더한 '적그리스도'로 묘사함으로써 일종의 상대주의를 불러들였다는 것이다. 오늘날에도 만연한 이 상대주의는 가톨릭 역사 속 종종 왜곡된 사례들을 끌어와 지금도 계속되는 이슬람교도의 만행을 축소하거나 희석하는 데 이용된다.***

가톨릭 교회도 독자적인 독설로 맞서며 개신교 교리를 이슬람교에 빗대어 깎아내리고자 했다. 무함마드는 초기 개신교도이고, 개신교도들은 현대판 사라센인이라는 식이었다.[47] 결국 가톨릭과 개신교 양측은 서로를 극악무도한 존재로 보이게 하려는 의도로 이교도들에게 찬사를 퍼붓는 지경에까지 이르렀다.[48] 그 사이 이슬람교도들은 뒤로 물러

---

* 튀르크인과 싸우는 것은 하느님께 반역하는 것이며, 하느님께서는 그들을 통해 우리의 죄를 벌하시는 것이라는 루터의 주장에 대해 에라스뮈스는 이렇게 빈정거렸다. "만약 하느님께서 튀르크인을 통해 기독교도의 죄를 벌하는 것이기 때문에 그들과 맞서 싸우는 것이 옳지 않다면, 질병도 하느님께서 백성의 죄를 씻기 위해 보내시는 것이니 병에 걸렸을 때 의사를 부르는 것도 마찬가지로 옳지 않다"(Allen 2010, 415).

** 장 칼뱅은 아예 이슬람교의 선지자와 가톨릭 교황을 "적그리스도의 두 뿔"이라고 불렀다(Francis Nigel Lee, "Calvin on Islam"을 보라). 참고로 "종교개혁은 이슬람교에 대한 긍정적 평가를 증대시켰으며, 그 결과 전통적이고 관습적인 친이슬람 태도의 탄생과 발전을 가져왔다"(Cardini 2001, 150)는 평가는 개신교에 대한 공격이나 가톨릭 옹호로 해석돼서는 안 된다. 이는 어느 쪽의 신학적 장점이나 진리를 논하는 것이 전혀 아니기 때문이다. 여기서 중요한 것은 두 종교 모두 오류 많은 인간들의 행위가 의도치 않은 결과를 낳았다는 것이다.

*** 매우 많은 피를 흘렸고 잔인한 제도라는 스페인 종교재판에 대한 지배적 이미지는 주로 개신교(특히 영국)의 가톨릭에 대한 적대 감정을 반영한 허구다(Stark 2012, 5).

서서 이를 비웃었고, 에라스뮈스 같은 분별 있는 인문주의자들은 분통을 터뜨렸다. 그는 이렇게 투덜거렸다. "우리가 끝없는 내분을 벌이는 동안 튀르크인들은 그들의 제국, 아니면 공포정치라고 하는 것이 나을 법한 지배를 크게 확장했다."[49]

'공포정치'는 유럽의 지중해 연안에서 특히 두드러졌다. 쉴레이만이 술탄이 됐을 무렵, 그들의 베르베르 혈통을 드러낸 이름이기도 한 '바르바리' 해적으로 알려진 알제리 해적들은 이미 기독교 세계의 지중해를 공포에 몰아넣고 있었다. 그들의 함선과 병력은 최근 스페인에서 추방당한 이슬람교도인 모리스코들의 복수심으로 불어나 있었다. 또다른 해적들은 유럽 출신의 배교자들로, 곧 이슬람교로 개종한 자들을 뜻했다. 그들 대부분은 어린 시절 포로로 잡힌 자들이었고, 그 결과 일종의 '해적판 예니체리 제도'가 발전했다. 지도자의 날카로운 눈에 띄게 된 용감하고 잘생긴 소년 포로들은 일단 선택되면 출세를 보장받았다.[50] 그들 또한 무함마드의 약속에 세뇌되고 고무됐다. 선지자는 "해상 원정 한 번은 육상 원정 열 번과 같으며, 바다에서 길을 잃는 자는 알라의 길에서 피를 흘리는 자와 같다"[51]라고 말했다. 이를 통해 해적들의 전리품에 대한 탐욕은 순교의 꿈으로 더욱 부추겨졌다.

1520년경 쉴레이만은 바르바리 해적 중 가장 악명 높았던 하이레딘 바르바로사Hayreddin Barbarossa을 자신의 휘하에 두고, 그가 유럽에 대한 해상 지하드를 수행하는 것을 원조했다. 이어진 공포정치는 지중해 연안의 유럽인들로 하여금 십자군 이전 수 세기 동안 이른바 '가운데 바다'(지중해)가 지하드와 노예사냥에 휩쓸렸던 조상들의 시절(3장 참조)을 떠올리게 만들었다. 이후 20여 년 동안 수십만의 유럽인이 노예로 끌려갔고, 1541년에 이르자 알제리는 기독교도 포로들이 그득해 '기독교도 노예 한 명은 양파 한 개와도 바꾸지 못한다'라는 말이 흔히 쓰일 정도 였다.[52]

갑옷에 난 균열: 몰타와 레판토

바다에서 전개된 지하드의 성공에도 불구하고 한 노련한 해적은 쉴레 이만에게 "독사의 소굴을 소탕하지 않는 한 아무런 도움이 되지 않을 것"이라고 조언했다. '독사의 소굴'은 몰타에 본거지를 둔 구호기사단 (성 요한 기사단)을 가리킨다.[53] 쉴레이만은 1522년 로도스 섬에서 200년 동안 오스만 제국의 모든 해상 시도를 좌절시켜 왔었던 기사단을 쫓아 냈는데, 이에 신성로마제국 황제 카를 5세는 보금자리를 잃은 기사단 에게 1530년에 몰타 섬을 하사했다. 이들은 술탄의 해적에 대한 황제 의 대응이었고, 30여 년 동안 쉴레이만에게 눈엣가시였다.* 마침내 쉴 레이만은 '이교도들의 본부'를 제거하기로 결심했다. 1565년 3월에 약 3만 명의 오스만군을 태운 역사상 최대 규모 중 하나의 함대가 작은 섬 점령을 위해 파견됐다. 그곳의 전투 병력은 총 8천 명이었다.

교황 비오 4세는 유럽의 왕들에게 몰타를 도와달라고 간청했으나 소용없었다. 스페인 왕은 숲속으로 숨어버렸고, 프랑스·잉글랜드·스

---

* 구호기사단도 어디든 가능한 곳에서는 이슬람교도를 노예로 만들어 같은 대응을 하고자 했 지만, 지중해 일대에서 노예화는 단연 압도적으로 이슬람교도의 일이었다(R. Davis 2003, 9).

코틀랜드는 여자와 아이들이 다스리고 있다고 교황은 불평했다. 인접한 시칠리아의 부왕副王만이 응답했으나, 그는 군대를 모으는 데 시간이 필요했다. 구호기사단의 총단장 장 파리조 드 발레트Jean Parisot de Valette(1494~1568)는 성격은 다소 침울하지만, 일흔한 살인 나이에 비해 매우 강건하고 독실한 인물이었다. 그는 다가올 포위전을 준비했다. 부하들에게 무엇이 달려 있는지를 설명해주는 것이 그 하나였다.[54] 그는 이렇게 경고했다. "무모한 야만인들로 구성된 가공할 군대가 이 섬으로 몰려오고 있다. 형제들이여, 이들은 예수 그리스도의 원수들이다. 오늘의 이 일은 복음서가《코란》으로 대체될 것이냐의 여부에 관한, 우리의 신앙을 지키는 문제다. 하느님께서는 이번에 이미 그분께 봉사하기로 맹세한 우리의 생명을 요구하신다. 이 희생을 가장 먼저 완수하는 자들이야말로 복 될 것이다."[55]

오스만군은 5월 말 몰타에 도착하자마자 핵심 요새 가운데 하나인 세인트엘모를 향해 무차별 포격을 가했다. 한 연대기는 "대포와 화승총의 굉음, 섬뜩한 비명, 연기와 불길로 온 세상이 폭발 직전에 있는 것처럼 보였다"라고 전한다. 수적으로 크게 열세였고 곧 지쳤던 수비군은 "용감히 싸우고 목숨을 야만인들에게 최대한 비싸게 팔라"[56]라는 명령을 받고 그대로 수행했다. 요새를 방어하던 기독교도 하나가 쓰러질 때마다 포위자인 이슬람교도 여럿이 죽었다. 한 달 동안 오스만이 퍼부을 수 있는 모든 것을 버티던 세인트엘모는 6월 23일, 마침내 적의 돌격으로 함락됐다. 요새는 이제 돌무더기로 변해 있었다.

수비군 1500명은 거의 전원 학살당했다. 수백 년 전 살라흐 앗딘이 이슬람의 가장 강력한 적인 성전기사단과 구호기사단의 선배들에게

내린 섬뜩한 운명이 이번에는 그 후계자들에게 닥친 것이다. 구호기사
단원들은 쇠고리에 거꾸로 매달렸고, 머리가 쪼개지고 가슴이 갈라져
심장이 도려내졌다.[57] 오스만 지휘관 무스타파는 절단된 시신들과 한
몰타 신부의 시체를 나무 십자가에 못 박아 발레타 항구에 띄우라고 명
령했다. 바라보는 수비군을 조롱하고 사기를 꺾으려는 것이었다. 그러
나 이는 실패했다. 일흔한 살의 총단장 발레트는 기독교도들을 모아 격
렬하고도 도전적인 연설을 했으며, 모든 이슬람교도 포로를 참수하고
그들의 머리를 대포에 넣어 튀르크 포위군 쪽으로 쏘아 보냈다.

오스만군은 섬의 나머지 부분을 상대로 당시 역사상 가장 지속적인
포격을 퍼부었다. 무려 13만 발의 포탄이었다. 한 당대인은 이렇게 기
록했다. "지옥의 광경이라는 말로 이 끔찍한 모습을 묘사할 수 있을지
모르겠다. 불길과 열기, 화염방사기와 불의 고리에서 끊임없이 뿜어져
나오는 화염, 자욱한 연기와 악취, 내장이 드러나고 훼손된 시신들, 무
기의 충돌, 신음과 외침과 비명, 포성의 굉음…. 사람들이 서로에게 상
처를 입히고 죽이며, 발버둥 치고 서로를 밀쳐내고, 쓰러지면서도 사격
을 가하는 광경이었다."[58]

비록 나머지 요새들이 돌무더기로 변했으나, 이슬람교도들은 한 발
한 발 나아갈 때마다 많은 피를 흘려야 했다. 가까이 접근했을 때 그들
의 곡도는 기독교 수비군의 긴 양손 검을 당해낼 수 없었기 때문이다.[59]
필사적인 싸움이 시가지로 이어졌고, 그곳에서는 몰타의 여자와 아이
들까지 싸움에 뛰어들었다. 이제 8월 말이 됐지만 섬은 여전히 함락되
지 않았다. 이러한 상황과 막대한 인명 피해는 오스만 진영 전반에 심
각한 사기 저하를 불러왔다. 포위를 해제하자는 체면 손상이 섞인 논

의가 이미 오르내리던 가운데, 시칠리아 부왕 가르시아 데 톨레도Garcia de Toledo가 마침내 1만 명 가까운 군사를 이끌고 세인트폴 만에 도착했다.

사도 바울이 난파했던 곳에서 대결전의 마지막 장면이 펼쳐졌다. 새로 도착한 증원군이 퇴각하던 오스만군을 격파했고, 그들은 마침내 9월 11일에 도주했다. 부풀어 오른 수많은 이슬람교도의 시체로 가득 찬 만은 악취가 너무 심해 아무도 접근할 수 없었다.[60] 오스만군은 최대 2만 명이 전사했고, 수비군은 5천 명이 목숨을 잃었다.

40년 동안 유럽을 상대로 연전연승을 거두던 쉴레이만 1세는 이로써 처음으로 중대한 패배를 맛보았다. 그는 1년 뒤에 일흔한 살의 나이로 세상을 떠났다. 그러나 유럽에 보다 중요했던 것은 몰타에서 얻은 고무적인 경험을 통해 오스만 제국의 갑옷에 균열이 생겼음을 감지했다는 것이다. 이에 따라 1570년 오스만군이 키프로스 섬을 침공하자 교황은 1571년에 스페인 제국을 중심으로 한 해양 가톨릭 국가들의 '신성동맹'을 비교적 손쉽게 결성할 수 있었다.

그러나 그들이 키프로스에 도착해 구원군이 되기 전에 마지막 거점이던 파마구스타가 기만으로 함락됐다. 종교계 집안 출신이어서 '무엣진〔기도 시간을 알려주는 사람〕의 아들'로 불린 오스만 지휘관 알리 파샤Ali Pasha는 항복하면 안전한 퇴로를 보장하겠다고 약속해 놓고도 약속을 저버리고 무차별 학살을 자행했다.

알리 파샤는 요새 지휘관이었던 마르코 안토니오 브라가딘Marco Antonio Bragadin의 코와 귀를 베어내라고 명령했다. 그후 불구가 된 이교도에게 알리 파샤는 이슬람교로 개종하면 살려주겠다고 제안했다. 브라가딘은 이렇게 대답했다. "나는 기독교도이며, 이 상태로 살다가 죽고자 한다. 내 몸은 네 것이다. 마음대로 고문하라." 그는 의자에 묶여 갤리선 돛대에 매달렸다 바다로 떨어지는 고문을 반복적으로 당했다. 그는 이렇게 조롱받았다. "잘난 기독교도야, 너희 함대를 찾아봐라. 파마구스타로 구원군이 오는지 봐라." 불구가 되고 반쯤 익사한 그는 이제는 이슬람교당으로 바뀌어 버린 성니콜라스 교회로 끌려가 기둥에 묶인 채 산 채로 서서히 가죽이 벗겨졌다. 그의 피부는 짚으로 채워진 뒤 기괴한 허수아비로 만들어져 조롱거리로 전시됐다.[61]

이 소식과 키프로스 및 코르푸(케르키라) 섬에서 벌어진 계속되는 잔학 행위와 교회 모독 사건은 동쪽으로 항해해 가고 있던 신성동맹을 격분케 했다. 적대하는 두 함대는 1571년 10월 7일, 그리스 서해안 앞바다 레판토 근처에서 마침내 만나 충돌했고, 살육이 이어졌다. 양측 합쳐 600척의 함선과 14만 병력이 맞붙었는데, 오스만 쪽이 약간 많았다. 한 당대인은 이렇게 기록했다.

격렬한 전투는 네 시간 동안 이어졌고, 너무도 피비린내 나고 끔찍해서 바다와 불이 하나가 된 듯 보였다. 많은 튀르크 갤리선이 불타 물속에 잠겼고, 피로 붉게 물든 바다 표면에는 무어인의 외투, 터번, 화살통, 화살, 활, 방패, 노, 상자, 통 등 각종 전리품들이 떠다녔으며, 무엇보다도 인간의 시체가 가득했다. 기독교도와 튀르크인 가릴 것 없이 어떤 이는 이미 숨이 끊어졌고, 어떤 이는 부상을 입었으며, 어떤 이는 갈기갈기 찢겼고, 또 어떤 이는 아직 운명을 받아들이지 못한 채 죽음의 고통 속에서 몸부림치고 있었는데 그들의 힘이 빠져가면서 상처에서 매우 많은 피가 흘러 바다가 완전히 붉게 물들었다. 하지만 이 비참한 광경에도 불구하고 우리 병사들은 적을 불쌍히 여기지 않았다. 그들이 자비를 구걸했음에도 돌아온 것은 화승총 탄알과 창 끝뿐이었다.[62]

결정적 순간은 양측의 기함인 오스만의 술타나호와 기독교도의 레알호가 충돌해 서로의 배에 올라갔을 때 찾아왔다. 병사들은 여기저기서 맞붙어 싸우면서 아수라장이 됐다. 심지어 대제독들조차도 싸움판에서 보였다. 알리 파샤는 활을 쏘았고, 돈 후안Don Juan은 한 손으로 장검, 다른 손으로 전투도끼를 휘둘렀다. 결국 레알호에는 무수한 시체가 쌓였고, 술타나호에는 엄청나게 많은 터번이 그 속에 머리를 박은 채 갑판 위를 굴러다녔다. 거기 있던 적의 수만큼 되는 듯했다.[63]

후안은 살아남았으나 알리는 전사했다. 중앙의 오스만 함대는 술타나호에서 알리의 머리가 창에 꽂혀 있고, 이슬람 깃발이 나부끼던 곳에 십자가가 대신 세워진 모습이 보이자 병사들의 사기가 무너지기 시작했다. 그렇게 해전은 끝났다. 신성동맹은 갤리선 12척과 병력 1만 명을 잃었으나 오스만은 갤리선 230척(그중 117척은 유럽인에게 나포됐다)과 병력 3만 명을 잃었다.

이는 최고의 승리였고, 가톨릭·정교회·개신교를 막론한 모든 기독교 세계가 환호했다. 그러나 현실적으로 보자면 달라진 것은 거의 없었다. 키프로스조차도 신성동맹에 의해 해방되지 못했다. 오스만 제국은 1년 뒤 베네치아 대사에게 뼈아프게 이렇게 상기시켰다. "우리가 키프로스를 빼앗은 것은 그대들의 팔 하나를 잘라낸 것이다. 반면 그대들이 레판토에서 우리를 이긴 것은 우리 수염을 민 것에 불과하다. 한 번 잘린 팔은 다시 자라지 않지만, 깎인 수염은 면도한 탓에 오히려 더 잘 자란다."[64] 그렇지만 1565년과 1571년의 잇단 승리는 멈추지 않을 것처럼 보이던 튀르크인들도 저지될 수 있음을 보여주었다. 몰타가 작지만 결연한 병력이 그들을 상대로 버틸 수 있음을 보여주었다면, 레판토는 최근까지 이슬람 세력의 최신 사냥터였던 해상에서, 심지어 정면충돌에서도 그들을 꺾을 수 있음을 보여주었다. 레판토 해전에 참전했던 미겔 데 세르반테스Miguel de Cervantes는 《돈키호테》 주인공의 입을 빌려 이렇게 말한다. "그날은 기독교 세계에 매우 기쁜 날이었다. 튀르크인들이 바다에서는 무적이라 믿었던 것이 얼마나 잘못된 생각이었는지를 온 세상이 깨달았기 때문이다."[65]

그러나 바다에서의 승리가 아무리 극적이었다 해도, 본질적으로 육상 국가였던 세력의 기반을 흔들 수는 없었다.

황금 사과를 노리다

레판토 해전 이후 오스만 제국이 꾸준한 쇠퇴의 길로 접어들었다는 주장은 흔히 제기된다. 확실히 '위대한' 쉴레이만 이후에는 '술고래' 셀림 2세 같은 여러 무능한 술탄들이 뒤를 이었고, 패배도 드물지 않았다. 그럼에도 불구하고 오스만 제국의 영토가 가장 넓었던 시기는 1670년대였으며, 이때 크레타 섬과 우크라이나의 넓은 지역이 제국의 영토에 추가됐다. 그러다 1529년에 쉴레이만조차 손에 넣지 못했던 '황금 사과' 빈이 다시금 목표로 떠오르게 되었다.

이전에 콘스탄티노플이 그랬듯이 상징적이고 실용적인 이유에서 빈 또한 오스만의 눈에 특별히 매력적이었다. 이곳은 지난 150년 동안 튀르크의 숙적이었던 기독교 신성로마제국 내 오스트리아의 수도였고, 유럽의 심장부로 들어가는 전략적인 관문이었다. 이곳을 얻는다면 남쪽의 이탈리아(로마), 북쪽의 분열된 독일 왕국들을 쉽게 침공할 수 있었다. 게다가 유럽의 문화 중심지이자 제국의 풍요로운 수도였던 빈은 많은 것을 누린 이슬람 영주들조차 유혹할 만한 생물과 무생물 모두를 포함한 즐거움을 풍부하게 갖추고 있었다.

그런 영주가 바로 카라 무스타파Kara Mustafa였다. '카라'는 검은색을 뜻하는데, 그의 검은 피부색 때문에 이렇게 불렸다. 1676년, 마흔두 살의 그는 술탄 다음가는 지위인 오스만 제국의 대★ 와지르 자리에 올랐다. 그의 군사적 야심은 채워지지 않는 탐욕에 견줄 만했다. 그는 여성 노예와 첩이 3천 명이었고 흑인 환관이 700명이었으며, 각종 야생동물과 이국적 동물을 수천 마리 소유했다. 이런 사치스러운 생활은 뇌물을 바치고자 하는 자들에게 '호의'를 베풀어주며 유지했는데, 오스만 주재 프랑스 대사관에 있던 외교관 라크루아La Croix(또는 르크루아Le Croy)는 "자신의 탐욕을 채우기 위해서라면 아무것도 아끼지 않았다. 그래서 대 와지르는 그의 주군보다도 당장 쓸 수 있는 현금을 더 많이 가지고 있었다고 말할 수 있다"라고 기록하고 있다.[66]

1674년 폴란드 도시를 점령했을 때 산 채로 포로들의 가죽을 벗기고 그 속을 채워 술탄에게 보냈을 정도로 광적으로 반反 기독교적인 대 와지르[67]는 '위대한' 쉴레이만조차 이루지 못한 것을 이루기 위해 불타올랐다. 바로 빈 정복이었다. 신성로마제국에는 불행이었지만, 그들에게는 곡도를 휘두르는 튀르크인 외에 적이 둘이나 더 있었다. 바로 과대 망상으로 보이는 루이 14세가 이끄는 프랑스와 헝가리 북부의 개신교 도 반란군이었다. 후자는 당시 오스트리아 지배하에 있었는데, 계속해 서 오스만과 협력해 공통의 적인 합스부르크 가문에 맞섰다. 헝가리 개신교 귀족 퇴쾨이 임레Thököly Imre가 오스트리아에 맞서 싸울 군사적 지원을 튀르크에 요청한 것은 오스만이 전쟁을 위해 군을 소집하고 출 정할 명분을 제공했으며, 프랑스는 튀르크인들이 빈으로 진군하는 것 을 방해하지 않겠다고 약속했다.

무스타파는 "빈을 포위해 기독교도들의 혼란을 야기해야 하고, 그곳 이 함락된다면 헝가리 전역의 장악이 보장되고 가장 위대한 승리로 나 아가는 길이 열릴 것"[68]이라고 주장하며 1683년 초 몇 달 동안 이슬람 교도 군대를 소집했다. 아마도 기독교도 영토를 침범한 이슬람 군대 중 최대 규모가 될 터였다.

성대한 지하드의 사전 의식에서 술탄 메흐메트 4세는 무스타파가 이 슬람 신앙을 위해 많은 싸움을 해줄 것을 바라며, 이교도들을 뿌리 뽑 고 이슬람교도를 늘려줄 것을 바라며 선지자의 깃발을 그의 손에 쥐여

• 당시 북부의 개신교도들과 남부의 이슬람교도들은 모두 가톨릭 기독교, 특히 신성로마제 국을 공동의 적으로 삼았다. 따라서 애초부터 "내 적의 적은 나의 친구"라는 원칙이 일관되게 드러났다. 1535년 무렵에는 "가톨릭 왕(카를 5세)이 쉴레이만과의 전쟁에 쏟은 것보다 프랑 스 및 개신교도와 싸우는 데 더 많은 시간·돈·정력을 들인 것이 가장 쓰라린 진실 중 하나였 다"(Crowley 2009, 58). 이런 사정은 술탄의 성공이 당연했다는 주장을 달리 조명할 수 있게 한다. 마찬가지로 잉글랜드의 개신교도 왕인 엘리자베스 1세(재위 1558~1603)도 가톨릭 에 스파냐에 대항하기 위해 당시 수십만 명의 유럽인을 노예로 삼고 있던 이슬람교도 바르바리 해 적과 동맹을 맺었다. 이로 인해 에스파냐 주재 교황 대사는 이렇게 개탄했다. "그 여인이 꾸며 내지 않은 악은 하나도 없다. 그녀가 압둘 말리크에게 무기, 특히 대포를 지원했다는 사실은 너 무나 분명하다"(Brotton 2016, 80).

주었다.[69] 허영심 가득한 대 와지르는 오래된 호언을 되풀이하며 빈을 정복하는 것은 물론 로마의 성 베드로 대성당에 자신의 말을 매어둘 것이며, 그후에는 '동맹' 프랑스까지 넘보겠다고 장담했다.[70]

무스타파는 오스트리아의 두 요새를 상대로 퇴쾨이를 도우는 척하며 베오그라드에 도착한 뒤, 전쟁 논의에서 자신의 진짜 의도를 알렸다. 바로 이교도 뱀의 머리인 빈으로 곧장 진격해 점령함으로써 모든 기독교도가 오스만에게 복종하게 하겠다는 것이었다. 이론적으로는 반가운 제안이었지만, 현명한 이들은 신중하라고 권고했다. 현자 같은 부다의 파샤[오스만 제국의 최고위층 귀족에게 주어진 호칭] 이브라힘은 전형적인 동방의 방식인 비유를 들며 "독 묻은 양탄자를 밟지 않고 한가운데에 있는 보물을 집는 유일한 방법은, 양탄자를 말아가며 그 보물에 다가가는 것이다"라고 충고했다. 즉 길목의 모든 장애물을 먼저 제압해야 한다는 것이었다. 그러나 무스타파로부터 들은 대답은 "당신은 여든 살 먹은 늙은이라 정신이 혼미하다"라는 것뿐이었다. 무스타파는 자신의 오만과 완고함 외에는 그 어떤 말에도 귀 기울이려 하지 않았다.[71]

대 와지르는 "좋은 출발에 고무되고 기독교도들의 약점에 대한 보고를 접하면서 빈 정복을 주된 목표로 삼아 30만 명이나 되는 거대한 군세를 이끌고 곧장 빈으로 달려갔다"라고 라크루아는 설명한다.[72] 30만 가운데 거의 20만은 전투 병력이었고 나머지는 기술공, 상인, 첩과 매춘부, 그리고 온갖 종류의 군영 주변 떨거지들이었다. 전투원의 주력은 튀르크인과 타타르인이었다. 또한 두 명의 기독교도 제후도 오스만 군대와 함께했는데, 바로 루터파 백작 퇴쾨이와 칼뱅파인 트란실바니아 공작 아파피Apafi였다.

오스만의 의도를 미리 간파한 교황 인노첸시오 11세는 다가오는 이교도들에 맞서 정식 십자군을 조직할 것을 전 세계 가톨릭 신자들에게 호소했다. 이에 종교적이고 현실적인 이유에서 움직인 독일인과 폴란드인이 호소에 응해 전쟁 준비에 나섰다. 만약 빈이 함락된다면 로마와 가톨릭 신앙이 무너지고, 튀르크인이 자신들의 국경까지 닥칠 것이라는 생각이었다. 프랑스는 물론 이런 소집을 무시했을 뿐 아니라, 오히려 이 기회를 틈타 신성로마제국 영토에 무력 침입을 감행했다. 오스트리아에서 "초승달은 밤하늘로 오르고, 프랑스 수탉은 잠들지 않는다"라는 말이 회자된 것도 결코 이상한 일이 아니었다.[73]

1683년 7월 7일, 3만 5천 명의 타타르 기병이 모든 것을 불태우고 약탈하며 오고 있다는 오스만 선발대에 대한 소문이 퍼지자 빈 성내가 공포에 빠지면서 주민들은 대거 성외로 탈출했다. 심지어 신성로마제국 황제 레오폴트 1세(재위 1658~1705)마저 수도를 버리고 바이에른의 파사우로 도망쳤다. 그러나 그는 약 1만 2천 명의 병력을 남겨 도시 성벽에 배치하게 했다. 지휘관은 유능한 에른스트 폰 슈타르헴베르크Ernst von Starhemberg였다. 그는 즉시 성벽 밖 모든 건물과 구조물을 철거해 임박한 포위전에서 오스만군이 은폐할 수 있는 곳을 없앴다.

약 1주일 뒤인 7월 14일, 무스타파와 오스트리아에서 강제로 끌고 온 수많은 불행한 노예들[74]을 포함한 그의 대군은 빈에 도착했다. 도시 전체를 감싸며 그들이 친 진영은 초승달 모양의 거대한 천막 도시처럼 보였다. 두터운 성벽과 보루를 향해 지옥을 풀어놓기 전에 무스타파는 전례를 따랐다. 1천여 년 전, 그들의 선지자 무함마드는 황제 이라클리오스에게 '아슬람 타슬람', 즉 이슬람에 복종하고 평화를 얻으라는 최후통첩을 보낸 바 있었다. 그후 1천 년 동안 많은 것이 변했다. 아라비아인들은 이슬람 세계를 이끄는 자리에서 물러난 지 오래였고, 전쟁 기술과 장비가 발전했으며, 국가와 왕국들은 흥망성쇠를 거듭했다. 심지어 유럽인과 튀르크인의 겉모습도 바뀌었다. 전자는 가발을 쓰고 분을 발랐으며, 후자는 화려하고 과시적인 복장을 했다. 그러나 이슬람교도들의 전투 전 최후통첩만은 예전 그대로였다.

7월 14일, 무스타파는 슈타르헴베르크에게 "우리는 이 성채를 정복하고 참된 종교를 전파할 목적으로 왔다"[75]라는 메시지를 보냈다. 이어서 이렇게 요구했다. "이슬람교를 받아들이고 술탄 아래에서 평화롭게 살라. 아니면 도시를 내주고 술탄 아래에서 기독교도로서 평화롭게 살라. 원하는 자는 재산을 가지고 떠나도 좋다"고 했다.[76] 그러나 슈타르헴베르크는 이 요구를 무시하고 방어 준비를 계속했다. 그는 무스타파가 인근 도시 페르흐톨츠도르프를 지나면서 그들에게 똑같은 조건을 제시했지만, 오스트리아인들이 성문을 열자 약속을 어기고 주민들을 학살하고 노예로 삼았다는 사실을 알고 있었기 때문이다.[77] 군사 지휘관은 응답을 거절했지만, 도시 안에 남겨진 "무함마드, 이 개 같은 놈아. 집으로 돌아가라!" 같은 낙서들은 당시의 분위기를 잘 보여준다.[78] 더 종말론적으로는 1683년 튀르크인들의 포위 당시 빈에서는 7세기에 쓰인 《묵시록》의 구절을 인용한 전단이 인쇄돼 이 명백한 종말의 시대 뒤에 숨은 주체와 이유를 밝히려 했다고 전해진다.[79]

빈을 차지하기 위한 전투

포격은 다음날 시작됐다. 앞서 쉴레이만이 그랬던 것처럼 무스타파 역시 무거운 대포들을 포위전에 가져오지 못해 가볍거나 중간 정도의 대포에 의존할 수밖에 없었다. 그것들은 도시 내부에는 큰 피해를 입혔지만, 성벽을 상대로는 대체로 효과가 미미했다. 무스타파는 이에 대응해 진영으로 잡아 온 수천 명의 오스트리아인 포로들을 동원해 도시 성벽까지 참호를 파고 성벽 밑으로 땅굴을 뚫는 작업을 하게 했다. 화약으로 성벽을 무너뜨리기 위한 목적이었다. 그러나 빈의 대포 300여 문이 주변 가까운 곳에는 적병이 얼씬도 못하게 했으므로 참호는 오스만 진영에서부터 파기 시작해야 했고, 이로 인해 진행이 느리고 오랜 시간이 걸렸다. 튀르크인들이 마침내 성벽 밑에 도달했을 때에도 빈 수비대의 출격과 땅굴 대응 작전으로 그들의 진전은 좌절됐다. 그러나 한 오스만 역사가에 따르면 참호에는 최정예 병력인 예니체리들이 있었고, 그곳에서 무스타파는 참된 신앙을 위해 목숨과 재산을 다 바쳐 일을 성공적으로 마무리 짓는 데 각자가 최선의 노력을 다하라고 명령했기 때문에, 느리지만 꾸준한 진전이 이루어졌다.[80]

8월 12일, 포위전 시작 한 달 가까이 지난 시점에 도시 절반이 흔들렸다고 할 정도의 거대한 폭발이 일어나 이슬람군은 외곽 방어선까지 진출해 참호를 구축할 수 있었다.[81] 이 성과에 더해 성벽 안에서는 고통이 이어졌다. 튀르크군이 외부 수로를 모두 끊어버려 식수가 끊긴 가운데 시체·오수·쓰레기가 여기저기 쌓여 튀르크인의 가장 강력한 동맹군이 된 전염병 이질이 빈을 휩쓸었다. 병원과 교회는 환자와 죽어가는 자로 넘쳐났고, 굶주림에 가까운 큰 고통 속에 주로 노인과 여자들이 속속 죽어갔다.[82] 사망과 질병으로 직업 병사의 수 역시 줄자 슈타르헴베르크는 시내의 모든 건강한 남성들은 성벽 방어 임무에 나서라고 명령했다. 임무를 태만히 하면, 심지어 피로로 인한 근무 중 수면조차도 발견 시 처형한다는 엄명이 내려졌다.[83]

9월 4일, 대규모 폭발로 빈에서 가장 견고한 보루인 부르크에 균열이 생기자 사태는 급속히 악화됐다. "알라! 알라! 알라!"라는 함성과 함께 몰려드는 많은 병사와 곡도를 막기 위해 오스트리아 수비대는 급히 그 틈을 메우려 애썼다.[84] 두 시간에 걸친 사투 끝에 수비대는 간신히 침입자들을 격퇴하고 부르크를 되찾았다. 비록 튀르크인 전사자의 수가 더 많았지만, 이 결정적인 교전에서 잃은 기독교 병사 200명의 희생은 이미 초라하고 갈수록 줄어드는 병력에는 뼈아픈 손실이었다. 포위전 당시 현장에 있던 이름을 알 수 없는 한 잉글랜드인은 상황을 이렇게 요약했다. "강력한 적은 7월 15일 이래 20만 대군으로 빈을 맹렬하게 공격했다. 끝없는 공사와 참호, 땅굴 굴착으로 도시를 거의 마지막 숨이 끊어질 지경까지 몰아넣었다."[85]

그 마지막 숨은 9월 8일에 찾아왔다. 또 한 차례의 전면적인 이슬람군의 공격이 부르크를 점령하는 데 성공했던 것이다. 이제 남은 4천 명의 수비대는 거리에서 결전을 할 준비를 했다. 그들의 현격한 수적 열세를 고려할 때 이는 참담한 전망이었다.[86] 같은 날 밤, 슈타르헴베르크는 도시가 처한 극도의 위기 상황을 혹시라도 올지 모르는 기독교 군대에 알리기[87] 위해 조난 신호탄을 밤하늘로 쏘아 올렸다. 이교도를 지상에서 완전히 쓸어버리길 신에게 간구하던 오스만군은 이 신호탄이 정

확히 무슨 의미인지를 알아차리고 "알라후 아크바르"를 외쳤다.[88]

그 순간, 일이 벌어졌다. 이름을 알 수 없는 잉글랜드인은 이렇게 장황한 기록을 남겼다. "수많은 곤경, 질병, 식량 부족, 엄청난 피의 희생이 동반되고, 많은 대포와 소총 사격, 폭탄과 수류탄, 온갖 종류의 불덩이가 세상에서 가장 아름답고 번영하던 도시의 얼굴을 흉측하게 만들고 파괴한 60일 동안의 포위전 동안 비길 데 없는 완강한 방어와 저항을 한 끝에, 하늘은 낙심하고 슬퍼하는 사람들의 기도와 눈물을 들어주었다."[89] 슈타르헴베르크가 밤하늘을 밝히며 쏘아 올린 불꽃 소나기 조난 신호탄이 응답한 것이다. 마침내 도시의 큰 기쁨 속에서 구원군이 도착했다.

오스만 주력 부대가 도착하기 전, 신성로마제국의 주력군은 슈타르헴베르크와 함께 성 안에 머물지 않고 성 밖으로 나가 정찰을 하고 상황에 따라 야외에서 튀르크군과 교전하려 했다. 처음에 오스트리아군 약 2만 명을 이끈 레오폴트 황제의 매제이자 로렌 공작인 샤를 5세는 곧 2만 명의 독일군을 추가로 받았으나, 전력상 할 수 있는 일은 빈 북쪽으로 물러나 폴란드 원군을 기다리는 것뿐이라고 결론 내렸다.

이슬람 세력을 상대로 한 최신의 신성동맹 결성에서 폴란드인은 거칠고 예측할 수 없는 존재로 여겨졌다. 민족·언어·문화적으로 오스트리아인과 가까운 독일인과 달리 폴란드인은 러시아인에 더 가까웠고, 가발을 쓰고 분을 발랐던 '세련된' 빈 궁정 사람들의 눈에는 평범하고 투박하게 비쳤다. 그러나 그들은 용맹한 전사들이었고, 폴란드-리투아니아 연방은 당시 유럽에서 가장 크고 강력한 국가 가운데 하나였다. 튀르크 및 타타르를 상대로 한 얀 소비에스키Jan Sobieski(폴란드 왕 겸 리투아니아 대공 얀 3세로 더 잘 알려져 있었다)의 군사적 명성은 널리 인정되고 있었다. 그러나 1683년 당시 그는 쉰네 살로, 완고하고 어쩌면 자만에 빠져 있었으며 무엇보다도 뚱뚱했다. 그가 자리를 비운 사이 개신교 헝가리인들이 가톨릭 폴란드를 공격할지도 모른다는 위협이 있었고, 기독교도들 사이의 내분이 한창인 시기에 오스트리아-독일을 위해 행군하고 싸우며 목숨을 걸어야 할 명분은 크지 않았다. 잃을 것은 많고 얻을 것은 적었기에 많은 사람들은 폴란드 왕이 과연 자신의 맹세를 지키고 참전하러 올 것인지 의문을 품었다.

결국 그는 오기로 했다. 이에 레오폴트 황제는 황홀해하며 편지에서 이렇게 아첨했다. "적들은 전하의 이름만으로도 그토록 두려워하니, 승리가 보장될 것입니다."[90] 소비에스키는 "이미 오스만의 분노가 곳곳에서 폭발해 기독교도 군주들을 불과 칼로 공격하고 있다"고 하며 신변을 정리했다.[91] 그는 헝가리의 골칫덩어리 퇴쾨이에게 편지를 보내 "네가 동맹국 영토, 혹은 나의 영토에서 밀짚 하나라도 태운다면 너의 집에서 너와 가족 모두를 불태울 것"이라고 했다.[92] 그리고 7월 17일, 소비에스키는 바르샤바를 떠나 남쪽으로 빈을 향해 긴 행군을 시작했다.

그는 크라쿠프에 들러 휴식을 취하고 병력을 더 모았다. 8월 10일의 교회 의식에서 교황 대사는 이번 성전에 싸우러 나가는 모든 이에 대한 교황의 면죄부를 선포했다. 이러한 주제의 열정적인 설교가 끝난 뒤 국왕은 왕좌에서 내려와 기도를 위해 제단 계단으로 나아갔으며, 교황 대사로부터 축복을 받았다. 교황 대사는 이후 교황 인노첸시오 11세에게 보낸 편지에서 성가, 국왕의 깊은 신심에 대한 그의 생각, 그리고 왕비의 울음을 회상했다.[93] 그가 자신의 일처럼 생각한 이 성전은 소비에스키의 군사적 야심과 그의 기독교에 대한 열정을 자극했다. 소비에스키는 이렇게 말했다. "우리가 구해야 할 것은 단지 도시만이 아니라 기독교 전체이며, 빈은 그 보루다. 이 전쟁은 거룩한 전쟁이다."[94]

9월 6일, 샤를 5세가 이끄는 4만 오스트리아-독일군이 소비에스키의 2만 5천 폴란드군을 만나 합류했다. 그토록 기쁘게 이루어진 이 연합은 독일인들의 용기를 되살렸고, 그들에게 도시를 구하고 튀르크군을 몰아낼 희망을 주었다.[95] 슈타르헴베르크의 조난 신호탄이 응답을 받은 것은 그때였다. 샤를은 계속 오스트리아-독일군을 지휘했으나, 전체 지휘권은 노련한 폴란드 국왕에게 맡겨졌다. 전사 7만 명에 가까운 인상적인 총 병력이었지만, 십자군은 여전히 이슬람교도 침략자들보다 수적으로 열세였다. 그러나 더이상 지원군은 기대할 수 없었고, 빈은 함락 직전이었다. 지금 아니면 영영 기회는 없었다.

구원군은 빈 북쪽의 칼렌베르크 산 정상으로 향했다. 오스만군의 배치를 더 잘 살필 수 있고, 그곳에서 기습 공격에도 나설 수 있었기 때문이다. 울창한 빈 숲을 가로지르는 사흘간의 고된 오르막 행군 동안 진창과 구불구불한 지형 탓에 일부 중포를 잃어버리기도 했다. 마침내 정상에 올라 아래를 내려다본 신성동맹군의 눈앞에는 불길과 연기, 잔해와 참호의 미로에 휩싸인 빈의 모습이 펼쳐졌고, 사방에서 밀려드는 튀르크인들과 질주하는 무리들이 가득했다. 그러나 소비에스키는 무스타파의 병력이 넓게 흩어져 있고 칼렌베르크 쪽으로는 방어 진지가 없는 것을 발견하고 미소를 지었다. 무스타파는 이쪽에서 심각한 공격이 있으리라고는 전혀 예상치 않았던 것이다. "그는 진을 엉망으로 쳤군. 전쟁에 대해 아무것도 몰라. 우리가 반드시 이길 거야."[96]

그러나 그전에 먼저 할 일이 있었다. 황제 레오폴트의 영적 조언자이자 신성동맹을 유지하는 데 큰 역할을 한 수도사 마르코 다비아노Marco d'Aviano가 산 위에서 미사를 집전했다. 그는 커다란 십자가상을 손에 들고 병사들의 전의를 북돋웠다. 다비아노는 1천 년 전 야르무크 강변에서 한 차례 울려 퍼진 뒤 그 이후로도 반복되어 온 말들을 되새기며, 그들이 빈을 위해 싸우는 것이 아니라 그들의 아내와 자녀, 그리고 기독교 자체를 위해 싸우는 것임을 강조했다. 튀르크 진영이 보이는 맞은편 산에 있는 기독교도 군대의 큰 함성에 깜짝 놀란 무스타파는 추가로 대포 몇 문과 병력을 칼렌베르크 쪽에 배치하도록 명령했으나, 휘하 장군들의 충고를 듣지 않고 정예 병력과 주력 화력은 끝내 빈 포위에만 집중시켰다.[97] 이제 빈은 곧 함락될 것이라고 대 와지르는 주장했고, 그는 결코 물러설 생각이 없었다. 그는 조심성을 더하느라 오스만 진영에 있던 3만 명의 기독교도 노예 중 성인 남성을 모두 학살하라고 명령했다. 그들이 혹여 같은 기독교도를 도울지 모른다는 생각에서였다. 한편으로 이슬람교도 병사들은 젊은 처녀와 부인들을 능욕하고 남녀 노인의 머리를 베었다.[98]

전투는 9월 12일 이른 아침 몇 차례의 포격 교환과 함께 시작됐고, 이어 오스트리아-독일군이 천천히 산을 내려왔다. 험한 바위산과 경사면 속에서 몇 시간 동안 충돌과 포격이 이어졌다. 빈이 당한 일을 복수하려는 오스트리아-독일군은 맹렬히 싸웠지만, 아무리 튀르크인과 타타르인을 베어 넘어뜨려도 또다른 무리가 나타났다. 오후가 되자 지친 이들은 잠시 멈추었다. 바로 그때, 맞은편 산비탈에 붉은 십자가가 새겨진 흰색 대형 깃발이 나타났다. 폴란드군이 마침내 모습을 드러낸 것이다. 그들은 큰 소리로 신의 도움을 청했는데, 튀르크인들의 눈에는 산에서 쏟아져 내려오는 검은 역청의 홍수가 닿는 모든 것을 삼켜버리는[99] 것처럼 보였다. 그들은 사납게 싸우며 동맹자인 오스트리아-독일군을 고무했다.

곧이어 기병과 보병, 칼과 포탄의 무질서한 덩어리가 칼렌베르크의 협곡과 돌무더기 속에서 부딪치고 울려 퍼졌다.● 빈을 조여 오는 포위망이 계속 좁혀지고 있는 가운데서도 그랬다. 전황은 몇 시간 동안 변하지 않았고, 몇몇 부대는 밤을 앞두고 철수를 고려했다. 그러나 소비에스키와 다른 노련한 전사들은 승리 아니면 죽음을 고집했다. 한 나이 든 작센 전사는 "나는 늙은 몸이라 오늘 밤 빈의 편안한 거처에 머물고 싶다"[100]라고 말했다. 격렬하지만 결판은 나지 않는 전투가 이어졌다.

한편 오스만의 핵심부를 타격해 전투를 끝내고자 했던 소비에스키는 말단 병사처럼 스스로를 노출시키며 눈에 띄게 화려한 무스타파의 천막을 주시했다. 천막은 술탄이 하사한 이슬람의 초록 깃발이 걸려 있어 더욱 두드러져 보였다. 그것이 포격 범위 안에 들어오자 그는 모든 포에 대해 천막을 향해 발포하도록 했다.[101] 오스만 쪽에서는 아무도 자신들의 진영 깊숙한 곳까지 적의 포화가 닿을 것이라 예상하지 못했고, 그곳에는 민간인도 많았기에 공포가 번졌다. 혼란 속에서 소비에스키는 오스만 전선의 약점을 발견하고, 그 약점을 관통해 대 와지르의 천막을 향해 역사상 최대 규모의 기병 돌격을 감행하라고 명령했다.

● 한 기사는 나중에 "겉보기에 평평해 보이는 땅이 가까이 가보면 아주 깊은 협곡인 곳이 있었고, 포도밭은 높은 담으로 둘러싸여 있었다"라고 말했다. 또다른 이는 "산등성이에서 골짜기로, 골짜기에서 다시 산등성이로" 옮겨 다니며 싸웠다고 기록했다(Stoye 1964, 259).

소비에스키는 곁에 어린 아들을 둔 채 약 2만 명의 폴란드·독일·오스트리아 기병을 이끌고 우레처럼 격렬하게 오스만 진영으로 돌진했다. 국왕을 호위하는 폴란드 정예 기병인 3천 명의 후사르hussar는 특히 장관이었다. 그들은 독수리 날개가 달린 중무장을 하고 큰 창을 든 채 더욱 크고 무거운 갑옷을 입은 군마를 타고 있었다. 전투에 가담하고 있던 포위된 빈 사람들에게 이들은 마치 날개 달린 해방자처럼 보였다. 반면 사기가 꺾여가고 있던 이슬람교도에게는 이들이 복수의 천사처럼 보여 튀르크인과 그들의 동맹인 타타르인의 마음에 공포를 불러일으켰다.[102]

"맙소사, 폴란드 왕이 정말 여기 왔다고?" 소비에스키가 나타나 싸우는 것을 보고 당황한 크림 칸국의 칸 무라드 기라이Murad Giray가 외쳤다. 무스타파가 그에게 더욱 분전할 것을 명하자 타타르 군주는 자신이 여러 차례 경험해 폴란드 왕에 대해 알고 있고, 대 와지르의 안전을 위한 다른 방법이 없으니 그가 여기서 빠져나가 목숨을 건질 수 있다면 아주 다행일 것이며, 자신이 시범을 보이겠다고 대답했다.[103] 그리고 칸은 부대를 이끌고 서둘러 빠져나갔다. 무라드는 원정 처음부터 무스타파가 매번 자신의 조언을 무시하고 거부했기에 마음에 들지 않았고, 이미 꺼져가고 있는 대의를 위해 병력을 더 잃을 생각이 없었다. 분노로 끓어오르던 무스타파는 마침내 포위를 풀고 자신의 전 병력과 포를 구원군 쪽으로 돌릴 수밖에 없었다. 그러나 이미 때는 너무 늦었다. 수비군과 해방군 사이에 갇혀 협공당한 수백 명의 예니체리들은 그 자리에서 학살당했다. 해가 질 무렵이 되자 오스만군 1만 5천 명이 땅에 쓰러져 죽거나 죽어갔다. 나머지는 저마다 가능한 한 서둘러 오스만 영토로 달아났다. 여기에는 서방 제국을 침략해 곳곳에 공포와 두려움을 퍼뜨릴 수 있으리라 여겼던[104] 무스타파 자신도 포함돼 있었다.

바르샤바나 빈만큼이나 거대한, 이제는 버려진 오스만 진영을 살펴보던 해방군은 무스타파의 목욕탕, 분수, 운하, 정원, 개·토끼·앵무새와 낯선 길짐승·날짐승을 모아둔 일종의 동물원을 보고 놀라움을 금치 못했다. 레오폴트의 한 별장에서 약탈한 감탄스럽게 아름다운 타조는 제 주인에게 돌아가지 못하고 목이 잘린 채 발견됐다. 또한 인상적인 것은 죽은 튀르크인들 사이에서 이 도시에 큰 해를 입힌 프랑스 기술자를 포함한 매우 많은 프랑스인이 흩어져 있었다는 사실이다. 튀르크 병사들은 주머니에 프랑스 금화와 은화를 가지고 있었다.[105] 그러나 무엇보다도 소비에스키가 왕비에게 편지로 전한 것은 많은 루비와 다이아몬드를 포함한 상상을 초월하는 양의 보물들이었다. 그는 이렇게 썼다. "타타르 여인들은 남편이 전쟁에 나갔다가 전리품 없이 돌아온 것을 보면 '빈손으로 돌아온 것을 보니 당신은 남자가 아니군요'라고 한다는데, 내가 돌아가면 당신은 그렇게 말하지는 못할 것이오."[106] 결국 8천 대의 마차에 실을 수 있을 만큼의 천막, 수하물, 대포 120문을 포함한 화포, 탄약, 식량이 연합군 사이에서 분배됐다.[107]

그러나 승리의 기쁨은 참혹한 광경으로 인해 빛이 바랬다. 소비에스키는 패배한 후 이교도들에 의해 목이 베여 죽은 수없이 많은 노예들을 보고 가슴이 찢어지는 듯한 충격을 받았는데, 그들의 시신은 여전히 사슬에 묶인 채 죽어가는 이들과 부상자들 사이에 어지럽게 널려 있었다. 왕의 마음을 특히 아프게 한 것은 대략 네 살쯤 되어 보이는 한 아이였는데, 아이는 머리에 입은 상처 때문에 온몸이 피로 뒤덮여 있음에도 불구하고 놀라울 정도로 아름다워 보였다. 승자들은 그 진영에 오래

머물지 않았다. 짧은 시간에 튀르크인, 기독교도, 말 등 그렇게 많은 시체를 치우기는 불가능했고, 악취가 길 위에 매우 지독하게 퍼져 감염을 일으킬 정도였기 때문이다.[108]

소비에스키가 전투 다음날 입성한 빈의 참상도 그에 못지않았다. 그가 발견한 것은 집들이 아니라 잔해 더미였고, 심지어 황제의 궁전조차 포격과 폭탄으로 잿더미가 돼 있었다. 빈은 이틀이나 사흘만 더 지났어도 함락되었을 것이기에 주민들은 이미 지나간 고난은 더이상 떠올리지 않은 채 뜻밖의 구원에 환희로 가득 차 환호했다. 이들의 환호는 황량한 광경으로 인해 야기된 슬픔을 덜어주었다. 어떤 이는 그의 손에, 어떤 이는 발에, 또 어떤 이는 옷자락에 입을 맞추었다. 그들은 그를 자신들의 구세주라 불렀다.[109]

이것은 폴란드 측 기록이지만, 이름을 알 수 없는 잉글랜드인도 이렇게 확인해 준다. "이 날의 영광은 폴란드 국왕에게 가장 큰 몫이 돌아갔다. 그는 자격이 있었다. 진실로 기독교 세계에서 가장 위대한 왕 가운데 하나이자 가장 용감한 왕으로 불릴 만하기 때문이다."[110] 소비에스키는 교황 인노첸시오 11세에게 이런 편지를 보냈다. "우리는 왔고, 우리는 보았으며, 하느님께서 승리하셨습니다!"* 교황은 소비에스키의 공을 인정해 그에게 '신앙의 수호자'라는 칭호를 수여했고, 9월 12일을 마리아 성명축일聖名祝日로 제정했다. 전쟁 중에 소비에스키를 포함한 수

---

* 율리우스 카이사르가 말한 좀더 뻐기는 투의 "왔노라, 보았노라, 이겼노라(Veni, vidi, vici)"를 겸손하게 원용한 것이다.

많은 가톨릭교도들이 수없이 부른 이름이었기 때문이다.

한편 우울하고 불안에 사로잡힌 카라 무스타파는 겨울 동안 베오그라드에서 틀어박혀 밤낮으로 방 안을 서성이며 자신의 운명을 기다렸다. 그것은 튀르크인들의 통상적인 관습상 결코 길할 수 없는 운명이었다.[111] 대 와지르는 대규모 지하드라고 여겨진 이 원정에서 유럽을 향해 진군하는 사상 최대의 이슬람 군대를 소집할 수 있도록 허락받았음에도, 결국 망쳐버리고 말았다.* 술탄 메흐메트가 그를 처형하라고 명령하자 무스타파는 "알라의 뜻대로"[112]라며 순순히 따랐다. 이에 측근들이 항변했으나 그는 오히려 그들을 꾸짖었다. "믿음이 부족한 자들이여. 너희는 나에게서 순교자의 관을 빼앗고, 순종하며 생명을 바치는 자에게 약속된 행복을 박탈하려 하는가?"** 이렇게 해서 기독교도들이 즐거워하는 1683년 성탄절에 카라 무스타파는 교살됐고, 잘린 머리는 메흐메트 술탄에게 보내졌다.[113]

● 무스타파의 큰 실수 가운데 하나는 도시에 대해 총공격을 하지 않고 소모전을 택한 것이다. 이슬람교도 지휘관들에게는 무모하고 자폭적인 돌격이 필요한 성곽 도시에 대한 총공격을 명령할 때면 언제나 병사들에게 그들이 취할 수 있는 모든 약탈물에 대한 권리를 보장해주는 오랜 전통이 있었다. 무라드 2세와 메흐메트 2세는 각기 테살로니케와 콘스탄티노플을 함락시키기 위해 그렇게 했다. 그러나 탐욕스러운 무스타파는 자신보다 먼저 병사들이 빈을 약탈하는 것을 허락하고 싶지 않았기에 느린 포위전을 택했다. 게다가 이 과정에서 기독교도 구원군이 도착하는 데 필요한 시간을 주었음에도 불구하고 무스타파는 휘하 장군들의 조언을 무시하며 그들의 진군을 방해하기 위해 거의 아무런 일도 하지 않았다. 어떤 공격이라도 타타르군만으로 충분할 막을 수 있을 것이라고 확신하고 군대의 온 힘을 포위전에 쏟았기 때문이다.

●● 프랑스인 라크루아는 이렇게 말했다. "튀르크인이 아니었다면 누구라도 이 기회를 붙잡아 끝까지 맞서 싸우며 값비싸게 목숨을 치렀을 것이다. 그러나 술탄의 명령에 대한 맹목적 복종은 이슬람 율법의 주요 사항 가운데 하나였다. 대 와지르는 압도적인 대군 앞에서 저항해 보아야 아무 소용이 없음을 알고 저항 대신 자신의 결의를 보여주려 결심하고, 체념을 미덕으로 삼았다"(189).

교황 인노첸시오 11세 치하에서 결성되고 소비에스키의 폴란드군과 오스트리아-독일군이 주도한 신성동맹은 해체되지 않은 채 유지되어 튀르크인들에 대한 공세를 이어갔다. 2년 뒤에는 정교회 국가인 러시아가 이 가톨릭 동맹에 합류했다. 1683년부터 1697년까지 튀르크인과 기독교도 사이에서는 열다섯 차례의 주요 전투가 벌어졌으며, 그중 열두 차례를 기독교 측이 승리했다. 1699년에 이르러 300여 년 동안 기독교 세계를 공포에 떨게 했던[114] 오스만 제국은 굴욕적인 카를로비츠 조약을 체결하는 신세가 됐다. 이 조약으로 넓은 영토를 적국의 이교도들에게 내주어야 했고,* 이는 이슬람 세력 몰락의 시작을 의미했다. 버나드 루이스는 이렇게 말했다. "오스만 튀르크가 감행한 유럽에 대한 이슬람 세력의 마지막 공격은 1683년 제2차 빈 포위전의 실패와 함께 끝났다. 그 실패와 이에 따른 튀르크인들의 퇴각으로 1천 년 동안 이어진 유럽에 대한 이슬람 세력의 위협은 종말을 고했다."[115]

그러나 이것이 전적으로 옳은 이야기는 아니다. 이슬람 제국은 사라졌지만 이슬람교도들이 남아 있던 곳과 시대마다(1492년 이후 스페인이 겪은 이슬람과의 변화된 관계를 떠올려보라) 지하드는 보다 원초적이고 해적과 같은 형태로 되돌아갔기 때문이다.**

• 카를로비츠 조약으로 트란실바니아와 헝가리 대부분은 오스트리아에, 포돌리아는 폴란드에, 아조프는 러시아에 귀속됐다.

•• 1683년 유럽 전체가 빈의 구원을 축하하고 있을 때, 36년 동안 불쌍한 유럽 포로들 사이에서 지칠 줄 모르고 일했으며 알제리의 프랑스 영사 역할을 하던 가톨릭 준교구장 장 르 바셰(Jean le Vacher)는 오스만 제국의 제독 후세인 파샤의 명령으로 다수의 동포와 함께 대포의 포구에 묶여 폭사되는 처형을 당했다. 그의 뒤를 이은 사람 역시 1688년에 같은 운명을 맞이했는데, 다른 프랑스인 48명과 함께 야만스런 죽임을 당했다(LanePoole 1890, 262).

418

제국 건설자에서 노예 상인으로

오스만 제국이 서서히 쇠퇴하기 시작하던 무렵, 한 잉글랜드 해군 함장은 이렇게 불평했다. "바르바리 해적의 힘과 대담함이 지금 대서양과 지중해에서 절정에 달했으니, 그곳에서 매일 일어나는 일보다 더 큰 슬픔과 혼란을 불러일으킨 일은 일찍이 본 적 없다."[116] 실제로 미국 교수 로버트 데이비스Robert Davis의 보수적 추산에 따르면 1530년에서 1780년 사이에 100만 명, 많게는 120여만 명에 달하는 유럽의 백인 기독교도들이 바르바리 해안의 이슬람교도들에게 붙잡혀 노예가 됐다. 수많은 유럽 여성들이 양파 한 뿌리 값에 팔려나갔으니, 18세기 말 유럽 관찰자들이 "알제리 주민들의 피부가 다소 희다"라고 기록한 것도 놀라운 일이 아니었다.[117]

동방에서도 비슷한 상황이 벌어졌다. 1480년 러시아가 타타르의 멍에를 벗어던진 뒤로도 3세기 동안 킵차크 칸국의 계승국 가운데 가장 장수한 크림 칸국은 이슬람 세계에서 백인 노예를 거래하는 최고의 노예 시장으로 번성했다. 기독교도들이 '우리의 피를 먹고 사는 이교도 거인'[118]이라 묘사한 이 칸국은 1450년에서 1783년 사이에 폴란드인, 리투아니아인, 러시아인, 우크라이나인 등 슬라브인 약 300만 명을 양 떼처럼 사로잡아 노예화하고 판매한 것으로 추정된다.[119]

유럽의 대서양 횡단 아프리카 노예무역이 인종적 편견에 의해 움직였다면, 이를 훨씬 능가했던 16세기 유럽인을 대상으로 한 이슬람교도 노예무역은 이교도에 대한 오래된 가학적 경멸심에서 비롯했다. 이 점은 사료 속에 반복적으로 나타난다. 1544년 프랑스 사제인 제롬 모랑

Jerome Maurand은 당시 프랑스-오스만 동맹의 일원으로 튀르크군이 지중해의 작은 섬 리파리를 정복하는 것을 목격했는데, 그는 이슬람교도들이 노예로 전락한 주민들을 매우 무자비하게 고문하는 것을 이해할 수 없었다. 그 가운데 하나가 노인과 약자의 내장을 악의적으로 칼로 천천히 도려내는 행위였다. 참다못해 그는 튀르크인들에게 왜 불쌍한 기독교도들을 그토록 잔인하게 다루느냐고 물었다. 그들은 그 행위는 대단히 큰 덕행이기 때문이라고 대답했는데, 그것이 그가 들은 유일한 답변이었다.[120] 당황해 말을 잃은 모랑은 "이슬람의 명예는 무신앙인과 비이슬람교도를 모욕하는 데 있다"라고 설파했던 저명한 인도 출신 성직자 아흐메드 알시르힌디Ahmed al-Sirhindi(1564~1624)가 했던 말을 미처 알지 못했던 듯하다.[121]

비이슬람교도의 피는 개의 피와 같은 것으로 간주된다는 제2대 칼리파 우마르의 말과, 외부인을 인간 이하로 여기는 이슬람의 내재적 부족주의에 따라 이교도에 대한 가학적 대우는 언제나 당연한 일로 여겨졌다. 존 폭스John Foxe(1516~1587)는 이에 대해 자신의《순교자의 책 Book of Martyrs》에서 "지구상 어디에서도 알제리만큼 기독교도가 미움을 받거나 가혹한 대우를 받는 곳은 없다"라고 썼다. 알제리는 노예들이 흔히 잔혹하게 다루어지는 곳이었다.[122] 수백 년 뒤 영국의 군인이자 외교관인 로버트 플레이페어Robert Playfair(1828~1899)도 동의했다. "대부분의 경우 알제리의 유럽인 노예는 그들의 종교 때문에 미움을 받았다."[123] 크림 반도의 동유럽인 노예도 나을 것이 없었다. 시장에서 별로 값을 받지 못할 노인과 허약한 자들은 타타르 청년들에게 넘겨져 돌을 맞거나, 바다에 던져지거나, 혹은 그들이 원하는 어떠한 방법으로든 죽임을 당했다.[124] 1630년 한 리투아니아인은 이렇게 썼다.

불운한 슬라브 노예들 가운데는 건장한 자들이 많다. 타타르인은 아직 거세되지 않은 노예는 귀와 코를 베고, 뺨과 이마를 시뻘건 인두로 지진다. 낮에는 쇠사슬과 족쇄를 채워 일을 시키고, 밤에는 감옥에 가둔다. 그들은 형편없는 음식으로 살아간다. 썩고 벌레가 가득한 죽은 동물의 고기 같은 것이니, 개조차 먹지 않을 것이다. 젊은 여자들은 음욕의 대상으로 남겨진다.[125]

바르바리 노예무역이 해상 기반 사업이었던 만큼, 유럽의 거의 어느 지역도 무사할 수 없었다. 1627년에서 1633년 사이에 브리튼 섬 서해안 앞바다의 런디 섬은 사실상 해적들에게 점령당했고, 그들은 그곳을 거점으로 잉글랜드를 마음대로 약탈했다. 1627년에 그들은 덴마크와 멀리 아이슬란드까지 습격해 모두 약 800명의 노예를 끌고 갔다. 이러한 습격에는 특징적인 증오가 수반됐다. 한 잉글랜드인 포로의 1614년 무렵 기록에는 이슬람교도 해적들이 교회 종이 울리는 것이 그들 선지자의 명령과 어긋난다 해서 혐오해, 기회 있을 때마다 종을 파괴했다고 썼다.[126]

1631년에는 아일랜드의 볼티모어 어촌 마을 거의 전체와 기타 지역이 습격당해 남녀와 아이, 심지어 요람 속 아기까지 포함해 237명이 붙잡혔다.[127] 몸값을 내고 되사는 등 노예 구출을 위해 알제리를 자주 방문했던 단Dan 신부는 이들의 운명을 수백 년 동안 반복된 표현을 통해 이렇게 묘사했다.* "팔려고 내놓은 그들을 보는 것은 비참했다. 거기서

• 단 신부보다 거의 100년 전, 프랑스 사제 제롬 모랑은 1544년 시칠리아 섬 앞바다 리파

그들은 아내가 남편과 헤어지고, 갓난아이는 아버지와 헤어졌기 때문이다. 그들은 남편을 이쪽에 팔고 아내를 저쪽에 팔았으며, 딸은 어미의 팔에서 떼어내져 다시는 재회할 희망이 없었다. 기독교도라면 누구든 눈물을 흘리지 않고는 볼 수 없었다. 너무나 많은 선량한 소녀들과 훌륭하게 큰 여성들이 야만인들의 잔혹함에 내맡겨지는 모습을 보아야 했다."[128]

이교도 노예들에 대한 기본적 대우가 멸시와 잔혹으로 점철돼 있었지만, 그들이 실제 혹은 상상의 잘못을 저질렀을 때 받은 처벌은 차마 말로 다 할 수 없을 정도였다. 무함마드에 맞서는 모독적인 말을 하면 그들은 반드시 이슬람교도가 되거나 산 채로 말뚝에 꿰어져야 했다. 또한 자유를 얻고자 거짓으로 이슬람 신앙으로 개종했다가 다시 기독교로 돌아가면 산 채로 불태워지거나 배교자로서 도시 성벽에서 던져지고, 커다란 쇠갈고리에 꿰여 거기에 매달린 채 죽어갔다.[129]

남자 노예들은 종종 성적 대상으로 이용됐는데[130] 주인의 동성애 요구를 거부한 유럽인들은 모두 강간을 하려다가 무안을 당한 주인들로부터 특히 잔인한 처우를 받았다.•

리 섬에 오스만인들이 침공했을 때 이 섬의 기독교도들의 운명에 대해 거의 유사한 묘사를 남겼다. "수많은 가엾은 기독교도들, 특히 노예가 된 수많은 어린 소년·소녀들을 보는 것은 매우 큰 연민을 불러일으켰다. 가엾은 리파리 사람들은 아버지는 아들을, 어머니는 딸을 바라보며 눈물짓고 탄식하고 울부짖었다. 그들은 자기 도시를 떠나 겁먹은 양 무리 사이의 탐욕스러운 늑대 같은 저 개들에 의해 노예로 끌려가면서 하염없이 눈물을 쏟았다"(http://www.levantineheritage.com/pdf/PiccirilloAnthonyThesis.pdf).

• 동시대의 관찰자는 아홉 살에서 열다섯 살 사이의 기독교도 노예 소년들이 "튀르크인들에게 능욕당할까 두려워 주인의 집 밖으로 감히 나가지 못했다"라고 기록했다(R. Davis 2003, 126).

422

한 젊은 기독교도가 어느 때 그 '행동'(동성 성폭행 시도를 에둘러 말한 것이
다)을 위한 받아들이기 어려울 정도의 요구에 시달리다가 주인을 죽였다.
그는 울퉁불퉁하고 날카로운 돌이 깔린 길을 통해 처형장으로 끌려가면서
흥분하고 잔인한 군중의 욕설 세례를 받았다. 처형장에 이르자 구경꾼들은
모두 처형을 돕는 일에서 즐거움을 느끼는 듯했다. 그는 벽을 등지고 네 개
의 큰 못이 박히며 십자가형을 당했다. 말을 하지 못하게 하기 위해 시뻘겋
게 달군 쇠막대기를 뺨에 찔러 넣었고, 그 상태로 불에 지져지며 서서히 타
죽었다. 이런 만행은 결코 드문 일이 아니었다.[131]

선교사들은 종종 이런 우려를 표했다. "젊은 남자들이 종교적으로뿐
만 아니라 성적으로도 유혹에 넘어가 이슬람교도가 되면 동성애의 대
상이 될 수 있다. 실제로 많은 성직자들은 이슬람에 대한 이해가 제한
적이긴 했지만, 두 형태의 유혹이 서로 밀접하게 연결되어 있는 것처럼
행동했다."[132] 다시 말해 이슬람교도로 개종하고 이슬람교도 주인의 성
적 욕망에 순응하는 것은 노예에게 약간의 관용을 얻어줄 가능성이 있
는 동전의 양면으로 보였다. 다른 이들은 그저 절망 속에서 이슬람교도
가 됐다.[133]

미국과 이슬람의 만남: 바르바리 전쟁

18세기 중엽에 이르러 이슬람교도 노예무역 국가들의 힘과 영향력은
유럽에 비해 급격히 추락했다. 러시아는 마침내 1783년 크림 반도를

정복하고 합병했다. 바르바리 해적은 유럽 해안에서 더이상 이전 시기와 같은 규모의 노예를 획득할 수 없게 되자, 모든 정력을 이교도 상선 습격에 쏟아 부었다. 유럽 열강은 바르바리 해안을 집단적으로 침공해 근본적으로 무력화시키기보다는 조공을 바치며 평화를 지키는 쪽을 택했다.*

신선하고 양호한 먹잇감은 신생 아메리카합중국**이 영국으로부터 자유를 쟁취하면서 나타났다. 이제 더이상 영국의 지즈야 지불이라는 보호막 아래 있지 않았기 때문이다. 1785년, 알제리 해적들은 미국 상선 마리아호와 더핀호를 나포했다. 그들은 선원들을 노예로 삼아 거리를 끌고 다니며 조롱하고 휘파람을 불었다. 앞서 언급한 기독교도 노예들의 처우를 고려할 때, 더핀호의 리처드 헨리 오브라이언Richard Henry O'Brian 선장이 나중에 토머스 제퍼슨Thomas Jefferson에게 보낸 편지에서 "우리의 고통은 말로 다할 수도, 당신이 상상할 수도 없는 수준입니다"라고 쓴 것은 결코 과장이 아니었다.[134]

당시 각각 프랑스와 영국 주재 미국 대사였던 제퍼슨과 존 애덤스John Adams는 영국 주재 트리폴리 대사 압둘 라흐만 아자Abd al-Rahman Adja와 만나, 노예로 잡힌 미국인들의 몸값 협상과 평화로운 관계 수립을 시도했다. 두 대사는 1786년 3월 28일 의회에 보낸 편지에서 지금

---

* 다른 세력들은 유럽의 경쟁자를 상대로 테러리스트들을 활용하기도 했다. 오스만의 빈 포위전을 지원했던 프랑스의 루이 14세는 언젠가 "알제리가 없다면 나는 그것을 만들어낼 것이다"라고 말했다고 한다(Lane-Poole 1890, 256).

** 이슬람교도들은 아메리카 대륙이 발견된 16세기부터 이 대륙에 대해 알고 있었다. 그때 한 오스만 저자는 "머지않아 그 땅이 이슬람의 빛으로 밝혀져 오스만 영토에 편입될 것"이라는 경건한 희망을 표했다(B. Lewis 2003, 305).

껏 이해하지 못했던 바르바리 국가들의 이유 없는 적의의 근원에 대해
이렇게 설명했다.

우리는 그들에게 아무런 해를 입히지 않은 나라들을 상대로 전쟁을 일으키
는 명분의 바탕에 대해 몇 가지 질문을 할 수 있었습니다. 우리는 우리에게
아무런 잘못을 저지르지 않고 우리를 자극하지 않는 모든 인류를 우리의 친
구로 여긴다고 말했습니다. 그러나 대사는 그들의 행동은 선지자의 법에 근
거한 것으로 《코란》에 기록된 것이고, 그들의 권위를 인정하지 않는 모든 민
족은 죄인이고, 어디에서든 그런 자들을 발견하면 그들을 상대로 전쟁을 벌
이고, 포로로 사로잡을 수 있는 자는 모두 노예로 삼는 것이 이슬람교도의
권리이자 의무이고, 전투에서 죽은 모든 이슬람교도는 분명히 천국에 갈 것
이라고 했습니다.[135]

압둘 라흐만은 이어 이슬람의 법은 '유인책'으로 이교도의 배에 가장
먼저 오르는 자에게 더 많은 노예를 주며, 해상 지하드 전사들은 항상
양손에 칼을 하나씩 쥐고 하나는 입에 물어 총 세 개를 지니고 다니는
데, 이들의 힘과 외모가 적들을 너무나 두렵게 만들어 감히 맞서 싸우
는 자가 거의 없다는 점을 자랑스럽게 이야기했다.[136] 몇 년 전 〈미국 독
립선언United States Declaration of Independence〉에서 모든 인간은 창조주로
부터 양도할 수 없는 권리를 부여받았다고 천명했던 미국 대사들이 이
이슬람교도 대사의 대답을 듣고 무슨 생각을 했을지는 상상에 맡길 수
밖에 없다. 어쨌든 미국 선원들을 풀어주는 대가로 요구된 몸값은 의회
가 승인한 금액의 15배가 넘었고, 회담은 성과 없이 끝났다.

의회에서는 "해적들에게 돈을 주기보다는 선박과 병력을 마련해 싸움으로써 그들을 깨닫게 하는 편이 훨씬 쉬울 것"이라는 제퍼슨의 주장에 일부가 동의했다.[137] 조지 워싱턴은 한 친구에게 보낸 편지에서 이렇게 탄식했다. "이토록 개명되고 진보적인 시대에 어떻게 유럽의 해상 강국들이 바르바리의 작은 해적 국가에게 매년 조공을 바칠 수 있단 말인가? 우리에게 저 인류의 적들을 개혁하거나 그들을 쳐부숴 없애버릴 수 있는 해군이 있었더라면!"[138] 그러나 의회의 다수는 존 애덤스의 의견에 동조했다. "그들과 영원히 싸울 각오를 하지 않는 한, 그들과 싸워서는 안 된다"라는 주장이었다.[139] 이슬람의 적대가 본질상 영속적이고 실존적인 것임을 고려할 때 애덤스의 판단은 아마도 자신이 인식한 것 이상으로 정확했을지 모른다. 결국 의회는 유럽을 따라 해적들에게 조공을 지불하기로 결정했지만, 요구된 몸값을 마련하는 데에는 여러 해가 걸렸다.

1794년, 알제리 해적들은 다시 미국 상선 11척을 나포했다. 그 결과 두 가지 조치가 뒤따랐다. 1794년 해군무장법Act to Provide a Naval Armament이 제정됐고, 상비 미국 해군이 창설됐다. 그러나 첫 전함이 건조 완료되는 것은 1800년이었으므로 미국은 1795년부터 알제리에 전체 연방 예산의 16퍼센트에 달하는 지즈야 지불을 시작했다. 그 대가로 115명 정도의 미국인 선원이 석방됐고, 이슬람교도들의 해상 습격은 공식적으로 멈추었다. 그러나 이후 수년 동안 이어진 미국의 지불과 '선물'은 갈수록 대담해진 해적들이 점점 더 터무니없는 요구를 하도록 부추겼다.

1800년에는 더욱 치욕스러운 일 중 하나가 발생했다. 미국 해군 조지워싱턴호의 윌리엄 베인브리지William Bainbridge 함장이 알제리의 데이dey(바르바리 해적 영주의 오스만식 칭호)에게 조공을 전달했으나, 데이가 보기에는 부족했다. 데이 무스타파는 미국 선원들을 "내 노예들"이라고 부르며, 베인브리지에게 자신이 오스만 술탄에게 보내는 수백 명의 흑인 노예와 이국의 동물들이 포함된 연례 공물을 이스탄불까지 운반하라고 명령했다. 모욕은 거기서 끝나지 않았다. 그는 조지워싱턴호에서 미국 국기를 내리고 이슬람 깃발을 게양하라고 명령했으며, 긴 항해 중 바다가 아무리 거칠더라도 반드시 배를 하루 다섯 번 메카를 향하게 해서 무스타파의 사절과 일행이 기도할 수 있도록 하라고 베인브리지에게 강요했다.[140] 처음에는 분개했던 베인브리지는 결국 해적의 심부름꾼 노릇을 받아들일 수밖에 없었다.

1801년 제퍼슨이 대통령에 취임한 직후, 트리폴리는 일시불로 22만 5천 달러와 해마다 2만 5천 달러(현재 가치로 각각 350만 달러, 42만 5천 달러)를 내놓으라는 요구를 했다. 이것은 협박이었다. 제퍼슨은 "해적들의 끝없이 증가하는 요구를 막을 수 있는 것은 무력뿐"이라고 주장하며 이를 거부했다. 아마도 그는 바르바리의 주인들에 관해 "돈이 그들의 신이며, 무함마드는 그들의 선지자다"라고 했던 오브라이언 선장의 말을 떠올렸을 것이다.[141]

요구한 지즈야를 받지 못하자 트리폴리의 파샤는 1801년 5월 10일 미국에 대해 지하드를 선포했다. 그러나 이제 미국은 6척의 전함을 보유하고 있었기에 제퍼슨은 이를 바르바리 해안에 파견했다. 그들의 초기 무력시위는 트리폴리가 미국에 한 것과 비슷한 요구를 하려던 튀니지와 알제리가 생각을 거두게 하기에 충분했다. 이후 5년 동안 미국 해군은 트리폴리와 전쟁을 벌였으나 큰 성과를 거두지 못했고, 약간의 좌절을 겪었다. 가장 굴욕적이었던 것은 1803년 필라델피아호와 그 승무원이 나포된 일이었다. 이에 극단적인 조치가 필요했고, 윌리엄 이튼 William Eaton이 등장했다. 1797년부터 1803년까지 튀니지 주재 미국 영사로 근무한 그는 이 지역에 살아 이슬람교도들을 잘 알았다. 그는 "튀르크인들은 더 주면 더 요구한다"[142]라는 습성을 알고 있었고, 오래되고 어느 곳에나 있는 오만한 이슬람 우월의식을 혐오하며 이렇게 말했다. "화려한 소파에 편안히 기대 빈둥대는 게으른 튀르크인이 한 기독교도 노예에게는 담뱃대를 들게 하고, 또다른 노예에게는 찻잔을 들게 하며, 그 옆의 노예에게는 파리를 쫓게 하는 모습을 보면 매우 짜증이 난다."[143] 신생 미국 해군이 노련한 해적들에게 고전하는 모습을 본 그는 과감한 계획을 세웠다. 알렉산드리아에 추방돼 있던 트리폴리 데이의 형에 대한 왕권 주장을 후원하는 것으로, 대부분 '사막민'인 지지자와 용병들을 알렉산드리아에서 트리폴리까지 800킬로미터에 달하는 사막을 행군해 오게 하는 것이었다. 그 여정은 험난했다. 무엇보다 이슬람교도 용병들 때문이었다. 이튼은 거듭 그들을 설득하려 애썼다. "나는 이슬람교와 미국인의 종교 사이의 원리적 유사성에 대해 언급했다."[144] 그러나 이러한 초교파적 접근에도 불구하고 그는 일기에 이렇게 한탄했다. "우리는 이 미개한 고집불통들에게 우리를 신뢰하도록 하는 것과, 우리가 기독교도라는 사실에도 불구하고 이슬람교도의 적이 아닐 수 있다는 점을 납득시키는 것이 거의 불가능하다는 것을 알았다. 참으로 힘든 일이다."[145] 이슬람교도와 함께 지낸 많은 경험에도 불구하고 이튼은 그들 율법의 미세한 부분, 즉 '충성과 거부'의 원리를 잘 알지 못했다.

마침내 1805년 4월 27일, 이튼은 트리폴리의 해안 도시 다르나에 도착 후 그곳을 공격해 함락시켰다. 미국이 국가로서 거둔 역사상 첫 승리였다. 곧이어 그는 트리폴리로 진격할 준비를 했는데, 6월 10일자로 전쟁이 끝났다는 소식을 접했다. 미국 총영사 토바이어스 리어Tobias Lear가 트리폴리와의 평화 조약을 체결한 것이다. 이 조약은 나중에 치욕적인 협정으로 평가받는데, 그 내용은 다르나를 다시 바르바리에 돌려주고 미국이 필라델피아호 선원들을 석방하기 위해 6만 달러를 지불하기로 한 것 등이었다.

네 달 뒤인 1806년 10월, 미국에서 최초의 영어판 《코란》이 출간됐다. 편집자의 글이 밝히고 있듯이 이는 오늘날 흔히 주장되는 미국인들의 '문화적 교양을 높이기 위한 것'이 아니라, 그들이 지난 4년 동안 왜 전쟁을 치러 왔는지를 알리기 위한 것이었다. 편집자는 앞머리에서 "이 책은 하느님과 천사들, 그리고 무함마드 사이의 긴 대화인데, 거짓 선지자가 조잡하게 지어낸 것"이라고 시작한 뒤 이렇게 결론짓는다. "독자들은 어찌하여 이런 터무니없는 것이 세상의 상당 부분을 오염시켰는지 의아해할 것이며, 이 책에 담긴 내용을 알게 되면 그 법(샤리아)이 얼마나 경멸스러운지 인정할 것이다."[146]

샤리아는 이슬람교도들에게 유리한 기회가 있을 때마다 이교도들을 상대로 공격을 가하도록 명령한다. 여기에는 평화 조약을 깨뜨리는 것도 포함된다.• 그래서 1812년 미국과 영국이 다시 전쟁에 돌입하자,

---

• 《하디스》에 따르면 무함마드는 "내가 맹세를 하고 나서 무언가 더 나은 것을 발견하면, 나는

바르바리는 그 기회를 틈타 다시 미국 선박을 약탈하고 선원들을 노예로 삼기 시작했다. 미국은 1815년 영국과 평화 협정을 맺은 후 바르바리의 약탈을 영구히 종식시키기로 결심했다. 1801년에 고작 6척의 함선을 보유한 것과 비교할 때 이제 거대하게 성장한 미국 해군은 바르바리 해안에 파견됐고, 신속하게 그 지역을 제압했다. 이에 따라 이번 평화 조약은 미국이 조건을 정했다. 알제리는 모든 미국인을 석방하고 더 이상 조공을 요구하지 않으며, 심지어 약탈한 선박과 훔친 재산에 대한 배상으로 1만 달러를 지불해야 했다. 튀니지는 그들이 훔친 선박과 재산으로 인해 6만 달러, 트리폴리는 3만 달러를 배상해야 했다.

첫 대통령을 선출하기도 전에 시작돼 간헐적으로 32년 동안 이어진 미국의 첫 번째 전쟁은 이슬람 세력과의 전쟁이었다. 이슬람 세력은 그 전쟁을 지난 1200년 동안 전쟁을 개시할 때와 똑같은 논리에 따라 적대 행위를 시작했다. 오늘날 대부분의 미국인은 자국의 첫 무력 충돌에 대해 알지 못하지만, 그에 대한 언급은 곳곳에 남아 있다. 미군의 가장 오래된 군가인 〈해병대 찬가Marines' Hymn〉는 '정의와 자유'를 위해 곳곳에서 싸웠다고 자랑하며, 그 범위에는 '트리폴리 해안'까지도 포함된다. 또한 미국에서 가장 오래된 군사 기념물 역시 바르바리 전쟁에서 싸우

더 나은 것을 행하고 맹세를 깨뜨린다"라고 말했다. 그는 이슬람교도들에게도 마찬가지로 하라고 권했다. "무엇을 하겠다고 맹세했다가 나중에 그것보다 더 나은 것을 발견하면, 더 나은 것을 행하고 맹세에 대한 속죄를 하라"(*Sahih Bukhari* 8:78:618~619). 즉 이슬람교도와 이교도들 사이의 기본 상태가 적대적인 것이라면, 적대감을 이익이 되는 방식으로 행사할 기회가 생겼을 때 그것을 실행하는 것이 일시적인 평화 조약을 유지하는 것보다 더 낫다는 것이다. 1812년 미국이 영국과 전쟁 중일 때 바르바리가 미국과의 평화를 깬 이유도 바로 이것이다. 비이슬람교도와 맺은 평화 조약에 대한 이슬람의 유연한 태도에 대해 자세한 것은 351쪽 각주 참조.

다 죽은 미국인들을 기리기 위해 세워졌다. 기념비의 명판에는 "'방위를 위해서라면 수백만 달러를 쓰더라도, 조공에는 단 한 푼도 줄 수 없다'가 이 전쟁의 구호가 됐다"라고 적혀 있다. 꼭대기가 독수리로 장식된 기둥 아래에는 터번을 쓴 패배한 적의 머리들이 조각돼 있다. 이 기념물은 수십 년 동안 국회의사당 안에 있었지만, 지금은 훨씬 덜 눈에 띄는 아나폴리스 해군사관학교 교수 회관에 자리하고 있다.

"해적들의 요구에 대해 처음으로 기개 있는 저항의 본보기를 보인 영예는 미국의 것이다"라고 영국 역사가 스탠리 레인풀Stanley Lane-Poole은 인정한다.• 이후 다른 나라들도 뒤따랐다. 1816년, 영국의 엑스머스 자작 에드워드 펠류Edward Pellew는 튀니지와 트리폴리를 방문해 두 데이로부터 기독교도 노예의 완전한 폐지를 약속받았다.[147] 그러나 그가 알제리에서 같은 요구를 하자 그들은 화를 내며 제안을 거부했을 뿐 아니라, 그를 모욕했다. 그의 장교 두 명은 군중에 의해 말에서 끌어내려져 손을 등 뒤로 결박당한 채 거리를 끌려 다녔다. 분노한 데이는 더 나아가 영국 보호하에 거주하던 이탈리아인에 대한 대규모 학살을 명령했다.[148] 펠류는 그해 많은 소함대를 이끌고 돌아와 알제리에 포격을 가했다. 그의 회고록은 이렇게 언급한다.

전투는 사실상 기독교라는 고귀한 대의를 위해 싸우는 소수의 영국인과 자기네 전제군주의 명령에 복종하기 위해 도시 주위에서 모여 성벽 안으로 들어간 광신도 무리의 대결이었다. 그러나 신과 인류의 대의가 승리했다. 함대의 모든 이들은 헌신적이었고, 심지어 영국 여성들마저 남편들과 함께 총포를 다루며 여러 시간에 걸친 전투에서 결코 위험으로 위축되지 않고 주변의 모두를 격려했다.[149]

이슬람교도들은 항복했고, 알제리에 있던 모든 노예들은 즉시 해방됐다. 데이는 그해 이탈리아로부터 갈취한 400달러 가까이 되는 돈을 반환해야 했다.[150] 그러나 미국이 경험했듯이 알제리인들은 곧 이전의 오만과 폭력의 행태로 돌아갔다. 자유민 신분의 유럽 소녀들이 데이에 의해 납치됐고, 영국 영사관은 강제로 개방돼 심지어 여성들의 방까지 수색 당했다. 이는 새로운 첩을 찾기 위해서였다. 한 영국 역사가는 이렇게 결론지었다. "완전한 정복 말고는 이 전염병을 그치게 할 수 없었다. 그리고 마지막 조치는 영국이 아닌 다른 나라에 맡겨져 있었다." 그 나라는 프랑스였다. 사건의 시작은 언쟁 중에 데이가 참지 못하고 프랑스 영사의 뺨을 때린 일이었다. 이에 1830년 7월 4일, 프랑스 함대가 알제리의 수도에 도착해 격렬하고도 쉴 새 없는 포격을 퍼부었다. 그리고 1주일 후 그곳에서는 이슬람 지배자의 맥이 끊겼다.[151]

이윽고 식민지 개척 시대가 시작됐다. 이 시기는 유럽의 세력이 급격하게 치솟고, 이와 동반해 이슬람 세계는 급격하게 추락한 시기였다.

서방의 승리

오늘날 식민주의와 이른바 '유럽의 팽창과 제국 형성'이라는 복잡한 전 과정은 흔히 역사적 맥락이 제거된 상태에서 제시되지만, 버나드 루이스는 이를 이슬람교와 기독교의 충돌에서 뿌리를 찾을 수 있다고 말한다. 그는 이렇게 설명한다. "그 과정은 동서 유럽의 정복당한 민족들이 자기들의 고향을 기독교 세계로 되돌리고, 자신들을 침략하고 예속시킨 이슬람교도를 몰아내기 위한 길고도 치열한 투쟁에서 시작됐다. 승리한 해방자들은 영토를 되찾은 후, 옛 지배자들을 그들의 원 출발지까지 추격했다."[152]

이에 따라 19세기 후반에서 20세기 초에 들어서까지 유럽인들은 이슬람교도 지역을 차례차례 복속시켰다. 물론 몇몇 강력한 저항도 있었다. 수단과 소말리아에서는 각각 또다른 '인도된 자'와 이른바 '미친 물라Mullah'가 피의 지하드를 외치며 영웅적으로 싸워 몇 차례 주목할 만한 승리를 거두기도 했으나 전자는 1898년 옴두르만 전투에서, 후자는 1904년에서 1920년 사이에 영국군에 의해 제압됐다. 그럼에도 불구하고 심지어 1921년에도 이슬람은 수백 년 만에 가장 큰 승리 가운데 하나를 거두었는데, 모로코의 아누알 전투에서 1만 명이 넘는 스페인 병사들이 학살당한 사건이 그것이다.

하지만 1683년 이후에는 더이상 거시적 차원에서 세계사의 향방을 뒤흔들 만한 지각변동적 전투는 없었다. 또한 서방의 거대한 전진을 막을 자도 없었다. 프랑스는 알제리와 더불어 시리아, 레바논, 튀니지를 차지했고, 모로코는 스페인과 분할했다. 영국은 이집트, 수단, 이라크,

요르단, 예멘, 오만을 장악했고, 이탈리아는 리비아를 점령했다. 이슬람 세력의 힘은 쇠퇴해 유럽인들은 이슬람교도들을 전혀 존재하지 않는 것처럼 취급했으며, 진보와 이성의 불가항력적인 행진에 의해 곧 완전히 사라질 광신적 종교의 추종자들로 여겼다.[153]

이슬람 세계에서 유일하게 남은 중요한 세력인 오스만 제국은 점점 축소되고 있었는데, 그들의 주요한 적수는 서방이 아니라 동방, 곧 러시아에서 등장했다. 수백 년 전인 1472년에 콘스탄티노스 11세의 조카 소피아 팔레올로기나Sophia Palaiologina(본명 조이)는 이반 3세와 혼인했는데, 이반은 1480년에 타타르의 멍에를 벗어던졌다. 그때부터 볼세비키 혁명에 이르기까지 러시아, 특히 모스크바는 스스로를 '제3의 로마'라고 여겼다. 콘스탄티노플을 지키다 전사한 마지막 로마 황제의 혈통을 이었다고 자처한 차르(즉 '카이사르')는 오스만 제국에 있는 1200만 명에 달하는 동방 정교회 신자들의 수호자이자 복수자 역할을 자처하며 콘스탄티노플 탈환에 특별한 관심을 가졌다. 그들은 오스만과 여러 차례 전쟁을 벌였고, 영토로 깊숙이 진출해 나갔다.

곧 하나의 순환이 만들어졌다. 러시아의 침투는 발칸 반도의 기독교도를 자극해 이슬람 지배자로부터의 해방을 추구하게 만들었다. 딤미는 이슬람의 권위에 온순하게 복종하는 것을 전제로 관용을 받는 것이었기에 이런 동요는 그들의 보호받는 지위를 취소하게 만들었고, 오스만인이 보기에 그들은 침략자 러시아인과 다를 바가 없었다. 징벌은 신속하고 참혹했다. 1809년 제1차 세르비아 봉기의 흔적은 튀르크인들이 세운 4.5미터 높이의 '해골탑'을 통해 오늘날에도 볼 수 있는데, 그곳에는 본래 세르비아 전사 952명의 잘린 머리가 들어 있었다. 당대의 기록은 1821년 그리스가 독립을 모색한 이후 오스만 제국의 모든 기독교도 신민을 학살하려는 시도와, 가리지 않고 모든 기독교도를 공격하는 이슬람교도 폭도들에 대해 이야기하고 있다.[154] 이러한 오스만의 보복은 러시아에 대한 새로운 침입으로 이어져, 다시금 반란과 징벌의 악순환이 시작됐다.

1853년에 이르자 차르 니콜라이 1세는 유럽 열강에게 상호 합의로 오스만 제국을 분할하고, 콘스탄티노플을 자유 도시로 전환시키자고 현실적으로 제안할 수 있을 정도의 위치에 있었다.[155] 그러나 동방 정교회 국가의 힘과 영향력이 커지는 것을 두려워한 프랑스와 영국은 크림 전쟁(1853~1856)에서 공개적으로 튀르크와 동맹을 맺고 러시아에 맞섰다. 그러나 튀르크의 잔혹 행위의 전모가 알려지면서 이러한 현실정치적 선택은 거센 비판의 대상이 됐다.

1876년 불가리아 봉기에 대한 오스만의 대응은 특히 큰 분노를 불러일으켰다. 이는 서방 언론에 널리 보도됐는데, 이교도에 대한 수백 년 묵은 가학적인 경멸의 특징인 신체 절단, 십자가형, 윤간, 기독교 교회와 상징들에 대한 터무니없는 모독이 포함돼 있었기 때문이다. 당시 이슬람 세계에서 교육받았거나 그에 대해 잘 알던 사람들은 자국민들에게 적의의 근원에 대해 알리려 했다. 당대의 한 성공회 성직자의 말을 빌리자면 그것은 "모든 역겨운 것 가운데 가장 혐오스러운 것, 즉 이슬람교"였다.[156] 미국 기자 J. A. 맥개헌J. A. MacGahan은 가장 상세하고 널리 퍼진 보도 가운데 하나를 했다.

그들은 불가리아 여인을 붙잡아 속옷만 남기고 벗겼으며, 여자가 지닌 값진 옷가지와 장신구, 보석은 따로 챙겼다. 그런 다음 원하는 자들은 차례로 여자를 능욕했으며, 마지막 사람은 자기 기분 내키는 대로 죽이기도 하고 살려두기도 했다. … 아이들의 유골은 작은 두개골에 끔찍한 칼자국이 남아 있었다. 이 학살에서 죽은 아이의 수는 엄청났다. 흔히 총검에 찔렸고, 갓난아기들이 총검 끝에 걸려 거리를 끌려 다니는 것을 보았다는 몇몇 목격자들의 이야기가 남아 있다. 이유는 단순하다. 이슬람교도가 일정 수의 이교도를 죽이면 그가 무슨 죄를 지었든 낙원에 가는 것이 보장되기 때문이다. 보통 이슬람교도는 이 가르침을 보다 폭넓게 받아들여 여자와 아이까지 센다. 아이를 죽이는 일의 장점은 위험 없이 할 수 있다는 것이며, 낙원에 들어가는 점수에서 무장한 성인 남자와 똑같이 계산된다는 것이다. 불가리아의 바타크에서는 바시바주크 부대가 점수를 늘리려고 임신부의 배를 갈라 태아를 죽이기도 했다.[157]

이처럼 수만 명의 불가리아인이 살해당했으며, 그중 가장 많은 살육을 저지른 자들은 오스만 당국에 의해 훈장을 받았다. 이러한 사실이 드러나자 영국의 친오스만 정책은 대중의 분노를 촉발했고, 러시아는 1877년에 다시 한번 인기가 떨어진 이슬람 제국을 상대로 전쟁을 벌이게 되었다. 그 결과 불가리아, 루마니아, 세르비아, 몬테네그로 등 발칸반도 대부분이 해방됐다. 수백 년 전 동로마의 인도로 기독교를 받아들였고, 이제는 열렬하게 이스탄불을 해방시키기를 열망하던 러시아는 거의 성공을 거두는 듯했으나 영국 전함 함대가 개입해 이스탄불에 대한 포위를 해제하면서 그 시도는 좌절되었다.

가톨릭 국가 프랑스와 개신교 국가 영국이 정교회 국가 러시아가 아닌 이슬람교를 믿는 튀르크의 편에 선 것은 어떤 면에서 또 하나의 기독교 내부 분열의 표출이기도 하지만, 이것은 흔히 유럽-오스만 전쟁이 19세기에는 확실하게 기독교 대 이슬람의 문제라기보다는 현실정치 때문이라는 증거로 인용된다. 그러나 이는 부분적으로만 사실이다. 1856년 크림 전쟁 종결 때 오스만 제국이 받아들여야 했던 가장 쓰라린 조건 가운데에는 지즈야의 폐지와 옛 딤미 신민의 해방이 있었다. 그 결과 "1453년 이후 처음으로 이스탄불에서 교회 종을 울릴 수 있게 허락됐다"라고 M. J. 아크바르는 기록한다. 많은 이슬람교도들은 그날을 애도의 날로 선언했다.[158] 또한 이슬람교로 개종했을 때의 특권 가운데 하나가 사회적 지위의 우월성이었기 때문에, 분노한 이슬람교도 군중은 제국 전역에서 폭동을 일으켜 기독교도들을 습격했다. 1860년에는 레반트에서만 3만 명이나 되는 기독교 신자가 학살당했다.•

그럼에도 불구하고 오스만이 1820년대에 그리스인을, 1860년 무렵에 마론파[시리아에서 태동한 기독교 분파]를, 1870년대에 불가리아인을, 1890년대에 아르메니아인을 억압했을 때 유럽 외교관들은 기독교 연대의식에 따라 이들 기독교도들을 방어하지 않을 수 없었다. 그러다 국제 외교에서 기독교에 대한 관심이 사라지기 시작한 것은 20세기에 들어서였다.[159]

요컨대 현실정치의 제약이 항상 존재했음에도 불구하고 1095년에

• 마크 트웨인도 무슨 일이 일어났는지에 대해 자세히 기록했다. "남자, 여자, 아이들이 닥치는 대로 도살돼 기독교도 지구 전역에서 수백 구의 시체가 썩어가면서 악취가 끔찍했다. 살아남은 기독교도들은 모두 도시에서 도망쳤고, 이슬람교도들은 '개 같은 이교도들'의 시체를 묻느라 자신들의 손을 더럽히려 하지 않았다. 피에 대한 갈증은 헤르몬과 안티레바논 산악지대까지 번져 순식간에 2만 5천 명의 기독교도들이 더 학살됐다"(Twain 1869, 326).

선포된 제1차 십자군의 두 가지 목표,• 즉 기독교 영토의 해방과 동료 기독교도를 구제하는 것은 식민지 시대에도 유럽의 이슬람 정책에서 여전히 드러났다.•• 현대의 한 프랑스 역사가이자 언론인은 이렇게 평했다. "1830년의 알제리 정복과 우리의 최근 아프리카 원정은 본질적으로 십자군과 다를 바 없다."[160]

그로부터 거의 100년 후인 1920년, 오스만과 싸우다 팔 하나를 잃은 프랑스인 노병 앙리 구로Henri Gouraud 장군이 다마스쿠스를 정복했다. 그는 하틴 전투에서 승리한 지하드 전사 살라흐 앗딘의 무덤에 가서 발로 차며 이렇게 외쳤다. "깨어나라, 살라흐 앗딘. 우리가 돌아왔다. 내가 이곳에 있다는 사실 자체가 초승달에 대한 십자가의 승리를 선언하는 것이다."•••

이는 그가 알고 있었던 것보다 더 정확한 말이었다. 적어도 신학적 차원이 아니라 사회·정치적 차원에서는 그러했다. 그로부터 2년 뒤 오스만 술탄제가 폐지됐고, 다시 2년 뒤인 1924년에는 칼리파 제도 역시

• 영국 역사가 데릭 로맥스(Derek Lomax)의 말에 따르면 "교황들은 다른 대부분의 기독교도와 마찬가지로 이슬람교도에 대한 전쟁을 정당하다고 믿었는데, 그 이유 가운데 하나는 이슬람교도가 본래 기독교도의 것이었던 땅을 무력으로 빼앗았기 때문이고, 또 하나는 그들이 노예 사냥, 약탈, 파괴의 즐거움을 위해 그들이 다스리던 기독교도와 기독교도 지역을 수탈하기 때문이다."(Stark 2009, 33).

•• 20세기로 접어들 무렵의 한 콥트 기독교도는 영국의 지배에 대해 이렇게 썼다. "한마디로 이집트 국가는 정의, 질서, 조정에서 최고 수준에 있었다. 그들은 종교적 광신을 없앴으며, 기독교도 신민과 이슬람교도 신민 사이의 평등을 거의 이루고 불공정을 대부분 제거했으며, 모든 주민의 이익을 위한 유익한 사업을 많이 실현했다"(Patrick 1996, 134).

••• 구로의 우월감은 여러 나라에 존재하던 기독교인들의 인식을 반영한 것이기도 했다. 그들에게 연합국이 오스만 제국을 상대로 거둔 승리는 이슬람에 대한 기독교의 승리를 의미했으며, 어쩌면 인류 역사상 가장 오래 지속된 갈등이 종결되었음을 알리는 사건으로 받아들여졌다(Jamieson 2006, 8~9; Sehgal 2003, 22에서도 인용).

역사 속으로 사라졌기 때문이다. 이는 유럽 제국주의자들의 손에 의해서가 아니라 비전통적이지만 유럽의 효과적인 방식을 모방하려 했던 이슬람교도 개혁가들의 의해서였다.

이로써 이슬람과 서구 사이의 오랜 전쟁은 끝난 듯 보였다.

결론

이슬람의 연속성 대 서방의 혼란

이슬람 역사를 잘 아는 모든 이슬람교도는 이교도에 맞선 지하드가 이슬람교의 필수적인 부분임을 알고 있으며, 역사를 접해본 자라면 기본 상식이다.

— 극단주의 무장단체 이슬람국[1]

구로 장군이 살라흐 앗딘의 묘 앞에서 의기양양해하던 때에도 동시대인인 프랑스 태생의 영국 역사가 힐레어 벨록Hilaire Belloc(1870~1953)은 다음과 같은 불안을 가지고 있었다.

백인 문명, 즉 유럽과 미국 문명에 속하는 수백만 명의 현대인은 이슬람교에 대한 모든 것을 잊어버렸다. 그들은 이슬람교와 접촉해 본 적이 없다. 또한 이슬람교가 쇠퇴하고 있으며 어쨌든 자기와는 관계되지 않는 외국 종교라고 생각한다. 그러나 이슬람교는 서방 문명의 가장 강력하고도 끈질긴 적이며, 과거에 그랬던 것처럼 미래에도 언제든 큰 위협이 될 수 있다.[2]

서방이 "이슬람을 완전히 잊어버렸다"는 말은 결코 과장이 아니다. 이후 이 경향은 더욱 뚜렷해졌다. 오늘날 많은 학자들이 '지하드'라는 단어를 "더 나은 학생, 더 나은 동료, 더 나은 사업 상대가 되는 것. 무엇보다 자신의 분노를 통제하는 것"[3]으로 정의하고 있는 상황에서 과거의 지하드와 현재의 지하드 사이에 존재하는 보다 미묘한 연속성이 간과되는 것은 필연적일 수밖에 없다. 따라서 이라크 시리아 이슬람국(ISIS)이 "미국인의 피가 최고이며, 우리는 곧 그것을 맛볼 것이다"라거나 "너희가 삶을 사랑하듯 우리는 죽음을 사랑한다", "우리는 너희의 로마를 정복하고, 십자가를 부수며, 너희 여인들을 노예로 삼겠다"[4]라고 선언할 때 서방 사람들은 거의 아무도 그들이 이전 시대의 역사에서 등장하는 지하드 선조들의 말을 그대로 인용하고 있으며, 그 발자취를 따라가고 있다는 사실을 알아채지 못하고 있다.

이슬람교도 남성들이 "백인 여자들은 그 일에 능숙하다", "독일 여자들은 성을 위해 존재한다", "오스트레일리아 여자들은 모두 음탕해서 강간당해 마땅하다"라고 말하면서 서방 여성들을 성적으로 학대[5]할 때 사람들은 그것이 이전 역사에서 백인 이교도들을 방탕의 화신으로 여겨온 오랜 전통에 뿌리를 두고 있음 역시 거의 알지 못한다.

이슬람교도 이민자들이 서방에서 교회를 훼손하는 행위를 벌일 때에도 마찬가지다. 독일, 프랑스, 오스트리아에서만 수백 개의 교회가 파괴되고, 십자가가 부서지고, 기독교 조각상의 목이 잘려나갔지만[6] 이슬람이 기독교 문명과 처음 접촉한 이래 지속적으로 나타나 온 관행이라는 사실을 이해하는 사람은 거의 없다.

한때 이슬람 세계는 초강대국이었고, 지하드는 맞설 수 없는 힘이었다. 그러나 200여 년 전, 1천 년 이상 이슬람교도의 정복과 만행을 경험한 유럽이 부상하며 이슬람 세력을 압도하고 무력화시켰다. 무함마드의 문명이 어둠 속으로 물러나자 탈 기독교적 서방이 서서히 등장했다. 이슬람은 변하지 않았지만, 서방은 변했다. 이슬람교도들은 여전히 이교도에 대한 지하드를 명령하는 자신들의 유산과 종교를 존중하는 반면, 서방은 자기 유산과 종교를 소홀히 하게 됐고 그 결과 지하드의 무의식적 동맹자가 됐다.

이것이 현재의 상황이다. 이슬람 지하드는 다시금 완전한 기세를 되찾았고, 서방은 다양한 정도로 이를 촉진한다. 따라서 역설이 생겨난다. 역사가 앨런 G. 제이미슨Alan G. Jamieson에 따르면 "서방의 군사력이 이슬람 세계를 압도한 것이 역사상 지금처럼 컸던 적이 없다. 서방 국가들은 이슬람 테러리스트의 활동을 보며 불안해한다. 기독교와 이슬람교의 오랜 갈등에서 양측 간 군사력 격차가 이토록 벌어진 적은 없었으나, 패권을 가진 서방은 그 사실로부터 아무런 위안도 얻지 못하는 듯하다."[7]

요컨대 오늘날 이슬람 세력이 서방을 위협하고 있는 것은 그들이 그럴 수 있어서가 아니라, 서방이 그것을 허용하기 때문이다. 아무리 쇠약해졌더라도 여전히 곡도가 휘둘러지고 있다면, 강력하더라도 칼집에 꽂힌 채로 있는 검을 언제나 압도할 것이다.

서기 7세기에 황량한 아라비아 반도에서 한 세력이 꿈틀거리기 시작했다. 종교와 군사가 결합된 이 세력은 이슬람이었다. 그들은 순식간에 아라비아 반도 전역을 석권하고 이집트와 북아프리카를 거쳐 바다 건너 유럽의 서쪽 끝인 스페인까지 진출했다. 동쪽으로는 이전에 강력한 문명권이었던 페르시아를 정복하고 중앙아시아까지 손을 뻗쳤다.

이들은 이후 서쪽 끝에서는 스페인과 반대 방향인 남쪽의 서아프리카로, 중앙의 아라비아 반도에서 남쪽의 동아프리카로, 페르시아에서 동남쪽의 인도와 동남아시아로 세력을 확장했다. 오늘날 이슬람 세계의 얼개가 이렇게 만들어졌다. 그러나 이슬람교는 스페인에서 밀려나 서쪽 유럽의 발판을 잃었고, 동쪽 유럽에서는 오스만 제국이 발칸 반도에 진출했지만 더이상의 진격을 이루지 못하고 그마저도 나중에 오스만의 멸망으로 유럽의 발판은 이스탄불 하나만 남았다.

이슬람교는 서아시아에서 발생한 3대 아브라함계 종교 가운데 하나다. 출생 순서대로 유대교가 맏이, 기독교가 둘째, 이슬람교가 막내다. 이들은 같은 전승을 기반으로 한 일신교로, 언어로 치면 같은 언어의 방언들이라고 할 수 있다. 유대교와 기독교를 낳은 이스라엘인은 아브라함의 정실인 사라의 아들 이츠하크(이삭)의 자손이며, 이슬람교의 주체인 아라비아인은 사라의 종이었던 하가르가 낳은 아브라함의 맏아들 이스마엘의 자손이라고 한다. 이슬람교에서 유대교도와 기독교도를 '성서의 사람들'로 지칭하는 것은 그들이 같은 전승을 공유했음을 나타낸 것이다.

같은 뿌리, 같은 지역에서 나온 형제 종교는 처음부터 다툴 수밖에 없었다. 사람들을 자기네 신도로 삼아야 했고, 땅은 자기네 영토로 삼아야 했다. 사실 로마가 지중해 일대에서 제국을 건설한 이래 남유럽, 서아시아, 북아프리카에 걸치는 지중해 연안은 한 묶음이었다. 그곳은 서기 4세기 콘스탄티누스 대제가 기독교를 공인한 이후 기독교 세계가 됐고, 7세기에 무함마드가 이슬람교를 창시하고 급격하게 세력을 확장하면서 그 기득권에 도전했다.

이슬람교도가 이교도들의 것을 빼앗는 것은 정당한 일이었으며, 기독교도가 자기네 것을 지키는 것은 '더' 정당한 일이었다. 빼앗긴 것을 되찾는 일은 말할 것도 없었다. 이런 논리는 급기야 '정당한 전쟁'으로 이론화되기까지 했다. 기독교 십자군은 이슬람교도가 빼앗아 간 '성도' 예루살렘과 그밖의 땅들을 되찾는 임무를 지니고 있었다.

이 책은 그런 두 종교 사이의 다툼에서 중요한 역할을 했던 8대 전투를 살펴보고 있다. 시간 순서대로 보면 두 세력 부침의 얼개를 잡을 수 있다.

맨 처음은 7세기의 야르무크 전투다. 신흥 이슬람 세력이 현재의 시리아-요르단-이스라엘 접경 지역에서 대제국 동로마를 물리쳐 아라비아 반도 밖으로의 급속한 확장 발판을 마련했다. 이후 이들은 레반트와 이집트, 북아프리카, 스페인으로 진격하며 대제국의 기틀을 잡았다.

8세기에는 유럽의 동쪽과 서쪽에서 대륙을 공략하려는 이슬람 세력의 시도가 있었다. 먼저 동쪽에서는 이들이 발칸 반도로 건너가 동로마의 수도인 콘스탄티노플을 점령하려다 실패했다. 서쪽에서는 스페인의 북쪽 끝인 피레네 산맥을 넘어 프랑스로 진출하려다가 투르 전투에서 패했다. 이 양쪽에서의 좌절로 이슬람 세력의 유럽 진출에는 제동이 걸렸다.

11~13세기에는 이슬람 세력의 주도권이 변화하는 전투들이 일어난다. 먼저 만지케르트 전투에서 동로마를 꺾은 알프 아르슬란의 셀주크 제국이 이후 오스만 제국의 등장을 예고하면서 튀르크인들이 이슬람의 중요 세력으로 떠올랐고, 하틴 전투에서는 레반트 지역을 일시 점령했던 십자군 세력을 역시 새로 일어난 살라흐 앗딘의 아이유브 술탄국이 물리쳤다. 또한 스페인에서는 라스 나바스 데 톨로사 전투에서 가톨릭 연합군이 무와히둔을 물리쳐 이슬람 세력을 스페인에서 몰아내는 레콩키스타의 결정적 승기를 잡았다.

15세기에는 여러 차례 콘스탄티노플을 노렸던 이슬람 세력이 오스만 제국을 통해 마침내 그 정복에 성공했다. 이로써 동로마 제국은 멸망했고, 반면에 오스만은 20세기까지 이어지는 강대국으로 발돋움했다.

17세기의 빈 전투는 폴란드의 얀 소비에스키라는 영웅이 나타나 오스만 제국의 북상 기도를 좌절시켰다. 이후 오스만은 발칸 반도에서 수세로 몰려 유럽 정복의 꿈은 사라졌다.

이후 기독교 세력과 이슬람 세력의 대결은 이슬람을 대표하는 오스만에 대한 서방 열강의 파상 공세로 전개됐고, 20세기의 두 차례 대전에서 이슬람의 마지막 보루였던 오스만이 몰락함으로써 끝났다. 이슬람 세계 대부분은 기독교 열강의 식민지로 전락했고, 이후에는 종교 간 대결이라기보다는 식민 종주 대 피지배민의 대결로 바뀌었다.

이 책은 이런 과정을 거친 두 종교 사이의 대결에서 양측이 어떤 생각을 가지고 대결에 임했는지를 알 수 있게 해준다. 표면에 내세운 것은 종교였지만, 그뒤에는 역시 사람이 살아가는 모습이 있었다.

이재황

주

* 도서명을 비롯한 자세한 서지사항은 〈참고문헌〉을 참조할 것.

머리말

1 B. Lewis 1994, 127.

2 B. Lewis 2004, 375.

3 Daniel Pipes, "Lessons from the Prophet Muhammad's Diplomacy," *Middle East Quarterly*, September 1999, https://www.meforum.org/480/lessons-from-theprophet-muhammads-diplomacy.

4 예를 들어 www.RaymondIbrahim.com의 "The Islamic State and Islam" 또는 "Beheading Infidels: How Allah 'Heals the Hearts of Believers'"를 보라.

5 B. Lewis 1994, 180.

서론 | 지하드: 충돌의 뿌리

1 *Sahih Muslim* 9:1:31; cf. *Sahih Bukhari* 2:24.

2 *Sahih Bukhari* 4:52:220.

3 Ibid., 147.

4 *Sahih Muslim* 31:5917. 아라비아어 원문을 저자가 번역했다.

5 Cook 2005, 6.

6 Gibbon 1952, 244.

7 Ibn Ishaq 1997, 547.

8 Ibn Khaldun 1958, 252.

9 Bukay 2013, 13.

10 Santosuosso 2004, 75.

11 Lindsay and Mourad 2015, 147.

12 Ibrahim 2007, 143.

13 《코란》에 나오는 미녀에 대해서는 44:54, 52:20, 55:72, 56:22를 보라. 시중드는 소년에 대해서는 52:24, 56:17, 76:19를 보라. 물리적인 천국의 여러 측면에 관해서는 35:33, 43:71, 47:15, 52:22를 보라.

14 Lindsay and Mourad 2015, 71.

15 Grant 1992, 52.

16 Bonner 2006, 72.

17 Akgündüz n.d.

18 Bostom 2005, 162.

19 Cardini 2001, 3.

20 B. Lewis 2004, 125.

21 Phaedo n.d., 109b.

22 Muir 1923, 200.

23 *Sahih Bukhari* 4:55:657.

24 Tabari 1993, 8:104-105.

25 Ibn Ishaq 1997, 533.

26 Bostom 2005, 385.

27 Theophanes 1963, 336.

28 Wolf 1990, 113.

1장 | 기독교 세계를 빼앗은 이슬람의 강습: 야르무크 전투(636년)

1 Tolan 2002, 65.

2 Donner 2008, 67.

3 Ibn al-Kathir n.d.

4 Tabari 1993, 102-104.

5 Ibid., 102; Glubb (1963) 1980, 112.

6 Baladhuri 1968, 178.

7 Ibid., 174.

8 Ibid., 182.

9 Kennedy 2007, 80.

10 Akram 1970, 406.

11 Waqidi 1997, 148.

12 Nicolle 1992, 12.

13 Waqidi 1997, 154.

14 Waqidi 1997, 166-169, 175.

15 Grant 1992, 57-58.

16 Santosuosso 2004, 91.

17 Butler 1992, 151.

18 Waqidi 1997, 144.

19 Ibid., 156-157.

20 Ibid., 157-159.

21 Bonner 2004, 243.

22 Waqidi 1997, 176.

23 Ibid., 176.

24 Ibid., 178.

25 Ibid., 171-173.

26 Akram 1970, 421.

27 Waqidi 1997, 185.

28 Ibid., 193.

29 Ibid., 193.

30 Ibid., 186, 195; Baladhuri 1968, 208; Akram 1970, 427. 원문에서는 '팔'이 남성의 음경으로 해석될 수도 있다.

31 Waqidi 1997, 207.

32 Ibid., 185-186, 195.

33 Ibid., 194.

34 Santosuosso 2004, 96-97.

35 Kaegi 1995, 135-136.

36 Glubb(1963) 1980, 179.

37 Ibid., 146.

38 Butler 1992, 165.

39 Hoyland 1997, 72.

40 Bonner 2004, 116.

41 Hoyland 1997, 100-101; Waqidi 1997, 185.

42 Wheatcroft 2005, 44.

43 Theophanes 1997, 476.

44 Bostom 2005, 398.

45 David Woods, "The 60 Martyrs of Gaza and the Martyrdom of Bishop Sophronius of Jerusalem," in Bonner 2004, 429~450을 보라.

46 Bonner 2004, 445, 448.

47 Atiya n.d. 7.

48 Butler 1992, 522.

49 Hoyland 1997, 153.

50 Butler 1992, 299.

51 Ibid., 162.

52 Kennedy 2007, 153.

53 Muqaffa 1948, 230.

54 "The Destruction of the Library of Alexandria by the Arabs: The Account of the Arab Traveler Abd al-Latif al-Baghdadi." October 6, 2017. https://copticliterature.wordpress.com/2017/10/06/the-destruction-of-the-library-of-alexandria-by-the-arabs-the-account-of-the-arab-traveler-abd-al-latif-al-baghdadi/.

55 Kennedy 2007, 153.

56 Butler 1992, 291.

57 Ye'or 2010, 275-276.

58 Paul the Deacon 1907, bk. 5 ch. 13.

59 Scott 2012, 166.

60 Butler 1992, 192.

61 Ibrahim 2007, 80-81.

62 Guindy 2009, 14-15.

63 Ye'or 2010, 270-271.

64 Wolf 1990, 115.

65 Ramelah 2017, 5.

66 Butler 1992, 460; 또한 Guindy 2009, 14~18을 보라.

67 B. Lewis 1987, 22.

68 Ibrahim 2007, 200-201.

69 Muqaffa 1948, 237.

70 Butler 1992, 347-348; Guindy 2009, 14-16.

71 E.g., Maqrizi 1873, 91; cf. Little 1976, 567.

72 Kennedy 2007, 201-202.

73 Ibid., 206; Hakam 2010, 170.

74 Santosuosso 2004, 114.

75 Hakam 2010, 205.

76 Fernandez-Morera 2016, 13.

77 Kennedy 2007, 210.

78 Glubb(1963) 1980, 355.

79 Kennedy 2007, 124.

80 Fernandez-Morera 2016, 44.

81 Kennedy 2007, 222.

82 Santosuosso 2004, 116.

83 Fernandez-Morera 2016, 42-43.

84 Maqqari 1964, 251.

85 Ibid., 252.

86 Ibid., 253.

87 Paul the Deacon 1907, bk. 6 ch. 10.

88 Scott 2014, 42.

89 Donner 2008, 118-119.

90 Ibid., 117. 시기와 역사에 관해서는 Griffith 2010, 34를 보라. 또한 Rubenstein 2015, 49를 보라.

91 Griffith 2010, 37(8세기); Tolan 2002, 37(7세기).

92 Kaegi 1995, 206.

93 Wolf 1990, 113-114.

94 Ibn Khaldun 1958, 229. 또한 Fernandez-Morera 2016, 47을 보라.

95 Donner 2008, 28.

96 Butler 1992, 258.

97 Glubb(1963) 1980, 13.

98 Belloc 1938, 58.

99 Donner 2008, 116

100 Gabrieli 1968, 150.

2장 | 동쪽 석성에 도달한 지하드: 콘스탄티노플 포위전(717년)

1 Gullen 2006, 192.

2 Donner 2008, 115.

3 Bonner 2004, 31.

4 Ibid., 241.

5 Ye'or 2010, 276-277.

6 Ibid.

7 Theophanes 1997, 493; Wolf 1990, 122.

8 Theophanes 1997, 494.

9 Ostrogorsky 1969, 125.

10 Bonner 2004, 248.

11 Cheikh 2004, 124.

12 Ibid., 125.

13 Cheikh 2004, 125-128.

14 Ibid., 126-127.

15 Scott 2014, 66-69.

16 Khan 2009, 323.

17 Scott 2014, 66-69.

18 Donner 2008, 122.

19 Ibid., 115.

20 Hoyland 1997, 57.

21 Ibid., 117, 119-121.

22 Bonner 2004, 217-226; Tolan 2002, 44.

23 Daniel 1962, 67.

24 Daniel 1962, 4.

25 모든 인용은 John of Damascus, in Bonner 2008, 217~226 및 Sidway 2010, 187~ 194에서 가져왔다.

26 Theophanes 1997, 465.

27 Bonner 2004, 223.

28 Bar Hebraeus 1932, 10:115.

29 Bostom 2005, 391.

30 Wolf 1990, 130.

31 Theophanes 1997, 577.

32 Bar Hebraeus 1932, 10:115.

33 Theophanes 1997, 535.

34 Gibbon 1952, 290.

35 Brockelmann 2000, 91.

36 Guindy 2009, 182

37 Bostom 2005, 391.

38 Tabari 1993, 2:1315.

39 Cheikh 2005, 63.

40 Wolf 1990, 134.

41 Jeffery 1944, 321.

42 Wolf 1990, 138.

43 Brooks 1899, 24.

44 Ibid, 25.

45 Ibid., 26.

46 Theophanes 1997, 545.

47 Tabari 1964, 2:1316.

48 Gibbon 1952, 291.

49 Theophanes 1997, 545.

50 Wolf 1990, 137.

51 Norwich 1997, 110.

52 Fuller 1987, 338.

53 Theophanes 1992, 90.

54 Theophanes 1997, 546.

55 Ibid., 546.

56 Gibbon 1952, 291.

57 Wheatcroft 2005, 49.

58 Bar Hebraeus 1932, 10:117.

59 Theophanes 1997, 550.

60 Bonner 2004, 228.

61 Bostom 2005, 398.

62 Jeffery 1944, 324.

63 Ibid., 329.

64 Ibid., 317.

65 Ibid., 328.

66 Ibid., 321.

67 Ibid., 330.

68 Suyuti 1970, 249.

69 Bonner 2004, xvii-xxxi.

70 Ibid., xxi.

71 Bonner 2006, 136.

72 Lindsay and Mourad 2015, 25.

73 Bonner 2006, 97.

74 Bonner 2004, 423.

75 Cook 2005, 25.

76 Bury 1889, 405.

77 Vasiliev 1952, 236.

3장 | 서쪽 빙벽에 도달한 지하드: 투르 전투(732년)

1 Maqqari 1964, 275.

2 P. Davis 1999, 105.

3 Maqqari 1964, 253.

4 Ibid., 265.

5 Ibid., 259.

6 Ibid., 265.

7 Ibid., 266.

8 Ahmad 1987, 448.

9 Hakam 1969, 19-20; Hakam 2010, 206.

10 Maqqari 1964, 268.

11 Ibid., 271.

12 Ibid., 272.

13 Ibid., 273.

14 Hakam 2010, 208; cf. Hakam 1969, 22.

15 Maqqari 1964, 274.

16 Fernandez-Morera 2016, 12.

17 Maqqari 1964, 275.

18 Ibid., 275, 288.

19 Ibid., 275, 279-280.

20 Ibid., 283.

21 Ibid., 297.

22 Fregosi 1998, 99.

23 Wolf 1990, 132, 52.

24 Fernandez-Morera 2016, 40.

25 Wolf 1990, 142.

26 Maqqari 1964, 291.

27 Ibid., 288.

28 Ibid., 289.

29 Wolf 1990, 133.

30 Ibid., 135.

31 Tabari 1992, 179.

32 Santosuosso 2004, 55.

33 Wolf 1990, 138.

34 Ibid., 144.

35 Ibid., 143.

36 Ibid., 142.

37 Ibid., 143.

38 Fuller 1987, 342.

39 Gibbon 1952, 294.

40 W. Davis and West 1913, 363.

41 Creasy and Speed 1900, 165.

42 Gibbon 1952, 293–294.

43 Bostom 2005, 423.

44 Hanson 2002, 143.

45 P. Davis 1999, 104.

46 Hakam 1969, 33.

47 W. Davis and West 1913, 363.

48 P. Davis 1999, 104.

49 Fregosi 1998, 118.

50 Creasy and Speed 1900, 166.

51 P. Davis 1999, 105.

52 W. Davis and West 1913, 363.

53 Hanson 2002, 139.

54 W. Davis and West 1913, 364.

55 Hanson 2002, 140.

56 Gibbon 1952, 294.

57 Bede 1990, 323.

58 Hanson 2002, 144–145.

59 Santosuosso 2004, 126.

60 Einhard 2008, 19.

61 Tierney and Painter 1970, 140.

62 Pirenne 1974, 27.

63 B. Lewis 1993, 79.

64 Einhard 2008, 37.

65 Wheatcroft 2005, 157.

66 Cardini 2001, 19-23.

67 Fletcher 2004, 43.

68 Bostom 2005, 421.

69 Brownsworth 2009, 158.

70 Gibbon 1952, 349.

71 Bonner 2006, 171.

72 Donner 2008, 77-78.

73 Cardini 2001, 23.

74 Scott 2014, 16.

75 Scott 2014, 162.

76 Fuller 1987, 342.

77 Cowley and Parker 2001, xiii.

78 N. Robinson 1887, 84.

79 Bostom 2005, 419.

80 Maqqari 1964, 275.

81 Hakam 2010, 216-217.

82 Gibbon 1952, 255.

4장 | 새로운 이슬람 투사: 만지케르트 전투(1071년)

1 Hillenbrand 2007, 159.

2 Bostom 2005, 598.

3 Treadgold 1997, 441.

4 Bostom 2005, 598.

5 P. Davis 1999, 118.

6 Leo the Deacon 2005, 98-100.

7 Matthew of Edessa 1993, 21.

8 Ibid., 21.

9 Leo the Deacon 2005, 82.

10 Brownsworth 2009, 190.

11 Ibid., 197.

12 Friendly 1981, 76.

13 Cheikh 2004, 169.

14 Ibid., 170.

15 Leo the Deacon 2005, 126.

16 Cheikh 2004, 170, 173.

17 Dennis 2008, 147.

18 Leo the Deacon 2005, 98.

19 Ibid., 90, 139-140.

20 Ibid., 146.

21 Leo the Deacon 2005, 138.

22 Ibid., 139.

23 Matthew of Edessa 1993, 28, 32, 34.

24 Jamieson 2006, 39.

25 Brownsworth 2009, 216.

26 Friendly 1981, 56.

27 Fuller 1987, 389.

28 Pipes 1981, 153.

29 Bostom 2005, 605.

30 Friendly 1981, 50.

31 Ibn Khaldun 1958, 252.

32 Friendly 1981, 38.

33 G. Lewis 1988, 118.

34 Ibid., 87.

35 Ibid., 11-12.

36 인용은 저명한 페르시아 학자 al-Ghazali, in Hillenbrand 2007, 147~148에서 가져
왔다.

37 Friendly 1981, 26.

38 Crowley 2014, 24.

39 Matthew of Edessa 1993, 44.

40 Fuller 1987, 391.

41 Matthew of Edessa 1993, 76, 134-135.

42 Ibid., 95, 98.

43 Ibid., 95, 98, 99, 130.

44 Ibid., 64.

45 Ibid., 87-88.

46 Michael Psellus 1966, 158.

47 Friendly 1981, 95.

48 Fuller 1987, 393.

49 Friendly 1981, 149.

50 Hillenbrand 2007, 6.

51 Matthew of Edessa 1993, 131.

52 Friendly 1981, 142.

53 Matthew of Edessa 1993, 103.

54 Matthew of Edessa 1993, 103.

55 Hillenbrand 2007, 241.

56 Friendly 1981, 128.

57 Matthew of Edessa 1993, 127.

58 Hillenbrand 2007, 10.

59 Friendly 1981, 152.

60 Hillenbrand 2007, 249.

61 Michael Psellus 1966, 35.

62 Hillenbrand 2007, 260.

63 Friendly 1981, 149.

64 Matthew of Edessa 1993, 128-129.

65 Ibid., 132.

66 Ibid., 132.

67 Hillenbrand 2007, 53, 63, 69.

68 Michael Psellus 1966, 355.

69 Nicolle 2013, 65; Hillenbrand 2007, 251.

70 Hillenbrand 2007, 59.

71 Friendly 1981, 160.

72 Hillenbrand 2007, 234, 38.

73 Nicolle 2013, 62; Friendly 1981, 181.

74 Hillenbrand 2007, 231.

75 Ibid., 231.

76 Ibid., 55, 100.

77 Ibid., 28-29, 39, 68.

78 Ibid., 55, 69.

79 Fuller 1987, 402.

80 Hillenbrand 2007, 247.

81 Ibid., 101.

82 Ibid., 239.

83 Ibid., 247.

84 Ibid., 247.

85 Ibid., 250.

86 Friendly 1981, 191; Hillenbrand 2007, 235.

87 Hillenbrand 2007, 61, 102.

88 Hillenbrand 2007, 248.

89 Michael Psellus 1966, 356.

90 Nicolle 2013, 83.

91 Hillenbrand 2007, 73, 54; Friendly 1981, 146.

92 Hillenbrand 2007, 253.

93 Ibid., 70.

94 Nicolle 2013, 88.

95 Hillenbrand 2007, 36.

96 Ibid., 42, 72.

97 Ibid., 71.

98 Ibid., 29, 40, 39, 41, 57.

99 Michael Psellus 1966, 358-359.

101 Ibid., 365.

101 Skylitzes는 Friendly 1981, 202에 인용돼 있다.

102 Hillenbrand 2007, 255.

103 Ibid., 244.

104 Friendly 1981, 203.

105 Matthew of Edessa 1993, 136.

106 Friendly 1981, 203.

107 Hillenbrand 2007, 137.

108 Ibid., 210.

109 Ibid., 235.

110 Nicolle 2013, 92.

111 Bostom 2005, 608.

112 Fuller 1987, 404.

113 Friendly 1981, 1.

5장 | 기독교 세계의 반격: 하틴 전투(1187년)

1 인용은 Donner 2008, 119에서 가져왔다. Pseudo-Methodius 2012, 43~49; Griffith
　 2010, 32~35 참조.

2 Brundage 1962, 18-19.

3 Frankopan 2013, 59-60.

4 Ibid., 61. 또한 Guibert of Nogent 2008, 33을 보라.

5 Ye'or 2010, 292.

6 Rubenstein 2015, 56.

7 Bostom 2005, 392.

8 Maqrizi 1873, 86.

9 Stark 2009, 85.

10 Brundage 1962, 18-19.

11 B. Lewis 2003, 235.

12 Donner 2008, 67.

13 Ibrahim 2013, 39-42; Stark 2009, 91.

14 Wheatcroft 2005, 159.

15 Frankopan 2013, 98.

16 Tyerman 2006, 49.

17 Peters 1971, 30.

18 Frankopan 2013, 96.

19 Guibert of Nogent 2008, 26; Frankopan 2013, 117.

20 Riley-Smith 2008, 32.

21 https://www.firstthings.com/article/2005/06/crusaders-and-historian.

22 Rubenstein 2015, 13.

23 Madden 2007, 12.

24 Guibert of Nogent 2008, 42, 25.

25 Madden 2007, 9.

26 Riley-Smith 2008, 21-22.

27 Tyerman 2006, 30-31.

28 Riley-Smith 2008, 12.

29 Ibid., 13-16.

30 Rubenstein 2015, 62.

31 Riley-Smith 1995, 26.

32 Ibid., 27.

33 Rubenstein 2015, 74.

34 Peters 1971, 31.

35 Stark 2009, 4. 또한 Guibert of Nogent 2008, 38을 보라.

36 Anna Comnena 1969, 312.

37 Guibert of Nogent 2008, 45.

38 Peters 1971, 42.

39 Ibid., 46.

40 Guibert of Nogent 2008, 58-61.

41 Friendly 1981, 127.

42 Gabrieli 1993, 58-59.

43 Ibid., 38-39.

44 Friendly 1981.

45 Shatzmiller 1993, 151.

46 Peters 1971, 43.

47 Ibid., 51.

48 Frankopan 2013, 91.

49 Peters 1971, 53-54.

50 Guibert of Nogent 2008, 68, 56, 75.

51 Ibid., 84.

52 Frankopan 2013, 163.

53 Guibert of Nogent 2008, 96.

54 Rubenstein 2015, 121.

55 Rubenstein 2015, 121.

56 Ibid., 121-123.

57 Wheatcroft 2005, 170.

58 Peters 1971, 82.

59 Rubenstein 2015, 122.

60 Gabrieli 1993, 9.

61 Peters 1971, 67.

62 Hillenbrand 2007, 151-152.

63 Peters 1971, 69.

64 Gabrieli 1993, 9.

65 Rubenstein 2015, 142.

66 Ibid., 143-144.

67 Ibid., 145.

68 Cardini 2001, 60.

69 Rubenstein 2015, 149.

70 Guibert of Nogent 2008, 28.

71 Peters 1971, 78.

72 Cardini 2001, 60.

73 Rubenstein 2015, 157-158.

74 Gabrieli 1993, 18.

75 Riley-Smith 2008, 71.

76 Ibid., 68-69.

77 Allen 2010, 111.

78 Stark 2009, 172.

79 Allen 2010, 111.

80 Gabrieli 1993, 204-207.

81 Ibid.

82 Ibid., 50.

83 J. B. Segal, Bostom 2005, 611에 인용.

84 Gabrieli 1993, 53.

85 Ibid., 62.

86 Ibid., 60.

87 Ibid., 70-71.

88 Ibid., 90.

89 Ibid., 99-100.

90 Ibid., 119.

91 Ibid., 123.

92 Allen 2010, 152.

93 Gabrieli 1993, 117.

94 Ibid., 120.

95 Allen 2010, 155.

96 Fuller 1987, 425.

97 Ibid., 155.

98 Ernoul n.d.

99 Gabrieli 1993, 121.

100 Ernoul n.d.

101 Gabrieli 1993, 121.

102 Ibid., 102.

103 Fuller 1987, 426.

104 Gabrieli 1993, 122, 132.

105 Ibid., 137.

106 Ibid., 134.

107 Ibid., 123.

108 Ibid., 135.

109 Ibid., 112.

110 Ibid., 138.

111 Baha'al-Din 2001, 75.

112 Gabrieli 1993, 140.

113 Ibid., 156.

114 Ibid., 157.

115 Ibid., 144.

116 Ibid., 164.

117 Ibid., 145-146.

118 Ibid., 163.

119 Ibid., 101.

120 Guindy 2009, 88.

121 Gabrieli 1993, xviii.

122 Ernoul n.d.

123 Andrea and Holt 2015, xvi.

124 Daniel 1962, 117, 113.

125 Akbar 2003, 62.

126 Madden 2007, 189.

127 Fletcher 2004, 131.

128 Fuller 1987, 436.

6장 | 십자군의 승리: 라스 나바스 데 톨로사 전투(1212년)

1 Wolf 1990, 167.

2 O'Callaghan 2004, 214.

3 Wolf 1990, 132.

4 Ibid., 165

5 Ibid., 166.

6 O'Callaghan 2004, 5.

7 Wolf 1990, 167.

8 Watts 1894, 26.

9 O'Callaghan 2004, 5.

10 Watts 1894, 27.

11 Bertrand 1952, 87.

12 Ibid., 90-92.

13 O'Callaghan 2004, 12.

14 Bonner 2006, 111.

15 Fernandez-Morera 2016, 32.

16 Ibid., 121.

17 Ibid., 80.

18 Daniel 1962, 110.

19 Fernandez-Morera 2016, 80, 216.

20 Ibid., 79.

21 Ibid., 78.

22 Ibid., 48.

23 Allen 2010, 306.

24 O'Callaghan 2004, 186.

25 Constable 1997, 143.

26 Fernandez-Morera 2016, 41.

27 O'Callaghan 2004, 183.

28 Wolf 1990, 133.

29 Fernandez-Morera 2016, 162.

30 Ibid., 159.

31 Adam 1906, 132.

32 Fernandez-Morera 2016, 159.

33 Ibid., 160.

34 Ibid., 131.

35 Ibid., 131-132.

36 Ibid., 130, 158.

37 Constable 1997, 178.

38 Ibid., 178-179.

39 Fletcher 2004, 27.

40 Tolan 2002, 166.

41 Daniel 1962, 123, 149.

42 O'Callaghan 2004, 15.

43 Bostom 2005, 597.

44 Watts 1894, 9.

45 Bertrand 1952, 93.

46 Ibid., 94.

47 Ibid., 58.

48 Bonner 2006, 75.

49 Bertrand 1952, 59.

50 Watts 1894, 52.

51 Cardini 2001, 38.

52 Fernandez-Morera 2016, 136.

53 O'Callaghan 2004, 30.

54 Watts 1894, 66.

55 O'Callaghan 2004, 30.

56 Ibid., 3.

57 Ibid., 21.

58 Wolf 1990, 169.

59 O'Callaghan 2004, 24.

60 Ibid., 9.

61 Ibid., 178.

62 Ibid., 211.

63 Ibid., 60.

64 Fernandez-Morera 2016, 106.

65 Watts 1894, 67-68.

66 Fregosi 1998, 160.

67 O'Callaghan, 2004, 30-33.

68 Watts 1894, 68.

69 Cardini 2001, 43.

70 O'Callaghan, 2004, 48.

71 Bertrand 1952, 126-127.

72 Watts 1894, 105.

73 O'Callaghan 2004, 201.

74 Ibid., 204. 괄호는 원문에 있는 것이다.

75 Watts 1894, 108.

76 O'Callaghan 2004, 46.

77 Watts 1894, 108-109.

78 Constable 1997, 187.

79 Ibid., 189.

80 Watts 1894, 109.

81 O'Callaghan 2004, 132.

82 Scott 2014, 84.

83 O'Callaghan 2004, 51.

84 Ibid., 129.

85 Ibid., 57.

86 Fregosi 1998, 188.

87 O'Callaghan 2004, 142-143.

88 Watts 1894, 113.

89 O'Callaghan 2004, 66-67.

90 Ibid., 67.

91 Ibid., 67-69.

92 Ibid., 68-69.

93 Ibid., 70.

94 Ibid., 71.

95 Smith 2014, 139.

96 O'Callaghan 2004, 71.

97 Allen 2010, 311.

98 Fernandez-Morera 2016, 54.

99 Allen 2010, 311.

100 O'Callaghan 2004, 81, 188.

101 O'Callaghan 2002, 49.

102 O'Callaghan 2004, 180.

103 Ibid., 190.

104 Allen 2010, 312.

105 O'Callaghan 2002, 50.

106 Allen 2010, 312.

107 O'Callaghan 2002., 50.

108 Allen 2010, 312.

109 Ibid., 313.

110 O'Callaghan 2002, 50.

111 Allen 2010, 312.

112 Smith 2014, 139-141.

113 O'Callaghan 2004, 69.

114 Ibid., 74.

115 Ibid., 76.

116 Ibid., 84.

117 Wheatcroft 2005, 92.

118 Fernandez-Morera 2016, 135.

119 Wheatcroft 2005, 92.

120 O'Callaghan 2004, 116.

121 Fernandez-Morera 2016, 204-206.

122 Constable 1997, 221.

123 O'Callaghan 2004, 74.

124 O'Callaghan 2004, 95.

125 Fernandez-Morera 2016, 54.

126 O'Callaghan 2004, 8.

127 Ibid., 214.

128 Ibid., 214.

129 Akbar 2003, 85.

130 Fernandez-Morera 2016, 55.

131 Constable 1997, 364.

132 Stewart 2013, 446.

133 Stewart 2013, 445-446.

134 Ibid., 482.

135 Ibid., 445.

136 Allen 2010, 338.

137 Wheatcroft 2005, 127.

138 Allen 2010, 339.

139 Bertrand 1952, 154.

140 Fregosi 1998, 314; cf. Baroja 2003, 177-186; and Dominguez et al. 1993, 40.

7장 | 메흐메트의 꿈: 콘스탄티노플 포위전(1453년)

1 Giano n.d., 6-10.

2 Gibbon 1952, 484.

3 Zenkovsky 1974, 6, 201, 247.

4 Gibbon 1952, 484.

5 Morgan 1988, 173.

6 Kinross 1979, 34, 19.

7 Ibid.

8 Madden 2004, 178.

9 Bonner 2006, 145.

10 Riley-Smith 1995, 250.

11 Bonner 2006, 145.

12 Hillenbrand 2007, 160.

13 William of Adam 2012, 63.

14 Kinross 1979, 30.

15 Brockelmann 2000, 261.

16 Dunn 2005, 152.

17 William of Adam 2012, 71.

18 Madden 2004, 182.

19 Bostom 2005, 63.

20 Doukas 1975, 144-145.

21 Wheatcroft 2005, 190.

22 Riley-Smith 1995, 250-251.

23 Kinross 1979, 46.

24 Wheatcroft 2005, 190.

25 Kinross 1979, 34.

26 Moczar 2008, 38-39.

27 Bostom 2005, 560.

28 Allen 2010, 405, 406.

29 Ibid.

30 Moczar 2008, 39.

31 Bostom 2005, 557.

32 Madden 2007, 195.

33 Kinross 1979, 57.

34 Ibid., 58.

35 Ibid., 61.

36 Ibid.

37 Doukas 1975, 88; Kinross 1979, 64.

38 Kinross 1979, 61.

39 Doukas 1975, 62, 139.

40 Kinross 1979, 66.

41 Benedict의 강연 "Faith, Reason and the University: Memories and Reflections," at University of Rensburg, September 12, 2006에서 인용.

42 Moczar 2008, 35.

43 Barker 1969, 80.

44 Vasiliev 1952, 629.

45 Kinross 1979, 65; Doukas 1975, 132.

46 Kinross 1979, 65.

47 Cardini 2001, 113.

48 Vasiliev 1952, 629.

49 Barker 1969, 118.

50 Allen 2010, 397.

51 Atiya 1978, 2.

52 Atiya 1978, 9, 19.

53 Ibid., 56, 32.

54 Kinross 1979, 67.

55 Atiya 1978, 86.

56 Ibid., 87, 91.

57 Atiya 1978, 91.

58 Tuchman 1980, 561.

59 Atiya 1978, 91.

60 Ibid., 91.

61 Kinross 1979, 69, 68.

62 Atiya 1978, 96.

63 Wheatcroft 2005, 192.

64 Madden 2007, 97.

65 Madden 2004, 185; Hillenbrand 2007, 169.

66 Atiya 1978, 71.

67 Hillenbrand 2007, 167.

68 Atiya 1978, 119.

69 Runciman 2004, 1.

70 Ibid., 40.

71 Gibbon 1952, 498.

72 Ibid.

73 Kinross, 1979, 76.

74 Ibid.

75 Bostom 2005, 614–615; Doukas 1975, 171–172.

76 Giano n.d., 3.

77 Ibid., 3, 6.

78 Fernandez-Morera 2016, 163.

79 Giano n.d., 3.

80 Bostom 2005, 569.

81 Giano n.d., 3.

82 Ibid., 8.

83 Kinross 1979, 87; Melville-Jones 1973, 15.

84 Gibbon 1952, 539.

85 Kinross 1979, 87–88.

86 Ibid., 101.

87 Melville-Jones 1973, 61.

88 Gibbon 1952, 540.

89 Runciman 2004, 66.

90 Melville-Jones 1973, 68.

91 Crowley 2014, 2.

92 Melville-Jones 1973, 71.

93 Kinross 1979, 102.

94 Brownsworth 2009, 293.

95 Fuller 1987, 512.

96 Norwich 1997, 373.

97 Runciman 2004, 83.

98 Sphrantzes 1980, 103.

99 Crowley 2014, 100.

100 Runciman 2004, 79.

101 Ibid.

102 Crowley 2014, 163.

103 Gibbon 1952, 508.

104 Fuller 1987, 513.

105 Crowley 2014, 111.

106 Fuller 1987, 513.

107 Ibid., 514.

108 Sphrantzes 1980, 108.

109 Runciman 2004, 103.

110 Crowley 2014, 139.

111 Melville-Jones 1973, 20.

112 Crowley 2014, 153.

113 Melville-Jones 1973, 5.

114 Sphrantzes 1980, 112.

115 Fuller 1987, 515.

116 Sphrantzes 1980, 104.

117 Fuller 1987, 516.

118 Fuller 1987, 517; Jones, 5, 17.

119 Sphrantzes 1980, 119.

120 Crowley 2014, 195.

121 Melville-Jones 1973, 33, 92, 49.

122 Sphrantzes 1980, 120.

123 Melville-Jones 1973, 33.

124 Nicolo 1969, 58-59.

125 Melville-Jones 1973, 6.

126 Gibbon 1952, 549.

127 Crowley 2014, 194, 200.

128 Dmytryshyn 1991, 217, 216.

129 Crowley 2014, 172.

130 Sphrantzes 1980, 120.

131 Ibid., 123.

132 Gibbon 1952, 549.

133 Fuller 1987, 517-518.

134 Sphrantzes 1980, 126.

135 Melville-Jones 1973, 36.

136 Allen 2010, 402.

137 Kinross 1979, 108.

138 Sphrantzes 1980, 128; Melville-Jones 1973, 95, 37.

139 Sphrantzes 1980, 128-129.

140 Melville-Jones 1973, 37.

141 Melville-Jones 1973, 52.

142 Dmytryshyn 1991, 218.

143 Nicolo 1969, 65-66.

144 Allen 2010, 404.

145 Sphrantzes 1980, 130.

146 Melville-Jones 1973, 101.

147 Nicolo 1969, 67; Dmytryshyn 1991, 218; Jones, 123.

148 Ibid., 39.

149 Thomas the Eparch and Diplovatatzes 1976, 235-236 (pp. 3-4 in PDF).

150 Nicolo 1969, 67.

151 Melville-Jones 1973, 39.

152 Melville-Jones 1973, 98-99, 123.

153 Nicolo 1969, 67.

154 Melville-Jones 1973, 123.

155 Sphrantzes 1980, 131.

156 Thomas the Eparch and Diplovatatzes 1976, 235(3 in PDF).

157 B. Lewis 1987, 146.

158 Melville-Jones 1973, 38, 39, 123-124.

159 Ibid., 39, 112.

160 Sphrantzes 1980, 131.

161 Melville-Jones 1973, 103.

162 Hillenbrand 2007, 175.

163 Melville-Jones 1973, 103-112.

164 Doukas 1975, 234.

165 Gibbon 1952, 552.

166 Melville-Jones 1973, 124.

167 Ibid., 130, 104.

168 Cheikh 2004, 216-217.

169 Norwich 1997, 101.

8장 | 이슬람의 성쇠: 빈 포위전(1683년)

1 Antrobus 1901, 80.

2 Sehgal 2003, 22.

3 Cardini 2001, 141.

4 Fletcher 2004, 141.

5 Bertrand 1952, 168.

6 Ibid., 167.

7 Grant 1992, 110.

8 Constable 1997, 375.

9 Grant 1992, 81.

10 Allen 2010, 418.

11 Halperin 1987, 123, 26, 93, 7, 120, 77.

12 Bostom 2005, 79.

13 Stark 2012, 210.

14 Ibid., 210.

15 Dmytryshyn 1991, 178.

16 Halperin 1987, 62, 73.

17 Marco Polo 2001, 133-134.

18 Donner 2008, 43.

19 Lamb 1927, 201-203.

20 Daniel 1962, 155.

21 Halperin 1987, 70.

22 Zenkovsky 1974, 214-215.

23 Dmytryshyn 1991, 181.

24 Zenkovsky 1974, 218.

25 Dmytryshyn 1991, 180-181.

26 Zenkovsky 1974, 218.

27 Dmytryshyn 1991, 181.

28 Dmytryshyn 1991, 179.

29 Ibid., 183.

30 Halperin 1987, 71.

31 Dmytryshyn 1991, 185-186.

32 Halperin 1987, 72-73.

33 Troyat 1984, 62.

34 Ibid., 18.

35 Antrobus 1901, 80.

36 Cheikh 2004, 69.

37 Bertrand 1952, 166.

38 Bostom 2005, 619.

39 Madden 2007, 204.

40 Crowley 2014, 245.

41 Crowley 2009, 9.

42 Hillenbrand 2007, 178.

43 Ibid., 179.

44 Cardini 2001, 150.

45 Allen 2010, 413; Madden 2007, 209-210.

46 Lee n.d., 2-3.

47 B. Lewis 1994, 86.

48 Cardini 2001, 150.

49 Allen 2010, 413.

50 Lane-Poole 1890, 201.

51 B. Lewis 1987, 211.

52 Lane-Poole 1890, 122.

53 Crowley 2009, 89.

54 Ibid., 102, 98-99.

55 Curry 1891, 319.

56 Crowley 2009, 124, 130.

57 Ibid., 139.

58 Ibid., 152.

59 Lane-Poole 1890, 155.

60 Crowley 2009, 185.

61 Crowley 2009, 240.

62 Ibid., 275.

63 Ibid., 272.

64 Ibid., 282.

65 Ibid., 286.

66 La Croix 1705, 191-192.

67 Kinross 1979, 341.

68 La Croix 1705, 177.

69 Ibid., 171.

70 Kinross 1979, 341.

71 Ibid., 343.

72 La Croix 1705, 187.

73 Thackeray 2012, 266.

74 Dalairac 1700, 356.

75 Hillenbrand 2007, 181.

76 Thackeray 2012, 266.

77 Palmer 1992, 12.

78 Ferguson 2011, ch. 1(쪽수는 알 수 없다).

79 Pseudo-Methodius 2012, x.

80 Stoye 1964, 238.

81 Ibid., 173.

82 Ibid., 170.

83 Ibid., 242.

84 Ibid., 240.

85 "A True and Exact Relation" n.d.

86 Stoye 1964, 241.

87 "A True and Exact Relation" n.d.

88 Stoye 1964, 239.

89 "A True and Exact Relation" n.d.

90 Fregosi 1998, 345.

91 La Croix 1705, 206.

92 Dalairac 1700, 357.

93 Stoye 1964, 212.

94 Stoye 1964, 213; Fregosi 1998, 346.

95 La Croix 1705, 183-184.

96 Kinross 1979, 346.

97 La Croix 1705, 184.

98 "A True and Exact Relation" n.d.

99 Kinross 1979, 347.

100 Stoye 1964, 263.

101 Dalairac 1700, 364, 359.

102 Thackeray 2012, 268.

103 Dalairac 1700, 360.

104 La Croix 1705, 192.

105 "A True and Exact Relation" n.d.

106 Dalairac 1700, 360.

107 "A True and Exact Relation" n.d.

108 Ibid.

109 Dalairac 1700, 361-361.

110 "A True and Exact Relation" n.d.

111 La Croix 1705, 188.

112 Stoye 1964, 277.

113 La Croix 1705, 189.

114 Holt 1970, 354.

115 B. Lewis 1994, 180.

116 Lane-Poole 1890, 229.

117 R. Davis 2003, 23, 25. 또한 이슬람 노예제, 관습, 신학, 역사, 서방이 강제한 폐지에 관한 보다 간결한 정보와 통계는 Khan 2009, 320~351을 보라.

118 Kizilov 2007, 6.

119 Fisher 1972, 575-594; Bostom 2005, 679-681; Giano n.d., 7.

120 Crowley 2009, 70.

121 Bostom 2005, 200.

122 Foxe 1807, 250-251.

123 Playfair 1972, 12.

124 Herberstein, 65.

125 Kizilov 2007, 13.

126 R. Davis 1972, 40.

127 Playfair 1972, 52.

128 Ibid.

129 Foxe 1807, 251.

130 Kizilov 2007, 15.

131 Playfair 1972, 12.

132 R. Davis 1972, 125.

133 Ibid., 22.

134 Kilmeade and Yaeger 2015, 2.

135 "American Commissioners" n.d.

136 Ibid.

137 "From Thomas Jefferson" 1786.

138 "From George Washington" 1786.

139 Kilmeade and Yaeger 2015, 16.

140 Ibid., 42.

141 Ibid., 87, 14.

142 "United States and the Barbary States" 1860.

143 Kilmeade and Yaeger 2015, 171.

144 Ibid., 176.

145 Ibid., 184.

146 Koran 1806, iii-iv.

147 Lane-Poole 1890, 294.

148 Ibid., 296.

149 Ibid., 297.

150 Ibid., 299.

151 Ibid., 302.

152 Lewis 1994, 17-18.

153 Cardini 2001, 184.

154 Wheatcroft 2005, 238.

155 Akbar 2003, 96.

156 Wheatcroft 2005, 243.

157 Bostom 2005, 665.

158 Akbar 2003, 97.

159 Jamieson 2006, 137.

160 Riley-Smith 2008, 59.

결론 | 이슬람의 연속성 대 서방의 혼란

1 Reuters, "Islamic State Video Calls for Jihad after Brussels Blasts," Yahoo News,

March 24, 2016. Accessed April 3, 2018, https://www.yahoo.com/news/islamic-state-video-calls-jihad-brusselsblasts-142945523.html.

2 Belloc 1938, 51.

3 Daniel Pipes, "Jihad and the Professors," Commentary, November 2, 2002, https://www.meforum.org/campus-watch/8041/jihad-and-the-professors.

4 John Hinderaker, "The American Blood Is Best, and We Will Taste It Soon," Powerline, November 13, 2015, accessed April 2, 2018, http://www.powerline blog.com/archives/2015/11/the-american-blood-is-best-and-we-will-taste-it-soon. php; Duncan Gardham, "'Al-Qaeda' Terrorists Who Brainwashed Exeter Suicide Bomber Still on the Run," Telegraph(UK), October 15, 2008, accessed April 2, 2018, http://www.telegraph.co.uk/news/uknews/law-and-order/3204139/Al-Qaeda-terrorists-who-brainwashed-Exeter-suicide-bomber-still-on-the-run. html; Catalin Cimpanu, "Church Website Defaced with Ominous Jihadi Message," Softpedia News, April 25, 2016, accessed April 2, 2018, http://news.softpedia.com/news/church-website-defaced-with-ominous-jihadi-message-503385.shtml.

5 Gemma Mullin, "Asian Father of Four Raped Pub Worker … ,'" Daily Mail, December 21, 2014, accessed April 3, 2018, http://www.dailymail.co.uk/news/article-2882461/Asian-father-four-raped-pub-worker-three-hours-dragging-street-saying-white-women-good-it. html; Nick Gutteridge, "'German Girls Are Just There For Sex' … ," Express(UK), January 19, 2016, accessed April 2, 2018, https://www.express.co.uk/news/world/635359/migrant-sex-attacks-Germany-Dortmund-refugees-Merkel; Daniel Piotrowski, "'All Australian Women Are Sluts and Deserve to Be Raped' … ," Daily Mail, October 5, 2016, accessed April 2, 2018, http://www.dailymail.co.uk/news/article-3822937/A-Pakistani-migrant-taxi-driver-declared-Australian-women-sluts-vile-rant-tribunal-hears.html.

6 Valentin Wiemer, "Attacken auf christliche Symbole," The European, November 9, 2017, accessed April 2, 2018, http://www.theeuropean.de/valentin-weimer/11643-anschlaege-auf-gipfelkreuze-und-kirchen; Darren Hunt, "Christian Statues Destroyed and Beheaded in Savage 'Religious Revenge' Attack

in Germany," Express (UK), December 16, 2016, accessed April 2, 2018, https://
www.express.co.uk/news/world/744379/German-Christian-statues-destroys-
religious-motivated-attack-revenge-police; Virginia Hales, "'Not One Day Goes
By' Without Christian Statues Destroyed in Just One Town," Breitbart, November
8, 2016, accessed April 2, 2018, http://www.breitbart.com/london/2016/11/08/
christian-statues-destroyed-town/.

7 Jamieson 2006, 215.

Abba Anthony. 2014. Coptic Orthodox Patriarchate. Saint Anthony Monastery: California, March, issue no. 3.

Adam, Graeme Mercer, ed. 1906. *Spain and Portugal*. Philadelphia: John D. Morris and Company.

Ahmad, K. J. 1987. *Hundred Great Muslims*. Des Plaines, Ill.: Library of Islam. https:/archive.org/stream/100HundredGreatMuslims/hundred_great_muslims22#page/n447/mode/2up/search/establish+ourselves.

Akbar, M. J. 2003. *The Shade of Swords: Jihad and the Conflict between Islam and Christianity*. London: Routledge.

Akgündüz, Ahmed. n.d. "Why Did the Ottoman Sultans Not Make Hajj(Pilgrimage)?" Accessed October 2017, www.Osmanli.org.tr.

Akram, A. I. 1970. *The Sword of Allah: Khalid bin al-Waleed, His Life and Campaigns*. Karachi-Dacca: National Publishing House LTD.

Allen, S. J., ed. 2010. *The Crusades: A Reader*. Toronto: University of Toronto Press.

"American Commissioners to John Jay, 28 March 1786," *Founders Online*, National Archives, last modified June 29, 2017, http://founders.archives. gov/documents/Jefferson/01-09-02-0315. Original source: Julian P. Boyd, ed. 1954. *The Papers of Thomas Jefferson*, vol. 9, *1 November 1785-22 June 1786*. Princeton: Princeton University Press, 357-359.

Andrea, Alfred, and Andrew Holt, eds. 2015. *Seven Myths of the Crusades*.

Indianapolis: Hackett Publishing Company.

Anna Comnena. 1969. *The Alexiad*. Translated by E. R. A. Sewter. London: Penguin Books.

Antrobus, Frederick Ignatius, ed. 1901. *The History of the Popes from the Close of the Middle Ages*. Vol. 3. St. Louis: B. Herder.

Atiya, Aziz Suryal. n.d. "The Coptic Contribution to Christian Civilization." Orthodox eBooks. Accessed online October 2017, http://www.orthodoxe books.org/sites/default/files/pdfs/The%20Coptic%20Contribution%20to%20 Christian%20Civ%20-%20Aziz%20S%20Atteya.pdf.

———. 1978. *The Crusade of Nicopolis*. New York: AMS Press.

Baha' al-Din ibn Shaddad. 2001. *The Rare and Excellent History of Saladin(Al-Nawadir al-Sultaniyya wa'l Mahasin al-Yusifiyya)*. Translated by D. S. Richards. Burlington, Vt.: Ashgate.

Baladhuri, al-. 1968. *The Origins of the Islamic State*. Translated by Philip K. Hitti. New York: AMS Press.

Bar Hebraeus(Gregory Abu'l Faraj). 1932. *Chronography*. Translated by E. A. Wallis Budge. Accessed online, https://archive.org/details/BarHebraeus Chronography.

Barker, John W. 1969. *Manuel II Palaeologus(1391-1425): A Study in Late Byzantine Statesmanship*. New Brunswick: Rutgers University Press.

Baroja, Caro. 2003. *Los Moriscos de Reino de Granada*. Madrid: Alianza.

Bartolomeo de Giano. n.d. "A Letter of the Cruelty of the Turks." Translated by W. L. North. *Patrologia Graeca*, vol. 158. Paris: Imprimerie Catholique. Accessed online, https://apps.carleton.edu/curricular/mars/assets/Bartholomeus_de_ Giano.pdf.

Bede. 1990. *Ecclesiastical History of the English People*. Translated by Leo Sherley-Price and D. H. Farmer. London: Penguin Books.

Belloc, Hilaire. 1938. *The Great Heresies*. London: Sheed and Ward.

Benedict XVI(Pope). 2006. "Faith, Reason and the University: Memories and Reflections." Lecture, University of Regensburg, September 12.

Bertrand, Louis. 1952. *The History of Spain*. 2d ed., rev. and continued to the year

1945. London: Eyre & Spottiswoode.

Blankinship, Khalid Yahya. 1994. *The End of the Jihad State*. Albany: State University of New York Press.

Bonner, Michael, ed. 2004. *Arab-Byzantine Relations in Early Islamic Times*. Burlington, Vt.: Ashgate/Variorum.

______. 2006. *Jihad in Islamic History: Doctrines and Practice*. Princeton: Princeton University Press.

Bostom, Andrew, ed. 2005. *The Legacy of Jihad: Islamic Holy War and the Fate of Non-Muslims*. New York: Prometheus Books. *British Quarterly Review* 82(July-Oct. 1886).

Brockelmann, Carl. 2000. *History of the Islamic Peoples*. Translated by Joel Carmichael and Moshe Perlmann. London: Routledge.

Brooks, E. W. 1899. "The Campaign of 716-718, from Arabic Sources." *Journal of Hellenic Studies* 19: 19-31.

Brotton, Jerry. 2016. *The Sultan and the Queen: The Untold Story of Elizabeth and Islam*. New York: Viking Press.

Brownsworth, Lars. 2009. *Lost to the West*. New York: Three Rivers Press.

Brundage, James A. 1962. *The Crusades: A Documentary Survey*. Milwaukee: Marquette University Press.

Bukay, David. 2013. "Islam's Hatred of the Non-Muslim." *Middle East Quarterly* (summer): 11-20.

Bury, J. B. 1889. *History of the Later Roman Empire*. Vol. 2. New York: Macmillan.

Butler, Alfred. 1992. *The Arab Invasion of Egypt and the Last 30 Years of Roman Dominion*. Brooklyn: A & B Publishers.

Cardini, Franco. 2001. *Europe and Islam*. Translated by Caroline Beamish. Oxford: Blackwell Publishers.

Cheikh, Nadia Maria el-. 2004. *Byzantium Viewed by the Arabs*. Cambridge: Harvard University Press.

Constable, Olivia Remie, ed. 1997. *Medieval Iberia: Readings from Christian, Muslim, and Jewish Sources*. Philadelphia: University of Pennsylvania Press.

Cook, David. 2005. *Understanding Jihad*. Berkeley: University of California Press.

Cowley, Robert, and Geoffrey Parker, eds. 2001. *The Reader's Companion to Military History*. Boston: Houghton Mifflin Company.

Creasy, Edward Shepherd, and John Gilmer Speed. 1900. *Decisive Battles of the World*. New York: Colonial Press.

Crowley, Roger. 2009. *Empires of the Sea*. New York: Random House.

———. 2014. *1453: The Holy War for Constantinople and the Clash of Islam and the West*. New York: Hachette Books.

Curry, E. Hamilton. 1891. *Sea Wolves of the Mediterranean*. Ithaca: Cornell University Library.

Dalairac, François-Paulin, trans. 1700. *Polish Manuscripts, or The Secret History of the Reign of John Sobieski, The Iliof that Name, King of Poland, containing a particular account of the siege of Vienna*. London: Rhodes, Bennet, Bell, Leigh & Midwinter.

Daniel, Norman. 1962. *Islam and the West: The Making of an Image*. Edinburgh: Edinburgh University Press.

Davis, Paul K. 1999. *100 Decisive Battles: From Ancient Times to the Present*. Santa Barbara: ABC-CLio.

Davis, Robert C. 2003. *Christian Slaves, Muslim Masters: White Slavery in the Mediterranean, the Barbary Coast, and Italy, 1500–1800*. New York: Palgrave Macmillan.

Davis, William Stearns, and Willis M. West, eds. 1913. *Readings in Ancient History: illustrative Extracts from the Sources*. Vol. 2. Boston: Allyn and Bacon.

Dawson, Christopher. 1955/2005. *Mission to Asia*. Toronto: University of Toronto Press.

Demetracopoulos, John A. "Pope Benedict XVI's Use of the Byzantine Emperor Manuel Palaiologos' Dialogue with a Muslim Muterizes: The Scholarly Background." *Institut für Mittelalterliche Philosophie und Kultur* Archive 14 (2008): 264–304.

Dennis, George T., ed. and trans. 2008. *Three Byzantine Military Treatises*. Washington, DC: Dumbarton Oaks.

Dmytryshyn, Basil, ed. 1991. *Medieval Russia: A Sourcebook, 850–1700*. 3rd ed.

Fort Worth: Harcourt Brace Jovanovich College Publishers.

Dominguez, Ortez, et al. 1993. *Historia de los Moriscos: vida y tragedia de una minoría*. No publisher info available.

Donner, Fred McGraw. 1981. *The Early Islamic Conquests*. Princeton: Princeton University Press.

_______ ed. 2008. *The Expansion of the Early Islamic State*. Burlington: Ashgate/ Variorum.

Doukas. 1975. *Decline and Fall of Byzantium to the Ottoman Turks*. Translated by Harry J. Magoulias. Detroit: Wayne State University Press.

Dunn, Ross E. 2005. *The Adventures of Ibn Battuta: A Muslim Traveler of the 14th Century*. Berkeley: University Press.

Einhard and Notker the Stammerer. 2008. *Two Lives of Charlemagne*. Translated by David Ganz. London: Penguin Books.

Ernoul. n.d. "The Battle of Hattin, 1187." *Medieval Sourcebook* (Fordham University). https://sourcebooks.fordham.edu/source/1187ernoul.asp.

Ferguson, Niall. 2011. *Civilization: The West and the Rest*. New York: Penguin Books.

Fernandez-Morera, Dario. 2016. *The Myth of the Andalusian Paradise*. Wilmington: ISI Books.

Fisher, Alan W. 1972. "Muscovy and the Black Sea Slave Trade." *Canadian-American Slavic Studies* 6(4): 575-594.

Fletcher, Richard. 2004. *The Cross and the Crescent*. New York: Viking.

Foxe, John. 1807. *An Universal History of Christian Martyrdom*. London: J.G. Barnard, Snow Hill.

Frankopan, Peter. 2013. *The First Crusade: The Call from the East*. London: Vintage Books.

Fregosi, Paul. 1998. *Jihad in the West*. New York: Prometheus Books.

Friendly, Alfred. 1981. *The Dreadful Day: The Battle of Manzikert, 1071*. London: Hutchinson.

"From George Washington to Lafayette, 15 August 1786," *Founders Online*, National Archives. Last modified June 29, 2017, http://founders.archives.gov/

documents/Washington/04-04-02-0200. Original source: W. W. Abbot, ed. 1995. *The Papers of George Washington*. Confederation Series, vol. 4, *2 April 1786–31 January 1787*. Charlottesville: University Press of Virginia, 214–216.

"From Thomas Jefferson to Ezra Stiles, 24 December 1786," *Founders Online*, National Archives. Last modified June 29, 2017, http://founders.archives.gov/ documents/Jefferson/01-10-02-0483. Original source: Julian P. Boyd, ed. 1954. *The Papers of Thomas Jefferson*. Vol. 10, *22 June–31 December 1786*. Princeton: Princeton University Press, 629.

Fuller, J. F. C. 1987. *Military History of the Western World*. Vol. 1, *From the Earliest Times to the Battle of Lepanto*. New York: Da Capo Press.

Gabrieli, Francesco. 1968. *Muhammad and the Conquests of Islam*. New York: World University Library.

————— trans. 1993. *Arab Historians of the Crusades*. New York: Barnes & Noble.

Gibbon, Edward. 1952. *The Decline and Fall of the Roman Empire*. Vol. 2. Chicago: University of Chicago.

Glubb, John Bagot. (1963) 1980. *The Great Arab Conquests*. London: Quartet Books Limited. Reprint, Glubb.

Grant, George. 1992. *The Last Crusader: The Untold Story of Christopher Columbus*. Wheaton: Crossway Books.

Griffith, Sidney H. 2010. *The Church in the Shadow of the Mosque: Christians and Muslims in the World of Islam*. Princeton: Princeton University Press.

Guibert of Nogent. 2008. *The Deeds of God through the Franks*. Middlesex: Echo Library.

Guindy, Adel. 2009. *Hikayat al-Ihtilal: wa-Tashih ba'd al-mafahim* [Stories of the Occupation: Correcting Misunderstandings]. Cairo: Middle East Freedom Forum. Excerpts translated by author.

Gullen, M. Fethullah. 2006. *Essentials of the Islamic Faith*. Translated by Ali Unal. New Jersey: Light.

Hakam, Ibn Abd al-. 1969. *The History of the Conquest of Spain*. Translated by John Harris Jones. New York: B. Franklin.

________. 2010. *Futūḥ Miṣr wa'l Maghrab wa'l Andalus* [The Conquests of Egypt, North Africa, and Spain]. New York: Cosimo Classics. Excerpts translated by author.

Hakkoum, Karim, and Fr. Dale A. Johnson, trans. 1989. "A Christian/Moslem Debate of the 12th Century." *Medieval Sourcebook* (Fordham University). https://sourcebooks.fordham.edu/halsall/source/christ-muslim-debate. asp.

Halperin, Charles J. 1987. *Russia and the Golden Horde: The Mongol Impact on Medieval Russian History*. Bloomington: Indiana University Press/Midland.

Hanson, Victor Davis. 2002. *Carnage and Culture: Landmark Battles in the Rise of Western Power*. New York: Anchor Books.

Harvey, L. P. 2005. *Muslims in Spain, 1500 to 1614*. Chicago: University of Chicago Press.

Herberstein, Sigismund von. 1852. *Notes Upon Russia*. Vol. 2. London: Hakluyt Society.

Herodotus. 1994. *Histories*. Translated by A. D. Godley. Cambridge: Harvard University Press.

Hill, D. R. 1975. "The Role of the Camel and Horse in the Early Arab Conquests." In *War, Technology and Society in the Middle East*, edited by V. J. Parry and M. E. Yapp. London: Oxford University Press.

Hillenbrand, Carole. 2007. *Turkish Myth and Muslim symbol: The Battle of Manzikert*. Edinburgh: Edinburgh University Press.

Hitti, Philip K. 1956. *History of the Arabs*. London: Macmillan.

Holt, P. M., et al., eds. 1970. *The Cambridge History of Islam*. Vol. 1A. Cambridge: Cambridge University Press.

Hoyland, Robert G. 1997. *Seeing Islam as Others Saw It: A Survey and Evaluation of Christian, Jewish and Zoroastrian Writings on Early Islam*. Princeton: Darwin Press.

Ibn Ishaq. 1997. *Sirat Rasul Allah* [The Life of Muhammad]. Translated by A. Guillaume. Oxford: Oxford University Press.

Ibn al-Kathir. n.d. "*Fasl fi khabr Malik bin Nuwayra*" [Section on News of Malik bin Nuwayra]. In *al-Bidaya w'al Nihaya* [The Beginning and End], available at www.Library.IslamWeb.net. Accessed October 2017, http://library.islamweb.net/newlibrary/display_book.php?idfrom=714&idto=714&bk_no=59&ID=780. Excerpt translated by author.

Ibn Khaldun. 1958. *The Muqaddimah: An Introduction to History*. Translated by Franz Rosenthal. New York: Bolligen Foundation.

Ibrahim, Raymond. 2007. *The Al Qaeda Reader*. New York: Doubleday.

————. 2010. "How Taqiyya Alters Islam's Rules of War." *Middle East Quarterly* (winter): 3–13.

————. 2013. *Crucified Again: Exposing Islam's New War on Christians*. Washington, DC: Regnery Publishing (in cooperation with the Gatestone Institute).

Irving, Washington. 1970. *Mahomet and His Successors*. Edited by Henry A. Pochmann and E. N. Feltskog. Madison: University of Wisconsin Press.

Jamieson, Alan G. 2006. *Faith and Sword*. London: Reaktion Books.

Jandora, John Walter. 1990. *The March from Medina: A Revisionist Study of the Arab Conquests*. Clifton, NJ: Kingston Press.

Jeffery, Arthur. 1944. "Ghevond's Text of the Correspondence between 'Umar II and Leo II." *Harvard Theological Review*, 37, no.4 (October): 269–332.

Kaegi, Walter E. 1995. *Byzantium and the Early Islamic Conquests*. Cambridge: Cambridge University Press.

Karima, Ahmad Mahmud. 2003. *Al-Jihad fi'l Islam: Dirasa Fiqhiya Muqarina*. Cairo: Al-Azhar University. Excerpts translated by author.

Kedar, Benjamin Z. 2014. *Crusade and Mission: European Approaches Toward the Muslims*. Princeton: Princeton University Press.

Keegan, John. 1994. *A History of Warfare*. New York: Vintage Books.

Kennedy, Hugh. 2007. *The Great Arab Conquests: How the Spread of Islam Changed the World We Live In*. Philadelphia: Da Capo Press.

Khan, M. A. 2009. *Islamic Jihad: A Legacy of Forced Conversion, Imperialism, and Slavery*. New York: iUniverse.

Kilmeade, Brian, and Don Yaeger. 2015. *Thomas Jefferson and the Tripoli Pirates:*

The Forgotten War That Changed American History. New York: Sentinel.

Kinross, Lord(Patrick Balfour). 1979. *The Ottoman Centuries*. New York: Morrow Quill.

Kizilov, Mikhail. 2007. "Slave Trade in the Early Modern Crimea from the Perspective of Christian, Muslim, and Jewish Sources." *Journal of Early Modern History*, 11(1): 1-31.

The Koran. First American edition. 1806. Springfield: Henry Brewer.

La Croix, de. 1705. *The Wars of the Turks with Poland, Muscovy, and Hungary, from the Year 1672, to the Year 1683: Containing a Particular Account of Several Transactions in Those Wars Not Taken Notice of in the History of the Turks. Written in French by the Sieur Le Croy, Secretary to the French Embassy at the Port. Translated into English by Mr. Chawes*. London, Printed by R. Janeway, for R. Basset, at the Mitre in Fleet-Street, and F. Faweet, in the New-Exchange in the Strand.

Lamb, Harold. 1927. *Genghis Khan: The Emperor of All Men*. New York: International Collectors Library, American Headquarters.

Lane-Poole, Stanley. 1890. *The Story of the Barbary Corsairs*. London: T. Fischer Unwin.

Lee, Francis Nigel. n.d. "Luther on Islam and the Papacy." www.Historicism.net: http://www.historicism.net/readingmaterials/loiatp.pdf.

Leo the Deacon. 2005. *The History(of Leo the Deacon)*. Translated by Alice-Mary Talbot and Denis F. Sullivan. Washington DC: Dumbarton Oaks.

Levi, Scott, and Ron Sela, eds. 2010. *Islamic Central Asia: An Anthology of Historical Sources*. Bloomington: Indiana University Press.

Lewis, Bernard, ed. and trans. 1987. *Islam: From the Prophet Muhammad to the Capture of Constantinople. Vol. 1: Politics and War*. New York: Oxford University Press.

______. 1993. *The Arabs in History*. Oxford: Oxford University Press.

______. 1994. *Islam and the West*. New York: Oxford University Press.

______ 2003. *The Middle East: A Brief History of the Last 2,000 Years*. New York: Scribner.

________. 2004. *From Babel to Dragomans: Interpreting the Middle East*. New York: Oxford University Press.

Lewis, Geoffrey, trans. 1988. *The Book of Dede Korkut*. London: Penguin Books.

Lindsay, James E., and Suleiman A. Mourad. 2015. *The Intensification and Reorientation of Sunni Jihad Ideology in the Crusader Period*. Leiden: Brill.

Little, Donald P. 1976. "Coptic Conversion to Islam under the Bahiri Mamluks." *Bulletin of the School of Oriental and African Studies* 39(3): 552–569.

Madden, Thomas F., ed. 2004. *Crusades: The illustrated History*. London: Duncan Baird Publishers.

________. 2007. *The New Concise History of the Crusades*. New York: Barnes & Noble.

Manuel Palaiologus. 2009. "Dialogues with a Learned Moslem." Dialogue 7, chapters 1–18(of 37). Translated by Roger Pearse. http://www.tertullian.org/fathers/manuel_paleologus_dialogue7_trans.htm.

Maqqari, Aḥmad ibn Muḥammad. 1964. *The History of the Mohammedan Dynasties in Spain*. Vol. 1. Translated by Sir Gore Ouseley. New York: Johnson Reprint Corp.

Maqrizi, Taqi al-Din al-. 1873. *A Short History of the Copts and Their Church*. Translated by S. C. Malan. London: D. Nutt.

Marco Polo. 2001. *The Travels of Marco Polo*. Translated by William Marsden and Manuel Komroff. New York: Modern Library.

Marozzi, Justin. 2004. *Tamerlane: Sword of Islam, Conqueror of the World*. New York: Da Capo Press.

Matthew of Edessa. 1993. *Armenia and the Crusades, Tenth to Twelfth Centuries: The Chronicle of Matthew of Edessa*. Translated by Ara Edmond Dostourian. Lanham: National Association for Armenian Studies and Research; University Press of America.

Maurice. 1984. *Strategikon: Handbook of Byzantine Military Strategy*. Translated by George T. Dennis. Philadelphia: University of Pennsylvania Press.

Melville-Jones, John R. 1973. *The Siege of Constantinople 1453: Seven Contemporary Accounts*. Amsterdam: Hakkert.

Michael Psellus. 1966. *Fourteen Byzantine Rulers(The Chronographia)*. Translated by E. R. A. Sewter. London: Penguin Books.

Moczar, Diane. 2008. *Islam at the Gates: How Christendom Defeated the Ottoman Turks*. Manchester: Sophia Institute Press.

Morgan, David. 1988. *The Mongols*. Oxford: Basil Blackwell.

Muir, William. 1891. *The Caliphate: Its Rise, Decline, and Fall*. London: Religious Tract Society.

________. 1923. *The Life of Mohammad from Original Sources*. Edinburgh: John Grant.

Munqidh, Usama ibn. 2008. *The Book of Contemplation: Islam and the Crusades*. Translated by Paul M. Cobb. London: Penguin Books.

Muqaffa, Sāwīrus ibn al-. 1948. *History of the Patriarchs of the Coptic Church of Alexandria*. Translated by Basil Evets. Paris: Firmin-Didot.

Nicolle, David. 1992. *Romano-Byzantine Armies: 4th-9th Centuries*. Oxford: Osprey Publishing.

________. 1993. *Armies of the Muslim Conquest*. Oxford: Osprey Publishing.

________. 1994. *Yarmuk 636 AD: The Muslim Conquest of Syria*. Oxford: Osprey Publishing.

________. 2013. *Manzikert 1071*. Oxford: Osprey Publishing.

Nicolo Barbaro. 1969. *Diary of the Siege of Constantinople*. Translated by J. R. Jones. New York: Exposition Press.

Norwich, John Julius. 1997. *A Short History of Byzantium*. New York: Vintage Books.

O'Callaghan, Joseph F., trans. 2002. *The Latin Chronicle of the Kings of Castile*. Tempe: Arizona Center for Medieval and Renaissance Studies.

________. 2004. *Reconquest and Crusade in Medieval Spain*. Philadelphia: University of Pennsylvania Press.

Ockley, Simon. 1847. *The History of the Saracens*. London: Henry G. Bohn.

Ostrogorsky, George. 1969. *History of the Byzantine State*. Translated by Joan Hussey. New Brunswick: Rutgers University Press.

Palmer, Alan. 1992. *The Decline and Fall of the Ottoman Empire*. New York:

Barnes & Noble.

Patrick, Theodore Hall. 1996. *Traditional Egyptian Christianity: A History of the Coptic Orthodox Church*. Greensboro: Fisher Park Press.

Paul the Deacon. 1907. *History of the Lombards*. Translated by William Dudley Foulke. Philadelphia: University of Pennsylvania Press.

Peters, Edward, ed. 1971. *First Crusade: Chronicle of Fulcher of Chartres and Other Source Materials*. Philadelphia: University of Pennsylvania Press.

Pipes, Daniel. 1981. *Slave Soldiers and Islam*. New Haven: Yale University Press.

Pirenne, Henri. 1939. *Mohammed and Charlemagne*. London: George Allen & Unwin LTD.

————. 1974. *Medieval Cities: Their Origins and the Revival of Trade*. Translated by Frank D. Halsey. Princeton: Princeton University Press.

Playfair, R. Lambert. 1972. *The Scourge of Christendom: Annals of British Relations with Algiers Prior to French Conquest*. New York: Books for Libraries Press.

Pseudo-Methodius. 2012. *Apocalypse & An Alexandrian World Chronicle*. Translated by Benjamin Garstad. Cambridge: Harvard University Press.

Ramelah, Ashraf. 2017. "Copts of Egypt: History of Repression through Today." *Secure Freedom Quarterly* (1st Quarter): 4–8.

Riley-Smith, Jonathan, ed. 1995. *The Oxford illustrated History of the Crusades*. Oxford: Oxford University Press.

————. 2008. *The Crusades, Christianity, and Islam*. New York: Columbia University Press.

Robinson, James Harvey, ed. 1904. *Readings in European History*. Vol. 1. Boston: Ginn and Co.

Robinson, Nugent. 1887. *A History of the World with All Its Great Sensations*. Vol. 1. New York: P. F. Collier.

Ross, James Bruce, and Mary Martin McLaughlin, eds. 1977. *The Portable Medieval Reader*. New York: Penguin Classics.

Rubenstein, Jay, ed. 2015. *The First Crusade: A Brief History with Documents*. Boston: Bedford/St. Martin's.

Runciman, Steven. 2004. *The Fall of Constantinople, 1453*. Cambridge: Cambridge University Press/Canto.

Santosuosso, Antonio. 2004. *Barbarians, Marauders, and Infidels: The Ways of Medieval Warfare*. New York: MJF Books.

Scott, Emmet. 2012. *Mohammed & Charlemagne Revisited: The History of a Controversy*. Nashville: New English Review Press.

________. 2014. *The Impact of Islam*. Nashville: New English Review Press.

Sehgal, Ikram ul-Majeed. 2003. *Defence Journal* 6.

Sell, Edward. 1914. *Muslim Conquests in North Africa*. Calcutta: Christian Literature Society.

Shatzmiller, Maya, ed. 1993. *Crusaders & Muslims in Twelfth-Century Syria*. Leiden: Brill.

Sidway, Ralph H. 2010. *Facing Islam: What the Ancient Church Has to Say about the Religion of Muhammad*. Louisville: Kalyve of Blessed Seraphim.

Smith, Collin, et al., eds. 2014. *Christians and Moors in Spain*. Vol. 3. Oxford: Oxbow Books.

Sphrantzēs, Geōrgios. 1980. *The Fall of the Byzantine Empire: A Chronicle*. Translated by Marios Philippides. Amherst: University of Massachusetts Press.

Stark, Rodney. 2009. *God's Battalions: The Case for the Crusades*. New York: HarperOne.

________. 2012. *The Triumph of Christianity*. New York: HarperCollins.

Stewart, Devin. 2013. "Dissimulation in Sunni Islam and Morisco *Taqiyya*." *Al-Qantara* (July-December): 439–490.

Stoye, John. 1964. *The Siege of Vienna*. London: Collins.

Stratos, Andreas N. 1972. *Byzantium in the Seventh Century: 634–641*. Translated by Harry T. Hionides. Amsterdam: Adolf M. Hakkert.

Suyūṭi. 1970. *History of the Caliphs*. Amsterdam: Oriental Press.

Tabari. 1964. *Tarikh Al Tabari*. Cairo: Dar Al Ma'ruf.

________. 1993. *Tarikh al-Rusul wa al-Muluk*. Vol. X: The Conquest of Arabia. Translated by Fred M. Donner. Albany: State University of New York Press.

Tabari, Muhammad ibn al-Jarir al-. 1992. *The History of al-Tabari*. Translated by Yohanan Friedmann. New York: State University of New York Press.

Thackeray, Frank W., et al., eds. 2012. *Events that Formed the Modern World*. Vol. 1. Santa Barbara: ABC-CLIO.

Theophanes. 1963. *Chronographia*. Munich: Georg Olms Verlagsbuchhandlung Hildesheim. Excerpts translated by author.

———. 1982. *The Chronicle of Theophanes: Anni Mundi 6095-6305(A.D. 602-813)*. Translated by Harry Turtledove. Philadelphia: University of Pennsylvania Press.

———. 1997. *The Chronicle of Theophanes Confessor*. Translated by Cyril Mango. Oxford: Clarendon Press.

Thomas Aquinas. 1975. *Summa Contra Gentiles. Book One: God*. Translated by Anton C. Pegis. Notre Dame: University of Notre Dame.

Thomas the Eparch and Joshua Diplovatatzes. 1976. "Account of the Taking of Constantinople." Translated by William L. North, from the Italian version in A. Pertusi, ed., *La Caduta di Costantinopoli: Le Testimonianze dei Contemporanei*. Milan: Mondadori, 234-239. Available at: https://apps.carleton.edu/curricular/mars/assets/Thomas_the_Eparch_and_Joshua_Diplovatatzes_for_MARS_website.pdf.

Thornton, Bruce. 2004. *Plagues of the Mind: The New Epidemic of False Knowledge*. Wilmington: ISI Books.

Tierney, Brian, and Sidney Painter. 1970. *Western Europe in the Middle Ages: 300-1475*. New York: Knopf.

Tolan, John V. 2002. *Saracens: Islam in the Medieval European Imagination*. New York: Columbia University Press.

Treadgold, Warren T. 1997. *A History of the Byzantine State and Society*. Stanford: Stanford University Press.

Treece, Henry. 1994. *The Crusades*. New York: Barnes & Noble.

Troyat, Henri. 1984. *Ivan the Terrible*. Translated by Joan Pinkham. London: Phoenix Press.

"A True and Exact Relation of the Raising of the Siege of Vienna and the Victory obtained over the Ottoman Army, the 12th of September, 1683," pamphlet, "Printed for Samuel Crouch at the Corner of Popes-Head Alley next Cornhill, 1683," in *German History in Documents and Images, vol. 2, from Absolutism to Napoleon, 1648-1815*. Accessed October, 2017, http:// germanhistorydocs.ghi-dc.org/sub_document.cfm?document_id=3580.

Tuchman, Barbara W. 1980. *A Distant Mirror: The Calamitous 14th Century*. New York: Random House.

Twain, Mark (Samuel Clemens). 1869. *The Innocents Abroad*. New York: Grosset and Dunlap Publishers.

Tyerman, Christopher. 2006. *God's War: A New History of the Crusades*. Cambridge: Belknap Press of Harvard University Press.

"United States and the Barbary States." 1860. *Atlantic Monthly* 6 , no. 38 (December).

Vaporis, Nomikos Michael, ed. 2000. *Witnesses for Christ: Orthodox Christian Neomartyrs of the Ottoman Period 1437-1860*. Crestwood, NY: St. Vladimir's Seminary Press.

Vasiliev, A. A. 1952. *History of the Byzantine Empire: 324-1453*. Madison: University of Wisconsin Press.

Waqidi, Abu 'Abdullah Muhammad Ibn 'Omar al-. 1997. Futuh al-Sham [The Conquests/Openings of Syria]. Beirut: Dar al-Kotob al-ilmiyah. Excerpts translated by author.

Watts, Henry Edward. 1894. *The Christian Recovery of Spain: Being the Story of Spain from the Moorish Conquest to the Fall of Granada (711-1492 A.D.)*. New York: G. P. Putnam's Sons.

Wheatcroft, Andrew. 2005. *Infidels: A History of the Conflict between Christendom and Islam*. New York: Random House Trade Paperbacks.

William of Adam. 2012. *How to Defeat the Saracens*. Translated by Giles Constable. Washington, DC: Dumbarton Oaks Medieval Humanities.

Wolf, Kenneth Baxter, trans. 1990. *Conquerors and Chroniclers of Early Medieval Spain*. Liverpool: Liverpool University Press.

Ye'or, Bat. 2010. *The Decline of Eastern Christianity under Islam: From Jihad to*

Dhimmitude. Cranbury, NJ: Associated University Presses.

Zenkovsky, Serge A., ed. 1974. *Medieval Russia's Epics, Chronicles, and Tales*. New York: Penguin/Meridian.

말리크 이븐 누와이라 48

맘루크, 술탄국 318, 321, 342, 374, 391-2

맥개헌, J. A. 435

메디나 28, 31, 33, 43, 48, 63, 66, 93, 107, 244, 391

메소포타미아 86, 93, 164

메카 19, 28-30, 33, 36-7, 41, 47, 57, 105, 168, 237, 244, 355, 374, 391, 427

메흐메트 2세, 술탄 377, 417

메흐메트 4세, 술탄 403

명백한 사명 78

모랑, 제롬 419-21

모로(무어)인 18, 78-80, 82, 88, 139, 144, 175, 263, 276, 287-9, 294-5, 298, 302, 312, 327, 433

모로시니, 잔프란체스코 327

모리스코 311-3, 394

《모사라베 연대기》 75, 86, 106, 131-2, 134, 137, 260

모술 171, 225, 239, 243

모하치 전투 392

몰타 25, 153, 395-8, 401

무누자, 이슬람교도 수장 261

무데하르 308

무라드 1세, 술탄 323

무라드 2세, 술탄 346, 349, 361, 417

무라드 기라이, 칸 414

무라비툰 122, 283, 285-90, 313, 321, 374

무사 이븐 누사이르 80, 125, 157, 260

무스타파, 오스만 대와지르 397, 402-7, 411-5, 417, 427

무아위야 이븐 아부 수프얀, 칼리파 92-6

무와히둔 288, 290-4, 297, 299, 302-3, 313, 447

무잇지 230

무함마드 1세, 아미르 266

무함마드 빈 다우드 차그리(알프 아르슬란), 술탄 180, 200, 230, 256

무함마드 알나시르, 칼리파 293-4, 297, 299-301, 303

무함마드 이븐 마르완 109

무함마드 이븐 아비아미르, 알만소르 275

무함마드 이븐 압둘라, 이슬람교 선지자 27-8

무함마드 이븐 하메드 알이스파하니 238, 248, 250, 255

《묵시록》 83-4, 203, 371, 406

미카엘, 시리아인 73, 93, 162, 180, 183, 187, 192, 201, 205

민중 십자군 218, 220, 227

바그다드 72, 162, 168, 186, 190, 195, 310, 317, 382

바랑고스 친위대 193-4

바르 헤브라에우스 117, 380

바르나 전투 349

바르바로, 니콜로 78, 358, 362, 368-9, 394

바르바리 해적 394, 403, 419, 424, 427

세브칼 381

소비에스키, 얀, 폴란드 왕 409-11, 413-6, 418, 447

소프로니우스 64-7, 69, 84

수니파 37, 180, 199, 236-7, 310, 321

《순교자의 책》 420

쉬르크 41, 85

쉴레이만 1세, 술탄 323, 391-2, 394-5, 398, 401-3, 407

스콧, 에밋 98

스킬리체스, 요안니스 183, 198

스타크, 로드니 207

스톡홀름 증후군 328

스페인(에스파냐) 11, 18, 125-9, 131-6, 138-9, 141, 151, 153, 156-8, 211, 215, 220, 259-69, 271, 274-6, 279, 281-5, 287-8, 290-7, 300, 303-13, 321, 332, 337, 348, 376, 378-9, 393-5, 398, 418, 431, 433, 445, 447

스프란체스, 게오르기오 353, 358, 365, 368

시리아 9, 18-9, 38, 46-7, 49-50, 52, 65, 69, 73, 78, 80, 86-7, 92-4, 100, 109, 117, 133, 150-1, 157-8, 162, 166, 171, 183, 192, 201, 205, 209, 223-4, 230-1, 337, 371, 380, 382, 433, 437, 442, 446

시아파 175, 185, 210, 236-7, 239, 242, 321, 382

식스투스 4세, 교황 389

신성동맹 398-400, 409, 411-2, 418

신성로마제국 149, 340, 395, 402-3, 405, 409

신성모독법 273

아나스타시오스 2세, 황제 106-7, 109-10

아나스타시우스, 성인 65-6, 88, 232

《아라비아인이 본 동로마》 97

아모리온 25, 162-3, 173

아므르 이븐 알아스 59, 67, 79, 137

아바스, 칼리파국 150-1, 162-3, 173, 175, 177, 190, 206, 236, 317, 381

아부 바크르, 칼리파 31, 43, 48-9

아부 수프얀 30, 58-60, 92

아부 야쿠브, 칼리파 291

아부 우베이다 52, 67-8

아부 우스만 알자히즈 97

아부 유수프, 칼리파 75, 292-3, 296

아부 임란 271

아스투리아스 24, 261, 263, 275, 281, 305

아우구스티누스, 히포 70, 78, 214-5, 282

아이샤, 무함마드의 아내 59, 102

아인하르트 148, 151

아퀴나스, 토마스 234

아크람, A. I 48, 58

아크바르, M. J. 41, 437

아탈레이아테스, 미카엘 182, 187-8, 192, 194, 201

아흐메드, 칸 350, 386-7, 420

아흘라트 184, 186-7

기독교-이슬람 전쟁사

패권을 두고 격돌한 1400년의 대립

1판 1쇄 2026년 3월 4일

지은이 | 레이먼드 이브라힘
옮긴이 | 이재황

펴낸이 | 류종필
편집 | 노민정, 이정우, 권준, 이은진
경영지원 | 홍정민
표지 디자인 | 석운디자인
본문 디자인 | 박애영

펴낸곳 | (주)도서출판 책과함께
　　　　주소 (03961) 서울시 마포구 방울내로9길 24 동주빌딩 202호
　　　　전화 (02) 335-1982
　　　　팩스 (02) 335-1316
　　　　전자우편 prpub@daum.net
　　　　블로그 blog.naver.com/prpub
　　　　등록 2003년 4월 3일 제2003-000392호

ISBN 979-11-94263-97-5 03900